井上毅傳

史料篇 補遺 第二

國學院大學日本文化研究所編

凡例

一、この史料集は『井上毅傳史料篇　補遺』と名づけ、『井上毅傳史料篇』の補遺篇を構成するものである。

一、本書の校訂上の體裁の基準は、凡そ次の通りである。

1飜刻に當っては、概ね臺本の體裁に據り、誤字・脱字・宛字等は、略々原本の儘とし、適宜その傍に（ママ）（、字脱カ）その他を以て（　）内に注記を加えた。

2漢字については、原則として、正字を含めて原本の表記に近いものを使用した。但し、踊り字は「々」に統一した。

3讀點は、臺本に使用した原本に從って施したが、それの無い場合は、適宜之を施した。

4本文中□の枠内は、臺本の抹消文字を示し、判讀の困難なるものは、［、］とし、尚又、本文行間に附した文字は、修正加削に關わる書入を示す。

5變體假名・合字は、普通の假名に改めた。

6臺本の本文中の頭注については、＊印を以てその位置を示し、本文末の＊印の下にその頭注文を附記した。

一、本書所収の文書名は、目次と各頁に於ける文書番號下に各々附した。

一、本書所収の文書名については、編者が適宜之を附した。尚、原題のある文書名は、之に依據した。

一、本書所収の文書の排列については、略々編年體を採った。

一、本文冒頭に附した年月日は、編者が附したものである、尚、〔　〕内の年月日は、編者が推定を爲したもので、必ずしも誤なしとしない。

一、本文末尾の（　）内の注記は、臺本の出典を示す。尚、利用の便を考へて、編者曰として本文末に注記を適宜に附した。

一、本書の編纂は、『梧陰文庫』を中心とする學術資産の構築と運用」プロジェクトが擔當した。當プロジェクトは國學院大學日本文化研究所の総合プロジェクトとして平成十七年度に發足し、同十九年度からは、組織變更にともない、新設の國學院大學研究開發推進機構 校史・学術資産研究センターにおいて續行された。但し、本書の編纂が平成十七年度以來の事業であり、また本書が『井上毅傳史料篇 補遺』第一の續刊であることにより、「國學院大學日本文化研究所編」とした。

なお、本文の校訂には、髙塩博、柴田紳一、齊藤智朗、宮部香織、内山京子が當った。

目次

一　意見書

二　著　作

三　校閲書

井上毅傳

史料篇 補遺 第二

一　意見書

一　司法省改革意見

明治七年

（表紙、宮内省罫紙一枚）

「（欄外上、井上自筆朱書）［七］

六　（他筆墨書）明治七年意見」

明治七年意見　「（井上自筆墨書）時ニ司法省ニ仕フ」

第一　民刑各種ノ法律ヲ定ムル為ノ目的

一目今司法ノ事務ハ、民刑各種ノ法律ヲ定ムルヨリ急ナルハ無シ、何ソ乎、今［マ］司法権○《ハ》、［行政権ノ一支ニ居リ裁判官、］司法卿ノ下ニ屈シ、幾ント未-丁-人ノ後-見-人ノ下ニ在ルカ如シ、然ルニ両権分判、裁判官獨立ノ議、未タ遽カニ行フベカラザル者ハ、其ノ故専ラ法律未タ備ハラズ、裁判ノ元則未タ立タザルヲ以テ、事アルニ臨テ、且ツ議シ且ツ施シ、伺ヲ経、裁ヲ乞テ、始メテ定断トスルニ在リ、故ニ法律略ホ備ハラザレバ、両権分判ノ説、未タ言ヒ易カラザルナリ、

一各種ノ法律ヲ定メントスルニハ、先ツ緩急ヲ分ツベシ、第一治罪法ヲ最急トス、刑法之ニ次ク、訴訟法、商法之ニ次ク、民法ヲ最後トス、

何故ニ治罪法ヲ最急トスル乎、我カ断獄法、拷問ヲ用ルヲ以テ慣習トシ、人［ヲ］縛スルコト獣ノ如ク、獄中羸死スル者千ヲ以テ數フ［ル］ニ至ル、蛮野陋悪ノ風、［之］《此》ヨリ甚キハ莫シ、是レ宜ク今ヨリ一年ヲ期シ、急ニ治罪法ヲ定メ以テ拷問諸弊ヲ廢スベキナリ、

且ツ治罪法、刑法ハ國法ナリ、故ニ急トス、民法、

訴訟法、商法ハ私法ナリ、故ニ緩トス、

民法何ヲ以テ最後トスル乎、蓋シ民法ハ民俗ヨリ生スル者故ニ、民法ハ養フベクシテ制スベキノ物ニアラズ、教化ト相因テ進ム故ニ緩ナルヲ要ス、但シ其ノ中約束法ノ如キ數件ハ此ノ限ニアラズ、

一已ニ緩急ヲ分ツ時ハ又各種法律ヲ定ムル為ノ方法ヲ論スベシ、蓋シ治罪法ハ我カ固有ノ法、一ノ準据スベキ者ナシ、故ニ專一ニ歐州ノ法ヲ采用シ、先ツ其ノ大節目數條ヲ掲ケ、其ノ細目處置ニ至テハ適宜ニ斟酌スベシ、

歐州ノ治罪法、大陸諸國ト英國ト判然同カラズ、英ハ告訴法ヲ用ヒ、検事ヲ置カズ各人各訴、大陸諸國ハ糾問法ヲ用フ、検事ヲ置キ專ラ刑事ノ訴ニ任ス、蓋シ大陸諸國ハ佛ニ倣ヘルナリ、今マ佛法ヲ采ルコト簡ニシテ行ヒ易シ、

刑法亦タ歐州ノ元則ヲ用ヒ《ヰ》旧漢律ノ陋弊ヲ一洗スベキナリ、

民法ニ至テハ、歐州諸國亦タ固有ノ慣習ヲ捨テ、、外國ノ成法ニ就ク者アラズ、若シ慣習ヲ捨テ、故《コト》サラニ新法ヲ行フ時ハ、秖《マサ》ニ人民ノ疾苦ヲ致スニ足ルノミ、今マ民法ヲ定メントセハ、先ツ我カ本俗ノ慣習ヲ采リ、其ノ陋悪ナル者ヲ去ルベシ、歐州ノ良法ヲ取ルニ至テハ、唯タ立法家是ヲ以テ目的トシ、漸次歩ヲ進メ、開化ノ度ニ從ヒ、十數年ノ後以テ完善ノ地ニ至ルコトヲ期スベキノミ、彼ノ佛國民法書ヲ抄寫シテ直チニ之ヲ公布セントスルカ如キハ、實ニ千里ノ謬リナリ、

第二　法律ヲ起草スル為ニ專務課ヲ置ク

一各種ノ法律ヲ起草スル為ニ各種ノ專務課ヲ置キ、其ノ人ハ裁判官中實歴ヲ経、事務ニ練レタル者ト、洋学アリテ洋律ヲ知ル者トヲ参用スベシ、治罪法、刑法合シテ一課トシ、訴訟法、民法合シテ一課トシ、商法一課トシ、万國公法中私法ノ部亦一課トス、各課中亦別ニ一小課ヲ設ケ、特ニ一類ノ事件ヲ起草スルカ如キ、民法中約束ノ一類、商法中身代限一類ト云ガ如シ、其ノ課長ノ意ニ隨フ、

法律ヲ議スルコトハ従前已ニ明法寮アリ、明法寮中亦タ議法課アリ、左院中亦タ各課ノ名アリ、然ルニ所謂民法會アリシ來已ニ五七年、今ニ至テ未タ尺寸ノ成効アルヲ見ズ、徒ニ首ヲ聚メテ佛朗西法律書ヲ會讀シ、其ノ了解シ易キ者ヲ抜萃セルノミ、其它各課亦同シ、是レ何ノ故ソ、其ノ任ニ當ル者、已ニ學識ナク亦[タ]實歴ノ人ニアラズ、[座]（坐）シテ法ヲ論スルノ弊ヲ免レザルニ由ルノミ、彼ノ玉乃(世履)權大判事カ訴答文例ニ於ルカ如キハ、即チ實歴ヨリ得タル者ナリ、故ニ裁判官實歴ノ人ト洋律ヲ知ル者ヲ参用スルヨリ善キハ莫シ、

各種法律草案已ニ成ルノ後、左院及地方官會議ニ付シ、議ヲ經、各種案ヲ草シタルノ課長、會議ニ出頭シ疑難ニ答辨シ各條ノ意義理由ヲ陳述シ、然ル後、決ヲ擧ケ式ニ依リ公布スベシ、

(梧陰文庫Ⅱ―六七七―⑤)

編者曰　修正加削は井上自筆墨書（宮内省罫紙八枚）。本書は井上の著作を綴りし冊子（梧陰文庫Ⅱ―六七七）中にあり。參考のため同冊子の表紙及び目録を次に掲載す。

〔參考〕

（表紙・目次、美濃紙一枚）

「（井上自筆墨書）
目録

[存儒論]
[漢字]
[國文]
佛國與人書
ケレルモン行随筆
[明治七年意見]
[明治八年新聞條例意見]
訓蒙力食社ヲ設クルノ説

司法省改革意見

日本帝國在不幸位地説送松方君洋行

蒼柳原議官論陪審書

世變論

治罪法備考緒言

儲蓄考

漢字ノ製作

言靈

」

（梧陰文庫Ⅱ—六七七）

二　行政司法権限争議

〔明治七年〕

（欄外右下、井上自筆墨書）「井上起草」

行政司法権限争議

一、行政裁判ノ事件ヲ以テ誤テ司法裁判所ニ訟フル者アリ、而シテ司法裁判所之ヲ受理シタルトキハ、省寮府縣ハ司法裁判所ニ通牒シテ、之ヲ行政裁判ニ引直スコトヲ求ムルコトヲ得、但シ已決ノ裁判ハ原被ノ中控訴上告スル者ヲ除クノ外、引直シヲ求ムベカラズ、

一、省寮府縣ヨリ裁判引直ヲ求メ、而シテ司法裁判所異議アルトキハ、省寮府縣ハ要用ナル文書ヲ添ヘ、事由ヲ具ヘテ正院ノ指揮ヲ乞フベシ、其司法裁判所ハ異議有無ニ拘ラズシテ其裁判ヲ中止スベシ、但シ司法卿ヲ経テ答辨書ヲ具上スルコト、其意ニ随フコトヲ得、

一、人民相互ノ訴訟ト云ドモ省寮府縣其事ニ関係アリ、或ハ其一方ト約束アリ、或ハ曽テ指令ヲ経タル事件ニ係ルトキハ、之ヲ行政裁判ニ訴フベキ者トス、而シテ其人民之ヲ司法裁判所ニ訴ヘ、司法裁判所之ヲ受理シタルトキハ、省寮府縣ヨリ司法裁判所ニ通牒シテ、之ヲ行政裁判ニ引キ直スコトヲ求ムルコトヲ得ルコト、前條ニ仝シ、

一、正院ハ行政司法権限ノ争ヲ決ス、又司法越権ノ裁判ヲ破毀スルコトヲ得、

一、正院ヨリ○未決ノ裁判ヲ引直シ、若クハ○已決ノ裁判ヲ破毀シタルトキハ、○之ヲ司法卿ニ達シ、司法卿受テ之ヲ其裁判所ニ達スベシ、

一、行政司法両部ノ官、共ニ権外ヲ名トシ、告ヲ承テ理セザルトキハ、正院之ヲ決スルコト、前ニ仝シ、

（梧陰文庫Ｂ—二〇九一）

編者曰　全文井上自筆墨書（太政官罫紙一枚）。本書の浄寫本二本（太政官罫紙各二枚）を合せて収む。

三　新聞條例意見

明治八年

（表紙、太政官罫紙一枚）

「（欄外上、井上自筆朱書）[七]

八

（井上自筆墨書）明治八年

新聞條例意見

」

歐洲各國發言ノ自由ヲ許サヾル○《ハ》ナシ、而シテ又自由ノ制限ヲ設ケザル○《ハ》ナシ、自由ノ制限トハ何ソ、條例是ナリ、普魯西ノ建國法ニ云ク、撿査法（出板ノ前撿査ヲ経ルノ法）ハ設クルコトヲ得ズ、其他ノ出板自由ノ制限ハ立法ノ處分ニ由ルニ非レバ設クルコトヲ得ズ」、和蘭ノ建國法ニ云ク、法章ニ對シ罪ニ任スルヲ除クノ外、各人ハ前許ヲ要スルコトナク出板ニ由テ其思慮意見ヲ表著スルコトヲ得ベシ」、伊太利建國法ニ云ク、出板ハ自由トス、但シ法章其過弊ヲ制スベシ」、墺都利[斯]建國法ニ云ク、各人ハ言論文書印刷繪畫ニ由テ自由ニ其意見ヲ發スルノ權ヲ有ス、但シ法章指畫スル所ノ界限ノ中ニ止ルベシ」、白耳時建國法ニ云ク、禮拜ノ自由並ニ意見ヲ表著スルノ自由ハ保固トス、但シ其自由ヲ受用スルニ由テ犯シタル罪ハ此ノ限ニアラズ」、瑞西ノ聯邦約章ニ云、出板ノ自由ハ保固トス、然レトモ各邦ノ法章ハ出板ノ過弊ヲ罰スル為[メ]ニ要用ナル處分ヲ定ム、聯邦政府ハ又本聯邦政府及諸官司ニ對シタル過弊ヲ罰スル為ノ刑法ヲ定○《ム》ルコトヲ得」、佛國千七百九十一年ノ建國法ニ云ク、思慮意見ノ通報自由ナルコトハ人ノ最モ貴キ諸權ノ一トス、故ニ凡ソ國民タル者ハ自由ニ言論ヲ書記シ印刷スルコトヲ得、但シ法章特ニ定

ムル所ノ條件、コ《此》ノ自由ノ過弊ニ任責ス《セシム》ル者ハ此例ニアラス、

以上大陸諸國皆ナ已ニ出板ノ自由ヲ許シ、而シテ皆亦○《皆》従テ之カ制限ヲ為シ《サヾルハナシ》、其罪犯ヲ科罰スルニ各條例アリ、人其制限アリ條例アルヲ見テ以テ自由ヲ禁縛ストナス歟、殊ニ知ラズ、自由ノ原則ト制限ノ處分ト二ツノ者並ヒ行ハレテ相悖ラザルコトヲ、

洋學ノ我國ニ行ハル、日タル未タ深カラズ、門ヲ開キ徒ヲ教フルノ徒、大抵史ヲ知テ律ヲ知ラズ、自由ノ名ヲ貴テ自由ノ實ヲ究メズ、而シテ往々遽カニ今世ヲ目スルニ壓制ヲ以テシ、而シテ孟得斯咎《モンデースキウ》盧騷《ルーソー》ヲ以テ自ラ居ル、是レ學者ノ通獘怪シムニ足○《ラ》ザルナリ、但タ耳食ノ徒ハ其鼓動スル所トナル、是レ誠ニ哀ムベキノミ、

自由トハ他人ニ害セザルノ凡テノ事件ヲ為シ得ルノ謂ナリ、故ニ各人ノ性法《自由》ヲ受用スルハ他人モ亦之ヲ受用スルノ際ニ於テ範限アルヲ要ス、佛國建國法ノ文　若シ自由ヲシテ範限無ラシメハ彼此ノ自由互ニ相交戰スルコト終古止ム期ナカラントス、曰ク法曰ク條例即チ此ノ範限ヲナス者ナリ、今誹毀譏謗大ニシテ國安ヲ害シ小ニシテ人栄ヲ汚ス、而シテ發言ノ自由此ノ如シト云○《ン》乎、浅見ノ士ハ往々思想ノ自由ヲ以テ發言ノ自由ト相混ス、夫レ思想ノ自由ハ人々ノ方寸冥々ノ地ニ存ス、故ニ何等不義不禮ノ思想アルモ、法律絶テ之カ制限ヲ成スコト能ハズ、其○《ノ》發シテ言論筆記トナリ以テ世ニ公ニスルニ至テハ、ソノ他人ノ利害ト相渉ル、是レ範囲制限從テ生スル所ニシテ、條例以テ其過獘ヲ防ガザル可カラザル所以ナリ、猶ホ信仰ノ自由ハ鬼ヲ信シ蛇ヲ信スルモ法ノ制スル所ニアラザレトモ、禮拜ノ自由ハ必ス制限アリ、蓋シ公然禮拜ヲ行フノ間以テ衆ヲ動カスニ至テ、初メテ稍ヤ之カ禁ヲ設ケザルコトヲ得ザルカ如シ、夫レ思想ノ自由ト信仰ノ自由ハ藏シテ内ニ在リ、故ニ制限ナシ、禮拜ノ自由ト發言ノ自由ハ發シテ外ニ在リ、故ニ制限アリ、此ノ理甚タ見易キノミ、

我國ノ新聞條例ハ即チ歐州大陸諸國ノ通シテ行フ處ニ

據リテ發行セシ者ナリ、稍ヤ歐州法科ノ学ヲ修ムル者ハ一目シテ其由テ來ル所ヲ知ラン、盖シ新聞ノ放言ハ未タ條例ヲ改定セザルノ日ヨリ甚キハアラズ、今ニシテ條例ヲ定メズンハ、口舌ノ害ハ將ニ底止スル所ヲ知ラザラントス、但タ人情抗激ヲ快トシ摘發ヲ喜フ、世ノ條例ニ服セザルハ怪シムニ足ラザル也、○ 専制國ノ民ハ王ヲ尊ビ、立憲國ノ民ハ法ヲ尊フ、○《唯其ノ》之ヲ尊ブ故ニ之ニ順フ、唯タ其○《ノ》之ニ順フ故ニ國其○《ノ》國ヲ成シ、而シテ世‐治保ツベシ、今ヤ一法出ル毎ニ論議ノ界限ヲ踰エテ誹毀ノ過弊ニ蹈《陥》ル、法假‐令イマダ是ナラザルモ法ヲ非ルノ過獘ハ又決シテ是ナラザルナリ、國‐民法ヲ尊フノ義ヲ乱ルニ足ル、

右ノ條理ヲ通觀スレハ、日本政府ノ新聞條例ハ固ヨリ思想ノ自由ヲ抑制スル者ニ非ス、亦發論ノ自由ヲシテ其ノ界内ニ止リテ政治世道ヲ論議スルニ綽々餘地アラシムルニ足レリ、而シテ其ノ罪犯トスル所ノ者ハ實ニ自由ノ過獘ヲ防禦スルニ在ルノミ、世ノ學者ハ自由ノ過獘ヲ以テ自由ノ本体ト成シ、誹謗摘發ヲ以テ正議讜論ノ目的ニ達ス○《ル者》トスルカ《歟》、少シク反省スル所アレヨ、

（梧陰文庫Ⅱ―六七七―⑥）

編者曰　修正加削は井上自筆墨書（太政官罫紙六枚）。本書は井上の著作を綴りし冊子（梧陰文庫Ⅱ―六七七）に収む。尚、本書とほぼ同文の論説が「社友某氏」名義にて明治八年九月三日付『東京日日新聞』社説欄に掲載せり。

四　訓蒙力食社ヲ設クルノ説

〔明治十年〕

（表紙、宮内省罫紙一枚）

「（欄外上、井上自筆朱書）

九

（井上自筆墨書）

明治十年、熊本兵火ニ罹リ、府中ノ士民、忽チ其産ヲ失フ、余白木為直財津志磨記ト謀リ、官ニ請ヒ惠借《恩貸》ヲ賜ヒ、力食社ヲ設立ス、當初ノ目的ハ、士族ノ丁男ヲ聚メテ、且學ヒ且役セシムルニ在リ、其後、実際ノ事情、初期スル所ノ如クナルコト能ハズシテ、織機社ヲ以テ専婦女ノ工役ヲ導クニ至レリ、

」

訓蒙力食社ヲ設クルノ説

旧慣ヲ変シテ新業ニ就クハ、事ノ至難ナリ、我輩士族ノ業ニ就カザル、後計何クニカ在ル、今府下兵燹、生計地ヲ拂フ、我輩何ニ因テ此○《ノ》無聊ノ地ニ兒ヲ育シ孫ヲ長シテ人生ノ類タルヲ求メン乎、唯タ我カ　政府救恤ノ典、厚キヲ加フルノ至レリ、○《能ク》感激シテ興リ、人々自ラ奮ヒ、旧ヲ棄テ新ニ就ク、○《唯》此時ヲ以テ好機トス、或ハ乃チ恩ニ慣レ恵ヲ貪リ、苟モ安逸ヲ偸マバ、何ヲ以テ

聖明無窮ノ仁ニ荅ヘン○《ヤ》、今先ツ子弟ヲ集メテ、且ツ學ヒ且ツ役シ、務メテ労苦ニ就キ、農ニ工ニ、自立ノ計ヲ得テ、以テ文明ノ氓タルニ期セハ、庶幾クハ救恤ノ盛《恩》典ヲ曠クセズ、我子弟タル者、果シテ能ク窮シテ益々堅キノ志ヲ持シ、相與ニ叶同磨勵シ、躬ヲ以テ辛艱ヲ試ミハ、亦苦中ノ樂ナラズ乎、

（梧陰文庫Ⅱ—六七七—⑦）

編者曰　美濃紙二枚及び宮内省罫紙一枚に全文井上自筆を以て記す。
本書は井上の著作を綴りし冊子（梧陰文庫Ⅱ—六七七）中にあり。

訓蒙力食社ヲ設クルノ説

五　民費制限ヲ難スル者ノ説

〔明治十年〕

民費制限ヲ難スル者ノ説ニ答フ

正税ノ外ニ民費アルハ其人民ノ情願ニ出テ、人民ノ自為ニ任セテ、支出ノ權、人民ニ在ルヲ以テナリ、故ニ正税ハ制限アルベシ、只タ民費ハ制限アルベカラズ、民費ニシテ制限アルハ、却テ進歩ノ障碍ニシテ、人民勇為ノ氣ヲ阻テントト、

右ハ論者ノ本年第二号布告ニ對シ辨難スル諸説ノ中ニ就テ、尤モ一理アルニ近キ者トス、

此説ハ全ク従前ノ民費ナル者ニ醵金ノ類ヲ混合シタルニ因リ《テ》起ル者ニシテ、今○《従前ノ所謂》民費ヲ分テ両種トシ、其醵金ノ類ハ民費制限區域ノ内ニ在ラズトスルトキハ、此説ハ辨セズシテ明了ナラン、

本年第二号布告ヲ解スルニ両説アリ、

甲　民費ヲ課スルニ○《固ヨリ》地價○《ニ課スル》ト戸数ニ課スルトノ両様アリ、第二号ノ布告ハ○《専ラ》地租ニ課スル一方《分》ノ民費ヲ指ス者ニシテ、其戸数ニ課スル一方ノ民費ハ是ニ準シテ減少ヲ加ヘ、且ツ人民ノ叶議ニ任セントスルナリ、是レ内務省草案ノ旨趣ナリ、

乙　第二号ノ布告ハ民費ノ總額ヲ制限スル者ニシテ、其地租ニ課スル分ト戸数ニ課スル分トヲ論セズ、両様ノ民費ヲ合セテ総額○《ヲ得ルコト》正税五分ノ一ニ越ユベカラズ、

右ノ両説ハ○《ノ間》計算上ニ於テ懸隔ナル相違ヲ生ス、例ヘハ一縣正税五十万○《円》ナランニ、甲ノ説ニ従ヘハ地租ニ課スル民費十万○《円》ヲ得、其戸数ニ課スル民費ハ猶外ニ五万或ハ七万十万○《円》アルヲ得ベシ、乙ノ説ニ従ヘハ民費○《ノ総額》ハ全ク十万円ヲ得ルニ止マリ、其十万円ノ中ニ就テ或ハ地所ニ課シ、或ハ戸数ニ課スルハ地方ノ適宜

ニ任スト云《ル》ノミ、

今計筭上ニ拘ラズシテ暫ク文義ニ就テ解ヲ下ストキハ、甲説當レリトス、何トナレハ第二号ノ布告ハ明治六年第百二十号布告民費ノ儀トアリ、明治六年（二字アキ）号布告ハ廳郡村費ノ入費地所ニ課スル、分○《ト》アリ、其地所ニ課スル分トアレハ、明カニ戸数ニ課スル分ヲ外ニシテセルヲ示シタル明文ニシテ《ナリ加之》、又該布告ハ即チ地租改正ノ公布ニシテ、専ラ○《土》地ヲ保護スルノ趣意ニシテ《ナレハ》、偏ニ地所ニ課スル民費ノ節制ヲ示シタルノ精神ナルコト明了《カ》ナリ、故ニ本年第二号ノ布告ハ即チ明治六年布告ニ依示ス所ノ民費ヲ指ス者ナレハ、明治六年ノ布告ヲ一讀スルトキハ其地所ニ課スル民費ヲ指スニ止マルコト甚タ明了ニシテ疑無ク、即チ明治六年ニハ地租三分ノ一ニ定メタル分ヲ、本年ハ五分ノ一ニ迄減シタルノ謂ニ外ナラズ、此義地方官吏ハ固ヨリ、明治六年布告ヲ諳熟セルヲ以テ毫末ノ疑ナカルベシ、

但シ人民此恩旨ヲ讀ム者、初メハ《明治六年公布ヲ反復スルニ暇アラズ、》必ス一切ノ民費正租五分ノ一ニ過クベカラズト早了スルナラン、然ルニ俄カニ此戸数ニ課スル分ハ猶ホ此外ニ在リト聞クトキハ、多少物議アランモ知ルベカラズ、又或ル地方官ハ戸数ニ課スル民費ハ制限ナシトシテ、地租ニ課スル分ヲ減シテ之ヲ戸数割ニ加筭シ、朝三暮四ノ術ヲ行ハン《フ者アラ》ンモ知ルベカラズ、是レ内務省申立テ案ノ如ク更ニ公布アリテ第二号布告ヲ補遺ニ説明シ、○《更ニ》地方官ニ明示センコトヲ○《必》要○《ト》スル所以ナリ、

（梧陰文庫Ⅱ—一一三）

編者曰　巻紙（一五八、五糎）に全文井上自筆墨書。本書は、明治十年一月四日「地租減額ニ付民費賦課定限」に關する太政官布告第二号への意見書と思料し、ここに収む。

六　貨政ヲ論スルノ書

明治十一年

（欄外上、井上自筆朱書）
「十」

（井上自筆墨書）
「明治十一年春與松田氏書」

益々御繁劇奉察候、小生着京後両三日之閑を得、即彼ノ西京柳ノ馬場ニ而發言いたし候金貨論致筆記候、先ツ内々御一覧被下度且御高批奉仰候、

國之貧富ハ物産に在而金貨に在らざるハ、理財学家之通言にして普通之道理なり、然るに時としてハ此普通の道理の外に於て、更に一種の情状を生することあり、即金貨足らざるに因る國の貧を為す是なり、此○《ノ》金貨足らざるの情状ハ外國交際に因而始て現出するもの也、蓋し各國孑立して互相交通せざる時に在てハ、金貨の融通ハ其一國の區域内に限る、故に金貨固より少きの國ハ其少きに依て其程に應したる双場あり、金貨固より多きの國ハ其多きに依て又其○《ノ》比例の双場あり、金貨多きの國ハ金貨少きの國を妨げず、金貨少きの國も亦金貨多きの國を妬まず、其○《ノ》人民ハ各固有之情状に慣熟して互に自他之差をだに知覚せず、若し其両國の間物産製造互相對比し差等ならんにハ、此○《ノ》両國の富は金貨の多少に拘らずして互相匹敵するものとせん、然るに両國俄かに交通を開き互に其物産を交易して、而して金貨以て之が媒介をなすに至てハ、始メて其間物價低昂の差頓に大異あるを覚へ、金貨少きの國は物價甚ダ廉なるを以て、金貨多きの人民は其物品を求需する○《こと》渇者の水ニ於けるが如く、而して少量の金貨を以て多量の物品を得一時の利益ハ擧て貲られざるに至る、

此時に當て、其金貨少きの國ハ物品一時ニ減少するのミならす、其人民も亦頓に金貨多きを羨むの熱心を生

し輸出貿易を競ふが故に、物品の双場亦金貨多き國の平準を引き、格外に騰貴して、自から其國の金貨少きを忘れ、其國金貨と物品と相比例する之双場を棄てゝ顧ミざること勢の必然にして、其貯蓄資本ハ旧時の半分以下にまて減少したる計業に落入り、俄かに竭乏之状を顕はし、其洶々の事状ハ一時名状し難きものあらん、我國従前鎖國の日に當てハ、金貨ハ我國の産出する所を用ふ《ゐ》るに止まり、自から固有の双場ありて物價と相比例し、已に不足なく亦有餘なかりしこと數百年なりき、然るに外國にてハ、今を距る三十年前「カリホルニヤ」發壙以來毎年四五○《百》萬ドルを發出し、同時ニ又「オースタラリー」の發坑あり、是より全世界の金貨ハ其價を一變し、商賣の上に大なる變動を生したり、此時も獨り我國は海中に孤立し外國と交通せざる故に毫も此巨大なる變動を感覺すること無く、旧に依て我か數百年○《來》の情景を保存せり、其後旧幕の末年に至り、宇内に後れて開港し、俄に各國と交通を始めしより數年の間に、世界金貨の變動已に過去に属せるもの、現在に内國に波及し、隄防一たひ決して狂瀾の支ふへからざるが如く勢其實に先だちて入り、金價頓に低下して物價従て騰上し、數年の間日用衣食より以て百般給養の物品大抵原價より四五倍し○《七》八倍し乃至十倍するに至る、此時人心の驚駭惶惑する事、妖鬼を見るが如く、手足措く所なきが如く、政府の興廃も亦多少此の財政變動の助け來す所たりしなり、

是然しながら自然の世変にして、強チに執政家の経論（ママ）に暗く治財の道を失ふに非す、且此財政の變動は數年ニして粗定り、數十年にして内外全く平均するに至てハ、人民慣熟して痕跡を露さゞるに至るべし、譬へハ俄に水土に習はざるの地方に住するときハ、一時冒感し或ハ潮熱胃弱を起さしむといへども、肺腑に侵入するの症にあらす、旬日を経る時は身体水土と相熟して復タ異状なきが如し、其實証を擧れハ、文久慶應の際ハ洋銀盛に入口し、横濱より江戸の銀座迄の間舟車

にて運送し、新鋳の桜銀と稱へたる一歩銀ハ現に取引の上に其半に居るに至れり、一時物品輸出の多き察すべしといへども、亦銀貨内に入るの急なる事従て知るべし、此勢を逐て進む時ハ、數年の間に内國の銀貨ハ各國と其多少を平均し痕跡を遺さゞるに至らん事明なり、是を開港以來旧幕末年の景況とす、

(抹消)

此に又一ッの特殊の変態を生し來れり、一新の楮幣是なり、楮幣の製造ハ實に止む事を得さるに出たるハ今更論するを待たず、然るに其結菓《果》は我か新に開港し金貨順入するの勢を轉して、却て金貨濫出するの勢に変せしめたり、此理ハ世人の普く論する所なれは茲に贅せず、若し此時楮幣を製造せず又楮幣を製造すること至て少からしめハ、國民ハ仍日常に金貨の少きを感し金貨を貪るの熱心甚タ盛にして、輸出《入》品ハ常に少く輸出品ハ常に多く、數年の間にハ内國の金貨堆《充》積して世界の平均を得るに至らん事、是を旧幕末年の景況と財政の通理とに徴して疑ふへきなし、

今は現在正貨の數は、旧幕末年に比ふれハ、猶一層の減少を得べし、正貨已に減少する時は、楮幣も亦逐層増加する事困《こと》難なる《き》の情状にして、世の理財家も亦楮幣を増す事を軽易にする事能ハず、故に之を約言すれハ、楮幣以て一時正貨の不足を補ふて、而して其結果ハ正貨の順入を妬み、従て楮幣も亦自から増加すること能はすして、終に世間の通貨をして金楮を論せす、今日の數量に止まり、更ニ一歩を進むる事能はざらしむるに至る、是を現今の景況とす、

故に我か現今の景況ハ、物産工業の各國に比較して貧位に居る而已ならず、又金貨寡少外國と平均する事能ハざる一種の貧位に居り、已に一時平均の勢を得んとせしも又一の変態に妨けられ、依然として前日の地位を保てるなり、

何を以て金貨少きの實を徴せん、今暫く金楮を別つに暇あらす、又暫く我國の現況、彼理財論に金四楮一の

比例を越へ《え》たる等の細密なる詮議に渉らずして、単に通貨の現況を以て之を論せん、

英佛の通貨ハ弐三十萬々に充チ、我カ通貨ハ僅に壱萬々ニ過きず、其多寡懸隔すこといふへきも、是ハ彼此の冨資本來大なる不同あれハ、通貨の比較を論するハ抑々末なり、故に余ハ敢て比準を外國に取る事を欲せず、

蓋し通貨適度の數ハ各國に自から各異の状景あり、其何等の方法を以て適度の如何なるを知る事ハ理財家の難しとするところにして、未タ一定の依據すべき比例ある○《こと》なしと云、余ハ今外國の如何なるに拘らず、又理財家の論説如何なるを顧ミることなり、只タ一直線に照準を今日の現況に取て人に問はんとす、

貨幣少きの害、今日の現況に顕ハるゝもの如何、僻地に在ては正確なる抵當を典當○《と》して、而して利息一月二割五分に至るものあり、宮城縣の如き、其原因ハ相互の信用なきにあらず、裁判偏頗なるにあらす、全く人民の貨幣の面目を見る事甚タ稀にして、之《是》を得る事甚タ難く、従て之《是》を重惜するの念、弥々骨髄ニ入るの致すところなり、田舎にても一日の労力ハ大抵二拾銭内外、米一石は五円内外なること都會と甚タ異なる事なし、然るに今五円札を以て田舎の市店ニて小買物をせんとせハ両替に困るべし、此景況ハ現に遠僻の地方を行歴したる人ハ智愚となく皆感覚すべし、東京府下の人の想像の及はざる所なり、田舎ニて工業の起らさる商賣の便ならざる、専ら此患より來る所なり、

其尤も見易きものハ石代金納の困難也、今通貨金楮を并せて一億一千萬円に上らず、而して我か歳入租税ハ約ソ六千萬円とす、通貨の半を以て歳々政府に収入す、然ルニ目今の有様、貨幣の流通甚タ緩慢にして、其昇降往來すること、一年に一回なる事能はざるのみならず、二年に二回或ハ三年に一回なるべし、其確實なる統計を得る○《こと》頗ル難しと雖ども、證券印税の入額意外に少きハ卽チ其一証なり、貨幣の流通、如レ是緩慢な

る故に此巨大の税額を収入する為には、少くとも通貨ハ必ス歳入の三倍を要すべし、然らざれハ出入相對比せず、進退相平均せずして、潮の往て來らざるの如く、民間の貨幣ハ一年一年よりも減少し、數年を積て遂に地を佛ふに至る、貨幣減少すれハ人民貨幣を愛惜する事益々濃カに、又貨幣を需用する事益々急に、利息益々騰上して流通益々壅がる、今の勢にては、田舎ハ歳を逐て困乏し、人々生活を保持する事あたはざるに到るハ必然の數也、是レ其遠因ハ流通の緩慢なるより起るといへども、其近因ハ断々乎として通貨少きの致す所なり、一説に通過の半を歳入に収むるハ異事にあらす、欧洲にてハ歳入の數額却テ通貨より多きの國あり（英）、抑々欧洲理財学の論ニ云、貧國ハ冨國ニ比ふれハ却而多く貨幣を要用とすと、卽チ流通緩慢なるの遠因あるを云なり、彼外國は流通の貨幣一歳ニ十數回するに至ると云、我か今日の景況と同日ニ論するハ是亦拘泥の説なり、此遠因なる流通緩慢ハ其由て來る所一朝にあらず、是固より政府の注意して修為勸導すべき所なれども、急に改良の效を見る事甚タ難く、漸次に擧行して其極點に達する事ハ猶二三十年の後に在るべし、此遠因を療する為の時間二三十年の空隙ニハ、先ツ近因に向て療法を施さゞるべからす、譬へハ滋養剤を以て永遠の效を求むといへども、解熱剤を用〇《ゐ》て目下の急を救ふ事亦タ甚タ要用なるが如し、此近因ニ對症の療方〇《付て》ハ今日行政事務の困難最第一なるべし、或ハ楮幣を消すべしとの説あり、是死児の年を數ふる拘泥の論なり、余ハ反對の説あり、此に畧之、

（梧陰文庫Ⅱ—六七八—②）

編者曰　修正加削は井上自筆墨書（美濃紙九枚）。本書は明治十一年に当時太政官大書記官たる井上が、内務大書記官兼太政官大書記官の松田道之に送りし意見書の寫しなり。「存議」（梧陰文庫Ⅱ—六七八）と題する井上の著作を綴りし冊子に収む。參考のため、「存議」の表紙及び目録を次に掲載す。

〔参考〕

（表紙）

「（井上自筆墨書）存議

二十八年二月

（井上自筆朱書）存稿」

（目次、内閣罫紙一枚）

（井上自筆墨書）「一　銀減之害　四年

一　十一年與松田内務大書記官論貨政書

一　山林議　十七年

一　刑法中倫理ニ係ル條項改正之議

一　民法草案三百七十二條ノ修正之議

一　病餘小言　二」

貨政ヲ論スルノ書

（梧陰文庫Ⅱ―六七八）

七　英國地方政治意見

（明治十一年）一月二日

（井上自筆墨書）

「英國地方政治」

英國分テ英蘭土四十州（コンテー）、威苒斯《ウエールス》十二州、蘓喝蘭《スコットランド》三十二州、愛蘭土《アイランド》三十二州トス、州又分テ「ハンドレッ」トシ、「ハンドレッ」又分テ「タウン」トス、州政ヲ掌ル官吏ハ、

一、ロルドリウテナント

二、セリフ

三、保《治》安裁判官

四、コロネル

ロルドリウテナントハ州内貴族ノ中ニ撰ヒ國王之ヲ任ス、保《治》安法官ノ會議ニ首班スルノ職掌トス、輔官一人或数人リウテナント自ラ之ヲ撰任ス、「セリフ」ハ國王之ヲ任ス、俸給ナシ、公同ノ安寧ヲ保護シ、法律ヲ施行シ、撰擧ニ首班シ、罪犯ヲ拘捕シ、裁判ヲ施行シ、監獄ヲ管護スルヲ掌ル、副官一員及附属数員アリ、龍動府ノセリフハ府民ノ公撰トス、

保《治》安法官ハロルドリウテナントノ具申ニ回リ尚璽大臣之ヲ授任ス、之ヲ州内ノ富豪ニ取ル、俸給無シ、其員甚多シ、司法行政ノ二務ヲ兼理ス、並ニ大会議小會議及臨時會議ヲ以テ之ヲ行フ、三人以上臨會スルヲ大會議トス、司法ノ事務ハ民事並刑事軽罪ヲ聴断ス、又罪犯ヲ喚徴糺問勾留ス、行政ノ事務ハ道路橋梁ノ保存、監獄貧狂院ノ監督ヲ掌ル、又地方警察ヲ総理シ、警察長ヲ授任ス、但シ内務卿ノ允許ヲ經、又出納官ヲ撰任シ、州費ヲ出納セシム、又保安法官ハ地方税ヲ以テ償却スベキ地方公債ヲ開クノ権アリ、

コロネルハ譯シテ検屍官トス、死屍ヲ撿視スルヲ掌ル、佛國撿事ノ職ニ類ス、或ハ朝撰ニ係リ或ハ民撰ニ係ル、

保《治》安法官ノ事務ヲ便捷ニスル為ニ州ヲ分テ数區トシ、一區ゴトニ法官二人以上小會議、臨時會議ヲ開ク、

此外「ハンドレッツ」ノ長一人保《治》法官會議ニ於テ撰任ス、裁判文書ノ送達、租税収入ノ事ヲ掌ルニ止マル、

「ハンドレッツ」又分テ「タウン」トス、「タウン」ハ拾戸ノ義ナリ、現今ノ「タウン」ハ其區域頗廣シ、

以上州治之外都府ノ議院ノ特許状ヲ得テ、特立自治之権ヲ有スル所ヲ地方組合トス、

地方組合ハ一種ノ政治ニシテ、専ラ議會ヲ以テ成立シ、其議長ヲ「マイヨー」ト名ケ、議長及議員皆ナ公撰ニ係ル、並ニ俸給ナシ、府内ノ富豪ニ取ル、毎年四度常會ヲ開ク、議會ハ地方ノ諸規則ヲ決議シ、決議ノ施行ニ就キ五磅以下ノ罰金ヲ科ス、地方ノ公有財産、公益院館ヲ管理シ、地方裁判管轄ノ事務禁獄及警察事務ヲ監督ス、議員各々委員トシテ一部ノ事務ヲ分掌ス、

都府地方區畫之最小ナル者ヲ寺區トス、寺區ノ事務ハ區内救貧税ヲ納ムル者ノ総会議ニ於テ管理ス、寺區會議ハ寺區ノ吏員ヲ撰任シ、寺院保存墓地道路貧民ヲ監司スルノ各委員トシ、及警察吏ヲ任ス、

又馬車及公益舘舎ノ監督、用水消防、建築工業特辰儀、浴泉浣場、市場ノ諸務ハ、別ニ地方委員ヲ設ケテ之ヲ主掌セシムル所アリ、地方委員管轄ノ地或ハ寺區数區ニ跨ルモノアリ、内務卿之ガ區畫ヲ定ム、但シ其區畫ヲ定ムルハ中央政府ヨリ着手スルコトアラズ、皆地方ノ請求ヲ待テ之ヲ定ム、地方委員ハ救貧税委員ト同一ノ方法ヲ以テ地方富豪ヨリ公撰ス、凡ソ地方事務ハ左ノ数項ヲ除ク外中央政府ノ関セザル所ナリ、即チ地方公債、委員地方ノ分合、道路開設ノ為ニスル土地買入及土地改良ニ関スル納税者ノ告訴等ハ地方委員決議ノ上内務卿ノ裁可ヲ經テ施行ス、

以上英國地方施政ノ方法大畧トス、以テ其井整画一ナル佛國ノ如クナルコト能ハザルヲ見ルニ足ル、然ルニ又其旧慣ニ因リ習俗ヲ貴重シ、地方亦佛國人ノ頌歎スル所タリ、

更ニ龍動府ノ治法ニ至リテハ亦全ク各地方ト殊別アリ、後郵ニ遣〔進〕呈スベシ、

右ハ昨日高論ヲ得、老臺ノ下問ヲ耻ザルニ感佩シ、即チ燈下ニ筆ヲ把リ、七時ニ草ヲ起シ、十時ニ終ル、亦参考ノ一端ニ供スル而已、匇々頓首

一月二日夜　　井上　毅

松田（道之）殿

（梧陰文庫C―一四二―②）

編者曰　表紙に井上自筆にて「各國地方施治法」と題する冊子（梧陰文庫C―一四二）中にあり。修正のみ井上自筆墨書（宮内省罫紙四枚）。なお同名の冊子がともにあり。その中に修正前の本書と同文の一本（太政官罫紙四枚）を収む。

八　日本帝國ハ不幸ノ位地ニ在ルノ説

〔明治十一年二月〕

（欄外上、井上自筆朱書）
「十二」

（井上自筆墨書）
「日本帝國在二不幸位地一説、送二松方君（正義）洋行一」

病ノ躬ニ在ル者ハ往々自ラ其病ノ深キヲ忘ル、戒メザルベケン乎、「若シ言トノ諱マザルヲ縦《ユル》サシメハ」○《今》我日本帝國ハ實ニ不幸ノ位地ニ立ツナ《テ》リ、我日本帝國ノ臣民タル者ハ實ニ不幸ノ位地ニ在ルコトヲ忘ルベカラザルナリ、「何ヲ以テ之ヲ謂フ乎」請フ之ヲ歴陳セン、地球ヲ環テ居ルノ民、分テ三大種トス、曰黄、白、黒、是ナリ、現ニ今、白人ノ勢、堤ヲ決スルノ水ノ如ク、原ヲ燎クノ火ノ如シ、而シテ黄、黒、二種ハ奄々トシテ振ハズ、此レ者《其》一ナリ、古今列國ノ間ニ「衡ヲ争ヒ雄ヲ競フ」《立チ能外侮ヲ禦ク》者、多クハ黨與合從ノ力ニ倚ル、而シテ我カ同文ノ邦、唇歯ノ状アルモ、實ニ相扶ケ相倚ルノ力ニ乏シ、此レ其二ナリ、轉シテ交ヲ各國ニ廣ム《メ》、信使往來、称ヘ《シ》テ同盟トナス、平時互ニ相厚クセザルニ非ス、一朝急アラハ、○《彼我ノ》情、實ニ氷炭ナランノミ、蓋シ同種相愛シ同教相援クルハ、人ノ○《通》情ニシテ、而シテ異種異教、實ニ之ニ反スレハナリ、此レ其三ナリ、環宇ノ大勢、日變月革、天涯枕席《比隣》、交際織ルカ如ク、而シテ我カ國、耳目ヲ塗塞シテ、獨リ舊態ニ安セシ、已ニ三四《数》百年、遽カニ奮テ各國ノ間ニ逍遥ス、田舎ノ兒新ニ都門ニ入ルカ如シ、此レ其四ナリ、海陸○《ノ》兵甲ハ、彼レニ傚フテ未タ熟セズ、稚兒ノ鬢ニ在ルカ如シ、此レ其五ナリ、米濠二洲、鑛穴ノ發スル、金貨流ル、カ如ク、今古ノ差、啻ニ倍蓰ノミナラズ、是ヲ宇内財政ノ一變トス、而シテ我レハ則チ變ニ後レ舊ニ依リ、今日ニ至テ、固有ノ冨、頓ニ其價ヲ失ヒ、俄カニ困乏ノ實ヲ露ハス、蓋シ我カ全國ノ資ヲ擧テ、歐洲ノ一豪商ニ敵スルコト能ハズ、是レ猶ホ擔石ノ家ニシテ千金ノ子ト相婚交スルガ如シ、此レ其六ナリ、治外政權ノ約ハ、已ニ獨立國ノ体面ヲ妨ケ、○《其他》旧幕ノ締約《款》、着々歩ヲ讓ル、利權彼○レニ在リ、百事肘ヲ掣ク、馬ノ羈○《靮》ニ在ルカ如シ、加フルニ、各國ノ公使、倨傲風ヲ成シ、機智相駕ス、此レ其七ナリ、文學百科工藝技術、一モ彼レニ若ク者ナシ、而シテ我カ國民心知ノ度、未タ以テ相企ツルニ足ルヲ見ズ、此レ其八ナリ、

此ノ數タノ者ヲ以テスルニ、之ヲ不幸ノ位地ニ立ツト謂フ、豈ニ誣○《ヒ》タリトセン乎、之ヲ群虎肉ニ臨ムノ勢トス、之ヲ一舟激浪倒波ノ中ニ在ル○象トス、

*1「○夫レ余カ危言、是ニ至ル所以ノ者ハ、敢テ敵ノ美ヲ語ルノ類ニ非サルナリ、蓋シ」○更ニ尤モ不幸ナル者在ルアリ、何ソヤ、我カ帝國ハ、海瀛ノ中ニ邦シ、隣ニ累世ノ讐ナク、彊場防狄ノ患ナシ、故ニ我《全》カ帝國ノ人民八、輒スク無事ニ安ンシ、警發惕厲ノ意ニ乏シ、凡ソ彊外ノ飛報ハ往々視テ演劇ニ比スルニ過キズ、而シテ均勢相持シ、列國相競フ、進退ノ機、之ヲ度外ニ置ク、是レ乃チ不幸ノ尤モ大ナル者ニ非ス乎、唯タ然リ、故ニ相賀シ相祝シ《衆意ノ嚮フ所、專ラ文物ニ在リ》、苟モ觀美ヲ為シ、文物粲《邊幅ヲ修》然《飾シ雍々相祝シ》、上下風ニ傚フ、而シテ衆意ノ嚮フ所《其稍ヤ異ヲ立ル者ハ》、短長ヲ門墻ノ内ニ争ヒ、利害ヲ百里《尺寸》ノ間ニ較ヘ、黨派相激シ、輾轉相仇トシ、以テ快トスルニ過キズ、此レ豈ニ病ノ躬ニ在ルヲ知ルノ氣象ナラン乎哉、

故ニ曰、我カ帝國ノ臣民タル者ハ、實ニ不幸ノ位地ニ在ルコトヲ忘ルベカラザルナリ、若シ果シテ我日本帝國ハ、不幸ノ位地ニ在ルコトヲ知ラシメハ、其朝野叶《協》仝、億兆一心、膽ヲ嘗メ薪ニ坐シ、「鍊磨骨ニ徹シ」儀文ヲ去リ、修飾ヲ斥ケ、着實ヲ務メトシ、以テ難ニ尅チ危ヲ持シ、悠遠ノ功ヲ期スルコト、自ラ《オ》已ムコト能ハザル者アラントスルナリ、里昂《リオン》府ニ塑像アリ、三女一處ニ在リ《一蹐ニ相倚ル其》、中間ニ直立スル者、歲方《マサ》ニ強、其左ニ居ル者、頽齡ニシテ暮氣アリ、

中立女ノ左手ヲ引テ、将ニ陥井ラントスル者ノ如シ、右ニ坐スル者、少年氣壮、中立女ノ右手ヲ攀チ、一擧シテ企ヲ起ツ者ノ如シ、蓋シ消長ノ理ヲ著《形》ス者ナリ《ト云》○、嗚呼我日本帝國ハ、實ニ不幸ノ位地ニ立テリ、然ルニ猶ホ企テ起タントスルノ少女タル《在上ノ君》コトヲ失ハズ、*2 夫レ今日ノ事、豈奇策アラン乎哉、亦儉勤ノ二字ニ過キザルノミ、蓋シ文物華麗ハ以テ暮氣ヲ促スノ道ニシテ以テ壮氣ヲ鼓スルノ具ニ非《サル》○ナリ、

余カ此説ヲ持スルコト久シ、未タ敢テ遽カニ人ニ語ラザルナリ、○今《今》大藏大輔松方君ノ洋行ヲ祝シ、敢テ以テ献スルコトヲ為ス、高明或ハ西海万里ノ外ニ在テ猶ホ《或ハ》余カ言ヲ省ミルコトアラン歟、余カ幸甚ナリ、

＊1 イキル
＊2 上二三ノ君子 勤率ヰ先チ 國敢為ノ 壮氣ヲ鼓スル 在ル而已

（梧陰文庫Ⅱ―六七七―⑧）

編者曰　修正加削は井上自筆墨書（美濃紙三枚）。井上の著作を綴りし冊子（梧陰文庫Ⅱ―六七七）中にあり。本書は、本文中に「今大藏大輔松方君ノ洋行ヲ祝シ、敢テ以テ献スルコトヲ為ス」とあることにより、明治十一年二月に大藏大輔松方正義が佛國博覽會副總裁および同事務官長兼務としてパリへ赴く際に草せしものと思料し、ここに収む。なお、本書の頭注は、製本の際の裁断により、上何文字か脱落せり。

九　勲等者寡孤蔭金令意見案

明治十一年六月二十九日

明治十一年六月二十九日　主査　井上（井上）（洪基）
長官　急速輪議　（渡邉）
副長官　書記官（山﨑）（直胤）

賞勲局上申案勲等者寡孤蔭金令、本局エ叶議ニ就キ、左之本局考案ヲ以テ賞勲局エ苔覆ニ及ヒ可然哉、

勲等之年金ハ其本人ノ終身ニ止マル、然ルニ今又其死後ニ及フ、一ハ遺族貧窮ニシテ糊口ニ困ム者ノ為ニシ、一ハ本人ノ功績ニ因リ特恩ニ出ル者トス、是レ寡孤蔭金令ノ議案ナリ、本局之ヲ考按スルニ、第一、遺族ノ貧困ナル者ニ限リ蔭金ヲ與フルハ、救卹ノ類ニシテ、賞勲ノ義ニ乖クナリ、若シ果シテ賞勲ノ恩ニ出ハ、何ソ貧窮ノ遺族ニ限ルコトヲ為ン、凡ソ勲閥ノ遺族ハ皆ナ恩蔭ノ光榮ヲ被ルベキナリ、其或ハ果シテ賞勲ノ主義ヲ轉シテ一変シテ救卹ノ類ト為サハ、是レ其糊口ノ養料ヲ與ヘナハ已ニ足リナン《フルヲ以テ度トスベシ》、何ソ年金ノ半額ヲ賜フニ至ラン乎、且ツ人孰レカ恩惠ヲ願ハザラン、即チ孰レカ自ラ貧困ヲ以テ○《自ラ》訴ヘザル者アラン、其願訴ノ情ヲ察シ、之カ虚実ヲ得《問》テ、而シテ之ヲ予奪スルニ當テ、一ハ之ヲ得、一ハ之ヲ失フ、恩怨頓ニ異ナリ、物論従テ生セン、之ヲ要スルニ、蔭金ノ貧窮ニ限ルハ賞典ノ當然ニ非サルナリ、

第二、本人ノ功績ニ因リ特恩ヲ以テ遺族ヲ蔭庇スルハ、果シテ何等ノ功績ヲ以テ遺族ヲ蔭庇スベキノ限トスル乎、若シ臨時ノ特恩ニ出ル者トセハ、是乃チ非常ノ寵光ニシテ、特別ノ優典ニ係ル者、著シテ令トナスベキニ非ルナリ、若シ必ス之ヲ甲《法》令ニ著シ、以テ功績ヲ待ツトキ《トセ》ハ則賞勲ノ人《家》、孰レカ

功績ニ非サル者ソ、〔恩ノ濫ナリ易キ、情ノ狗ヒ易キ〕優劣〔甲乙〕ノ等何ヲ以テ限トセン、其ノ流レ或ハ家々ニシテ蔭金ヲ與ヘザルコトヲ得ザルニ至ル〔モ亦知ルベカラズ、〕〔是〕○亦勢ノ○必然ニシテ理ノ不可ナル者ナリ、

以上ノ理由ニ據リ、本局ニ於テ蔭金令案ニ同議スルコト能ハズ、謹議

——　　　　　　　　　　法制局

賞勲局御中

（梧陰文庫B―二〇六）

編者曰　修正加削を含め井上全文自筆墨書（法制局罫紙二枚）。本書は、他の勲等に關する文書群とともに、井上自筆にて「勲」と墨書されし封筒中にあり。

一〇　苔柳原議官論陪審書

〔明治十二年〕十月二十七日

(表紙、宮内省罫紙一枚)

「(欄外上、井上自筆朱書)「十二」
(井上自筆墨書)「苔柳原議官論陪審書」
」

*1 奉謹呈候、昨日廣橋氏ヘ傳言被仰含候治罪法ノ事洵ニ顧問ノ厚意ヲ忝クシ感銘ノ至、従而愚考ノ件ハ疎謬ヲ顧ミズ閣下ニ具陳仕度奉存候、傳聞スル所ニ據レハ司法省上申ノ治罪法案ニ陪審ヲ用フ《ヰ》ル事ニ取調有之由、右陪審ヲ用フ《ヰ》ルト否トハ治罪法全局ノ組織ニ関係スル機軸ニシテ、其他ノ條項ハ過半此事ノ存否ニ従テ取捨アルヘキニ候得《ヘ》者、先第一ニ此事ヨリ御決許《定》ニ相成候事審査着手ノ順序歟ト奉存候、然ルニ小生ハ陪審不可用ノ素論ニテ既ニ問目ヲ以テボアソナード氏ヘモ質疑ニ及《ヒ》〇、同氏苔共何物ノ何《所》為カ新聞紙ヘモ掲載イタシ候得《ヘ》者、或ハ閣下ニモ既ニ御一覧ヲ經タルカト存候、尓來更ニ第二篇ヲ草シ猶教師ニモ質問致度存候、其大意如左、

陪審ハ何ノ為ニシテ之ヲ用フ《ヰ》ルヤ、」以テ法官ノ私ヲ監ストスルカ法官既ニ信ヲ置クニ足ラズ〇《トセハ》、更ニ何人カ信ヲ置クニ足タラン〇《ヤ》、法官既ニ私アリ陪審亦獨リ私無ランヤ、」以テ衆目ヲ假ルトスル歟、十二人ハ未タ以テ衆トスルニ足ラザルナリ、」法官ハ法ニ拘ハル故ニ常人ノ虚心取裁スルニ若カズト謂ハンカ、法ノ良ナラザル〇《ニ当テ此ニ》拘ハル〇《ハ固ヨリ》病タリ、若夫法ノ已ニ良ナル〇《トキハ》唯其〇《ノ》拘ハラザルヲ恐ル、ナリ、虚心〇《以テ》法ノ外ニ〇《取》裁スルニ至〇《リ》テハ安ンゾ、其曠蕩不經、法

無キノ地ニ陥ラザルヲ知ランヤ、

法ハ何ノ為ニシテ設クルヤ、法ハ古今ニ参シ、衆思ヲ集メ、條理ヲ大成シテ、而シテ後、成ル法ニ據テ事ヲ断ズルハ、猶規ヲ以テ圓ヲ作リ、矩ヲ以テ方ヲ作ルガ如シ、今法ヲ行フノ場ニ臨○《ン》デ、而シテ法ヲ知ラザルノ人ヲシテ、姑ラク法ノ外ニ取裁セシム、是レ陪審ノ設ケハ法ヲ設クルノ義ト相反スルナリ、

法ノ物タル精義神ニ入ル、故ニ法ヲ學ハザレハ以テ法ヲ執ルベカラズ、法官ノ設ケハ猶工ノ室ヲ造リ醫ノ病ヲ治ムルカ如シ、今法官ノ側、更ニ法ヲ知ラザルノ人ヲ置キ相牽掣セシム、是レ猶[ホ]室ヲ作ルニ工ヲ信ゼズ、疾ヲ治ムルニ醫ヲ信セザルカ如シ、而シテ亦曰、工ヲ知ル者ハ工ニ拘ハル、醫ヲ知ル者ハ醫ニ拘ハルト、豈斯○《ノ》理アランヤ、

議者ノ説ニ曰、陪審ハ事ヲ判シ、法官ハ法ヲ判ス、互ニ相妨ゲズト、此レ亦然ラズ、醫ノ疾ヲ治ムルハ其藥ヲ投スルニ在ラズシテ、其疾ノ診候何如ヲ察スルニ在リ、今常人ヲシテ病診ヲ断セシメ、而シテ醫ヲシテ藥ヲ劑セシム、是レ初メヨリ醫ヲ假ラザルナリ、

供-状○《已ニ》具ハリ、証-案○《已ニ》白セリ、此ノ時ニ當テ罪人ノ○《運》命ハ一言ノ断語ニ繋ル、曰然曰否、然シテ制命[之]《ノ》権ハ陪審ニ在テ、而シテ法官ニ在ラズ、故ニ法官ハ徒ニ法ノ末ニ局シ、而シテ法ノ本ヲ執ル者ハ[則]陪審ナリ、之ヲ如何ゾ、陪審ハ獨リ事ヲ断シテ法ニ干ラズト謂フコトヲ得ン○《ヤ》、其事案既ニ断スルノ後ニ於テ、律章ヲ問擬スルガ如キハ、獨リ胥吏ノ態ナランノミ、

歐洲ノ法、其取ルベキ者誠ニ多シ、惟タ其ノ旧俗ニ由リ因襲シテ例ヲ成シ、以テ今日ニ至リ、民情慣熟シ、學士大夫亦タ恬視シテ疑ハズ、従テ之カ説ヲ為ス者アリ、陪審ノ事ノ如キ是ナリ、之ヲ史ニ徴スルニ、陪審ノ制ハ日耳曼ノ武俗ニ始マル、其従テ來ル所、古矣、

右ハ一種ノ理論ニテ可有之候得《ヘ》共、更ニ實際ニ就テ論スルニモ今人民中ヨリ陪審ヲ撰集スルニ其多事煩雑ト、并ニ民費ノ増加トハ免ルベキアラザルノ情況ナルヘシ、而シテ其効験成果ハ百ニ一モ覺束ナシ、却テ苦情ノ種子タルヘキノミ、仰願高明審思而熟處之矣、若地方官會議ノ好機會ヲ以テ一ノ問題トシ垂問アリ、衆議○《ニ》決スル亦妙ト奉存候、草々頓首

十月廿七日　　井上　毅

於内務省執筆

柳原議官殿

再白御一閲ノ上、御返投被成下候様奉願候、再拝

（梧陰文庫Ⅱ―六七七―⑨）

*1 （附箋）陪審法

編者曰　本書は井上の著作を綴りし冊子（梧陰文庫Ⅱ―六七七）に収められしものにて、『井上毅傳史料篇第一』所収文書六七「治罪法意見」を底本に、井上自筆を以て修正加削を施せしもの（制度取調局罫紙二枚、宮内省罫紙四枚）。蓋し、本書の起草年代は右の「治罪法意見」に倣て推定するも、修正加削は後年に井上が施せしものと推量す。

一一　秘書局設置意見案

（明治十二年）

一、太政官ノ職制章程ハ改ムベカラズ、専ラ書記官ノ職制章程ヲ改ムベシ、書記官ノ職制ハ金井案ノ一條ニテ足レリトス、

一、史官中記録掛ハ廃スベカラズ、其他ハ原案ニ同意ス、但記録掛ノ冗官ヲ省クハ仍ホ可、

一、秘書局又ハ中書局ヲ設クベシ、

公式令ニ据ルニ、今ノ太政官ヲシテ布告達スハ大抵詔勅ヲ以テ行フベキノ類ニ属ス、職員令ニ据ルニ、詔勅ヲ造ルハ大少内記ノ職トス、中務省ニ属ス、其太政官ニ属スル辧官史官ハ庶事ヲ受付シ、文案ヲ署スルノ任ニシテ、詔勅制誥ノ事ニ預ラズ、今大政官書記官ノ章程ニ、詔勅ヲ造リ御璽ヲ鈐スルノ條アリ、即チ大宝ノ中務卿ト大少内記ノ掌ル所ナリ、今新タニ

天皇親裁ノ日ニ當ル、法制公布ノ体裁、亦宜シク公式令ニ依リ、務メテ聖旨ヲ弘布シ、以テ万民ノ仰望ニ副フベシ、此レ則大政官大書記官ノ職、甚タ樞要トス、

然ルニ今ノ書記官ハ主トシテ二職ノ庶務ニ供シ、即チ今ノ史官ニ當ルベクシテ、未タ内記ノ実ヲ擧ルニ足ラズ、法制局ハ一時内閣翰林秘書ノ局タリシモ、今日ニ至リ沿習（貼紙）ノ勢、変シテ大宝ノ明法博士、及旧明法寮ノ類トナレリ、

今宜シク史官及法制局ノ外、另ニ秘書官ヲ置キ、以テ内閣翰書ノ府トナスベシ、其職掌ハ、

一ニ詔勅制誥ノ案ヲ上ツル、

二ニ官院省職制章程及行政規則、訓條等其法律ニ係ラザル者ハ、閣命ヲ受ケ起草又ハ勘審ス、及法律ハ特ニ閣命ヲ受ル者ヲ起草ス又ハ勘審ス、

秘書官ハ奏任二三名ニ止ム、冗費ヲ要スルニ至

ラザラシム、

「一、中村ノ案、局長ノ職ハ分掌ノ部ニ置クベシ、」(井上自筆朱書)

(梧陰文庫B―六二〇)

編者曰　本書は全文井上自筆墨書にて筆されし後、さらに墨書と朱書の二度にわたり井上自筆の修正加削を施されしものなり(無銘罫紙二枚)。

一二　知事臨場意見

（明治十二年）

知事監督　二十八條傍聽ヲ禁スルヲ求ムルノ權、三十三条會議ノ論説國ノ安寧ヲ害シ、法律規則ヲ犯ストキ中止ノ權、

議長整理　三十条議場ヲ整理スルハ議長ノ職掌トス、規則ニ背キ命ニ順ハザル者ヲ退去セシムルコトヲ得、

知事臨場ノ事ハ法ニ明文ナシ、因テハ左ノ三ツノ場合アルニ止マルヘシ、

一　開閉ノ儀式ノ臨場

二　辨明ノ臨場

三　傍聽

若知事タル者且ツ傍聽シ、且ツ監督シ、且傍聽ヲ禁シ、且中止スルノ權ヲ併有シテ同時ニ施行セシメハ、議長整理ノ權ハ鳥有ニ歸セン、

番外辨明ノ場合ニハ知事モ亦番外ナリ、ヨリ議場整理ノ注意ヲ望ムハ、議長ニ向テ建議スル者ニシテ其ノ所裁ノ權ハ仍議長ニ在リ、何トナレハ此時議長主ニシテ番外客ナレハナリ、此ノ(甲)○建議ノ場合ト(乙)○監督上傍聽禁止ヲ求ムルノ場合トヲ混スヘカラズ、乙ノ場合ハ議場ノ局外ヨリ知事ノ名義ヲ以テ要求スヘシ、辨明ノ席ヨリ建議スヘカラズ、

（梧陰文庫Ⅱ—三七〇）

編者曰　巻紙（七〇、五糎）に全文井上自筆墨書。本書は、明治十二年九月二十日公布の町村會規則に關する意見書と思料し、ここに収む。

一三　清國ノ銀價騰貴　〔明治十三年〕

一、清國ノ銀價騰貴

「伊藤（博文）参議へ出」
（井上自筆朱書）

清國ニテハ政府ノ楮幣ナシト雖モ亦改貿易ノ開キシ已來銀貨ノ騰貴セルコト幾ント我國ト殊ナルコトナシ、大清会典ニハ各省徴二収支三放銭文一、以銀折抵絹算スル者毎銭一千作銀一両トアリ、是レ乃其國初ノ時ノ定ムル所ノ双場ニシテ、一テールノ宝銀ハ制銭《チーチエン》一千文ニ換ヘタルナリ、道光初年阿片ノ盛ニ行ハル、時ニ茶絲ノ輸出猶僅々ニ過キズ、於テ宝銀外ニ出、銀價騰貴シ銭二千文ニ当ルニ至リタリ、瀛環項記 此時ハ林則徐ハ銀昂キノ患ヲ痛論シテ之ヲ抑制スルノ方法ヲ行ハントシ、阿片ヲ焚クノ一擧ハ乃チ旁ラ銀價ヲ平準スル為ノ目的ニ出テタルナリ、林氏ノ奏議ニ見ユ、其後咸豊六年ニ銀價一時低下シテ千三四百文ニマテ至リタルハ、茶絲ノ輸出ヲ益シタルト阿片ノ輸入ヲ減シタルニ由ルナリ、瀛環項記

然ルニ現今ハ更ニ又銀價昂貴シ千七百文ヨリ弐千文ニ至ル、或ハ江南ニ於テハ弐千弐百文ニ上ルアリ、香港ノ循環日夜ニ洋商貿易ノ為ニ財源日ニ竭キテ金銀外國ニ濫出シ、唯空票ヲ恃テ、民間ニ發行スル銭切手ヲ票子ト云、以テ售賣ノ媒ヲナスコトヲ論シタリ、

按スルニ清國五十年來銀價騰貴シテ幾ント一倍ニ至ル者ハ、一ハ悪銭ノ流行ニ原因スルナリ、一ハ貿易ニ原因スルナリ、而シテ其結果ハ宛モ紙幣通用ノ國ト異ナルコトナキモノ、如シ、但紙幣ノ國ハ著シク其形跡ヲ顕ハシ、紙幣ナキノ國ハ其銀貨ト對較ヲナスベキ驗照器ナキカ故ニ稍運歩ヲ緩クスルノミ、抑々洋貨盛ニ行ハレ銀貨濫出スルノ害ハ、清國人之ヲ酒巵ニ比ス、放

テ之ヲ塞カザルトキハ、以テ國本ヲ竭クスニ足ルヲ謂フナリ、此レニ由テ看ルトキハ我國ノ銀價　貴ハ種々ノ原因ニ起ル者ト雖モ、其重ナル起因ハ全ク輸入洋品過多ナルニ在リ、故ニ銀價ノ貴キハ楮幣過多ニ因ルト謂ルハ獨リ其一端ヲ論スル者ニシテ、其全部ヲ擧レハ却テ楮幣ノ下落ハ銀價騰貴ニ因リ、銀價騰貴ハ輸入過多ニ因ルト云ベキナリ、

果シテ此論理ヲシテ事実ニ当ル者ナラシメハ、楮幣ノ下落ヲ救フニ独リ楮幣ヲ減サスルノミヲ以テ足レリトスルハ、仍ホ未タ病ノ遠因ヲ療セザル者ニシテ、其近因ヲ治ムルニ止マルカ如シ、必ス非常ノ断ヲ用ヰ林則徐カ阿片ヲ焚クカ如ク、而シテ上下一致、力メテ國産ヲ保護シ外品ヲ擯斥スルニ在ルカ、然ラザレハ楮幣減少ノ日銀價ノ騰貴ハ仍ホ依然トシテ前日ノ如ク却テ辺鄙ノ小民ヲシテ通貨竭乏ノ害ヲ被ラシムルニ止マルベキノミ、

（抹消）

二、清國ノ票子《キリテ》

此ニ又一種ノ奇異トスベキ事件アリ、北京ニテ票子《ピヤウツー》ナル者、盛ニ行ハレ民間日用ノ賣買ニ大概票子ヲ用ヰザルハナク、外國人ニ慣ハザルノ市店ハ洋銀ヨリモ寧ロ票子ヲ擇フ、票子トハ即チ銭店ヨリ發行スル所ノ銭切手ニシテ薄紙ニ銭若干吊（吊トハ貫ト云カ如シ、）ト書シ、銭店某号ノ印ヲ畫シタル者ナリ、

右銭票ハ政府ノ保証アル者ニ非ス、銭店ノ身元如何ト問ヘハ、往々資本ヲ貸借シテ開店スル者アリ、近年銭店ノ破産欠本スル者甚タ多シ、而シテ北京中ニ四百戸ノ銭店アリト云トキハ、票子發行ノ数、亦又少カラズ、

然ルニ銭票ノ民間ニ通用《行》シテ常ニ現銭ト價ヲ同クシ、信用ヲ得テ低格ヲ致サヾルハ抑亦奇ナラズヤ、

（梧陰文庫E―七〇）

編者曰　美濃紙七枚に全文井上自筆を以て墨書す。

一四　刑法改正意見案

〔明治十六年〕

（井上自筆墨書）
「刑法改正ノ事ニ付、詳細ニ明白ナル教示ヲ賜ハレ、懇到ノ貴意ヲ感謝ス、今此事ニ付、最初ニ予カ改正ノ必要ナルコトヲ思想シテ、之ヲ企テタルコトノ理由ヲ以テ足下ニ開陳シ、更ニ足下ノ一層髙尚ナル教ヲ請フコトハ、予カ欠クヘカラザルノ務メナリト信ス、」

○《日本》新刑法ノ公布ハ外國法學家ノ賛揚ス《ヲ得》ル所ニシテ、呼テ東洋文明ノ徴表トナス○、《者アルニ至レリト聞ク》今公布ノ後、未タ數年ナラサルニ之ヲ改正スルハ、中外ノ人民《ノ多少ノ議論ヲ招キ、政府ノ》ニ幾分ノ論柄ヲ假ス《聲譽ヲ損スル》ノ事タルヲ免レサルハ、論ヲ待タス《予モ亦足下ト與ニ信》シテ明ナリ《疑ハザル所ナリ》、然シナカラ此ノ弱点アルニ拘ラス、他ノ一方ニ於テ至テ已ムヲ得サルノ理由アリテ、彼此ノ輕重ヲ比較スルトキハ、果シテ改正ノ断行セサルヘカラサルコトヲ發顕スヘシ《シタリ》、

即チ左ニ開陳スル所ノ如シ、

第一《憲法未タ公布セザルノ國ニ於テハ、》○刑法ハ國法中ノ最モ重要ナル者ニシテ、《其國事帝室ニ》憲法ニ《係ルノ條項ハ、蓋》次キ、又憲法《ノ場所ヲ保ツ》ヲ左右スル者ナリ、故ニ刑法ハ必ス建國ノ体ト相符合スルコトヲ要スヘシ、《我国ノ歴史上ノ國体ト教育上ノ慣習》凡ソ君主世ヲ統一フルノ《ニ依ルニ、至尊ヲ尊敬スルヲ以テ國民第一ノ逃ルヘカラザルノ義務トシ、若此義務ヲ欠キ》國ニ在テハ洋ノ東西ヲ問ハス、臣民ニシテ不韙ノ罪ヲ犯ス者アレ《ルトキ》ハ、処《必》スルニ反逆ノ名ヲ正サヽル者ハアラス、《シ、以テ天人容レザルノ大義ヲ明ニ》又君主《シ、人心ヲシテ凛乎トシテ懼ル、所ヲ知ラシム、》ヲ干犯スルト國憲ヲ紊乱スルトヲ以テ、同一ノ刑名ヲ正サヽル者ハアラサルナリ、是レ其故何ソ乎、蓋君主ヲ干犯スルハ至テ諱ムヘキノ事ニシテ、其條ヲ設ケサレハ則止ム、苟モ為ニ正條ヲ設クルトキハ、反逆ノ極刑ヲ正シ、天人容レサルノ大義ヲ明ニスルニ非サレハ、以テ人心ヲ警粛シ、凛乎トシテ懼ル、所ヲ知ラシムルニ足ラサレハナリ、君主ハ國ノ元首ニシテ、○《又》君主ノ躬ヲ侵スト、君主ノ位ヲ危クスルト、政府ヲ顚覆シ朝憲ヲ紊乱シテ、以テ君主ノ權利光榮ヲ害スルト、其事各殊ナリト雖モ、均シク反逆ノ罪タルコトヲ免レサレハナリ《ヲ明言シ、以テ國体ヲ明ニシ》、

今我カ《根本ヲ鞏固ニスルハ、是我國歴代ノ典範ニシテ、建國以来二千五百年ノ不易ノ大法ナリ》新刑法ニ設クル所ノ正條ニ曰、「天皇三后皇太子ニ對シ危害ヲ加ヘ、又ハ加ヘントシタル者ハ死刑ニ

處ス」ト謂テ其反逆ノ名ヲ正サヽルハ、我國民ノ過半ハ予ト共ニ嘆惜ス所ナリ、又言ヲ立ルコト平単ニシテ、其意常人ニル比ヘテ等ヲ加フト謂フカ如キ耳、是レ其大義ヲ正シ、名分ヲ明カニスルノ意、焉クニカ在ル乎、第二編第一章ハ専ラ皇室ニ對スルノ罪ヲ擧ケ、第二章ハ國事犯ノ名ヲ掲ケ、政府ヲ顚覆シ邦土ヲ僭窃シ、政府ニ於ケル皇帝ノ権利光榮ヲ害ス朝憲ヲ紊乱スルヲ以テ、佛語譯本ニ朝憲ヲ紊亂スルノ句ヲ譯シテ「政府ニ於ケル皇帝ノ権利光榮ヲ滅ス」トナス、内乱ノ罪トナス、夫レ内乱ハ兩黨相闘フノ名ナリ、古ヨリ國ヲ覆シ世ヲ乱ラントスル者、誰レカ名義ヲ内乱ニ假リ、以テ反逆ノ称ヲ避ルコトヲ欲セサル者ゾ、今刑法既ニ明カニ内乱ノ名ヲ認メテ政府ニ對スル政黨ノ争トナシ、判然皇室ニ對スルノ罪ト區別ヲ為ス、是亦我國固有ノ典型ト相矛盾スルハ、予カ将来ノ為ニ深ク憂慮スル所ナリ、将来不軌ノ徒ヲシテ以テ口實ヲ籍ルコトヲ得セシメ、既ニ以テ自誤リ、又以テ人ヲ誤ラシメントスルナリ、是レ其暴ヲ禁シ、乱ヲ誅スルノ義、焉クニカ在ル乎、嘗テ聞ク、佛國三世那破倫ハ既ニ共和ノ主義ヲ以テ憲法ヲ立テタリ、而シテ其改正刑法ニ於テハ、却テ皇帝ヲ侵害スルノ條ヲ以テ、仍ホ他ノ政府ヲ顚覆シ、朝憲ヲ紊乱スル等ノ條ト同シク一章ノ中ニ掲ケタリ、是レ其憲法ノ主義ト相矛盾スル者ニシテ、彼國刑法論者ノ遺憾トスル所ナリト、今乃チ彼レニ遺憾トスル所ヲ以テ、之ヲ我レニ満足シ、各國刑法ノ無キ所ヲ以テ、獨リ之ヲ我國ニ行ヒ、以テ理論ノ快ヲ取リ、其専美ニ誇ラント欲スル者ノ如シ、而シテ其害ノ及フ所實ニ測ルヘカラサルナリ、

各國刑法参照後ニ附録ス、

以上、各國ノ刑法ヲ比照シテ、以テ之ヲ論スル者ナリ、今又更ニ一歩ヲ進メテ、専ラ我カ國體ヲ以テ之ヲ謂ハン歟、第一我カ國宮府一體、太政官ハ即チ天皇親臨ノ所ニシテ現行太政官章程皇室ト政府ト兩岐アルニ非サルナリ、而シテ将来國憲制定ノ日、政府ヲ以テ皇室ニ属シ、政府ヲ以テ議院政黨ニ属セサルハ、盖不易ノ理ナルヘキカ如シ、今刑法ニ於テハ反テ政府ヲ以テ皇室ト區分シ、政府ヲ顚覆スルノ事ヲ以テ別ニ一種ノ刑名トナシ、皇室ヲ干犯スルノ罪トナサス、此レ豈我カ政體ト相矛盾スル者ニ非ス乎、第二我國ノ古典ニ徵スルニ大寶律謀反謀逆ハ皆之ヲ豫謀ノ間ニ二人以上倶謀誅鋤スルコトヲ務メ、其既ニ發スルヲ待テ、始メテ罪ヲ論スルノ例ニ非サルナリ、然ルニ新刑法ハ(井上自筆墨書)「百二十五条内乱ニ於テハ、之ヲ陰謀ノ際ニ豫防シテ、

既ニ罪ヲ成立スル者トシナカラ、直接ノ至尊ニ對スル干犯ニ於テハ、却テ」他ノ重罪ノ例ト均シク未遂罪ヲ刑スルニ止メ、百十六条曰、危害ヲ加ヘ、又ハ加ヘントシタル者ハ云々、加ヘントスルトハ、即チ未遂犯罪ノ文例ナリ、其豫謀ヲ誅スルニ至ラス、此レ○《亦》我カ　祖宗ノ憲典ト相背馳スル者ナリ、ノミナラズ、且（井上自筆墨書）「足下ハ久シク東洋ニ羈留サレテ、我國ノ現今ノ情勢ハ飽マテ洞知サレタルナラン、人民ニ相当ノ知識ナク、従テ平穏ノ思想ニ乏シク、一旦西方ヨリ海ヨリ《ヲ》渡リ輸入シタル新説ニ心酔シタルヨリ、変革ノ精神ト破壊ノ嗜好ハ、幾ト輕躁ナル年少ノ人ノ脳髄ノ病患トナレリ、此レ蓋新ニ文明ヲ学フノ國民ニ在テ免レザルノ事情ナリト雖、國ノ大計ヲ慮ルニ於テハ、殊ニ法律ヲ以テ國民ノ方嚮ヲ示スニ於テ、尤モ注意ヲ要スル所ニシテ、完全ナル文明全盛ノ邦ト同視スベカラザルモノナリ、足下若シ深ク我國ノ従来《前》ノ沿革ト及将来ヲ観察シテ、將来ノ遠計ヲ計畫スルノ勞ヲ取ルコトヲ憚ラズハ、足下ノ高尚ナル意見或ハ予カ意嚮ヲ賛成サレテ、仍其不レ逮ヲ助ケラル丶ノ幸アランコト、予カ懇ニ望ム所ナリ、」第三、宮禁ノ尊嚴ハ乘輿ト謂ヒ宮闕ト謂フノ類、其言ヲ婉曲ニシテ、敢テ直指セサルハ、人臣ノ禮ニシテ又國體ノ寓スル所ナリ、大宝律ニ、天皇ニ不敬ヲ加フト謂ハスシテ、指ニ斥乘輿一情理切害ナル者ト謂ヒ、兇ヲ行ヒ害ヲ加フト謂ハスシテ、謀レ毀ニ宮闕一ト謂ヘル是ナリ、然ルニ新刑法ノ言ヲ立ルハ、其我カ國古来相傳フルノ禮儀名分ト相反スルコト何如ソ乎、天皇三后皇太子ニ對シ危害ヲ加ヘ、又ハ加ヘントシタル者云々、第四舊典ニ謀大逆ノ外ニ、大不敬ノ條アリ、即チ乘輿ヲ指斥シ、情理切害ナルカ如キハ、此レヲ以テ死ニ處セリ、今新法ニ危害ノ條即大逆ノ外、唯不敬ノ條アルノミ、而シテ其罪ハ重禁錮三月以上五年以下ニ止マルニ過キス、此レ果シテ人心ヲ維持シテ、恭敬ノ義ヲ永遠ニ訓導スルノ道ナラン乎、大板御寫真ヲ汚スノ獄ノ如キ、擬スルニ禁錮ヲ以テスルニ過キス、今縦使古ニ泥ミ舊ニ拘ルヘカラサルトモ、仍斟酌シテ其衷ヲ取リ、以テ我カ無貳ノ國體ヲ愛惜保守スヘカラサラン乎、

第二　刑法ハ以テ兇暴ヲ禁シ、良民ヲ護シ、國ノ安寧ヲ保持セントス、國ノ刑法ニシテ此ノ目的ヲ達スルコト能ハサレハ、其ノ目的ニ達スル迨ノ限ハ、之ヲ改正スルハ治國ノ道ニ於テ理ノ已ムヘカラサル者ニ非ス乎、明治十一年以来全國被害統計ニ據ルニ、人ヲ殺サル、

者、十一年ハ三百二十三人、十二年ハ三百六十六人、十三年ハ四百十八人、十四年ハ四百七十一人ニシテ、昨十五年ハ則チ五百十九人ノ多キニ升レリ、人ニ傷ケラレシ者、十一年ハ千八百八十八人ニシテ、十二年ハ千九百五十四人、十三年ハ二千三百十四人、十四年ハ二千七百七十八人、十五年ハ則チ五千四百九十二人ノ多キニ升レリ、強盗ヲ被リシ者、十一年ニ四千八百九十三人、十二年ニ六千〇十四人、十三年ニ六千七百六十五人、十四年ニ七千三百三十四人、十五年ニ九千七百二十二人ナリ、窃盗ヲ被リシ者、十一年ニ十九万四千百五十人、十二年ニ二十一万八千三百六十五人、十三年ニ二十三万四千〇〇四人、十四年ニ二十一万九千五百九十九人、十五年ニ二十万〇三千六百五十二人ナリ、掏摸詐偽ハ仍此外ニ在リ、放火ヲ被リシ者、十一年ニ千九百七十二人、十二年ニ二千五百〇七人、十三年ニ三千二百九十四人、十四年ニ三千七百四十二人、十五年ニ三千〇三十六人ナリ、我カ現在ノ警察ト統計トノ完全ナラザルヲ以テ、前ニ述ヘタル表記ヲ以テ、未タ確實ナラズトスルモ、然レトモ我カ今日ノ民度ハ猶文明ノ冣下点ニ在テ、兇暴邪慝ノ徒、巨大ノ勢ヲ有スルコト、、及ヒ其年ヲ逐フテ増進スルモ、曽テ退減スルコトナキノ状ハ、是レヲ以テ概略ヲ了知スヘキナリ、若シ外國人ノ皮相ニ由リ日本ノ開化ヲ賛揚シ、殊ニ日本刑法ノ美ヲ稱嘆スル者ニ向テ、誠ニ此統計表ヲ披示シタランニハ、将タ何等ノ感想ヲ起スヘキ乎、外國人ノ我カ内地ニ旅行シ、又ハ雜居スルヲ願フ者ニ向テ、我カ内地ノ景況ハ良民ノ身體財産ノ為ニ、此ノ如ク危険ナルコトヲ明示シタランニハ、将タ警察治罪法刑法ノ寛ナルコトヲ望マン歟、将タ其厳ナルコトヲ望マン歟、刑法家ノ説〔教則〕ニ刑ノ寛厳ハ犯罪ノ増減ト全ク関係ナシト謂フ、此レ或ハ然ラン、但タ欧洲ニ於テモ、〔但東洋ハ未タ〕陸軍ノ刑法ハ普通ノ刑法ヨリ厳ナルニ非ス乎、誠ニ欧洲ノ政事家ヲシテ、支那以東ノ邦國ニ數年間ノ居住ヲナシ、而シテ都鄙ノ民情民度ニ通熟スルノ後、我カ國ノ為ニ計畫セシメハ、果シテ彼ノ刑法理論家ノ如ク〔所謂〕世界無比ノ寛良優美ナル法律ヲ施行スルニ適當ナル邦土ト為サン歟、《ニ非サルコトハ、足下ノ既ニ洞鑿サル、所ナルヘシ、》事固ヨリ歐洲ニ適スルモ、我カ國ニ適セザル《東西相同カラザル者アリ》者アリ、我國ノ現況ニ據ルニ、放火賊盗ノ罪ヲ犯ス者ハ、却テ二十歳未満ノ者多シ、《尤少シトセズ、近コロ》山口縣ニ一人ニシテ六人ヲ刃殺シタル者アリ、其《之ヲ問ヘハ》二十歳ニ満タザル《者ナリ》ヲ以テ法官ハ新法ニ據リ《八十一條》一等ヲ減シ、之ヲ無期懲役ニ處シタリ、蓋シ之ヲ中古以来ノ歴史ニ徴スルニ、歐洲ノ人ハ功ヲ成シ名ヲ揚クルハ、多クハ耆老ノ年ニ於テシ、東洋ノ人ハ却テ少壮ノ年ニ於テス、「(井上自筆墨書)統計表ニ據ルニ、十五歳以上二十歳未満ノ者ノ犯罪ノ数ハ、二十歳以上二十五歳以下ノ者ノ犯罪ノ数ノ半ニ居ル、蓋二十歳以上二十五歳以下ノ《者ハ》○犯罪ノ尤多キ時期ノ年齢ニシテ、而シテ二十歳以下ノ者ハ乃其半ニ居ルコトヲ失ハズ、実ニ明治十四年ノ未丁年者ノ犯罪ノ数ハ、九千六百二十一人ノ多キニ升レリ、是ヲ佛國ノ○《未》丁年○《者》犯罪ハ丁年以上ノ者ノ犯罪ノ十カ一ニ居ル者ニ比較スルニ如何ソ乎、此事ハ」蓋東西風土ノ殊別ヨリ生シ、彼ノ印土ノ女ノ九歳ニシテ人道ニ通シ、二十五、六歳ニシテ止ム者ト其理ヲ比例スヘキカ如シ、

此レ唯タ至テ知リ易キノ物理ニ属スル者ヲ挙テ以テ、以テ其餘ヲ類推スル耳、「(井上自筆墨書)又我國ニ賭博黨ナル者アリ、賭博ヲ以テ結黨ノ機械トシ、一ノ首領ヲ立テ同夥ノ徒ハ其首領ト父子ノ約ヲ為シ、死ヲ以テ誓ヲ結ヒ、同悪相助クルノ便ヲ為シ、○《黨》多キ者ハ千○《万》ニ升ルニ至ル、而シ○《テ財産ヲ》刼奪シ、婦女ヲ拐略シ、甚シキハ多衆強盗シ、而シテ互相窩蔵シ、隠蔽シ、良民ニ報讐シ、官吏ニ抵抗シ、必人《社會ノ》其勢ヲ懼レテ、敢テ告發捕拏スルコト無キニ至ルヲ以テ期トス、旧幕ノ時、此賭博黨ノ害、都鄙ニ蔓延シ、人民ノ愁苦スル所トナリ、田舎ニ至テハ幾ト行政官吏ノ手ヲ束ヌル所トナルニ至リタリシニ、幸ニシテ一新ノ時ニ嚴刑ヲ用ヒテ之ヲ防壓シ、其巨魁ヲ誅鋤シタリシカハ、一時蹤ヲ絶ツノ状ナリシニ、不幸ニシテ彼等ノ餘燼ノ残黨ハ、刑法ノ賭博ノ條ノ寛ナルヲ伺ヒ、現行犯ノ外罪トナラザルヲ知リ、近日ニ至リテハ再タヒ團結ヲ企テ、其勢撲滅シ難ク、更ニ舊幕ノ時ノ惨状ヲ現スルニ至ラントセリ、此レ等一二ノ事情ヲ例擧《証》シタル者

ニシテ、其他東洋ニ於ケル特別ノ事情ハ、此書面ノ一々ニ枚擧シ能フヘキニ非サルナリ、予ハ當初刑法草案ノ時ニ、日本ノ委員ノ此レ等ノ事情ヲ以テ詳細ニ足下ニ開陳シテ、以テ足下ノ參考ニ供セザリシヲ遺憾トスル所ナリ、」今敢テ再ヒ舊律ヲ復シ、寛ヲ変シテ猛ト為サント謂フニハ非ス、唯タ○未丁犯ノ年齢ノ如キ強窃盗ノ條ノ如キ、賭博ノ條ノ如キ、以テ暴ヲ禁シ良ヲ護スルノ緊要ナル目的ヲ達スルニ足ラサル者ヲ改正シ、中外人民ノ為ニ政府ノ義務ヲ盡サンコトヲ望ムナリ、

第三　刑法ノ倫理道徳ニ関ル者ハ其各國ノ固有ノ風教ヲ敬重スヘキハ理ノ當自然○ノ理ナリ、盖倫理ノ事ニ就キ、東西彼此ノ異同得失ヲ判決スルハ、將来哲學ノ問題ニ屬スル者ナレハ、予ハ暫ク之ヲ玆ニ論スルコトヲ閣キ、只タ予ハ足下ニ向テ衷心ヲ吐露スルニ、予ハ今日歐洲ノ學問終ニ我國ニ入リ始メテ一知半鮮ヲ得タルノ時ニ在テ、幾ト今人ノ智力ノ及フ所ノ限ニ非サルヘシ、既ニ今人ノ能ク判決スル所ニ非サルトキハ、ヲ以テ暫ク舊俗ヲ存シ、舊禮ニ依リ、以テ後ノ君子ヲ待ツヘキ事、今人ノ今法ヲ制スルノ當然ノ標準トスル者ナリ、足下モ知ラル、如ク、我國ノ教ハ専孝ヲ以テ百行ノ本トシ、而シテ孝トハ父母ノ前ニハ子タル者ハ其財産ト其身体トヲ拋棄シテ、敢テ之ヲ私有セザルヲ以テ主義トスル者ナリ、ナルヘシ、回顧スルニ前日刑法審査ノ時、事ノ倫理ニ関ル者、匆々ニ看過シ、只タ一事一件ノ上ニ止マル者トナシ、其論理脉絡ノ及フ所、世道人心ニ向テ巨大ナル影響ヲ及ホシ、倫理根本ノ改革ヲ促スニ至ルコトヲ思想セザリシナリ、今其一二ヲ擧ケンニ、○刑法第七十五條、抗拒スヘカラサル強制ニ遇ヒ、其意ニ非ザルノ所為ハ、其罪ヲ論セズ、天災又ハ意外ノ變ニ因リ、避クヘカラザル危難ニ遇ヒ、自己若クハ親屬ノ身體ヲ防衛スルニ出タル所為亦同シトアリ、此條ヲ讀ム者、誰カ其父子ノ倫理ニ迄関係スルコトヲ思ハン乎、然ルニ三百六十五條ニ祖父母、父母ニ對シタル殺傷ノ罪ハ、特別宥恕及不論罪ノ例ヲ用フルコトヲ得ズト云、夫既ニ特別宥恕及不論罪ノ例即チ第三百九条ヨリ第三百十五条ニ至ル迠ノ例ヲ用ヒズト云フトキハ、反對ニ於テ其不論罪例ノ普通○シテ特別ニ非サル者ハ、第七十五条之ヲ父子ノ間ニ適用スルコト明ナリ、今七十五條ヲ実犯者ニ擬律シテ、天災又ハ意外ノ變ニ因リ避クヘカラザル危難ニ遇ヒ、自己ノ身體ヲ防衛スル為ニ其父母ノ生命ヲ危クシタル者、其罪ヲ論セズト為サンニ、モ亦不可又

ナルコトナシ、是我國故有ノ風俗ヲ愛惜スル者ノ尤
誰レカ其我カ固有ノ倫理ヲ滅絶スルノ甚シキコトヲ驚カザル者
嘆スル所ナリ、
アラン乎、然ルニ欧洲ノ人ヨリシテ之ヲ見レハ、却テ我
國人ノ
カ○驚ク所ノ者ヲ平視シテ以テ當然トナシ、我カ当
國人ノ
然視スル所ノ者ヲ以テ○奇怪ノ事トナス者比々皆是
却テ
ナリ、即チボアソナード氏ノ説ニ據ルニ、第三百六十五
足下
條ハ、欧洲法律家ノ厳酷ナリトノ判断ヲ免レザルノ條
タリ、而シテボアソナード氏ハ之ニ継
父母ニ對シ特別宥恕及
不論罪ヲ用ヒサルノ條
足下
イテ又曰、正當防衛ノ場合ニ於ケル弑親罪ハ一ノ権
利ヲ行フモノニハ非サル歟ト、即チ正當防衛ノ已ムヲ得ザ
此等ハ皆東西倫理風俗ノ相懸隔スル者
ニシテ、而シテ其本ツク所ハ蓋宗教ヨリ来ル者ナリ、
ルニ由リ、父母ヲ弑スル者ハ子ノ権利ヲ行フニ出ル者トナセリ、
論シテ此ニ至レハ、多言ヲ要セズシテ、東西倫理ノ説、決シテ相
混和スルコト能ハザルコト明白ニシテ、火ヲ観ルカ如クナラン、
其他ノ條款、事、父子夫婦ノ際ニ関ル者、猶多シ、今一々
枚挙セズ、夫レ孝ヲ以テ治道ノ原ト為スハ○歴代帝王
我國
ノ遺訓ニシテ、我カ民ノ今日ニ至リ遵依敬重シテ、以
テ社會ノ幸福ヲ為ス者ナリ、而シテ刑法ハ則暗々ノ際ニ
若　ニ於テ
スルコトヲ許スナラハ、其他百般ノ教令法度皆此
之ヲ移動シ、之ヲ變易シ、嘗テ愛惜ヲナサス、且教育ニ
於テハ則之ヲ誘ヒ之ヲ導キ、刑法ニ於テハ則之ヲ毀ル、
レト相並行シテ将来ノ轍ヲ改ムヘキ者ナリ、然ルニ
我國ノ美風良俗、宇内ノ倶ニ環視スル所ノ者ニシテ、
歐洲亦我國民
父母ニ孝ナル
ノ俗ヲ賛美ス
ル者多シ、刑法ハ則乖イテ相馳ス、若シ百年論定マルノ後、或
ハ断シテ固有ノ倫理綱常ヲ以テ道徳ノ源ト爲スニ疑ヒナカラシ
メハ、此ノ大義ヲ湮晦シタル者ハ、必今日ノ刑法ナルコトヲ發
見セン、吾人若シ舊俗ヲ存シ、舊禮ヲ保チ　祖宗ノ教ニ
遵依シテ、以テ後ノ君子ヲ待タント欲セハ、焉ゾ刑法
ノ倫理ニ関ル條章ヲ改正セサルコトヲ得ン乎、ボアソナ
足下ノ
ード氏ノ改正案三百六十五條追加ニ、妻、其夫ノ祖父
母、父母ニ對スル犯罪ハ、子孫、祖父母、父母ニ對ス
ル條ノ例ニ同シト謂ヘルヲ評シテ曰、「媳婦ノ弑親
サル、ヲ見ルニ
罪及其他ノ犯罪ニ對シ実女ト同一視セラル、ハ、余ノ
是認セサル所ナリ、然レドモ是レ日本風俗ノ然ラシム
ル所ナルカ故ニ、敢テ異論ヲ唱ヘザルナリ」ト、即チ
予ハ即
足下円ノ高尚寛厚ナル思想ハ
ボアソナード氏モ亦各國ノ刑法ハ各々其國ノ風俗ヲ敬重
シ、其國ノ教育ト相併行スルノ當然ナルコトヲ洞鑒シ
コトヲ信スルナリ、其他
タルナリ、

親属例ノ全ク我風俗倫理ト相矛盾シタルコトハ、《第百十四条》別ニ一紙ノ論トナシテ、以テ本議ノ混雑ヲ避ケタリ、而シテ親属例ノ民法ニ属スヘクシテ、刑法ニ載スヘカラサルコトハ、ボアソナード氏ノ《足下ノ》固ヨリ唱道スル《セラル、》所ナリ、

以上、三項ハ○《予ノ》以テ刑法ヲ改正セサルヘカラザル已○《ム》ヲ得サルノ重要原因トナスニ足ラン、其他現行法ノ佛譯日本刑法ト其意義ヲ殊ニシテ、而シテ佛訳ヲ優レリト為ス者、及既ニ外國ニ流傳シタルノ後ニ、更ニ《足下ノ原稿ニ反シ、元老院ニ於テ》修正ヲ経タルノ條章ニシテ、其外國ニ流傳シタル者《原稿ノ保惜スヘキ》、却テ其正シキヲ得タル者ハ、務メテ外國訳本《原稿及佛訳本》ニ従テ、以テ現行法ヲ檃栝センコトヲ欲ス、

若シ果シテ刑法ノ改正ヲ以テ要用ナリトセハ、其一日ヲ晩クス《ヤ、》ルハ、寧ロ一日ヲ早クスルノ猶較物議ヲ少クスルニ足リ、且多少試驗ノ後、政府ハ改良潤色スルニ怠ラサルノ意ヲ以テ、人民ニ明示スルニ足ルニ若カサルヘシ、嘗テ聞ク、羅馬ノ國ヲ治ムルトキニ新ニ法律ヲ施ストキハ、一年ヲ以テ試験ノ期トナセリト、此レ亦《文明未タ完全ニ至ラザルノ邦ニ於テ》免ルヘカラサルノ事ナリ○《ト信スルナリ》、

若夫治安行政ノ点ニ至テハ、此ノ事以テ緩慢ニ付スヘカラサルハ、更ニ辨論ヲ待タズ、其條約改正ニ就キ、外國トノ関係ノ如キハ詳細ナル説明ヲ作リ、外國公使ノ覧ニ供シ、以テ我カ内治ノ至テ已ムヲ得サルニ出タルコトヲ知ラシムル等、其方法ナキニシモ非サルヘキナリ、

右謹仰閣裁、

(井上自筆墨書)

「終ニ臨テ更ニ一言スヘキアリ、予ハ足下ノ刑法原稿ヲ以テ改正スヘキノ欠点アリトナスニ非ス、只足下ノ刑法ヲ我國ニ適用スルニ於テ幾分ノ修正ヲ要ストナスノミ、是ノ意切ニ足下ノ諒察アランコトヲ乞フ、

顧ミルニ足下ノ我國ノ立法ノ事ニ於ケルハ、幾ト起草《イニシアチフ》ノ場合ニ於テ高尚潔清ナル助言ヲ与ヘラレ、我國政府及《及》國民ノ為ニ恩恵ヲ《開化ノ》先導者タリ、今更ニ修正ノ場合《モヂヒカシオン》ニ於テ更ニ一層ノ《我國民ノ為ニ》寛大明哲ナル思想ヲ以テ、中正ナル《モデレート》充分ニ教示アランコト《方向ヲ指南》、予ノ○《尤モ》希望ニ堪ヘザル所ナリ、」

明治十六年十月

(梧陰文庫B―一九三一)

編者曰　本書は『井上毅傳史料篇第六』所収文書三九「刑法改正理由」の異本を底本に、ボアソナード宛に井上が修正加削を施せしものなり（太政官罫紙十一枚）。

一五　親屬例削ルベキノ議

〔明治十六年〕

親屬例削ルベキノ議

刑法第十章親屬例ハ削除セザルベカラザル所以ハ如左、

第一　夫婦ヲ以テ同等トナス事

百十四條第八項ヨリ第十項ニ至ル迄ハ、配偶者ノ祖父母、父母、配偶者ノ兄弟姉妹及其配偶者、配偶者ノ兄弟姉妹ノ子、配偶者ノ父母ノ兄弟姉妹ヲ以テ並ニ親屬ニ列シタリ、夫レ人ノ妻タル者夫ノ親屬ヲ以テ親屬トスルハ仍ホ理ニ近キ者ナリ、人ノ夫タル者、妻ノ親屬ヲ挙ケテ之ヲ己レノ親屬ニ例スルニ至テハ、所謂夫婦同等ノ主義ヲ根據スルニ非ズシテ何ソ乎、古禮ヲ按スルニ妻従夫服、夫不従妻服、故ニ儀禮ノ喪服ニ妻ハ夫ノ服ニ従ヒ、皆一等ヲ降ス、夫ハ惟タ妻之父母ト婿ト互ニ服ヲ相為スノミ、然ルニ亦唯緦麻服ニ止マリ、曽祖父曽孫ノ為ニシ、外祖父外孫ノ為メニスルト其権衡ヲ同クスルニ過キズ、我大寶儀制令ニ、夫之父母ヲ二等親トシ、夫ノ姪、夫ノ祖父母、夫之伯叔ヲ三等親トシ、夫ノ兄弟姉妹ヲ四等親トナシタルモ、而モ夫ノ妻ニ於ケルハ、妻妾ノ父母ヲ以テ五等親トナシタルニ止マリ、曽テ其他ニ及フコトナシ、故ニ新定親屬例ハ正ニ古ノ禮制ト相反スル者ナリ、

第二　宗親ト外戚トヲ以テ同等トナス事

第五項第六項ハ、父母ノ兄弟姉妹即伯叔父姑及舅姨及其配偶者即伯叔母姑夫及舅妻姨夫父母ノ兄弟姉妹ノ子即従兄弟姉妹姑子及舅子姨子ヲ以テ均シク同位ノ親屬ニ列置シタリ、是レ父ノ党ナル宗親ト、母ノ党ナル外戚トヲ以テ同等視シタルナリ、我カ東洋ノ習慣ニ依ルニ、凡ソ子タル者ハ、父ノ姓ヲ姓トシテ母ノ姓ヲ姓トセス、父母ニ於テ、其ノ恩ハ則同シト雖トモ、其義ハ則異ナリ、故ニ喪服ニ為レ父斬衰三年ニシテ、為レ母齊衰三年、父在、為ニレ母齊衰杖期、父ノ族四、母ノ族

三、恩止二於舅《ハヽカタノオヂ》一従母《ハヽカタノオバ》之夫、母ノ姉妹ノ配偶者舅之妻、母ノ兄弟ノ配偶者皆不レ為二之服一、儀制令ニ、伯叔婦、従父兄弟姉妹、姪婦ヲ三等親トシ、舅姨母之兄弟曰レ舅、姉妹曰レ姨ヲ四等親トシ、姑ノ子、舅ノ子、姨ノ子ヲ五等トシタルモ、曽テ舅之妾、姨之夫ヲ以テ等親ニ列シタルコトナシ、是レ新定親属例ノ古礼ニ反スルノ二ナリ、

第三 配偶者ヲ以テ祖父ノ上ニ加ヘタル事

此事ハ一應ノ考察ニシテハ、人或ハ弁〔辯〕難太酷ナリト謂ハンモ料リ難シト雖、仔細ニ吟味スルトキハ新刑法ノ果シテ配偶者ヲ以テ祖父ノ上ニ加ヘタルノ実ヲ見出スコト容易ナルベシ、

妻ノ夫ニ於ケルハ、夫ヲ以テ父母祖父母ノ上ニ加フルコト、或ハ理ニ乗〔乖〕カザルナラン、夫ノ妻ニ於ケル、均シク妻ノ親属ヲ以テ祖父ノ親属ノ上ニ加フルハ、太甚ノ事ナラスヤ、

何ヲ以テ妻ノ親属ヲ以テ祖父ノ親属ノ上ニ加フト謂フ乎、祖父ノ党ニ於テ新刑法之〔ハ〕父ノ兄弟姉妹ニ止マリ、従祖祖父姑《オホオバ》、（祖父之兄弟姉妹）従祖伯叔父《イトコチガ》姑《ヒ》、従祖祖父之子、即父之従父兄弟姉妹再従兄弟姉妹《フタイトコ》ニ及ボサス、而シテ妻ノ党ニ於テハ、却テ其兄弟姉妹ノ子ニ及ボス、是レ乃チ祖父之党ヲ輕クシ、妻之党ヲ重クスルニ非ズシテ何ソ乎、按スルニ、儀制令ニ従祖々父姑、従祖伯叔父姑、再従兄弟姉妹、皆ナ四等ニ列ス、而シテ妻之党ハ其父母ヲ除ク外、一モ等親ニ列スルコトナシ、是レ古ノ制ナリ、（儀礼族兄弟《ミイトコ》ノ為ニ猶緦麻ノ服アリ、）

第四ニ継父ヲ以テ父母ニ同クスル事

礼典ニ於テ、同居ノ継父ヲ以テ喪ヲ服シ、（喪服二、斉衰期、喪葬令、一月）假ヲ給フ（日十）ノ事アルコトヲ聞クモ、未タ継父ヲ以テ一概ニ父ノ例ヲ推スルコトヲ聞カス、又未タ恩ヲ継父ノ親属ニ及ホスコトヲ聞カズ、刑法百十五條ニ、既ニ父母ト称スルハ、継父母同シト為ルトキハ、是レ概シテ父ノ道ヲ以テ継父ヲ待ツ、而シテ百十四條父母之兄弟姉妹等ト称スルハ、亦併セテ継父ノ兄弟姉妹等ニ及

ホサザルコトヲ得ズ、事理乘〔乖〕戻ノ極、一ニ此ニ至ル乎、此レ盖シ継父ヲ以テ継母ト同-視シ、人子ノ継父ニ事フルハ、継母ニ事フルト其義ヲ同クスベシトナスニ因ル、即チ亦夫婦平等ノ謬見ヨリ来ル者ナリ、

第五ニ異父兄弟ヲ以テ兄弟ニ同クスル事、

儀礼ニ異父兄弟ノ服ナシ、儀制令ニ兄弟姉妹ハ二-等-親トシ、異母兄弟亦中ニアリ、其異父兄弟姉妹ハ、降シテ三等親トス、喪葬令ニ兄弟姉妹、三月、異父兄弟姉妹、一月、此レ兄弟ト異父兄弟トノ間ニ、儼然トシテ易フベカラサルノ溝域ヲナス者ナリ、況ヤ異父兄弟ノ親属ヲ併セテ是ヲ等親ニ列スルニ至テハ、古ニ曽テ聞カザル所ナリ、今異父異母兄弟ヲ混視シテ、併セテ兄弟ト称スルノ例ヲ推ストキハ、此レ則チ異父兄弟ノ配偶者及子及異父兄弟ノ子ノ配偶者倶ニ親属ノ例ニ加ハルコトヲ得テ、而シテ本-末倒-置、親-疎所ヲ易フルコト、将タ是ヨリ甚シキハ莫ラントス、

凡ソ、此ノ五ツノ者ハ、其事殊ナリト雖、其由テ来ル所ハ、則チ一ナリ、葢此レ皆ナ夫婦ヲ平等ニシ、宗親ト外戚トヲ同視スルニ由レハナリ、

親属ノ序ハ倫理ノ存スル所ニシテ、名教ノ因テ起ル所ナリ、洋ノ東西、其教同カラズ、従テ其礼俗亦夐々殊ナリ、東洋ノ人ハ宗祀之義ヲ重ンス、父ノ宗ニ厚クシテ母ノ戚ニ殺《ソ》ク、夫、妻ノ綱タリ、而シテ家ニ二尊ナシ、西洋ノ俗ハ男女同等ニシテ、夫ノ妻党ニ於ケルハ、猶妻ノ夫党ニ於ケルカ如ク、子ノ母党ニ於ケルハ、猶其ノ父党ニ於ケルカ如シ、此レ源-流ノ別ニシテ相混同スヘカラサル、其由テ来ル所久シ、今一朝ニシテ百世相-因ルノ典範ヲ棄テヽ、新奇異類ノ風俗ニ就カント欲ス、断ハ則断ナリ、而シテ安ンソ其世道人心ト背イテ相馳セザルコトヲ知ラン乎、

天下之理、固ヨリ一端ニ非ス、偏-見畸-説、未タ以テ倫常ヲ左右シテ之ヲ変易スルニ足ラズ、今日ノ事誠ニ獨リ古義ヲ拘守シテ、旧俗ニ膠泥スヘカラザルモノアリ、但タ古今ヲ斟酌シ、変シテ之ヲ通スルハ必賢哲其

人ヲ待ツ、而シテ此レ豈區々浅學ノ能クスル所ナラン乎、吾儕倫理ノ事ニ於ケル、寧ロ古ニ循ヒ、旧ニ仍ルモ軽シク、憲章ヲ変スルコト勿ンハ、則罪ヲ天下後世ニ免ル、ニ庶幾カラン歟、

附刑法百十五條養子其養家ニ於ケル親属ノ例ハ実子ニ同シトス、此亦古ノ制ニ非ス、

法曹至要抄ニ、儀制令五等親條、朱書云、養祖父母不レ入二等親一、此レ我カ旧制ハ養子ノ恩ハ養父母ニ止マリ、養父母ノ親属ニ及バサナナ《ルナリ》、但シ旧幕以来、凡ソ養子ハ視ルコト実子ニ同シ、今未タ遽ニ是非何レニ在ルコトヲ判シ難、抑々養子ヲ以テ実子ニ同シトスルトキハ、養子ヲ以テ実女ト婚スルニ乱倫ノ嫌ナキコト能ハザルノミ、

（梧陰文庫B―二一六三）

編者曰　本書は、太政官罫紙七枚に全文他筆を以て墨書されしものにて、明治十五年施行の刑法に關わるものと思料し、取敢ずここに収む。尚又、本書は『井上毅傳史料篇第五』雜載所収文書五五「刑法中親屬ニ係ル條項ノ改正ヲ要スル議」中の「第三　刑法第十章親屬例ハ削除セザルヘカラズ」の草稿なり。

一六　豫算款項考

〔明治二十一年〕

英國ハ、議決ノ項数《ヴォト》《シャピトル》尤簡括ニシテ、七十八年ニ民政費百二十九項、軍政費四十二項、合計百八十六項、八十四年ニ民政費百四十三項、軍政費二十五項、合計百六十八項ニ過キズ、

佛國ハ、一世ナポレオンノ時ニハ各省コトニ議決セシメ、十六科ニ對シ議決ノ權ヲ予フルニ過キザリシカ、其ノ後三十二年ニハ百五十科目トシ、四十二年ニハ増シテ三百科目トシ（此ノ時、チエー氏ハ政府ノ委員トシテ其ノ不便ヲ称ヘタリ、後ニ著ス）、今度ノ共和政府トナレル以来ハ、増シテ三百四十又ハ五十餘科目トナシタリ、

米國ニテハ、七十六年ヨリ七十七季マテノ年度ニハ百五十一科目ナリ、

議決科目即立法科目ノ繁細ナルハ、普國ニ如クハナク、其ノ弊害ノ著シキハ、下ニ載スルグナイスト氏ノ説ニ就テ見ルコトヲ得ヘシ、普國ノ議院ハ本豫算ノ款《カピトル》《タイトル》ニ普國ノ款ハ我カ項ニ当ル、就テ議決スルニ満足セズシテ、別豫算ノ各項《タイトル》《カピトル》ニ我カ目ニ当ル、マテ逐一ニ議決スルヲ以テ、其ノ議決ノ数ハ七十八年ニ據ルニ經常費千四百六十、臨時費三百六ニマテ上ルニ至レリ、

グナイスト氏ノ豫算論ニ曰、費目ノ細別甚シキニ至レハ、豫算定額内ノ職員雇員一切ノ㝡少額、平均額、㝡多額ノ俸給、旅費日当及廳費ヲ分離シ、恰モ畫圖ノ如クシテ、之ヲ確定セザルヘカラズ、是ニ於テ、彼ノ才半官及高等官ノ俸給ニ相当ナル模型ヲ以テ、一切ノ官署吏員及物品ニマテ推廣シ、種々ニ変動スル勤労ノ度ト時及處ニ従テ変化スル需要トヲ酌量スルノ餘地ナク、専ラ一様ノ畫圖主義ヲ施スニ至ル、此ノ畫圖主義ナルモノハ、実際ノ便益ト節儉トヲ妨

ケ、又官吏名誉ノ風ヲ毀損スルモノナリト、

又云、英佛二國ニ於テハ単ニ一項ヲ成スノ費額モ、我國ニ於テハ十項乃至五十項ニ分裂シ、議院ハ逐一之ヲ議定スルハ豈奇相ニ非ス乎ト、

又チエル氏ノ千八百三十年ノ下院ニ於ケル演説ヲ略載セン二曰、

豫算分科ノ方法ニ二種アリ、一ヲ立法分科トシ、它ノ一ヲ行政分科トス、蓋事務ノ詳細ニ至テハ諸君ノ知悉シ能ハザル所ナリ、故ニ既今ノ如ク、分科ノ数百十五条乃至百五十条ナルニ当テハ、仍逐条議定ヲナスコトヲ得ヘキモ、之ヲ増スニ三百条若ハ四百条ヲ以テセハ、決シテ一々之ヲ議定スルコト能ハザルヘケレハナリト、

ボーリウ氏モ亦其ノ著書ニ於テ、科目簡括ニ過レハ、議院監督ノ力ヲ剥減シ政府ノ専弄ヲ扶ケ易ク、科目細分ニ過レハ、政府ノ活動ヲ牽制シ、其ノ責任ヲ纏繞スルノ弊アルコトヲ切論シタリ、

我カ國二十一季度ノ豫算ハ四部五十三款二百六十三項ナリ、是レ既ニ適当酌衷ノ位地ヲ得タルニ似タリ、

（梧陰文庫C―八四―⑱）

編者曰　本書は扉に井上自筆にて「憲法上會計ニ係ル資料　二十一年七月　井上」と墨書されし冊子中にあり。法制局罫紙三枚に井上自筆を以て朱書し、墨書にて修正を施されしものなり。

一七　地租滞納處分規則意見案

〔明治二十二年〕

地租滞納處分規則

第一條　凡地租ハ法律ニ指定シタル納期ニ於テ之ヲ納ムヘシ、若納期ヲ過テ納メザル者アルトキハ、郡長又ハ區長ヨリ催促令状ヲ発スヘシ、令状ニハ猶豫期日迄ニ納税セザル者ハ其財産ヲ差押フ可キ旨ヲ記載ス可シ、

猶豫期日ハ令状送付ノ翼日ヨリ七日タルヘシ、

第二條　催促令状ヲ受取リタル後、義務者仍猶豫期限マテニ完納セザルトキハ其財産ヲ差押ヘテ之ヲ徴収スヘシ、

第三條　財産差押ハ左ノ順序ニ従ヒ其物件ノ價ヲ概算シ滞納税金及差押公賣○〔費〕用ニ充ツルニ足ラシムヘシ、

第一　収穫物

第二　一月以内ニ収穫シ得ヘキ生産物

第三　動産

第四　其租税ヲ賦課サレタル不動産

第四條　財産ハ其滞納額ニ比例シ全部又ハ一分ヲ差押フヘシ、但分割スルヲ得サル者又ハ分割ス[ル]〔レ〕ハ價値ヲ減却ス可キ者ハ其比例ニ拘ラズシテ全部ヲ差押フルコトヲ得、

第五條　収穫物生産物及総テ動産ヲ差押フルニハ○〔本法ニ別ニ規定スル條[歟]ノ外、〕一般民事上ノ差押手續ニ従ヒ郡長又ハ區長ノ差押命令書ニ依リ郡區吏員之ヲ執行○〔ス」〕、（井上自筆朱書）「第七條」執行官吏財産差押ヲ行フ時ハ、滞納者ハ其家屋倉庫及其他ノ場所[内]ニ在ル物件ノ自己ニ屬スルト他人ニ屬スルトヲ問ハス総テ之ヲ開示ス可シ、

（井上自筆朱書）「第六條」執行官吏財産差押ヲ行フ時ハ上官ノ命令書ヲ携帯シ滞納者ニ宣示ス可シ、

第[六]〔十一〕條　不動産ヲ公賣スルトキハ郡○〔長又ハ區〕長ハ義務者ノ生

活ノ事情及不納ノ原由并○《ニ》竟見ヲ具ヘテ地方長官ノ處分ヲ請フヘシ、

第七《十二》條　地方長官ハ不納者ノ情状ニ従ヒ、或ハ不動産ノ公賣ヲ命シ、或ハ大藏大臣ニ具申シテ延納ノ許可ヲ請フヘシ、

(井上自筆朱書)「第十三条」大藏大臣ハ水旱罹災ノ土地ニ對シ事情ヲ酌量シテ一年ヲ限リ地租ノ延納ヲ許可スルコトヲ得、

第八《十四》條　地租延納ノ許可ヲ受ケテ翌年ノ納期ノ終迄ニ仍滞納スル者ハ公賣ノ處分ヲ免ル、コトヲ得ズ、

第九《十四》條　水利土功會ニ於テ議決シタル費用及地方税○《區》町村費ニ於ケル戸数割ニ對シテハ不動産ヲ公賣スルコトヲ得ズ、

第十《十五》條　地租ハ其賦課シタル物件ニ付、他ノ債主ニ對シ先取特權アル者トス、

第十一《八》條　執行官吏財産差押ヲ行フ為ニ滞納者ノ家屋倉庫及其他ノ場所ニ立入ルハ日出前《後》日没後《前》ニ限ルヘシ、

第十二《九》條　財産ヲ他人ノ家屋倉庫又ハ其他ノ場所ニ移轉藏匿シタリト思料スル時ハ、執行官吏ハ前條ノ例ニ依リ之ヲ捜索スルコトヲ得、

此ノ場合ニ於テハ其他ノ戸長又ハ用掛総代又ハ近鄰ノ者二人以上ヲシテ立合ハシムヘシ、《メ、日出後日没前ニ之ヲ捜索スルコトヲ得、》

第十三《十》條　財産ヲ差押ヘタルトキハ看守人ヲ置○《キ》、又ハ帳簿ニ登録シ封印シテ之ヲ本主又ハ其町村ノ戸長若ハ用掛ニ寄托スヘシ、

第十四《六》條　質入書入トナリタル地所ノ地租ハ仍其所有主ヨリ徴収ス、但○《其地所ノ》差押ヲ行フトキハ三日以内ニ債主タル者ニ差押ノ事由及滞納金額ヲ通知スルヲ要ス、

第十五《七》條　地租滞納○《ノ》土地○《ハ》已ニ他人ノ所有ニ移ルト雖、仍之ヲ差押フルコトヲ得、滞納者他ニ差押フヘキ財産ナク、又ハ其財産《ノ差押公賣費用及》滞納處分費滞納税金ニ充ルニ足ラザルトキハ買主ハ其欠額ヲ辨償スルノ義務アリ、

第十六《八》條　差押ヘタル財産未公賣ニ付セサル前ニ滞納者若クハ債主ヨリ滞納税金及差押費用ヲ完納シタ

ル時ハ其財産ノ差押ヲ解クヘシ、

第十[七]《九》條　収穫物生産物ハ時價ヲ以テ之ヲ市場ニ賣却スヘシ、

動産ノ公賣ハ其腐敗シ易キ物件ヲ除ク外、掲示公告ノ日ヨリ五日以外、不動産ノ公賣ハ[同]十五日以外ニ於テ之ヲ行フ可シ、

差押ヘタル財産ノ價額一円ニ満タザルトキハ公賣ニ付セズシテ評價人ニ評價セシメ賣却スルコトヲ得、此場合ニ於テモ仍之ヲ公告スヘシ、

第[十八]《二十》條　公賣ノ時日場所ハ掲示ノ同日之ヲ滞納者ニ通知ス可シ、其物品ニ付特權アル債主アル時ハ又之ニ通知ス可シ、

第[十九]《二十一》條　物件賣却ノ代價[滞納税金及]差○《押》公賣費用○《及滞納税金》ヲ償フニ足ラザル時ハ再其他ノ財産ヲ差押フ可シ、

第二十○《二》條　公賣ヲ行フニ當リ代價不相當ニシテ公賣ヲ停止スルカ、又ハ購買者ナキ場合ニ於テハ之ヲ其地方町村ニ委托シ後日ヲ待テ再タヒ公賣ヲ行フカ又ハ他人ニ賃貸セシムヘシ、○」「第二十三條」（井上自筆朱書）他人ニ賃貸シタル場合ニ於テハ其賃[貸]《價》ヲ以テ[滞納額及]差押公賣費用○《及滞納税金》ヲ補償シタル後、之ヲ本主ニ還付スヘシ、

第二十[一]《四》條　公賣ヲ行ヒタル時ハ其代金ヨリ先差押公賣費用及滞納税金ヲ引去リ、次ニ特權アル債主ノ請求アルトキハ更ニ裁判所ノ判決ヲ経、其債額ヲ交付シタル後仍餘アレハ之ヲ本主ニ還付ス可シ、

第二十[二]《五》條　財産ノ看守[若クハ]寄托[又ハ]運搬[ニ関ル]費用、滞納者并ニ債主ニ通知スルノ費用、目録調製費用、立合人ノ給料ヲ差押費用トシ、掲示公告[ノ費用財産ヲ公賣場ニ運搬シタル時ハ]運搬費用、賣却目録調製費用、評價人及傭人ノ給料ヲ以テ公賣費用トス、

第二十[三]《六》條　執行[該]官吏ハ直接又ハ間接ニ公賣物件ヲ買収スルコトヲ得ス、

第二十[四]《七》條　滞納者若ハ第三者ニ於テ財産差押ノ處分ニ不服アルトキハ其由ヲ執行吏員ニ通知シ、[其]處分ヲ受ケタルノ日ヨリ起算シ[路程]猶豫○《路程》ヲ除キ[三]《五》日

以内ニ地方長官○《ニ請願スヘシ、》此ノ場合ニ於テ差押處分ハ仍之ヲ執行スヘシ《ヘシ》ト雖モ公賣ハ○《腐敗シ易キ物件ヲ除ク外》地方長官ノ指令アル迄之ヲ猶豫ス○、但腐敗シ易キ物件ニ係ル場合ハ此限ニ在ラス、

第二十五《八》條　地方長官ノ指令○《ニ》服セス○《シテ行政》裁判所ニ訴ヘントスル者ハ其由ヲ郡長又ハ區長ニ通知スヘシ、但其公賣前ニ係ルモノハ先差押費用○《及》滞納税金ヲ完納スルニ非レハ訴フルコトヲ得ス、

第二十六《九》條　差押處分ノ際又ハ其後ニ於テ徴収ヲ免カル、為ニ財産ヲ藏《隱》匿脱漏シ又ハ藏《隱》匿脱漏セシメタル者ハ十一日以上三月以下ノ軽《重輕》禁錮ニ處シ又ハ貳円《二圓》以上五拾円以下ノ罰金ニ處ス、

第二十七《三十》條　地方税備荒儲蓄金區町村費及徴発令ニ依レル義務ノ滞納ハ総テ此規則ニ照準シテ處分スヘシ、
（井上自筆朱書）
「但、戸数割ニ對シテハ不動産ヲ差押フルコトヲ得ズ、」

第二十八《三十一》條　此規則○《ノ》施行ニ関ル細則《詳節》ハ大藏大臣之ヲ定ム、

第二十九《三十二》條　此規則ハ明治（二字アキ）年（二字アキ）月（二字アキ）日ヨリ之ヲ施行ス、

（梧陰文庫B―一七七四）

此修正案ノ重ナル要点ハ、

一、不動産ノ公賣ハ地方長官ノ處分ヲ請フ事、

一、大蔵大臣ハ一年ヲ限リ延納ノ許可ヲ与フル権アル事、

一、差押公賣ノ手續ハ総テ訴訟法ノ一般ノ定規ニ準スル為ニ本法ニ之ヲ畧スル事、

一、差押ノ順序収穫物生産物ヲ他ノ動産ヨリ先ニスル事、

一、本法ハ地租滞納者ノ處分ニ止メ他ノ営業税間税等ノ處分ト區別スル事、

（井上自筆墨書）
「一、質地ノ納税義務ハ仍地主ニ属セシムル事、

一、滞納ヲ催促○《令状ヲ發》スルヲ以テ郡長又ハ區長ニ属スル事、原案ハ戸長ニ属ス、

一、本法ハ地方税町村税ニ通行スル事、原案國税ニ止ム、
一、戸数割ノ為ニ公賣スルハ不動産ニ及ハザル事、
一、購買者ナキトキ官ニ買上クルノ條ヲ削ル事、」

（梧陰文庫B―一七七五）

編者曰　修正加削は井上自筆（宮内省罫紙八枚）。本書は明治二十二年十二月二十日公布の「國税滞納處分法」に關係せしものと思料し、ここに収む。尚本書の淨寫本が別に存す（梧陰文庫B―一七七七）。

一八　法制局長官辭職願書案

明治二十三年十月五日

奉謹啓候、明日ハ定而召集令發布せらるへき歟、然る上ハ少シハ御静息も可被遊と奉存候、扨此際申出候も自由等敷恐縮の至に候へとも、橋本より御聞取も被遊候歟、病状益々悪危《疾》を呈候に付てハ、退休ヲ除ク外薬無之との事ニ而、懇々注意もいたし被居《くれ》候、右に付てハ去月來意中ニ決心いたし候事も有之候へとも、折節生身上ニ居《取》候事新聞上ニ騒々布、何歟賣名目潔も《の》嫌も有之候へハ、暫ク見合せ経過いたし候處、已ニ召集令も被發候機會に至り、昨猟啓申致候、別帋三《之》個条も已に残りなく施行せられ候而、今日の《ハ》
聖天子ニ哀願シ奉り、我総理大臣閣下之特別之垂庇を以て、劇務を放免せらるゝの懇請を奉呈するの時と奉存候、昨冬來非常の恩顧を被候て、厚誼之下ニ棲息し、今日に至り我儘申上候ハ如何之事とも可被思召候歟、且ハ前度聖上之恩旨優渥を荷候末ニ有之候へ者、辭表なと差出候ハ、稜立候て公私共ニ不可然と奉存候へハ、只々衷情を吐露して一ニ閣下之酌裁ニ任候外無之、若生病苦之餘他志なきを憫察せられ、静養之地を賜ハり候ハヽ、此上なき髙恩ニ奉存候、自顧ミルニ、畢竟ハ躯に病あるの故ニ百事機に後レ、手筈違候事而已ニて、今ハ早くも十分の御用に立候事難叶奉存候、乍去將來とても若萬一ニも國難の時機に臨候ハヽ、生ハ自進ても相應の御奉公いたし度心得に有之候、其邉ハ偏に髙明之御諒察奉祷候、頓首再拝

廿三年

十月五日　毅

総理大臣閣下

（梧陰文庫Ⅱ―六四二）

編者曰　美濃紙二枚に全文他筆を以て墨書す。本書は、浄寫本（美濃紙二枚）及び次に掲げる井上自筆の明治二十三年七月十一日付辭職願（美濃紙二枚）と合綴せり。

〔參考〕

山縣總理大臣殿

(他筆朱書)
「辞職ノ趣詮議ニ及ヒ難キニ付精々療養スヘシ

明治二十三年七月十二日 内閣總理大臣之印」

辞職願

小官三年来肺尖カクルニ罹リ、近日劇務難相勤容體ニ立至候間、乍恐本官被免度、此段御執奏奉願候也、

明治二十三年七月十一日

法制局長官 井上毅 (井上)

法制局長官辭職願書案

一九　命令罰則意見案

〔明治二十三年〕

（井上自筆墨書）

「世ノ憲法ヲ論スルモノ或ハ」憲法第二十三條ト行政官ノ設クル罰則トハ○〔相〕矛盾ノ観[相]ヲ呈[セリ]〔スト謂ハン〕、此ノ矛盾○〔ノ外〕ハ各國ノ一般ニ免レサル所ニシテ、憲法學者ノ又一般ニ説明ニ困ム所ナリ、

甲ノ學者ハ行政命令ノ罰例ヲ以テ法律ノ委任ニ依ル者トシ、即チ法律ニ依ルト謂ヘル憲法ノ正條ニ適スル者トス、〔英佛ノ學者及白国ドニツサン氏、普リオンネ氏〕

乙ノ學者ハ憲法ノ掲クル所ハ司法罪ニシテ、警察命令ノ罰例ハ警察罪ナルカ故ニ互相矛盾スルニ非スシテ、両立不レ悖ト為セリ、

丙ノ著述家ハ法律ニ依ルトハ適法ノ謂ニシテ、法律及命令ニ準據スルヲ謂フ、獨狭義ノ法律ヲ謂フニ非スト為セリ、此ノ三説ノ中、甲ノ主義最モ理ニ合フ者トシ、我国憲法第二十三條ハ甲ノ主義ニ依リ説明スルヲ穏当トス、

白耳義憲法第四十八條ニハ我憲法第二十三條ト同様ノ規定アリ、而シテ之ヲ論スル者ハ曰ク、憲法ノ主旨ハ必シモ刑罰ヲ法律中ニ列記スルニ非サレバ、○〔處〕罰スルコトヲ得ストノ意ニハ非ス、要スルニ法律ノ規定ヨリ生スル○〔處〕罰ハ、之ヲ違憲ノ○〔處〕罰ト云フ可カラスト、按スルニ法律ノ規定ヨリ生スル○〔處〕罰トハ、[盖シ]行政官カ〔法律委任ニ依リ〕○罰例制定ノ權ヲ[法律ヲ以テ委任セラレテ設ケタルモノ]〔或ル制度内ニ認定セラレタル〕ヲ謂フナリ、[曽テ之ヲ外人ニ質セルコトアリ、白耳義憲法論者ト説ヲ同フスル者アリ、]而シテ今提出セル所ノ法律ハ、違警罪ニ限リテ行政官ニ委任スルコトト為セリ、[固ヨリ]〔蓋〕罰例委任ノ事ハ、憲法ニ明文ナキヲ以テ罰ノ輕重ヲ區別シテ委任ノ可否ヲ論スルコトヲ得スト雖トモ、抑モ違警罪ノ委任ハ既ニ我[制度]〔カ刑法〕ノ許ス所タルヲ以テ今復タ之ヲ疑ハス、其ノ輕罪以上ノ委任ニ至テハ事理[頗ル妥]

（貼紙）当
穏○ナラス、「（井上自筆墨書）又各國ノ例見セザル所ナルヲ以テ、」故ニ
本案
○之ヲ為サヽ《取ラザ》ルナリ、

（梧陰文庫B―二二一〇）

編者曰　修正加削は井上自筆墨書（法制局罫紙二枚）。

二〇　議院規則意見案

〔明治二十三年〕

勅旨及勅使

一、天皇臨御アルトキハ、○《議院ハ》議事ヲ中止ス、議員ハ天皇ニ對シテ○《何等ノ》演説スル《ヲ為ス》コトヲ得ズ、及勅諭《旨》ニ對シテ何等ノ論議ヲ為スコトヲ得ズ、

二、勅使ヲ以テ議院ニ臨ムトキハ、議院ハ議事ヲ中止シ、議長ハ○《直ニ》受ル所ノ勅諭旨ヲ議院ニ對シ朗《宣》讀スヘシ、但シ開院式ニ於ケル勅使ニ對スル禮式ハ、別ニ定ムル所ニ依ル、

三、勅使、議院ニ臨ムトキハ、議院《議院ノ選定シタル委員及長》書記官○奉迎シテ議場ニ○《先》導スヘシ、特ニ設ケタル高席ニ就カシムヘシ、

政府ノ關係

一、○《國務》大臣及政府委員ハ、議院法第《（二字アキ）》　条ニ依リ閉會《議》ヲ宣告シタル後ト雖、發言○《ヲ要求》スルコトヲ得、但表決ノ半ニ○《ハ之ヲ要求》發言スルコトヲ得ズ、《ピエル、プードラ氏三百二十条》

二、○《國務》大臣及政府委員ハ議院ノ規則ヲ循守スルノ義務アリ、但シ議院ノ懲罰ハ○《國務》大臣及政府委員ニ及ホスコトヲ得ズ、

三、政府委員ノ命ヲ受ケタル官吏ハ其ノ任命ハ式《宣記》ヲ議長ニ呈示シ《スルトキハ》、議長ハ之ヲ公會ニ報《通》告スヘシ、

四、政府ノ通牒《報》ハ、議或ハ○《國務》大臣又ハ政府委員之ヲ朗《宣》讀シ、或ハ○《之ヲ付シ議長ニ送、公開会ニ際シテ》議長○之を宣讀ス、

五、政府ヨリ○《廻付スル》議案ヲ議院ニ提出スルトキハ、《ハ総理大臣及主任大臣上旨ヲ奉シ、豫メ通牒文書ヲ以テ之ヲ呈出シ》國務大臣又ハ政府委員之ヲ《通報シ、豫定ノ日ニ於テ》朗讀スヘシ、《宣讀、辨明スヘシルノ後》而シテ議院ハ○《其ノ理由書》直チニ印刷シテ之ヲ《アル者ハ理由書ヲ併セ宣提出テ》各員ニ配付シ、議事日程ノ冣先期ヲ定メテ第一讀會ヲ開クヘシ、

六、政府ノ通牒《報》ハ議案ヲ除ク外、之ヲ討議又ハ表決ニ付ス《セズ》、

七、議院ハ勅諭ニ奉荅シ、又ハ上奏スルニハ、《議院ノ名ヲ以テ議長》内閣奏総理大

臣ヲ經由ス、《ヨリヲ経由シ、宮内大臣及侍従長ニ依リ、直チニ封書ヲ上ツルヘシ、》

七、政府ノ議案ヲ撤回スルハ○《文書ノ》通報ニ依ル、但國務大臣及政府委員ハ議案ヲ撤回スヘキコトヲ宣言シテ、議決ヲ《ノ》遷延ヲ求ムルトキハ議院《コトヲ得、》

八、撤回シタル議案ハ更ニ《ニ更ニ受更》修正ヲ加ヘテ之ヲ《政府ヨリ》提出スルコトヲ得、《トキハ、議院ハ新ニ議議讀会ヲ行フヘシ》

上奏及建議

一、議院、勅諭ニ奉荅シ、又ハ上奏スルハ、侍従長《宮内大臣》ニ依リ封書観謁ヲ乞ヒ、勅許ヲ經テヘテ○《後》參内スヘシ、

二、議院、政府ニ建議シ、及其ノ他ノ《政府ノ全体ニ對スル》通報ハ内閣総理大臣ニ○《名》當ツ《ス》ヘシ、

三、内國務大臣、政府委員及議長○《ノ間ノ往復》ハ互ニ閣下ノ尊稱ヲ用ウヘシ、其ノ勅任政府委員

（梧陰文庫Ⅱ—七〇六）

編者曰　本書は「梧陰文庫」所収の衆議院規則草案（A—九九二、一〇〇〇、一〇八〇）の異本にして、法制局罫紙二枚に全文井上自筆を以て墨書せしものなり。次に掲ぐ全文他筆の淨寫本（蒟蒻刷二枚）も合せて収む。

〔參考〕

議院規則意見案

勅旨及勅使

一、勅使、議院ニ臨ムトキハ議長及書記官長奉迎シテ議場ニ先導スヘシ、

二、會議中、勅使、議院ニ臨ムトキハ議長ハ議事ヲ中止スヘシ、

三、勅使、勅旨ヲ傳フルトキハ議員ハ起立シテ謹聴スヘシ、

政府ノ関係

一、討論終リタル後ト雖モ、未タ表決ヲ始メサル前ニ於テハ國務大臣及政府委員ハ發言ヲ要求スルコトヲ得、此ノ場合ニ於テハ、議員ハ更ニ討論ヲ為ス

コトヲ得、

二、國務大臣及政府委員ハ議院ノ規則ヲ循守スルノ義務アリ、但シ議院ノ懲罰ハ國務大臣及政府委員ニ及ホスコトヲ得ス、

三、議長、政府委員ノ任命ノ通知ヲ受ケタルトキハ之ヲ議院ニ報告スヘシ、

四、政府ノ通報ハ議長之ヲ議院ニ報告スヘシ、

五、議院ノ通報ニシテ、政府ニ對スルモノハ内閣總理大臣ニ、各省ニ對スルモノハ其ノ主務大臣ニ名當スヘシ、

六、國務大臣及議長ノ往復書ニハ、互ニ閣下ノ尊稱ヲ用ウヘシ、

上奏及建議

一、議院、勅諭ニ奉荅シ、又ハ上奏スルハ、宮内大臣ニ依リ觀謁ヲ乞ヒ、勅許ヲ經テ後參内スヘシ、

二、議院、政府ニ建議スルトキハ、内閣總理大臣ニ名當スヘシ、

二一　第二議會對策意見

〔明治二十四年〕七月五日

第一

昨日御話ノ件ニ付、退テ再三熟思仕候ニ、到底好結果ヲ得ルノ目的ナキ非計タル事ヲ免レズ奉存候、其故ハ、

第一　此事人意ノ表ニ出、一時正〔甚〕シク世人ノ心目ヲ驚動シ、従テ百般ノ臆説ヲ引起スヘク、其中ニテ尤人心ヲ刺撃スルノ流言ハ、此レ政事家ノ難キヲ避ケテ（政府ヲ維持スルハ難シ、）易キヲ取ル（輿論ヲ糾合スルハ易シ、）ナリトイヒ、又此レ挟撃ノ軍略ナリトイフノ二ツナルヘシ、此ノ流言ハ平和中立ノ政黨ヲシテ、我カ旗下ニ就クノ趨勢ヲ妨クルノ効力アルニ足ルヘシ、而シテ我黨勢従テ振ハザラン、

第二　反對黨ハ我擧動ノ異常ナルニ驚キ、又異常ノ戒心ヲ加ヘテ、我レト相當ルコトヲ専務トスヘク、此激動ハ自由改進ノ二黨ノ合一ヲ促スニ餘アルヘシ、

第三　政府ハ僅ニ餘息ヲ保ツノ際ニ當リ、藤房（藤原）卿世ヲ避ケタルノ感ヲ為シ、忽チ解體シテ敗兆ヲ現スヘシ、而シテ其一部ハ鴻鵠ノ志ヲ知ルコト能ハスシテ、怨望ノ餘讒誣ノ流言ヲ放チ、或ハ反對黨ト通謀シテ我事ヲ妨クルニモ至ルヘシ、

第四　立憲ノ大事ハ今年ノ冬期ニ於テ存廢ノ現徴ヲ顯スヘシ、而シテ我事ハ三年ノ病ニ於ケル七年ノ葸タルニ過キザルベシ、

第五　事若意ノ如クナラザレハ畢生ノ苦誠ヲ擧ケテ之ヲ水泡ニ歸シ、西郷隆盛ト其晩節ヲ同クスルニ至ルヘク、悠々千載誰レカ吾カ心事ヲ諒知スル者アラン、

右御一考奉仰候、且今日ノ事猶可為者ナシトセス、

第一　君主聰明、

第二　人民ハ順良ナリ、

封建ノ残物ナル壮士ト、政府ニテモ骨折テ製造シタル教育ヨリ成立チシナマイキ學生、代言人ヲ除ク外、一

般ノ人民ハ決シテ亂ヲ好ムノ傾キナシ、
第三　政黨ニ未タ多數ヲ籠絡スルノ政事家アラス、（此事方ニ危機ノ間ニ在リ、別ニ記スヘシ、）
第四　憲法ハ一般臣民ニ於テ形式上ニモセヨ遵奉ノ意ヲ表シタリ、
故ニ今日ノ政事家ハ、猶政府ノ上流ニ據リテ事ヲ為スノ順常方法ヲ取ルヲ其義務也トセサルヘカラズ、決シテ一轉シテ逆取方法ヲ擇フノ時ニ非サルヘシ、

第二

第二期ノ議會ニ對シテハ、政府ハ籠城主義ヲ改メテ專ラ進為ノ氣象ヲ示シ、先ンシテ人ヲ制セサルヘカラズ、成敗共ニ此ノ一擧ヲ期シ、全力ヲ用ヰテ毫モ餘地ヲ遺サヾルヘシ、
一、議會ハ期ニ後レス十一月上旬ニ開會スヘシ、
一、劈頭ニ一大争議ヲ生スヘキハ、追加支出豫算トシテ政府ノ提出スヘキ六百五拾萬圓ノ遣方ナリ、此事若政府ニ一定ノ成見ナクシテ、議會ノ多議ニ任セタランニハ、四分五裂一ノ成局ヲ得サルノミナラズ、終ニ政府ノ信用ヲモ失ハシムルノ結果ヲ生スヘシ、政府ハ左ノ四點中ノ一ヲ擇テ、確乎タル成案ヲ以テ議會ニ付セサルヘカラズ、
一　治水事業
二　興業銀行ノ資本
三　私設鐵道買上
四　北海道開墾事業
一、若治水事業ニ使用スルノ議ヲ取ラハ、七月中ニ勅令ヲ發シテ中央治水會議ヲ設ケラレ、治水ノ區域方案ヲ議シ、議會開會前ニ一ノ成案ヲ作ラシムヘシ、
此ノ成案ハ法律案ニ非サルモ、追加豫算ニ附屬シテ議決ノ資料トナスモノナリ、
中央治水會議ハ官吏五人人民ヨリ七人ヲ命シテ委員トシ、其七人ハ各地方ノ議員又ハ議員ナラサルモ、治水熱心ノ人民ヲ（例之ハ金原明善ノ如シ、）擇フヘシ、（將來ハ繼續委員トスヘシ、）

特旨ヲ以テ宮内省ヨリ中央治水會議ニ三万圓ヲ下付セラルヘシ、委員ノ旅費日當及會議ノ費用ハ、議會ニ於テ正式ノ議決ヲ經ルマテ此ノ賜金中ヨリ支辨スヘシ、

委員長ハ政略上ノ重任ヲ負ハシムヘキ其人ヲ擇フヘシ、河野（敏鎌）顧問官ナランカ、

委員ニ擇ハレタル議員ハ、他ノ議員ニ先タチ東京ニ集マルヲ以テ、可成各黨ノ首領又ハ有力ノ人ヲ抜キ、治水事業ノ賛成者タラシメ、其他便宜ニ施政上ノ意見ヲモ吐露セシメ、將來ノ勢力アルヲ豫期セサルヘカラズ、

一、興業銀行ハ〇府縣債ヲ抵當ニシテ府縣ノ事業ニ貸付クル等、一大議案トシテ提出セラルヘシ、現今經濟上ノ必要トシテ衆目ノ不可トセサル所ナルヘケレハ、其ノ成立ヲ見ルコト難カラサルヘシ、

大藏省已ニ成案アリ、但農業銀行ハ儲蓄心ナキ農民ニ公金ヲ貸付ルコト危殆ノ道ニシテ、猶早ト謂ハザルヲ得ス、

一、地租論ハ今年モ亦大多數ヲ得テ議決セラル、ナルヘシ、政府ハ一轉策ヲ用ヰテ地租ノ減額ヲシテ將來ニ成果アラシムル為ニ、地方自治財産、即チ保險儲蓄ノ基本トスルノ法案ヲ提出シテ此事ヲ結了スヘシ、

生試案アリ已ニ覽ニ供セリ、

若此策采ルヘカラズトナラハ、大藏大臣ハ進ンテ精嚴ナル一大演説ヲ為シテ、以テ十分ニ政府減税ニ同意セサル理由ヲ示明セサルヘカラス、若然ラスシテ之ヲ苟且ニ付セハ、彼ノ英國ノ穀律廢止案ノ如ク、七八年ヲ積テ遂ニ議會ノ冀望ヲ達シ、併セテ政府ノ顚覆ヲ促スヘシ、

一、北海道ノ事ハ政府ノ弱點ナリ、今ノ計ヲ為スニ寧ロ之ヲ議會ト叶議シテ、大ニ開墾事業ニ着手スルニ若カス、議會ヨリ異議ヲ容レザルニ先タチ、政府ヨリ議會ニ開拓事務取調委員ヲ設クルコトヲ要求シテ、爾後繼續委員トシ、政府ト擔當ヲ分タシムルニ若カズ、議員ヲシテ喜躍シテ國務ニ從事セシムルニハ、之ヲ地方官又ハ其他ノ官吏トナスヨリモ、寧ロ此ノ類ノ方法ヲ用ウヘシ、

一、議案ハ此ノ會議マテハ可成通過シ易キモノヲ擇フヘシ、即チ

官有財産管理法 今春議員ヨリモ提出セリ、

登記法改正 同前

海外渡航婦女保護法 議員ハ熱心ニ贊成スル者多シ、

議院及議員特權保護法 此ノ法必要ナリ、

御料ニ對スル訴訟手續法 此ノ法案ハ已ニ樞議アリ、

歸化法

等ナルヘシ、實ニ官有財産管理法ノ昨年ニ政府ヨリ提出セラレザリシ為ニ、官有財産賣買ノ事ニ付議會ニ攻擊ノ論柄ヲ與ヘタリ、又登記法ノ實際ノ弊ハ議會ノ論スル所ノ如クニシテ、仍甚シキアリ、司法省ニテ現法ヲ固執スルハ無理ナリ、

一、行政官制ノ部ニ就テ一事ノ必要ナルアリ、曰、内閣ニ懲戒委員ヲ設クルコトナリ、此事ハ十八年冬ノ政務綱領ニ約束セル所ニシテ、未タ履行セサル者ナリ、現ニ北海製糖會社事件ノ如キ議會ノ攻擊ノ的タルヘシ、政府ハ懲戒委員ニ委ネテ汚瀆官吏ノ懲罰ヲ糾シ、及冤枉ヲハ洗明シテ世ニ公白セハ、一部局ノ事ノ為ニ政府全体ノ責任ヲ引起スコト無カルヘシ、其他贓賄及官商通謀ノ浮説アルカ如キハ、懲戒委員ヲシテ一々其ノ實否ヲ糾明セシメ、以テ風紀ヲ粛スヘシ、亦政府ノ信用ヲ維クノ一道ナラン、

一、

一、新聞検査件

○緊急命令ノ提出ニ就テハ、政府ハ只タ其時ノ必要ナリシト云ノ一言ヲ以テ辯明シ、決シテ多言ヲ要セスシテ議會ノ議ニ任スヘシ、

第三

第二ニ述ヘタル積極手段ハ、消極手段ニ比フレハ危險ヲ冒スモノニシテ、其人ヲ得テ運轉セサレハ、却テ不始末ニ落入○ルヘシ、忌憚ナク盡言スルコトヲ許サレハ、此際閣下自ラ進テ第一ノ貧乏鬮ヲ取リ、第一ノ困難位置ニ當リ進ムニハ

先鋒タリ、退クニハ後殿トナリ玉ハザルヘカラズ、第二ニハ政府ノ答辯者ニシテ咄々不辯ナルトキハ、議案頓ニ生色ヲ失ヒ政府ノ威信ヲシテ地ニ墜チシム、故ニ必ヤ一、二ノ雄辯者ヲ以テ内閣員トシ、議會ノ難局ニ當ラシメザルヘカラズ、今日ニ在テ河野顧問官ノ如キハ、現官ヲ以テ内閣員トスルカ、又ハ一省ヲ擔ハシメテ掩レ過使レ能コト必要ナルニ似タリ、聞ク所ニ據レハ、現在信用投票ノ企ニ聯合シタル議員百三十人ニシテ、聯合セサル者百六十人ナリト云、然ルニ甚タ危険ナルハ、此百六十人中ノ三十人ハ、所謂土佐派［又ハ裏切連］ト稱フル者、及獨立派ノ二十人計ナリ、土佐派ハ板垣伯ト分離シタルカ如シト雖、［頃コロ其中ノ或一人カ他ノ議員某ニ内話シタリト云ヲ聞クニ、曰、

トテモ今ノ政府ニテハ運ハヌ見込ナラハ、自分タチハ別ニ考アルヘシ云々、］

［蓋］遅疑沉吟ノ［冣］中ナリト察セラル、此機ヲ失フトキハ信用投票聯合黨多數ヲ占ムヘシ、

議員ノ心ヲ維クニ、甘言ヲ以テスルハ失策ノ甚キナリ、必ヤ事實ヲ以テセサルヘカラズ、故ニ生ハ中央治水會議ノ如キ亦政略上ノ必要ナリト信ス、

又議員外ノ可然人物ヲ使用シテ國ノ為ニ力ヲ盡サシムヘシ、［例之ハ坂本則美ノ如キモ當［為］（局）者ノ誠心ニ感スル所アラハ、必奔走居仲ノ勞ヲ致スヘシ、

大石正巳ヲ呼返シテ朝野ノ間ニ居ラシムヘシ、

議員中三崎亀之助末松三郎ノ如キハ不可失有用ノ［材］（辯士）ナリ、］

右ハ言肺腑ニ渉リ分外之恐レナシトセサルモ、但御参考ノ為録呈候而已、

議員ノ分黨表ハ明日迄ニ詳細ノ物手ニ入候筈ニ付、差出可申候、恐惶頓首

七月五日夜　毅

伊藤伯爵閣下

（梧陰文庫Ａ―五三二）

編者曰　全文他筆（内閣罫紙十一枚）。本書は『井上毅傳史料篇第二』所収文書二八二「第二議會對策意見」の異本なり。但し同書にては第一書を缺くに對し、本書は第一書を備ふ。

二二　憲法第六十七條意見案

〔明治二十四年〕

否々決シテ然ラス、此ノ説ハ六十七條ノ意味ヲ誤解シタルモノナリ、世ニ此ノ如キ間違ノ解釋ヲ為シテ以テ憲法ノ主義ヲ誤リ、并ニ諸君ヲ欺キ誤謬ノ道ニ導クノ徒アルハ慨歎ノ至ナリ、

蓋我カ憲法ハ實ニ豫算法律ニ非ザルノ主義ヲ取リタリ、即チ第六十二條、第六十三條及ヒ第六十四條ハ實ニ此ノ主義ニ基キ成立シタルモノニシテ、伊藤伯〔博文〕ノ憲法義解ハ実ニ此ノ論理ヲ明言シタリ、本官ハ憲法義解第百十五頁ニ譲リ、茲ニ引證《重言》ノ繰言《労》ヲ省クヘシ、故ニ我カ憲法ハ豫算議定權ニ對シ実ニ二重ノ制限ヲ設ケタリ、二重ノ制限ト何ソ、一ニハ豫算法律ニ非ストスルコト、二ニハ政府ノ仝意ヲ求メシムルコト是ナリ、

此ノ憲法ノ豫算ニ於ケル第一ノ主義ニ循據シテ、以テ豫算ヲ議定スルノ標準ト爲シ、適當ナル分界ヲ誤ラサルハ固ヨリ議院ノ自己ノ判斷ニ存スヘキモノニシテ、即チ議會自己ノ義務トナリトス、萬一ニモ議會其ノ豫算議定權ヲ使用スルノ餘勢ニ於テ適當ナル分界ヲ超ユルノ事アリテ政府ノ同意ヲ求ムルニ至リテハ、政府ハ固ヨリ之ニ同意セサルノ權利及ヒ義務アリト雖、政府ノ同意不同意ヲ俟チテ始メテ豫算ノ適當ナル分界ヲ示ス《生スル》モノニ非ス、唯然リ、故ニ政府ノ同意ヲ求メ、又ハ同意ヲ得レハ豫算議定權ハ何等分界ナシト謂フコトヲ得ス、政府ノ同意ヲ得レハ豫算ニシテ法律及ヒ官制ヲ犯スモ妨ナシト謂フコトヲ得ス、從テ政府ノ同意ヲ求ムル爲ノ豫決ニハ、豫算ハ無限ノ權力ヲ有シ法律及ヒ官制ヲ犯スコトヲ企ツルモ妨ナシト謂フコトヲ得ス、何トナレハ政府ノ同意ヲ求ムルノ前後ヲ論セス、我カ憲法ノ豫算法律ニ非サルノ主義ハ、固ヨリ豫算ヲ議定スル職務ノ爲ニ徹頭徹尾不易ノ分界ヲ爲スヘキモ

ノナレハナリ、憲法ヲ解釋スル者ハ、六十七條ヲ文字的ニ誤解シテ以テ憲法ノ豫算ニ對スル全体ノ主義ヲ誤ルコトナカランコトニ注意スヘシ、

若シ誤解者ノ説ノ如クンハ、其ノ結果ハ議會ハ彼レ自ラ憲法ノ主義ニ循據シテ其ノ討議ノ分界ヲ自己ニ判斷スルノ能力ナキニ因リ、一ニ政府ノ同意ト不同意トヲ以テ其ノ分界ノ區域ヲ判然スルノ繩尺トシ、政府ノ不同意ニ倚頼シテ始メテ其ノ分界ヲ退守スルコトヲ得ト謂フニ歸セントス、語ヲ換ヘテ言ヘハ、此ノ如キハ政府ヲ以テ後見人トシ、己レ自ラ被－後－見－人ノ位置ニ立タントスルモノナリ、果シテ此ノ説ノ如クンハ、政府ノ義務ハ非常ニ重大ナルト同時ニ其ノ權利ハ又非常ニ強大ナルモノトナルヘシ、若シ議院ニシテ政府ニ特別ノ信用ヲ置キ、憲法ノ精神ノ外ニ政府ニ特別ノ委任ヲ與フルニ於テハ格別ナレトモ、之ヲ以テ憲法ノ正解トスルハ適當ナリト謂フコトヲ得サルヘシ、

然ノミナラス此ノ説ニシテ実行セラレナハ豫算ハ法律ニ非ス、法律又ハ○既定ノ行政組織ニ属スル勅令ヲ破棄スルノ力ナキノ明白ナル分界眼前ニ判然タルニ拘ラス、議會ハ毎年ニモ第一期議會ノ例ノ如ク法律又ハ官制ニ立入リ、豫算會議ニ於テ無用ナル時日ヲ費シ以テ豫算ヲ組織シ、而シテ其ノ労力ト貴重ナル時日トハ亦毎年ニモ第一期會ノ例ニ據リ、政府ハ止ムヲ得ス不同意ヲ表シテ、以テ議院ノ再考ヲ求ムルノ方法ヲ取ルナルヘシ、此ノ如キハ我カ國ノ豫算會議ハ毎年非常ナル困難ノ状況ヲ呈スルノ慣例ヲ生スヘク、固ヨリ政府ノ好ム所ニ非サルノミナラス、又議院ノ為ニモ喜フヘキノ美事ニ非サルニ似タリ、議院ハ法律ヲ改正スル為ニ法律案提出ノ權力アリ、又行政組織ニ對シ意見アラハ固ヨリ上奏又ハ建議ノ權ヲ有セラル、ニ非スヤ、何ヲ苦ンテ○必ヤ豫算議定ノ權ヲ利用シテ、以テ此ノ相當ナル憲法上ノ手續ヲ抹殺セントスルノ論者ノ説ヲ採用セラル、ヤ、

（末消）

次ニ又左ノ問題ヲ生スヘシ、曰ク、果シテ然ラハ○《豫算ノ》豫算《制限ハ》法律ニ非ルノ主義ヲ以テ既ニ充分ナリ、而シテ六十七條ハ不用ニ属シ、議會ハ政府ノ同意ヲ求ムルノ必要ナキニ非スヤト、此ノ疑問ニ答フル為ニ至テ卑近ナル比喩ヲ用キルコトヲ妨ケサルヘシ、諺ニ「冠ヲ作ラント欲シテ額ヲ削ルヘカラス」ト云フコトアリ、額ノ削ルヘカラサルハ猶法律勅令ノ犯スヘカラサルカ如シト雖、冠ヲ作ル為ニ尚依頼者ト製造人トノ間ニ協議ヲ要スヘシ、六十七條ハ譬ヘハ仕立屋カ仕立ツル所ノ冠服ノ長短大小又ハ厚薄ニ付其ノ依頼人ノ同意ヲ求ムヘキヲ謂フモノニシテ、仕立屋カ其ノ依頼人自ラノ身体手足ヲ改正セントシテ其ノ同意ヲ求ムヘシト謂フニ非ス、即チ○《豫算》費額ノ属スル所ノ官制及ヒ法律其ノ物ニ對シテ改正スル為ノ同意ヲ求ムルニ非スシテ、官制及ヒ法律ノ範圍内ニ於テ其ノ費額ノ廃除削減ニ對シテ同意ヲ求ムルヲ謂フ、然ノミナラス第二ニハ時トシテ議院ノ議

決稀ニモ其ノ分界ヲ誤ルコトアラハ、政府ハ又進ンテ不同意ヲ表シテ以テ議院ト共ニ憲法ノ主義ヲ維持スルノ位置ヲ取ラサルヘカラス、議院ニシテ若シ憲法ニ對シ正當ナル解釋ヲ取ラシメハ、此ノ如キハ絶エテ無キノ事ナルヘシト雖、亦偶然ニモ稀ニ有ルコトナキヲ保證シ難シ、是レ憲法ニ於テ二重ノ制限ヲ設ケタル所以ナリ、

（梧陰文庫B―四一一〇）

編者曰　本書は、井上の自筆で「六十七條覆牒疑義」と墨書せる封筒に収められる。蓋し、『井上毅傳史料篇第二』所収文書二七九「憲法第六十七條意見案」にて校合せらる（ロ）本（梧陰文庫B―四一六四）の後半部分なり。本書には朱墨両書の二度にわたる井上自筆の修正加削あり（内閣罫紙六枚）。

二三　豫算組方意見案

〔明治二十四年〕

（欄外上、朱書）
「秘」

一、豫算ハ法律及既定ノ行政組織ヲ基礎トスヘシ、故ニ豫算ヲ以テ法律及既定ノ行政組織ヲ變更スルコトヲ得ス、法律及既定ノ行政組織ヲ變更スルノ目的ヲ以テ豫算ノ費額ヲ廃減スルコトヲ得ス、

一、議會ニ於テ前項ヲ侵スノ議事及議決ヲ為ス時ハ、政府ハ其ノ場合ニ應シ政略ニ寛嚴アルヘク、豫メ一定スルノ必要ナシ、

豫算ノ組方

一、政府ヨリ提出スル豫算案ニ就テハ、

第一、法律ニ就テハ左ノ四ツノ方法ノ一ニ依ルベシ、（貼紙）

（甲）新規ノ法律案ニ依リ費額ヲ要スルトキハ、其法律案両院ノ議決及裁可ヲ經タルト同時ニ未タ公布セラレサルモ、豫算ノ追加修正ヲ議院ニ提出ス、

（乙）法律案ニ特別施行期限ノ條ヲ置キ來年度ヨリ施行ス、

（丙）緊急ヲ要スル場合ニハ法律案ト豫算ノ費項ト同時ニ提出スルコトヲ得、但豫算ニ於テ該法律案決行ノ日、始メテ費項ノ効力ヲ生スヘシトノ條件ヲ付スルコトヲ怠ラサルヘシ、議會モ亦此ノ例ニ依ルコトアルヘシ、

（丁）若シ甲ノ方法ヲ取リテ追加修正ノ時機ヲ失ヒ、豫算ノ該項議決ニ至ラスシテ、閉會シタル場合ニ於テ其ノ法律ノ施行緊急ヲ要シ公布セラ

レタルトキハ、豫算外ノ支出トシテ憲六十四條ノ第二項ニ依ルヘシ、

但、右丙ノ場合ハ新設増加ノ場合ヲ謂フナリ、廃減ニ就テハ法律尚存スルノ間決シテ其ノ費項ヲ去リ、以テ間接ニ法律ヲ廃止変更スルコトヲ得ヘカラス、

覆牒ノ問題ハ廃減ノ場合ニ係ル、

第二、勅令ニ就テハ、政府ハ先ツ勅令ヲ發シ、又ハ勅令ト同時ニ豫算ヲ提出スルモ、又ハ新設ニ係リテハ、豫算ノミヲ提出スルモ不可ナルコトナシ、此ニ反シテ議會ハ勅令ヲ発シ、又ハ廃スルノ権アル者ニ非サルカ故ニ、豫算ニ依リ新規ノ行政組織ヲ起草スルノ権ナキノミナラス、廃減ニ至リテハ縦令政府ノ同意ヲ求ムルヲ名義トスルモ現存セル勅令（既定費ニ付）ノ行政組織ヲ廃止シ、又ハ變更スルヲ目的トシ、其ノ費額ヲ削去スルコトヲ得ス、

説明

先ツ憲法ノ主義ト政略トヲ區別スルコトヲ要ス、豫算ノ組方ニ至テハ更ニ又別問題ニ属ス、

憲法ノ主義ニ於テハ、二月廿六日ノ政府ノ覆牒ハ実ニ憲法義解百十五頁ニ云ヘル「豫算ヲ以テ法律ヲ變更スルハ豫算議定権ノ適當ナル範囲ヲ超ユル者ナリ」トノ文言ヲ證言シタルニ過キスシテ、即チ「豫算ハ法律ニ非ス」トノ憲法ノ主義ヲ維持シタルモノナリ、

我カ憲法ハ豫算ハ法律ニ非ストノ主義ト及ヒ六十七條政府ノ同意ヲ求ムルノ規定トヲ以テ豫算議定権ヲ二重ニ制限シタリ、此ノ制限ノ一ヲ取除キ又ハ痲痺セシムルトキハ我カ憲法ノ主義ハ実際ノ効力ヲ失フヘシ、

故ニ覆牒及ヒ三月七日ノ答辯書ノ云フ所ハ変動スル所アルヘカラス、

次ニ政略ノ問題ニ至テハ、此ノ主義ニ障碍ヲ及ホサ、ル限ハ圓滑ニ疏通スルコトアルヲ妨ケサルヘシ、

議院ノ會議及ヒ議決其ノ範囲ヲ超ユルコトアレハ、政

府ハ之ニ注意ヲ與フルモ可ナリ、又ハ駁論ヲ試ミルモ可ナリ、又ハ事体重大ナラサル者ハ黙過スルモ可ナリ、又ハ議院ヨリ同意ヲ求ムルノ時期ヲ俟テ、判断ヲ與フルモ可タリ、唯タ其ノ時宜如何ト視ルノミ、

議院ニ於テ議権ヲ超越シ、法律及ヒ官制ヲ犯シタル豫算査定案ヲ以テ政府ノ同意ヲ求ムルトキハ如何、此ノ場合ニ於テ政府ハ或ハ單ニ不同意ヲ表スルニ止マルモ可ナリ、或ハ不同意ノ理由ヲ明言スルモ可ナリ、

議院ニ於テ豫算議定権ノ解釋上ノ質問ヲ為ストキハ如何、此ノ場合ニ於テ現ニ起リタル事実ニ関係ナキトキハ、政府ハ之ニ答辯セスシテ可ナリ、若シ現在ノ事実上ノ争點ニ密接ナル関係アルトキハ、政府ハ固ヨリ憲法上ノ所見ヲ明言スルノ義務アリト雖、成ルヘク法理上ノ空論ヲ為スコトヲ避クヘシ、

要スルニ、政府ハ確定ノ主義ヲ執リ、之ヲ守ルコト堅固ナラサルヘカラス、而シテ之ヲ應用スルニハ圓滑疏通ヲ主トスヘシ、

豫算ノ組方ニ於ケル法律勅令ノ関係

豫算ノ組方ハ便宜上ノ問題ニ属ス、唯タ便宜ノ程度ニ注意ヲ加ヘサルヘカラス、若シ便宜ノ程度ヲ誤ルトキハ、豫算ハ法律ニ非サルノ主義ヲシテ地ニ墜チシムルニ至ルヘシ、

豫算ヲ以テ法律ニ代用スルコトヲ得サルハ、何人モ既ニ疑義ヲ遺サヽルヘシ、

先ツ豫算ニ於テ法律ニ関係アル費項削除ノ議決ヲ為シ、政府ノ同意ヲ得ルノ後ニ法律ヲ提出スルモ可ナリトハ、一ノ疑義ナルカ如シ、此ノ問題ニ對シテハ否ト答ヘサルヘカラス、何トナレハ是レ豫算ヲシテ法律ノ上ニ前定ノ効力アラシメ、其ノ法律ニ代用スルト相去ルコト一間ナレハナリ、主客本末ヲ顚倒スレハナリ、

此ノ問題ニシテ一タヒ誤リテ許可セラルルトキハ、豫算ハ法律ニ非サルノ主義ハ忽チ其ノ効力ヲ失ハン、

次ニ法律案ト豫算ト同時ニ提出スルノ問題ヲ生ス、此ノ場合ニ於テハ精細ニ區別ヲ為サヽルヘカラス、

第一ニ新設ト廃減トヲ區別セサルヘカラス、新設増加ノ場合ニ於テハ緊急已ムヲ得サルノ時ニ於テ可ナリ、法律ニ於ケル直接費額ノ廃減ニ至テハ何等ノ時ヲ論セス不可ナリ、何トナレハ法律ハ神聖ナリ、法律尚存スルノ時ニ於テ其法律ニ於ケル直接費額ヲ削除スルハ、何等ノ時ニ於テモ為スヘキニアラス、議員ノ質問ハ実ニ此ノ廃除ノ場合ニ属スルモノナリ、而シテ新設増加ノ場合ハ法律ノ神聖ヲ傷クルノ結果ヲ生スヘキコトナケレハナリ、

更ニ注意ヲ要スヘキハ、緊急ノ場合ト雖、法律ト豫算ト同時ニ提出スルトキハ、必ス豫算ノ該項目ニ條件ヲ付セサルヘカラス、即チ若シ法律ニシテ議決セラル、トキハ、該項目ノ支出セラルヘシト云フ條件是ナリ、正當ナル方法ハ先ツ法律案ヲ提出シ、法律案両院ニ於テ議決セラレ裁可ヲ経ルト同時ニ豫算ニ新項ヲ組込ムノ修正又ハ追加ヲ提出スヘシ、

若シ法律案議決セラレテ閉會ノ期ニ迫リ、其ノ法律費ニ属スル豫算ノ修正又ハ追加ノ時機ヲ失ヒ、而シテ其ノ法律ニシテ、緊急公布ヲ要シ常例ノ施行期限ニ従ヒ公布セラレタルトキハ如何、政府ハ憲法第六十四條ノ正文ニ依リ、豫算ノ外ニ生シタル支出トシテ支出シ、後日帝國議會ノ承諾ヲ求ムルノ権利及義務アルヘシ、

以上述フル所法律ト豫算ノ関係ハ獨リ議會ニ於ケル制限タルノミナラス、政府ノ豫算ヲ提出スルニ於テモ亦慎重ヲ加ヘサルヘカラス、

勅令ト豫算ノ関係ニ至テハ全ク前ニ述フル所ト同シカラサルモノアリ、何トナレハ法律ニ於テハ政府ト両議院ト立法ノ権ヲ共有スレトモ、勅令ハ専ラ行政権ニ属スレハナリ、故ニ政府ハ勅令ヲ発スルノ前ニ先ツ其ノ勅令ニ属スル費項ヲ豫算ニ於テ提出スルコトヲ得ヘキノミナラス、新設ニ付テハ先ツ費項ノ議決ヲ得ルヲ以テ尤便宜トスヘシ、然レトモ議會ハ政府ノ例ニ倣ヒ、勅令ノ廃止變更ノ前ニ於テ既定官制又ハ軍制ヲ廃止変更スルヲ目的トシ、其ノ直接費項ノ廃減ヲ議決スヘカラス、若シ直接費項ヲ廃減シテ、以テ官制軍制ヲ廃止

変更セント欲セハ、先ツ上奏建議ノ路ニ依リ、勅令ノ廃止ヲ乞ハサルヘカラス、何トナレハ議會ハ憲法ニ依リ大権ヲ尊重スルノ義務アレハナリ、

此ノ點ニ就テモ廃減ニ係リテ一層嚴正ナル解釋ヲ取ラサルヘカラス、既定ノ行政組織ニ関ル勅令尚存スルノ間、其ノ勅令自体ノ効力ヲ失ハシムヘキ直接ノ既定費項ヲ廃減スルノ権アルコトハ到底之ヲ認ムヘカラス、要スルニ豫算ノ組方ハ及フタケ便宜ノ方法ヲ取ルヘシ、然レトモ便宜ノ程度ヲ廣張シテ、豫算ヲ先ニシ法律ヲ後ニスヘカラス、議會ヲシテ容易ニ豫算議定権ヲ濫用シ、毎年法律又ハ行政組織ヲ變更スルノ企ヲ試ミルコトヲ得ルノ路ヲ啓クヘカラス、

（梧陰文庫B—四一二八）

編者曰　本書は『井上毅傳史料篇第六』所収文書五四「代山縣有朋豫算意見」の異本にて、内閣罫紙十枚に全文他筆を以て墨書せるものなり。

二四　條約改正意見

〔明治二十五年〕

（表書、井上自筆朱書）
「第一書之第一項」

謹啓

條約ノ成文ハ可及丈精確明瞭ニシテ、後日ニ一点ノ疑惑ナク、彼我両様ノ解釋ナキヲ期スルハ勿論ナルヘシ、故ニ小官先此ノ條文中、或ハ明確ヲ闕ク者ナキヤヲ指摘シテ起案者ノ教ヲ乞フ、

第一、議定書第二條二項ニ領事才判権廢止ノ日ヨリ、

両国ノ版図間ニハ互ニ通商航海上ニ充分ナル自由ヲ與フル事、

トアリ、此ノ項中、通商ハ自由ナルノミナラズ、充分ナル自由ト謂フコトヲ得ヘシ、航海ハ充分ナル自由ト謂フコトヲ得べキカ？

條約八条ハ勿論圏国ノ沿海貿易ハ本條約ニ於テ規定スルノ限ニ在ラズ、日本国及大不列顚国ノ法律、之ヲ規定スヘシトセリ、若英人ハ日本法律ノ制限内ニ於テ航海ヲ得ル者トセハ、是レ條件付ノ自由ニシテ、充分ナル自由ニハ非サルヘシ、

充分ナル自由トハ、必ヤ英国ニ於テ外国人ニ沿海貿易ヲ禁セザルカ如キニ至リテ、始メテ此ノ文字ヲ適用スヘキニ非サル歟？

更ニ又、此ノ疑ヲ一層強ムルモノアリ、條約朱書ニ依ルニ、沿海貿易ハ六ヶ年ヲ限リ之ヲ禁絶セントス、而シテ議定書ハ翻テ六ヶ年目ヨリ通商航海ノ充分自由ヲ與フヘキコトヲ明言シタリ、此レ少クトモ両者意義ノ矛盾ニハ非サル歟？

若沿海貿易ヲ禁スルモ亦充分自由ト名クルコトヲ得ヘシト解釈セハ、現在及締約後五年内モ亦充分自由ノ位

地ニ在リ、領事才判廢止ノ日ヨリ充分自由ヲ予フヘシト云ノ必要ハ何クニカ在ル？

故ニ此ノ一目ハ之ヲ削ルヲ可トスルニ似タリ、何トナレハ第一目ニ日本全国ヲ開クノ明文アリテ已ニ十分ナレハナリ、

或ハ又当條約案ノ第二頁末段ヲ取ルヘシ、

（梧陰文庫A—一八五）

編者曰　本書は巻紙（一三九、五糎）に全文井上自筆を以て墨書せるものなり。

二　著作

一　銀減之害

明治四年

（欄外上、井上自筆朱書）
「一」
（欄外右、井上自筆墨書）
「明治四年辛未稿　時在横濱學横文」

銀減之害

朝廷草創百事易簡、加之各藩現入千三百万石ヲ大藏に帰し、天下の會計ハ餘りを告とも不足を憂るの理なし、抑々余の恐るゝ所のものハ、獨外國と出入の大計なり、夫銀貨は假用の物たる事、古人の論の如し、但し今日に在て外國と交際す、萬國の物情に従て物貨の比例を取ラさるべからす、従而諸衆共に銀貨なかるへからす、各國銀多きものハ交易の便を占メ、銀少きものハ便ヲ失ふ、銀多きものハ兵卒[及]器械従而多く、銀少きものハ兵卒器械従て少し、[銀多きものハ譬へは人に物ヲ假して其証票を有つか如し、銀少きものハ物品需用あるものに人に假らざるを得ズ、]銀ヲ假るの弊ハ地を割カざる事を得ズ、地ヲ割イて足ラず、國を擧て奴隷とならざる事を得ず、今を距る事二十三年前千八百四十八年メキシコ發壙以來一時三百七十万[々]フランクフランス史ニ据ル、大約我七十四万々両、の大数を發出し、今に至ていまだ止マず、同時英領のヲースタラリニも盛なる發坑を得、是より世界の融通一大変し、従前の通貨價ヲ失ひ、貧冨頓に所ヲ易へ、昔の一は今の十に當るか如し、我レ世界に後れて開港し、方に今其平均の流波を被る、故に我カ全國現有の銀を合するも、西洋の一豪商に敵する事能はず、彼レ勢イ上流に居り、我レ下流に居る、諸港の交易、彼レ多銭善ク賈ヒ、我カ商人毎《ツネ》に彼レの奴使たり、今日の計こと已《ヤム》を得ず、今十数年間はひたもの我レの物産ヲ輸出して、彼レの銀貨に易へ、銀貨我レに溢るゝに到らしめ、我レの所有各國と比例平均し、一般の融通と同一流なるを得て、始て真の商法ヲ論ずべし、是レ目今の権宜なるに豈料らんや、現今銀貨内に入ざるのみかは、却て外に出る事、隄防破れて河水溢るゝか如し、其故第一にハ輸入品太タ多し、舊幕の末年にハ輸出品輸入品に倍蓰し、一時洋銀の入口夥しく、價低下して三十二匁に至り、横濱より舟車にて江戸の銀座に送り、鋳て新銀となし、通用十分の八は皆新銀なり《なりし》程なりしに、四五年來人心猝に華美を競ひ争て洋物ヲ好ミ、都下の市街十ヶ一ハ洋店となり、加ふるに帋幣ありて内地の貨幣意外に賎く、人民外國品の貴きを忘れ、毛類毯類酒種諸品輸入夥しく、去庚午年の如きハ、輸入品双場高の輸出ニ越る四百万両に至る、輸出千四十九万八千両餘、輸入千五百十五万四千両餘、一時洋銀騰貴六十五匁となる、是レ其徴なり、今よりして後世運益々華美に赴キ、洋物廣まりて僻境に及ふに至るまでハ、輸入の輸出ニ越ユる毎年必三四百万両の間にあるべし、或者《ハ》我レの物産も年々増加し、輸入ニ比例して輸出も多かるべしと云ハん欤、なれとも其実逐年輸入の多きハ決して輸出の増加の及ふ所にあらす、我レの輸出品中繭子帋の如き、今年制出凢（ママ）百八十万張ニして、其售くるゝもの三分一に過ずと云、第二　借金の利息、旧幕以來の借債六百万両一分五里（ママ）の息とす、今度鉄路制（ママ）造ニつき、英國に借るゝもの五百万両一分二厘の息として、一年六十万両舊を合て百五十万両とす、第三　洋行生の旅費、洋行生六百人に近く、往路各々千金を費し、一年學費又各々千金以後年々少くとも百万両を費すべし、第四　飛脚舩便乗運載の賃、英佛米合而日本海ニ開するもの《於ける運賃》、年々平均百八十四万六千両と云、右の四件に据るに、我レの銀貨の年々外國に出るもの、大数六百万両に過とも是に下らざる事明なり、大藏省の調へに慶長來鋳造の金銀合て二万々両度々の吹替に減量あり、新貨の精銀一万々両を得へしと聞く、夫レ一万々両を資本として年々五百万両を減少す、凢ソ二十年ニして全く盡くるの数なり、鑛山の出す所は年に十万両餘のミ、諸港の交易ハ月々に不利を告く、百工制（ママ）

造興らず、内地の物産は舊に仍ていまだ増加せず、農科舎密諸術毫も進歩なし、牧畜ハ近年間に効を見る事難かるべし、是何を以て無限の漏出を補ひ、得失損益をして相当せしむるに足るや、

（梧陰文庫Ⅱ―六七八―①）

編者曰　修正加削は井上自筆墨書（金花堂罫紙四枚）。本書は「存議」（梧陰文庫Ⅱ―六七八）に収む。「存議」の目錄は、意見書六「貨政ヲ論スルノ書」に〔參考〕として掲載せり。尚、横濱修學時に井上が記せし「行篋秘携」（梧陰文庫D―三）に、本書の元型と思しき「銀洋比較」と「銀貨出入論」の二本あり。參考のため次に掲ぐ。

〔參考一〕

銀洋比較

舊幕始て交易を開き、我金銀と洋銀との比較を照し、洋銀一を以て一分銀三箇に當て、洋銀の裡面に改三歩（分）と云三字を印し、發行し、外國と約定し、一歩（分）銀三百十一を以て洋銀百に當て、即チ我七十七両三分と彼百弗と相當、四十六銭六分五厘の相場とす、條約税則云、一分銀、目方二銭三分其重サ「トロイ」貫目百三十四ゲレインに下らず、其質ハ、純銀の九分に下らず、其雜物は、一分より多からざるべし、是舊幕一分銀の性質なり、中外新報云、千八百六十年、日本官往二花旗《アメリカ》國一、過二非里達爾非亜《ヒラデルヒヤ》城一、至下送二金洋一處上、以二巳ニ國金洋一與二花旗金洋一相二較輕重一、日本金洋、一千分内、約五百六十二分是金、四百三十二分是銀、稍有二紅銅一、花旗洋、一千分内、九百分是金、一百分是它物、使二其能堅一、按に、是安政鋳造新小判一分判を指して云、分析局古金銀分析表ニ、通用小判一分判、百両の目方八十八銭内、金四十九銭九分六一三、銀三十八銭〇三八七、位百目内、金五十六銭七七四二、銀四十三銭二二五八、通用二分判二朱判、百両の目方百六十目内、金三十五銭二分、銀百二十四銭八分、位百目内、金二十二銭、銀七十八銭、是舊幕金貨の性質なり、然るに當時、我の物品太廉にして、出口品多く、

銀減之害

洋銀内に入ること甚盛に、横濱より舟車にて江戸の銀坐に送り、一分新銀を鋳造し、洋銀低下して、四五年間、通して三十六銭となり、㝡下三十二銭五分に至れり、一新之時に至るに及て、兵器輸入一時に多く、洋銀頓に五十五銭に上り、其後、人民開化を逐ひ、輸入品益々盛に、加之、貨幣最雑、真偽辨せず、大阪新鋳二分金、目方舊幕金と同して、純金百分之十八分、七あるに過ず、一分銀目方亦旧に同して、純銀百分之七十九分〇四あるに過ず、（中古一分銀と称する舊銀ハ、百分内八十七分三二之純銀とす、是新銀ハ、八分二八之劣位たり、）又紙幣行はれて、洋銀益々價を増し、庚午春、唐米輸入一千万元なるに及て、極度六十五銭となるに至れり、其後、漸く六十二銭に下り、通して平價とす、辛未二月に至り、政府新に造幣局を開き、盛に新貨を鋳造す、事新貨條例に詳なり、是ノ程、洋銀益々價を減し、十月下旬、横濱相場、洋銀百弗を以て、一分銀七十八両三分、二分金九十五両一分、楮幣九十両と換ふ、辛未冬日、在二横濱一記、

洋人新聞帋

千八百七十一年十二月三十一日（我十一月二十日）迄港場

貨幣之比例

ドル百ニ付　一分銀三百十一
　二分金百五十五々
　新金貨百〇一
　新銀貨百

千八百七十二年第一月一日に當て、

ドル百ニ付　一分銀三百十一
　二分金二百〇二
　新金貨百〇一
　新銀貨百

按右ハ外國人納税ニ付布告之趣、

編者曰　全文井上自筆墨書（美濃紙五枚）。

（梧陰文庫D—三）

〔參考二〕

銀貨出入論

今を距ること二十四年前、「メキシコ」發壙以来、毎年四五百〇《万》元を發出し、是より世界の融通一大変し、銀貨頓に價を減せり、我レ世界に後れて開港し、方ニ今其平準の流派を被る、故に我蔵貨一時ニ價を失ひ、俄に貧困の實を著せり、我か全國現有の銀を挙て、僅ニ西洋の一豪商に敵するに足る《り》、彼レ多銭善く賈ひ、毎に上流ニ居る、今出入之権を制するものハ、只管彼の銀貨を収入して、我レの所有、各國一般の融通と同一平均を得せしむべきに、豈料らんや、現在銀貨内に入ざる而已ならず、却て外に出ること、防破水決するの勢なり、其故は、第一に、輸入品太タ多し、舊幕末年にハ、輸出、輸入に倍加し、洋銀入口多く、低下して價三十二銭に至る、四五年來、人民猝に洋風を競ひ、洋物盛に行はれ、去ル庚午年、輸入品の輸出品に越る、

銀減之害

四百万両に至る、支那米不レ在二数内一、第二、外國飛脚舩日本海運載之賃價、年々大数二百万両と云、第三、負債之利息、公債之利五十万両に近く、各藩私債、其實四百万両に上り、月ニ大抵二三之利と云、是亦少小ニあらず、第四、洋行生五百人に近く、旅費五十万両に下らず、第五、外國人雇入給料、大抵四十万両に下らざるべし、右之五項に据るに、我銀貨、年々外國の手に落る、大数五六百万に過とも、是に下らざること明なり、夫レ我レの金貨固有の全数二万々両と云、二万々両を資本として、年々五百万両を、減少す、四十年にして全く竭るの算を得、是か為に寒心す、姑ク録シテ以俟二有識一、

借債利息比較

經済家、國之貧富を論するに、財本の多少を視る、財本多きもの《國》ハ、借貸利息廉く、財本少きものハ、利息貴し、今彼我利息之騰降を比較して、以て貧富の実を見る、

己巳年大坂為替會社規則ニ、社中貸附金利息、月ニ一歩五厘、通例六ヶ月を期月とす、無據分にても一年を越べからず、證人二人、引當證拠物預り、時價の半或ハ六七分を限り、貸渡す、差し加り金ハ、月一歩の利、一万金ニ付、一ヶ月金百両ヅヽの割合トス、

都下借貸之利、旧幕之時、月ニ一分、即チ二十五両に付金一分、百両ニ付一両、是通則たり、現今、大抵月二分之利を収む、

横濱にてハ、大抵月ニ二分五厘を収むるに至る、

右内國借貸之利息、月にして百ニ一、○《或ハ》二、或ハ二五、年にして十に一二以上とするなり、西洋各國之國債ハ、百ニ付年ニ三或四或五の利を給し、各民私借、三より五を限とし、五より貴きを高利とす、彼此利息低昂之差、幾ト四五倍に至る、

（梧陰文庫D—二）

編者曰　全文井上自筆墨書（美濃紙四枚）。

二　儒教を存す

〔明治五年〕

六合を通観するに、距レ今大數四千年前、洪荒之世となす、其中、山を負《オ》ひ海に臨《ノソ》ミ、寒暖中を得るの地、人物先蕃息す、従て人文先開け、首として神傑を生す、其建國尤古きもの、東にして支那、西にして阨日多《エヂフト》とす、當時支那の開化、洋人称して世界の冣先とす、其二典禹貢之書は、宇内無双の古書たりと云、抑々支那阨日多、東西に並立チ、各方開化之祖たり、然るに、物の一長一短あるは、天地の大數なり、阨日多より希《ギ》臘《リス》に傳へ、其天文地理數學百工器械技術の精巧なる事、支那の髣髴する所にあらず、然るに、其俗神怪を貴ミ、未来輪廻《リンヱ》の説を唱く、其支派、一は印度婆羅門《ブラーム》となり、一は孟瑟《モイス》の猶太《ヨーデン》教となり、其後敷衍して、耶蘓教となり、歐羅巴全國に被るに至れり、支那の百科、唐虞の時に著見す《アラハる》といへとも、夏殷周に傳へ、文美を逐て、實用を失《ウシナ》ひ、日新の功なし、是其短なる《き》所なり、然るに倫理名教の事に至ては、歴代相傳へ、更に孔丘孟軻に至て、其大成を集め、其道、自然に本き、人為を假《カラ》ず、日用平常ニして、隠怪ならず、性情を論して、万物我レに備《ソナハ》るとし、民義を務めて、鬼神を遠サく、大抵千古不朽の言たり、是其甚タ長する所なり、右長短之論とす、更に又盛衰の論あり、支那の衰態《スイタイ》ハ、誠に論するに足らず、二千年前、宇内第一の強大國、二千年後、宇内第一の弱國たり、其由る所を尋るに、畢竟後世儒教変して、文字癖となり、陳編に沈ミ、翰墨《詞章》に泥《ナツ》ミ、考證敷衍牛に汗し棟に充ツ、科學を知ず、實業を忘る、學者盛年の精神、一切之を虚文に用ひ、秖《徒タヾ》に人を愚にするに足るのミ、其書、孝經、書の古文、易の十翼《ヨク》を始として、偽托甚多く、三礼ハ、繁砕曲拘、必盛世の遺物にあらず、彖爻《タンカウ》ハ、讖緯《シンイ》之類、決して文王周公之作にあらず、左傳、神怪不經、恐くは占卜家之手に成る、後世傳奇小説之類なるのミ、然るに儒家相傳へ、金科玉條とす《て、金玉とす》、古書○《に》井田を説く、是其説ありといへと《ど》も、其實行ふべからざるもの、儒者奉して以て治道の本とす、其泥《ナツミ》レ古ニ無-識なる大抵此類なり、清《シン》の大宗の、明《ミン》人に書を與へて、中國之弱きハ、皆爾等文人之罪といへり、虚言にあらざるべし、西洋、希臘以來、今日に至て、器械物産之精《クハシ》キ、能(貼紙)ク民生を厚し、民用を利し、冨而教あり、加ふるに、其人、勉励苦思に堪《タ》へ、百科○《ノ》學術、世治を輔《扶》けて、文明に躋《ノボ》し、政體公平ニして、唐虞の為んとしていまだ能はざりし所を為し、冨強之実、仁寿之術、開闢以來之全盛○《ナル》を極め、決して三代の比す《ふ》べきにあらず、是双方盛衰の跡なり、抑々盛衰之跡、間《マヽ》人之耳目を迷して、公論を失《ウシ》はしむるに足る、耶蘇教の行はるゝ、二千年、宇内十分之八は、其紀元を奉す、是果して儒教に優《マサ》るもの歟、余初メに、邪蘇教の論、深遠にして、人を感するに足ると思へり、其所-謂聖書なるものを讀ミ、耶蘇傳を一閲するに及て、始て其浅近ニして、取るに足ざるを知る、是稍々知見あるもの、一目瞭然たるへし、蓋し耶蘇の淵源は、猶-太にあり、猶太は、阨日多に出ツ、阨日多人、始て霊魂不レ死、輪廻再生、天堂地獄、死後ノ賞罰を論し、又一種髙上之旨ありて、獨-一真-神、無始無終を説くに至ては、幾《ホトン》ト獨歩の卓見と云べし、是乃チ猶太邪蘇嗎哈默《マホメ》三教之祖なり、猶太の教祖孟瑟《モイス》なるものハ、非常の姦雄なり、始メ猶-太一-族、俘囚《トリコ》ニせられて、阨日多にあり、孟瑟に至て、舊約全書を著し、開闢を説す《き》、洪水を説き、アブラハム之神約を説き、大抵一部の讖《シン》書ニして、神怪を假《カリ》て、以て其阨日多を離《ハナ》レ、故土に帰り、敵地を略《カス》むるの謀を成すに過ず、阨日多を言ふ事を忌むといへとも、實は阨日多教を潤色して、一層怪誕を加る而已、佗の發明なし、其後数百年、其徒已に衰て、邪蘇孟瑟の讖《シン》に應し、猶太の近地に生れ、夙《ツト》に其説に湛《シヅ》ミ、又其弊習を矯《タ》め、更に一機軸を出し、勇往猛決、自信して疑《ウタカ》はず、兵力を假《カ》らずして、一世を風動する、遙に孟瑟の上に出ツ、然るに其説亦[真]〔天〕神を假托し、自神子と称し、密法幻術を行ひ、未來の賞罰を轉《テン》して、更に現世の神通を示す、一生の言行、一の神怪ならざるハなし、亦阨日多猶太の餘燼《シン》を拾ふに過ざるのミ、縦令果して勧善懲悪の意に出るも、全く詐を設けて人を迷すに外ならず、凡ソ造化の事は、明め難くして、幽冥の界《サカイ》ハ疑《ウタカ》ひやすし、鬼神に諛ふて、冥福を祈るハ、人情《ゼウ》の常なり、姦雄機に投して迷を誘《ミチヒ》く、洪荒の時、艸怪木妖、皆能く人心を惑せり、古史の載する所、万[國]皆然り、獨一真神の説は、人の意表に出テ、尤も人心を帰一せしむるに足る、然るに君長を假尊として、天神を真父とし、現世の政令を外視して、冥府の賞罰を仰く、勧化を忠となし、教に死するを榮とす、淹油自々盟ひ、動《ヤヽ》もすれハ政府に抵抗す、洋史の載する所、十字軍百年の戦、新舊三十年の争、皆人を殺す○《こと》幾千万、其它、羅馬法王の専裁、僧門の横暴、各國中世の大乱《ラン》、大抵皆教旨の禍《ワザハイ》、其惨酷なる事、實ニ洪水猛獣の比[すヘ]《ふべ》きにあらず、洋史回護○《して》、明に乱源を推し本けず、読むものも、亦識眼なく、却て其説の猛なるに酔ふて、其流傳の廣きを羨むに至る、其後、嗎哈《マ[ゴ]〔ホ〕メ》默アラビーに起り、又孟瑟耶蘇の説を祖とし、専ら教旨を以て兵を用るの機械とし、東西二万餘里を侵し奪ひたり、是蓋し神教の通(貼紙)患、獨り耶蘇のミにあらず、凡ソ神明を假《カ》り、人民を誘ふ○《もの》、流傳する事、必易し、而して其害は血を流すと知るべし、夫《カ》の支那の[昔]〔古〕も、鬼神之説盛に行はれ、唐虞三代も、占卜を以て政事に用ひたり、孔孟に至て、始て鬼神を遠けて、民義を務め、生を知て(貼紙)死を知らず、其言、布帛菽粟、一毫の神怪なく、一點の禍《クハ》胎なし、真に千古の卓見といふべし、且つ阨日多以來、印度、欧羅巴皆所謂僧族なるもの有て、出家離俗、天人の間に居り、専ら教柄を握る、是神姦の淵《カクレ》藪なり、儒教にては、政教一致、官府の外に僧府なし、余宇内の書を(貼紙)

讀《ヨミ》て、断然として、儒教を以て正大第一とす、大要宇内の教、二派あり、一ツは、神明を假《カ》るもの、一ツは、神明を假《カラ》ざるもの、夫レ天下之道理は窮《カギリ》なきものなれハ、儒教も亦必盡さゞる所あり、但し従《ヨリ》レ今幾千年後、聖人なるもの、世に出る事ありて、漢にあらず、洋にあらず、自然ニ原《モトヅ》きて、教を立テなハ、必らず其神明を假《カラ》ざるものに因るなるべし、是固より一時之盛衰を以て論し難し、天地之大數をいへハ、千年は一瞬間なり、耶蘇教の盛なる、いまだ止ム期あらず、我レ思ふ、今数百年間、儒教ハ、必破滅して、絶へざる事綫《イトスジ》の如きに至らん、是亦怪むに足らず、抑々西洋にヒロソープと稱スル一種の理學者あり、本希-臘に出て、中-比教門と合し、千七百年代の始より、其流稍々盛に、間、豪傑ありて、異常之説を唱へ、教門の非を打チ、人の心思、教旨の為に束縛せられ、天然の自由を失へる事を慨き、終に無神の説を立るものあるに至る、我レ又思ふ、従レ今幾千年後、一の大豪傑あり、彼此長短盛「(貼紙)衰の外に高歩し」、千古の迷を破て、天下の人心を快活ならしむる事あらん歟、今或は儒教の平常なるを厭ひ、一種世に適《カナ》ふの神教を造作して、以て民信を帰一せしめんとするが如きは、其意善しといへとも、千載之後、ヒロソーフ家の為に笑はれん事、叵《イト》口惜し、恭《ツヽシ》んて惟《オモ》ふに、我カ前王、人に取て善を為し、公道に本き物我を忘れ、詢《ヒ》二治ヲ于有-識一ニ、求メ玉フ二道于六-経一、(二句、宇多天皇禅位誡)真に万世の準的なり、仰キ願クハ、今日に在て、廣く万國の長短を鑑ミ、(貼紙)治具民法農工百般ハ、之を西洋に取り、支那之衰風を刪り、又倫理名教の事ニ至てハ、断然天下に布キ示し、古典國籍を以て父《チヽ》とし、儒教を以て師とし、二典禹貢無逸豳風[諸](大)雅諸篇、學庸論孟之書を以て、令典に著し、學校普通之[書](教)教とし、以而百世之後、論定るを待チ給はん事を、

世に孟軻を打ツものあり、然るに孟軻の性情を論するハ孔氏にまさりて明瞭なり、又西洋自主権利貴賎

平均の説は、始て其書中に見へるハ、其詳なる事ハ畧之、

時議、經義の讀み難きを以て、翻譯して世に行はんとす、抑々其他の漢書ハ、皆譯して用ゆる事よろし、經義に至ては、一字千金の味あり、之を語譯すとも、其精神を傳ふるに足らず、洋書中にてマキシム《規例》デウィス《銘戒》の如キに至ては、其譯すべからざるを以て、まヽ羅甸希臘の原語のまヽに記して、讀ムものをして玩味せしむ、是と同一なり、今經義を存し、漢字漢語を存し、西洋羅甸學の例の如し、其佗詩文百家○《の》繁多なるものを除く、子弟、四五歳、讀書を始メ、七八歳、學校に就キ、二十歳に至る、教育規則立て、従前怠惰之習を一変す、下才の人といへとも、國書を讀ミ、經義に通し、旁ラ譯書ニ就而、百科の學ニ渉《ワタ》る事、自《オ》ら餘力あらん、猶西洋の数ヶ國の語を兼學するに比ふれハ、容易《ヨウイ》なるべし、又農工の子の為には、經義を斟酌して、國文を以て、平易《イ》の小學書を作り、普通初歩の書とし、略々義理を教る事よろし、經義を説くには、山崎家講義、甚タ明瞭なり、願くハ、其書を校正して上木、世に恵まん事を、

（梧陰文庫Ⅱ—七二二）

編者曰　巻紙（四八一、五糎）に全文井上自筆を以て墨書し、修正加削及び讀點は朱書す。而して、本書は『井上毅傳史料篇第三』所収文書一六「儒教ヲ存ス」の異本なり。尚又、「梧陰文庫」に別の一本あり（梧陰文庫Ⅱ—六七七—①）。同本に「明治五年比ノ草スル所ナリ」とあることにより、本書の起草を推定す。

三　漢字・國文

〔明治五年〕

（表紙、太政官罫紙一枚）

「（欄外上、井上自筆朱書）三

（井上自筆墨書）漢字」

漢字

凡ソ万國ノ實狀ヲ通覽スルニ、上古ノ言語ハ、皆狹少《ケウ》ニシテ備ラズ、以テ万物ヲ名クルニ足〇《ラ》ズ、其冨贍《フセン》ニシテ用[ヒ]《ヰ》ニ周《アマネ》キハ、皆中古以來ノ言語ナリ、我國中古以來、開化ノ源ヲ支那ニ取リ、從テ言語文字、皆彼レニ假リ、今日ニ至リテ、日用應接、漢語大抵三分ノ二ニ居ル、亦不ㇾ得ㇾ已ノ勢ナリ、抑々言語ハ、愈々冨ルホド、愈々用[ヒ]《ヰ》ニ適フベシ、支那文風夙《ハヤ》ク開ケ、其言語甚タ冨リ、アメリカ人バラ氏云、支那語ノ日本ニ入リシハ、日本語ノ福ヲ增シタリト、彼ノ西洋各國ノ語ハ、希伯來《ヘブリウ》、希臘《ギリス》、羅甸《ラチン》三國ヨリ來リ、加ルニ各土ノ方言ヲ以テシ、我カ今日ノ現況ニ比フルニ、猶倍多ノ冨アリ、故ニ洋文ノ細密ナル事ハ、宇内ノ一奇觀タリ、我國今日文明日新ノ際ニ在テ、上古ノ簡朴ニ復リ、中古以來外入ノ言語ヲ除カントスル事ハ、必能ハザルノ事ナリ、

漢語除クヘカラザル時ハ、漢字亦除クヘカラズ、何故トナレハ、支那ノ俗《ナラハシ》ハ、言語ハ文字ニ依テ立チ、一言ニ一字ヲ具フ、其音短ク、西洋ノ所謂[ル]「モノシラブ」一字一音アルノミニテ、「ヂシラブ」一字二音「トリシラブ」一字三音ナシ、故ニ其語音轉訛《アヤマ》リヤスク、古今相通フ事アタハザルニ至テ、只文字有テ、意義ヲ傳フルノミ、其文字亦意義含蓄甚深クシテ、更ニ二字三字ヲ

合セ、一熟語ヲ成スニ至テ、轉用尤廣シトス、今已ニ漢語ヲ用ヒ《ヰ》テ、而シテ漢字ヲ以テ、之ガ標識《シルシ》ヲナサス、音シテ音ヲ傳フル時ハ其勢必轉訛相因ルニ至ル、又音ヲ諳《ソラン》シテ、義ヲ知ラズ、熟語ヲ用ヒ《ヰ》テ、原意ヲ解セズ、其弊《ツイヘ》、語法ニ統紀ナクシテ、終ニ滅裂ノ極ニ至ルベシ、故ニ漢語ヲ除カザル時ハ、漢字亦除クベカラサルナリ、

或ハ云ハン、漢学ノ繁難ハ邦人ノ厭フ所ナリ、漢字ヲ除カザレハ、人々漢学ヲ兼ネ学ハザルベカラズ、是レ従前繁難ノ患ヲ免レザルナリト、是ニ荅ヘテ謂ハン、人ノ才知ハ、本自《オ》ラ多量ナリ、文明ノ邦ニテハ、人ヲ教○《フ》ル事早キニ及フ、故ニ數國ノ学ヲ兼ルモ難カラズ、欧羅巴ニテ、文學ノ士ハ、必羅甸希臘《キリス》ヲ学フ、将來ノ勢、我レノ漢学ヲ視ル事、猶彼レノ羅甸希臘ヲ視ルガ如クナランノミ、従前子弟怠惰ノ悪習ニ随《シタカ》ハヽ、漢學ノ難キノミカハ、國書亦讀ミ得ベカラス、

但シ漢字ノ使用《モチヒ》、亦節限ナカルヘカラズ、支那ハ、衆小國ノ合シテ一大國ヲ成スモノナリ、故ニ方言錯雑《サクザツ》ニシテ、一物大抵數名ヲ兼ヌ、一ツノ葦ニ、八ツノ名アルカ如シ、三代屢々《シバ》書文ヲ同ウ《ク》スルノ令アリシモ、勢禁止スヘカラズ、加フルニ文縟《ジョク》ノ弊風アリテ、奇ヲ競《キソ》ヒ難ニ誇《ホコ》リ、遂ニ彼レカ如ク字類繁多ナルニ至レリ、幸ニ我ノ所用ノ文字ハ、大抵經義及隋唐以上ニ出ツ、今大学ニヲ《オ》イテ、平日必用ノ熟字ヲ節集シテ一部トナシ、彼ノ方言異名、及文選詩賦體ノ浮華、宋以後ノ俗語ヲ删《ケヅ》リ除キ、又俗用ノ語、鎌倉以來、本ヲ失ヒ義ヲ誤リ、一種ノ怪僻ヲナスモノハ、尽ク改正ヲ為スベシ、

國文

文字言語ハ、奇零《ヒトツハナシ》ノ物、互ニ假借《カリモチユ》使用ウヘシ、但成文ノ法、洋人ノ謂《イハ》フル「シンタクス」ナルモノニ至テハ、一定ノ本源アリテ、彼我混同スヘカラズ、亦假借スヘカラズ、就中、我國語ハ、支那及洋語ト位-次倒置シテ、全ク相類似セズ、例如ヘハ、漢語洋語ハ、我欲云々ト云、我ハ、我云々ヲ欲スト云是也、我邦中

古、漢文ヲ以テ令典ニ用[ヒ]《ヰ》、當時文人之カ為ニ無數ノ力ヲ費[サ]《セ》シモ、一ノ観ルニ足ルモノナク、轉シテ小説俗用トナルニ及テ、古ニ非ス今ニ非ス、宇内中ノ一怪物ヲ成セリ、徳川氏文風ノ盛ナルニ當テ、諸儒ノ著作、漢文ヲ用[フ]《ヰ》ルモノ、大抵拙ヲ後世ニ流スノミ、今ニ於テ國文ヲ定ムルハ、急務ト云ベシ、抑々我レノ文法ハ、即チ今日ノ語法ニ外ナラズ、固有ノ規則ハ、古今易《カハ》ラズ、漢字ヲ假リ、漢語ヲ用[フ]《ウ》ト云○《ヘ》ドモ、一毫ノ增減ナシ、過去現在未來ノ時アリ、直説假設命令疑問決定ノ法アリテ、洋語ニ類《ニ》ルトイヘトモ、洋語ノ男女ノ性アリ、單複ノ數アリ、冠詞アリ、動詞ニ人稱変アリ、人為ヲ以テ蛇足ヲ添○《フ》ルモノ、如クナラズ、平心ニシテ考ルニ、彼レノ繁ハ、我レノ簡ナルニ若《シカ》ス、今文法ヲ定○《ム》ルニ、它ノ方ナカルベシ、現行ノ語法ニ因リ、鄙俗辞費《ジヒ》ナルモノヲ除キ、漢ニ非ス洋ニ非ス、平易《ヘイイ》行ヒ易カラシメ、以テ世ニ施ス○《ニ在ル》ノミ、洋人ノ説ニ、文法家ノ文法ヲ論スルハ、醫者ノ身体ヲ論スルカ如シ、醫者能ク筋骨脉絡《キンコツミヤクラク》ヲ造リ為スニアラズ、只其○《ノ》條理ヲ分解シテ、人ニ示スノミトイヘリ、又使用ノ語ニ至テハ、奇僻ヲ崇《タツト》ハズトイヘトモ、亦雅正ヲ崇ハザルベカラズ、文明ノ邦皆然リ、力《ナル》所《ベク》及俗ヲ去リ雅ニ就キ、國語ハ古意ヲ貴ミ、漢語ハ鎌倉以後ノ鄙俚ヲ正シ、不朽ニ垂ル、ニ足ラシムベシ、

（梧陰文庫Ⅱ—六七七—②）

（別紙、太政官罫紙一枚）

（井上自筆墨書）

「　漢字國語ノ二《ママ》篇ハ存儒論ト同時ノ作ナリ、　」

編者曰　修正加削は井上自筆墨書（太政官罫紙七枚）。本書は井上の著作を綴りし冊子（梧陰文庫Ⅱ—六七七）に収む。本書の起草年代は、末尾に「漢字國語ノ二《ママ》篇ハ存儒論ト同時ノ作ナリ」とあり、加へて同冊子中の「存儒論」に「明治五年比ノ草スル所ナリ」とあることによれり。尚、同冊子の目録は、意見書一「司法省改革意見」に〔参考〕として掲載せり。

四　目代考

〔明治六年〕

目代考目次

目代本義及沿革

目代原名「プロキュロール」人ノ為ニ代理スル者ノ名ナリ、帝国ノ時ニ在テハ「プロキュロール」アンペリアル」ト云国帝ノ代人ノ義、王国ノ時ニ在テハ「プロキュロール、ド、ロア」ト云、国王ノ代人ノ義ナリ、佛蘭西全国二十八所現今二十六所ニ止マル、ノ上等裁判所ニ派出シテ目代總員ヲ管摂スル者ヲ「プロキュロール、ゼネラル」ト云、大目代ノ義ナリ、又上等裁判所ニ在テ大目代ノ命ヲ受ケ訟獄ノ事務ニ任スル者、名ケテ「アヴラカー、ゼネラル」トス、譯大代言官ノ義、亦目代ノ一名タルニ過キザル而已、目代官ヲ総称シテ「ミニステル、ピュブリック」ト云、「ミニステル」ハ人ノ為ニ代理スルノ名「ピュブリック」ハ公衆ノ義、即チ衆ノ為メニ公福ヲ護シ、良ヲ扶ケ、邪ヲ糺スノ意也、中古人ノ為ニ代訟スル者ヲ、名ケテ「プロキュロール」ト云、即チ今ノ代書人「アウーヌ」ノ類、此時ハ只タ泛ク各民ノ代訟ヲナシ、専ラ国王ニ属スル者ニアラズ、但タ時アリテ国王ノ公訟ヲ代辨スル而已、即チ英国現今ノ「アットルニー」ノ如シ、千三百○三年非理布《ヒリープ》美王ノ時、始メテ「プロキュロール」ヲシテ忠国ノ誓ヲ宣ヘシメ、専ラ王事ヲ理シ、爾後它ノ人民ノ私訟ニ関預スルコトナカラシム、是レ現今目代ノ初メトス、其后千五百七十九年ノ令ニ曰、王家ノ目代ハ告発人アルヲ待ツコト無ク、罪犯ヲ検探シ、便速ノ追糾ヲナスコトヲ掌ルト、是レ亦、目代専ラ追糾ヲ職トスルノ始メナリ、

目代ノ起由ハ、王家ノ内臣タルニ過キズシテ、其ノ后却テ公衆代理ノ名アリ、国民ノ為ニ公訴ヲ護持スルヲ主トスル者ハ何ソ乎、蓋シ王家全国ヲ蕩平シ、割据ノ舊俗ヲ一洗スルノ後、国王即チ全国人民ノ代人トシテ、全国ノ安ヲ守ルヲ以テ務メトシ、全国ノ公利ハ王家ノ私利ト宛モ相混合シ別異アルコト無ク、偶々罪犯アリテ国ノ禍害ヲ生スルニ至テ、其之ヲ制防スルノ任ニ當テ、之ヲ遏絶スル権ヲ有スル者、国王ニ非スシテ何ソ、是レ目代王家ノ密臣ヲ以テ専ラ王命ヲ受ケ、衆ノ為ニ安ヲ護シ、良ヲ扶ケ、悪ヲ除ク所以ナリ、故ニ目代ノ罪ヲ訴ヘ、刑ヲ求ムルハ、第一ニ其ノ衆民ノ總代トシテ公害ヲ除クヲ以テ主脳トシ、王家ノ使役タル者ニアラサルコトヲ知ンコトヲ要ス、蓋シ刑事ハ衆ノ為ニ害ヲ除クノ公法ニシテ、各民ノ私法ニ非ラス、目代刑事ノ訟称シテ公訴トス、各民ノ私訴ニ分ツ所以ナリ、革命ノ大変ノ後、一時目代ト刑事告訴ノ官ヲ以テ分判シテ二トナシ、目代ハ法律ノ施行ヲ監護シ、聴断ノ不法ヲ監視ス、告訴官ハ罪犯ヲ論告ス、那破倫治罪法ヲ定ムルニ至テ、又其ノ旧ニ復シ二務ヲ以テ一手ニ歸シ、又稍々旧制ヲ潤色シ、目代刑事ノ務メヲ以テ司法警察及公訴原告ノ二大綱トナセリ、

目代職制

一、目代行政部ニ属シ政府ノ命ヲ以テ、政府即チ行政官 官ニ任シ官ヲ解ク、裁判官ノ終身在職不抜ノ権ヲ有スル者ト同カラス、

一、目代ノ務メヲ行フハ、政府ノ名ニ代リ、政府ノ指揮ヲ奉行ス、

按スルニ、凡ソ裁判官ハ終身在職不覊ノ権ヲ有シ、三権鼎立ノ一ニ居リ政府ト均勢ヲナス、目代其ノ

間ニ立テ行政官ノ支脈ヲ以テ司法官ノ事務ヲ助ケ、其ノ位望等資裁判官員ト相平行シ、以テ両頭ニ関係シテ首尾ヲ彌縫ス、フロク氏国政字類ニ据ル、

一、目代ノ所属長官ヲ司法執政トス、司法執政ハ目代総員ヲ管督シ、其章程ヲ付シ、其ノ職務教令ヲ下シ、其ノ非違ヲ警戒シ或ハ面召シテ其為スヘキ事務ヲ指示ス、国政字類○ブスケ氏云、司法執政ハ即チ目代首長官ト知ルベシ、

一、司法執政ニ承ケテ目代総員ヲ管摂スル者ヲ大目代トス、大目代二十八員現今二十六員国中二十八管ニ派出シ、各管目代諸員ヲ総ヘ其協力ヲ得テ目代ノ事務ヲ執行ス、詳ニ大目代ノ下ニ見ユ、

一、大目代ハ管内ノ刑訟ヲ執行シ、所属下等裁判所ノ規則権限管限等ヲ監シ、管内ノ司法警察諸官及訟務士諸員代書人、書記人、公証人、使部、ヲ管督ス、刑訟詳ニ下ニ見ユ、○目代ハ大目代ヲ輔助スル者故ニ目代ノ職務即チ此ノ條ノ中ニアリト知ルベシ、

一、民事ニ於テ目代職ハ法章ニ掲ケタル特條公治ニ関ル件々ニ付テ訟ヲ行フヲ要ス、其它ハ訟ヲ行フト行ハサルト其意ニ任シ、之ヲ行フヲ必要トセス、○詳カニ下ニ見ユ、

一、目代職ハ法章及ヒ裁判ノ施行ヲ監ス、

以上三條千八百十年四月二十日ノ法ヲ譯ス、即チ那破倫一世ノ定ムル所ナリ、目代職務ノ要領此ノ三條ニ於テ尽セリ、今マ表圖ヲ作ル、左ノ如シ、

- 刑事
  - 司法警察
  - 公訴原告
- 民事
  - 通條不レ必ニ発言一
  - 特條必要ニ発言一
- 監察
  - 監ス二裁判所ノ規則一○管二督司法警察諸官及訟務諸士一○監二法章及裁判ノ施行一

按スルニ、目代ハ法章及裁判ノ施行ヲ監スルノ権アリテ、裁判ヲ監スルノ権アルコトナシ、司法警察諸官及ヒ訟務諸士ヲ監督スルノ権アリテ、裁判官ヲ監視スルノ権アルコトナシ、

一、目代刑事ノ務メ、分テ司灋警察、公訴原告ノ二類トス、司法警察ノ務メヲ行フノ目ハ、罪犯ノ告発

ヲ受ケ、及ヒ現行犯ヲ推問糾明シ、非現行犯ハ推問ノ権ナシ、罪犯ノ軽重ヲ量テ各裁判所ニ送付シ、公訴ノ務メヲ行フノ目ハ、訟廷ニ出頭シテ罪状ヲ告訴シ、罪定テ後、法ニ依リ刑ヲ求メ裁判宣告ノ後、處刑ヲ指揮ス、是ナリ、

刑事
- 警察
  - 一　受二罪犯ノ告発一
  - 二　推二問現行犯一
  - 三　量二定シテ軽重ヲ送二付ス各裁判所一
- 公訴
  - 一　告二訴ス罪状一
  - 二　依レ法求レ刑
  - 三　指二揮處刑一

一、上等裁判所ニ於テハ、大目代、下等裁判所ニ於テハ、目代、其裁判所ノ法章規式ノ施行ヲ監ス、若シ法章規式ニ付テ注意スベキコトアル時ハ、各目代ヨリ本裁判所長官ニ申シ、長官ハ合員會議ヲ行ヒ議ヲ決ス、大目代ハ議按及議決ノ写シヲ司法執政ニ進ム、

一、大目代及ヒ目代ハ裁判官裁判ノ議事ニ参スルコトナシ、但シ裁判所ノ課務及規則ノ事ニ係テハ、裁判官ヨリ乞テ議ニ参セシメ、或ハ目代ヨリ求メテ議ヲ開ク、

一、凡ソ法學登第ノ人ニアラサレハ、目代タルコトヲ得ス、歳二十五以上ニアラサレハ、目代タルコトヲ得ス、二十二以上ニアラサレハ、補員タルコトヲ得ス、三十以上ニアラサレハ、大目代タルコトヲ得ス、二十七以上ニアラサレハ、大代言官及大目代補員タルコトヲ得ス、

一、凡ソ目代ニ任スル者ハ宣誓式及就任式ヲ行フノ后ニアラサレハ官事ヲ行フコトヲ得ス、

一、目代ヲ任スルニハ本属上等裁判ノ長官及大目代ヨリ三人ノ名ヲ呈シ、司法執政其ノ中一人ヲ撰フ、大目代ハ此ノ例ニアラス、

一、目代大目代ノ任免ハ司法執政之ヲ奏執シテ国主ノ宣命ヲ行下ス、

按スルニ、佛国通俗、裁判官及目代ヲ称シテ共ニ

法官トナス、蓋シ其職務判然トシテ同カラズト云ドモ、同シク訟獄ニ参シ其資俸相比均シ、衣装亦同シ、而シテ任除ノ間往々目代ヨリ轉陞シテ裁判官トナル、但シ其ノ異同相縣（ママ）隔スル者ニ至テハ、裁判官ハ政府ニ属セス、終身不羈ノ権ヲ有シ、縦使ヒ政府ノ更革アルトモ裁判官従テ其ノ人ヲ易フルコトナシ、目代ハ則チ政府ノ人ヲ以テ政府ノ命ヲ奉行シ進退廃擧政府ノ意ニ任シ、政府更革スレハ従テ旧官皆僵レ新人之ニ代ルコト諸省執政書記ト異ナルコトナシ、余輩巴里府ニ在ルノ日、方ニ共和ニ属ス、旧那破侖氏使任セシ所ノ目代一時皆廃シテ閑地ニ在リト云、

大目代　二十八員（現今二十六員）俸給上等裁判所長官ニ同シ、（巴里府二万五千フラン、其它二万フラン以下、）

一、管内目代諸員ヲ管督シテ検務ヲ行ハシメ、司法執政ノ令ヲ行下シ、執政下ス処ノ廻章ヲ各員ニ布下ス、

一、目代諸員ノ不律ハ、下等裁判所ヨリ所属ノ上等裁判所長官及大目代ニ報知シ、大目代規戒ヲ加ヘ、又之ヲ司法執政ニ具上ス、執政更ニ其情重キコトヲ料ル時ハ、或ハ面召シテ状ヲ問ヒ、或ハ大目代ヲシテ譴責セシム、（不律ハ犯罪ト同シカラス、）

一、本裁判所ノ大代言官及輔員ヲ総ヘ其ノ分課ヲ科シ、通常庶務ヲ管理シ、自ラ訟廷ニ出頭スルコトナシ、但タ臨時見ル所アレハ随意ニ自ラ出頭スルコトヲ得、

一、大代言官ハ大目代ノ名代トシテ訟廷ニ出頭シ訟事ヲ行フ者トス、其ノ重要事件ハ訟廷開クルノ前意見ヲ豫構シ之ヲ大目代ニ申達シ、大目代其意ニ同可セサル時ハ、目代局合員會議ヲナシ衆説ヲ以テ決ヲ取ル、若シ両議平分シテ一決スヘカラサル時ハ、大目代ノ説ヲ以テ決トス、又大目代ト衆説ト相違フ時ハ、（衆甲ヲ直トシ、大目代乙ヲ直トスルカ如シ、）大目代自ラ訟廷ニ

出頭シ、其説ヲ以テ意見ヲ述ルコトヲ得、但シ衆説ニ違フテ大代言官ヲ強ユルコトヲ得ス、

一、何事ニ拘ハラス、大目代ハ随意ニ大代言官ニ向テ訟廷意見ノ申達ヲ求ムルコトヲ得、

一、毎年ノ初メ、始メテ上等裁判所ヲ開クノ后、會礼ヲ行ヒ、大目代座ニ登リ前年執行シタル裁判ノ情事ヲ総説シ、庶務ノ弊事ヲ條具シ、裁判所法則及法士ノ規律ヲ陳論シ、又前年死去シタル法士ノ才行ヲ頌賛ス、上等裁判所ハ為ニ合員會議ヲ行ヒ、大目代論スル所ノ可否ヲ判ス、大目代其ノ論説ノ写シ并ニ裁判所批判ノ写シヲ司法執政ニ進ム、

一、訟務諸士ノ不律ヲ科責スルハ裁判官ノ権ニ在リト云トモ、大目代ハ科責ノ判文ニ其ノ批評ヲ加ヘ司法執政ニ具上シ執政或ハ其官ヲ免シ或ハ被責人ノ上告ヲ聴理スルニ供フ、下等裁判所ニ在テハ、目代其ノ判文ヲ所属ノ大目代ニ上報シ、大目代批評ヲ加ヘ、之ヲ司法執政ニ逓上ス、訟務士ハ代書人、公証人、書記人、使部ノ総称

○訟務士ノ不律ヲ知ルハ裁刑官自ラ之ヲ監シ、或ハ目代若クハ訴人之ヲ訟フ、

一、裁判官ノ不律ヲ科責スルハ、各裁判所逓ヒニ其権ヲ有ス、但シ目代職ノ意見状ヲ取ルノ后ニアラサレハ論決セス、論決アルゴトニ大目代之ヲ司法執政ニ具上シ、其ノ停職奪俸ニ係ル者ハ執政ノ同意ヲ待テ后ニ施行ス、裁判官ノ不律ヲ知ルハ裁判長官之ヲ監シ、或ハ目代之ヲ訟フ、先ツ知ル者先ツ言ナリ、

一、官吏罪ヲ犯シ法ニ於テ大審院国議院民議院ノ許可ヲ得ルニアラサレハ追糺スルコトヲ得サル者ハ、執政大臣ハ民議院ノ許可ヲ待テ、其它ノ諸官吏ハ国議院ノ許可ヲ待テ、大審院裁判官及ヒ目代職上等裁判所ノ裁判官及目代職ハ大審院ノ許可ヲ待ツ、大目代ヨリ司法執政ニ上申シ司法執政ノ処分ヲ待ツ、

以上数件ノ如キ、凡ソ事ノ司法執政ニ上申スル者ハ皆大目代之ヲ為ス、蓋シ裁判官ハ通常司法執政ト往復関預スルコトナシ、其ノ司法執政裁判事務ニ所見アレハ亦大目代ヲ指揮シテ裁判官ノ処分ヲ求メシム、自ラ裁判官ニ教令スルコトヲ得ズ、裁判官不覊ノ體制ヲ保存スル所以ナリ、

但、大日代不律ノ事アレハ上等裁判官之ヲ司法執政ニ報知ス、是レ特ニ司法執政ト上等裁判官ト直渉ノ事件トス、

一、大日代毎年四月九月訟獄表ヲ司法執政ニ上ツル、前半年訟獄ノ總数、已決ノ数、未決ノ数、未決滞訟ノ原由ヲ録ス、對理訟三月以上決セサル者、訴荅往復訟四月以上決セサル者ヲ滞訟トス、

下等裁判所ノ目代ハ四月九月ノ初周間ニ各所訟獄表ヲ本管ノ大目代ニ送リ、大目代批文ヲ加ヘテ之ヲ司法執政ニ逓上ス、

一、凡ソ裁判宣告シタル者、逐日編テ一紙トシ、書記之ヲ編ム、二十四時内ニ裁判局長及書記毎局《付》名印スルヲ法トス、若シ法ノ如クナラサルコトアル時ハ、大目代之ヲ本裁判所首長官ニ訴ヘ、首長官情ヲ問ヒ大目代ノ意見ヲ取リ、裁判局長ヲ召シ追テ各印スルコトヲ許ス、下等裁判所ニ於テモ亦目代之ヲ本管上等裁判所ニ訴ヘ、首長官大目代ノ意見ヲ取ルコト上ニ同シ、

一、大目代不在若クハ故障アル時ハ、大代言官年資尤モ久シキ者之ヲ代理ス、

大代言官　人員上等裁判所分局ノ多少ニ従ヒ、毎局各一人、但シ重罪論訴局ヲ除ク、俸給上等裁判官ニ同シ、一万五千フランク以下、

大代言官ハ即大目代ノ副員ニシテ亦検職ノ一名タルニ過キス、通常代言人ト混視スヘカラス、

一、大目代ニ代リ訟廷ニ出頭ス、

一、大代言官意見ヲ述フルニハ、其ノ見ル処ヲ以テシ、一々之ヲ大目代ニ承ルニアラス、但シ重難事件ハ大目代ニ申達ス、

大目代輔助　巴里府上等裁判所六人、其它大抵二人ヲ以テ常トス、俸給一万「フランク」、

一、通常大目代局内ノ庶務ヲ輔佐シ、時アリテ訟廷ニ出頭ス、

目代　下等裁判毎所各々一人、俸給下等裁判長官ニ同シ、一万五千フランク以下、

一、目代輔員ノ各課ヲ分科シ、又臨時ニ自ラ各課ノ事ヲ行フコトヲ得、

一、目代不在或ハ故障アル時ハ、輔員ノ中年資尤モ久キ者之ヲ代理ス、但シ輔員中専ラ司法警察ノ事ニ任スル者ハ代理ニ当ラス、輔員又在ラサル時ハ、裁判所ノ命ヲ以テ裁判官一人之ヲ代理ス、

目代輔助　巴里府十二人其它五人ヨリ二人ニ至ル、俸給下等裁判官ニ同シ、（八千フラン以上、二千四百フラン以上、）

一、輔員二人アレハ其一人訟廷ノ務メニ当リ、一人司法警察ノ務ニ当ル、巴里府輔員十二人、其六人司法警察ヲ行ヒ、各區ニ出張シテ事ヲ執ル、

一、司法警察課ノ輔員不在故障ノ時ハ、其ノ裁判所同管ニアル隣區ノ輔員之ヲ代理ス、若シ隣區ノ輔員アラサル時ハ、目代自ラ其事ヲ行ヒ或ハ官ノ輔員ヲ派ス、

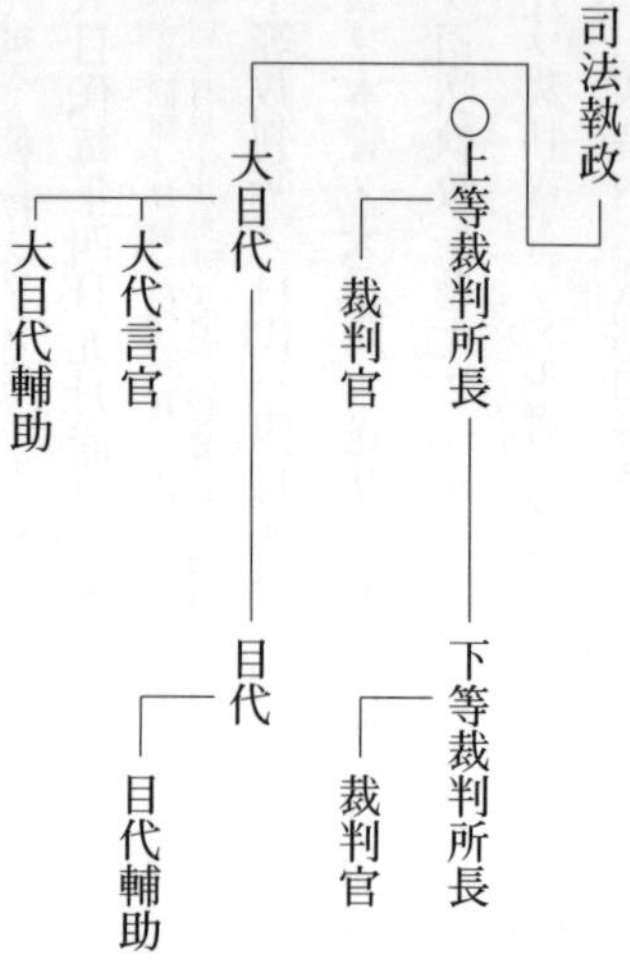

警察使

警察使ハ各邑ニ在リテ、地方及司法ノ二務ヲ兼ネ行フ、一邑或ハ数員ヲ置ク者アリ、都府ハ區ヲ分チテ、毎區一員ヲ置ク、

地方警察ノ事ニ付テハ邑長ニ承ケテ、邑内ノ警察豫防事務ヲ行フ、

其ノ司法事務ニ於ケルハ分テ二目トス、其一、司法警察事務、其ノ一、警察裁判所ニ於テ目代ノ務ヲ行フ、警察使ノ司法警察事務ニ於ケル、亦分テ二種トス、其ノ一、違警罪ヲ検探シ、及告発報知ヲ受ケ明細書ヲ作リ、之ヲ証告スルノ任ニ居ル、（目代ハ違警犯ニ干渉セズ、）其一、目代ノ輔佐トシテ、其ノ職務管内ノ軽重犯ノ告発ヲ受ケ、遅延ナク之ヲ目代ニ傳送シ、其ノ現行犯ニ於テハ證見人ヲ問ヒ、犯處ヲ検視シ、明細書ヲ作ル等、凡ソ目代ノ為ル処ヲ為シ、然ル后ニ又遅延ナク之ヲ目代ニ傳送ス、其ノ警察裁判ニ於テ目代ノ務メヲ行フハ、即チ違警罪ノ原告人タリ、其ノ警察使アラサルノ地、及ヒ故障ア

ル時ハ、邑長副邑長、其事ヲ行フ、其ノ警察使数員アルノ地ハ、本管大目代其一人ヲ指シテ、目代事務ヲ行フ、

警察使ハ国主ヨリ宣任ス、其ノ地方事務ニ付テハ、地方官ニ属シ、罪アレハ地方官吏ノ例ヲ以テ論シ、国議院ノ許可ヲ經テ后ニ糺治ス、其ノ司法事務ニ付テハ、大目代ノ管摂ヲ受ケ、罪アレハ治罪法四百七十九條以下ニ循ヒ、司法警察官吏ト云ヲ以テ論ス、

按スルニ、目代ハ重軽犯ノ警察使、警察使ハ違警犯ノ目代、其ノ務メ同一ニシテ、唯タ其ノ管スル所大小アル而已、其ノ現行犯ニ於テハ、警察使亦目代ノ事ヲ行フ、現今実際ニ据ルニ、大抵警察使目代ノ手足トシテ、其任要緊ニ居ル、其它、邑長、治安裁判官等、司法警察官吏ノ名アリト云トモ、其実事ニ関カルコト少シト云、

刑事

目代ノ刑事ニ於ケルハ、即チ衆ノ為ニ悪ヲ除ク、其務メタル重大ニシテ其民事ニ於ケルノ連班附従ノ任タルカ如キニ止マラス、凡ソ佛蘭西ノ法、罪犯アレハ各人民之ヲ目代及ヒ司法警察官吏ニ告發報知スルコトヲ得、自ラ原告人トシテ直チニ法官ニ向ヒ、刑ヲ求ムルコトヲ得ス、刑事ノ原告人トシテ法官ニ向ヒ、罪人ヲ刑スルコトヲ求ムルハ、独リ専ラ目代ノ任タリ、但シ賠償ヲ求ムルノ私訴人、即チ民事原告人タルハ此ノ限ニアラス、何故ニ告訴求刑ノ権ヲ各人民ニ奪テ、独リ之ヲ目代ニ与ヘタル乎、蓋シ古昔蒙昧ノ世、未タ検察糾弾ノ官制アラス、人々各自告訴ノ権ヲ有シ、其弱キ者ハ強暴ニ屈辱シ、敢テ訴ヘ争フノ力ナクシテ、罪人綱ニ漏ル、ヲ致シ、其ノ強キ者ハ娼嫉怨恨卑猥ノ情姦ヲ挾シテ、以テ良民ヲ排陷シ、轉輾相仇トシ、訟廷獄場一ノ叫囂罵詈ノ區トナリ、法章律例亦讐ヲ報ヒ、私ヲ快スルノ具タルニ過キス、中古ニ至リ、王家ニ目代官ヲ置キ、始テ私訴ノ途ヲ塞キ、其後歴世変更アリ

ト云トモ、相因テ今ニ至リ、目代ノ設ケ世ヲ扶ケ、安ヲ持シ、其ノ罪ヲ糾シ、悪ヲ責ムルノ任ニ居ルト云トモ、亦タ公ヲ持チ平ヲ執ルノ意ヲ失ハス、刑法ノ元則ニ曰、凡ソ刑ハ以テ公害ヲ除クナリ、以テ仇ヲ報復スルニアラスト、目代ハ即チ仇ヲ報スルノ訴ヲ塞ヒテ、害ヲ除クノ務メヲ行フ者ナリ、

中古目代ト裁判官トノ間、職制未タ明劃ナラス、佛蘭西革命以来、職ヲ分チ官ヲ定メ司法ノ官制分テ両支トシ、旧法裁判官検察ノ務メヲ兼ネシ者ヲ廃シ、爾後判官ハ専ラ告ヲ承ケテ後、原被ノ間ニ中立シテ直ヲ持スルコトヲ掌リ、検官ハ裁決ノ権ナクシテ、独リ罪ヲ追シ判ヲ求ムルノ任ニ居ル、若シ検官判官ノ評議ニ参シ、裁判ヲ然否スル者アレバ、則チ越権トシ、上告ハ此ノ例ニアラス、判官権官ヲ待タズシテ自ラ検探摘発スル者亦タ法ヲ許ス処ニアラス、治罪掛裁判官ノ現行犯ニ於ケルハ此ノ限ニアラス、○独リ上等裁判官員ハ軽重罪犯ヲ本裁判所ニ訴告シ、本裁判所為ニ合員會議ヲ為シテ、其大目代ヲ喚召シ、其事ヲ追糾スベキ旨ヲ指揮スルノ権アリ、(千八百十年四月二十日ノ法) 此レ目代ハ政府ニ属スルノ官ナルヲ以テ、或ハ政府ノ為メニ廻避シテ豪姓勢家ノ罪ヲ犯ス者、僥倖綱ニ漏ル、コトヲ恐ル、カ為ニ設クルノ法ナリ、然ルニ是レ其法アリト云トモ、其実至テ稀ナルノ事、嘗テ僅ニ一事其例ノアリシヲ見タリ、「ボアソナート」氏云、今何故ニ判官ニ検察ノ権ヲ奪テ専ラ之ヲ検官ニ委セシ乎ト問フニ至テ、其故ニアリ、第一國ノ安寧ヲ護スルハ國王ノ大權ナリ、検官国王ノ代使トシテ法ヲ犯シ安ヲ害スル者ヲ監權追蹤ス、故ニ検官衆ノ為メニ罪ヲ訴フ、即チ目代ノ名ヲ曠クセサル所以ナリ、英國目代ノ設ケナシト云トモ、罪人国事ニ関カル者ハ「アットルニーゼネラル」大代言人英国女王ニ代テ罪ヲ訴フ、亦タ同義ナリ、第二判官ヲシテ検察ノ事ヲ兼ネ行ハシメ、且ツ検シ、且ツ判スル時ハ必ス舞文苛法ノ患アルヲ免レハ、現ニ二十年前獨乙諸邦未タ目代ノ官制アラスシテ、法吏惨刻風ヲ成シタリ、故ニ千八百四十九年正月普魯西王始メテ目代ヲ設クルノ命辞ニ曰、凡ソ検職ハ刑事ニ於テ法章ノ施行嚴慎ナルコトヲ防守スルノ任ニ在、故ニ独リ専ラ罪人綱ニ漏レサルコトヲ監ルノミナラス、亦タ無罪横虚ニ陥ルノコト無ランコトヲ保スルヲ要トス、

司法警察

目代ハ、司法警察ノ事ヲ管轄シ、各郡裁判所ノ傍ニ目代局アリテ、目代之ニ出張シ、或ハ郡裁判所ノ管内分テ幾區トシ、各區ニ出張シテ、其ノ郡中ノ軽重罪犯ノ告発ヲ受ク、其ノ郡中ノ治安裁判官、備警兵士官、備警兵ハ邏卒ノ一類、邑長、警察使ハ目代ト同ク、其ノ各管内ノ軽重犯ノ告発ヲ受ク、稱シテ目代ノ輔助トス、治安裁判官ハ、裁判官ノ類、備警兵士官ハ兵部ニ属シ、邑長及警察使ハ地方ニ属スル者ニシテ、皆ナ目代ノ管轄官員ニアラス、但、司法警察ノ務メニ於テ、目代ヲ助ケテ事ヲ行フ故ニ称シテ目代ノ補助トナス、目代ノ外、更ニ目代ノ輔助アル所以ノ者ハ、凡ソ罪犯ハ其方ニ発スルノ初メニ於テスルニアラザレハ、其蹤跡證憑ヲ探緝シ難シ、故ニ数多[ト]《ノ》官吏ヲシテソノ務メヲ荷ヒ、遺漏緩慢ノ失ナカラシム、但シ上ノ諸官吏、罪犯ノ告発ヲ受ケタルトキハ、遅延ナク之ヲ目代ニ傳送ス、

今マ一ノ罪犯アリテ其ノ害ヲ受ケタル者ハ、凡ソノ司法警察官吏ニ告発スルコトヲ得、凡ソセイフニ仕ヘテ官吏タル者、軽重犯警察罪ハ例内ニアラス、アルコトヲ知ル時ハ、身其害ヲ受ケスト云トモ、其義務トシテ必ス早速目代若クハ司法警察官吏ニ報知セサルコトヲ得ス、又平民罪犯ヲ親見セシ者ハ、同ク目代若クハ司法警察官吏ニ報知セサルコトヲ得ス、共ニ報知スルニ止マル刑事原告人タルコトヲ得ス、目代ハ其ノ報知告発ヲ得、慎密ニ其状ヲ按検シ、若シ其事證件ノ据ルヘキ無ク、及其事不正ナリト云トモ、法章ニ觸ルヽニ至ラザル者ハ、和姦ノ類ノ如シ、退ケテ之ヲ糾治セス、不正ノ行ヒ、法章ニ觸レサル者ハ、民法ヲ以テ訟ルコトヲ得ルモ、刑法ヲ以テ訟フルコトヲ得ズ、故ニ目代拒テ理セス、告発人更ニ私訴人〔即チ民事原告人〕トナリ、直チニ裁判所ニ告訴スルハ其意ニ任シ、目代ヲ經由セス、其事至軽ニシテ違警罪ニ止マル者ハ、速ニ警察裁判所ニ送付シ、其ノ懲治罪ナル者ハ懲治裁判所ニ送付シテ裁判セシメ、其重罪タルコトヲ思量スル時ハ之レヲ治罪掛裁判官ニ付シテ、更ニ糺治ノ方法ヲ盡サシム、懲治罪亦時状ニ因リ、治罪掛裁判官ノ糾治ヲ要ス、被告人ヲ喚問シ、被告人ノ家ニ入テ證憑物件ヲ捜索シ、醫化筆ノ諸科工ヲ召テ徴験セシメ、證人ヲ喚テ訊問ス、之ヲ糾治ノ方法トス、就中提喚《ヨビダシ》状、勾引《ヒキダシ》状、拘留《トメヲキ》状、逮捕《メシトラヘ》状ヲ付下シテ、被告人ヲ勾喚逮捕セシムルハ、皆

ナ治罪掛裁判官ノ任タリ、凡ソ現行罪犯ヲ除クノ外、検官妄リニ逮捕シ、取喚詰問シ、及ヒ人家ニ入リ證憑物件ヲ捜索シ、糺治ノ方法ヲ行フコトヲ得ス、但シ重罪ニシテ現行犯ニ係ル者ハ、目代權宜ニ勾引状ヲ付スルコトヲ得、

目代ト治罪掛裁判官ト同ク、司法警察ノ事ヲ行フト云トモ、其非現行罪犯ニ於テハ、其權任區分アリテ相侵サス、凡ソ告発報知ヲ受取リ、明細書ヲ作リ之ヲ裁判官ニ送付スルハ目代ノ任タリ、治罪掛裁判官ハ自ラ告発ヲ受取ルコトヲ得ス、及ヒ目代ノ具按ニ因ラスシテ、妄リニ其喚問糾治ヲ行フコトヲ得ス、

要之告訴ハ目代ノ任タリ、逮捕喚問ハ治罪掛裁判官ノ權タリ、

英吉利ニ於テハ治罪掛裁判官ナシ、但シ提喚状、逮捕状ヲ付下スルハ、必ス裁判官ニ由リ、大抵治安裁判官又人家ニ突入シテ證憑物件ヲ捜索スルハ、必ス裁判官ノ捜索之状ト名クル者ニ依ル、蓋シ逮捕ハ人身自由ヲ侵シ、捜索ハ所有ノ自由ヲ侵ス、故ニ裁判官ヲ除クノ外、目代ト云トモ、敢テ其權ヲ有スルコトナシ、英佛皆同キナリ、今何故ニ逮捕及ヒ捜索ノ權ヲ以テ独リ裁判官ニ任シ、之ヲ目代ニ委セサル乎ト問フニ至テ、蓋シ人身ノ自由、所有ノ自由ハ民權ノ大則、各国建国法ニ於テ掲ケテ、不易ノ法トス、苟クモ之ヲ犯ス者ハ宰相大臣ト云トモ、反建〔違〕国法ニ律ヲ以テ論ス、今マ罪案未タ定マラズシテ被告人ヲ提喚逮捕シ、及ヒ人家ニ突入シテ物件ヲ捜索スルハ、人身ノ自由及ヒ所有ノ自由ヲ一時減殺スルコトヲ免レス、但タ検討詰問ハ已ムコトヲ得サルニ出テ、従テ逮捕拘留又已ムコトヲ得ス〔へ〕カラス、物（ママ）物件ヲ取テ證憑ニ供スルモ亦同シク已ムコトヲ得サルヲ以テノ故ニ建国法ニ亦タ特條ヲ掲ケテ之ヲ行フニ定式アリ、之ヲ命スルニ定職アリ、定職ヲ以テ定式ヲ行フニ非レハ人民タル者、敢テ逮捕押抑ヲ受クルコトナカラシム、定式ハ即チ提喚状、勾引状、拘留状、逮捕状、捜索状、佛ニ捜索状式ナシ、英ニ之アリ、諸式及ヒ治罪法ノ條章ナリ、定職ト

ハ則チ佛ニ在テハ治罪掛裁判官、英ニ在テハ治安裁判官、是ナリ、其ノ検職若クハ警察官ヲ以テセズシテ必ス裁判官ヲ待ツ者ハ、蓋シ検職及ヒ警察官ハ政府ノ所属ニシテ、専ラ政府ノ命ヲ奉行スルヲ以テ旨トスル者、或ハ黨倚ノ弊ナキヲ保タズ、裁判官ノ終身在職特立不抜ノ重キアリ、従テ持平不黨ノ恃ミアル者ニ若カス、

治罪掛裁判官、被告人ヲ喚問スルニハ目代連班スルコト無シ、（独リ書記連坐ス、）但シ糺治ノ供状ヲ作ルニハ逐一目代ニ傳示シ、又目代ヨリ何時ヲ論セス二十四時間ヲ約シテ書類ヲ取借スルコトヲ得、又治罪掛裁判官証人ヲ喚引スルハ目代ノ求メニ因リ、逮捕状ヲ下スニハ必ス目代ノ意見ヲ待チ、（提喚状、勾引状、拘留状ハ此ノ例ニ否ス、）被告人ノ家ニ突入シテ物件ヲ捜索シ、及犯罪ノ地ニ至リ検視スルニハ目代ノ同行ヲ要ス、

抑現行罪犯ニ至テハ、目代ト治罪掛裁判官ト互ニ其務メヲ兼ヌルコトヲ得、凡ソ現行罪犯アレハ目代、治罪掛裁判官、及治安裁判官、備警兵士官、邑長、警察使ヲ論セス、先ツ其報知ヲ得タル者、直チニ其場ニ至リ犯人ヲ勾捕セシメ、事状ヲ検照シ証見人ノ陳述ヲ聴キ、兇器物件ヲ押取シ、諸科工ヲシテ徴験セシメ明細書及ヒ諸証口書ヲ作ル、（即チ治安裁判官ノ務ヲナス、）

現今ノ法、現行罪犯ハ大抵警察使其場ニ至リ検視シ、犯人ヲ引テ目代局ニ来リ、目代一應問訊シテ、其ノ懲*1治罪ハ本日或ハ翌日直チニ懲治裁判所ニ送付シテ論決ス、（犯人若シ辨護ヲ豫構スル為ニ三日ノ延期ヲ乞フ旼ハ之ヲ許ス、）其ノ重罪ハ早速治罪掛裁判官ニ送付シ、治罪掛裁判官二十四時内ニ一應之ヲ問訊シテ拘留状ヲ下シ、法ニ依リ獄ニ留ム、（徴治罪、亦時ニ随ヒ治罪掛裁判官ニ付ス、）

違警罪ハ警察使、之ヲ検探シテ明細書ヲ作リ、直チニ警察裁判ニ付ス、（警察使ナキノ邑ハ、邑長或副邑長之ヲ行フ、）目代ノ手ヲ經ズ、

告訴求刑

罪犯懲治罪ニ属スル時ハ、其ノ事重難ナル者ハ、更ニ治罪掛裁判官ヲ經由シ、再ヒ糾治スルヲ除クノ外、凡

ソ通常非現行犯ハ目代ヨリ明細書及其書類物件ヲ懲治
*2
裁判所ニ送リ、對理ノ期ヲ定メシメ、期ニ先ツコト三
日前ニ取喚シ《ヨビダシヲ》被告人ニ下付セシム、又證人タルヘキ者
ノ姓名ヲ送リ、同ク喚召ヲ付セシム、其現行罪犯ハ本
日或ハ翌日直チニ裁判所ニ送ル、期ニ至リ目代訟廷ニ
出頭シ、被告人亦廷ニ出ツ、目代先ツ罪状ヲ擧陳シ、
其ノ明細書報知状アル者ヲ《ハ》書記官之ヲ宣讀シ、次ニ原
被双方ノ證人ヲ問訊シ、次ニ被告人ヲ推問シ、被告人
若クハ其代言人、荅辨ヲ述へ、次ニ目代罪状ヲ総言シ
テ刑法何條ニ依リ罪ヲ科セント《コト》ヲ求ム、終リニ被告人
若クハ其代言人再ヒ荅辨スルコトヲ得、其后裁判官之
ヲ裁断ス、其裁判ニ服セスシテ上等裁判所ニ覆訴スル者、上等裁判所之ヲ理スル時ハ、下等裁判所ニ於テ原告タリシ目代ヨリ其書類ヲ傳ヘテ覆訴ヲ理スル処ノ上等裁判所ノ大目代ノ手ニ在リ、其大目代ハ已決ノ裁判ヲ主持シテ、覆訴シタル被告人ト對理ス、事犯ノ治罪
掛裁判官ニ經由シ糾治シタル者、其事證已ニ具ハリ蹤
跡明白シタル時ハ、治罪掛裁判官、其書類ヲ目代ニ傳
付シ、目代ノ意見ヲ取ル、目代其ノ重罪タルコトヲ思
量スル時ハ、之ヲ上等裁判所ニ送ルコトヲ求ム、其懲
治罪ハ懲治裁判所ニ送ルコトヲ求メ、懲治罪ノ監禁ニ
至ラサル者ハ、其ノ拘留ヲ解クコトヲ求メ、其ノ違警
罪ニ止マル者ハ、警察裁判所ニ送ルコトヲ求ム、若シ
其ノ無罪ナル者、若クハ一ノ證憑ナキ時ハ、被告人ヲ
解放スルコトヲ求ム、此時、目代ヨリ治罪掛裁判官ニ
送ルノ意見状、乃チ治罪掛裁判官罪犯ノ有無軽重ニ従
ヒ、各裁判所ニ送付シ、或ハ解放スル判状ノ按据タリ、
故ニ目代ハ罪犯ノ軽重ヲ量定シテ、各裁判ノ管理ニ付
スルノ權アリトス、治罪掛裁判官ノ判状ヲ得テ、目代
之ヲ施行シ、其重罪ハ目代其書類罪状明細書、糾治供状、治罪掛裁判官判状等、ヲ上
等裁判所ノ大目代ニ送逓シ、大目代ヲシテ重罪犯ノ原
告人タルノ任ニ當ラシム、是ニ至テ、目代ノ務メ終ル、
是ヨリノ后、乃チ大目代ノ務メトス、重罪犯已ニ治罪
掛裁判官ノ判状ヲ以テ、其書類ヲ上等裁判所ノ大目代
ニ送付シ、上等裁判所ノ大目代ハ、十日限内ニ其書類
ヲ検審シテ、求レ論ニ重罪一状ヲ作ル、重罪論訴局ノ裁
判官、會ヲ開ヒテ、其事犯果シテ重罪ヲ以テ推治スベ

キ乎否ヤヲ論議スルノ日、大目代進テ求論重罪ノ状、及ヒ書類ヲ捧ケ、書記之ヲ宣讀スルノ后、大目代書記ト共ニ議事室ヲ退キ、室閉チ、裁判官論判ス、其重罪タルノ證憑具ハルコトヲ判スル時ハ、即チ其事ヲ重罪裁判所ニ送リ、及ヒ其犯人ヲ重罪裁判所ノ監倉ニ移スコトヲ命ス、従テ大目代告訴状ヲ作リ、書記ヲシテ重罪論訴局ノ判状及其ノ告訴状ヲ拘留ニ在ル被告人ニ示シ、已ニ示セシ時ヨリ二十四時間ニ指揮シテ被告人ヲ重罪監倉ニ移スコトヲ施行ス、又同時ニ於テ、書類（重罪論訴局判状、告訴状、罪状明細書、糺治供状、及ヒ其它證憑書類、）及ヒ證憑物件ヲ重罪裁判所ノ書記局ニ移付セシム、告訴状ハ、罪状及ヒ軽重事情ヲ明言ス、即チ大目代被告人ヲ原告シテ、重罪裁判所ニ裁ヲ求ムルノ案状、後日重罪裁判官事状ヲ推問スルノ按据タリ、

重罪裁判ヲ開クノ日、司法執政ヨリ、裁判官及ヒ大目代ニ掛ヲ命シ、若クハ其他ノ目代、大目代ニ代理ス、訟廷ノ位置、裁判官正面シ、大目代被告人ト相向ヒ、左右両斜線ニ在リ側面ス、裁判官、被告人ノ氏名郷産ヲ問フノ後、書記、告訴状ヲ讀ミ、被告人ヲシテ警聽セシム、次ニ裁判官、被告人ヲ推問シ、次ニ原被双方ノ證人ヲ問訊シテ、攻〔反〕覆糺明ノ后、裁判官大目代ヲ揖シ、大目代乃チ陪審ニ向ヒ、坐ヲ起チ、告訴ノ旨ヲ歴陳シ、罪状ヲ数ヘ、衆ノ為ニ悪ヲ除クノ意ヲ盡ス、次ニ被告人ノ代言人之ニ荅辨シ、亦陪審ニ向ヒ、委曲保護ノ方法ヲ盡ス、其后裁判官乃チ原被双方ノ理趣ヲ総説シテ、陪審ニ問目ヲ下シ、陪審其ノ有罪ヲ判スル時ハ、従テ大目代刑法何々條ニ依リ科罰センコトヲ求ム、裁判官議事シテ判決シ、即チ裁判宣告ス、

宣告ノ後三日ノ内ニ上告セサル者ハ、大目代指揮シテ刑ヲ行フ、行刑ノ間タ、若シ事難アレハ、臨時兵力ヲ借ルコトヲ得、（裁判官ハ、行刑ニ干預セス、）其海外苦役ハ海軍省ニ附シ、徒役監禁ハ内務省ニ附スルニ至テ、目代ノ務終ル、若シ赦典ヲ乞フ者ハ、大目代ヲ經由シ、司法執政ニ奏達ス、（又裁判官之ニ干預セス、）

刑事ニ於テ目代原告タリ、犯人被告タリ、猶ホ民事ノ原被両造アルト異ナルコトナシ、故ニ覆訴上告ハ目代ト犯人ト共ニ其利ヲ有シ、若シ犯人裁判ノ寃、或ハ刻ナルコトニ服セサル時ハ、即チ之ヲ覆訴シ、目代裁判ノ失出ニ服セサル時ハ、又之ヲ覆訴ス、聴断ノ間タ式ニ依ラサル者ニ至テ、目代及ヒ犯人共ニ上告スルコト互ニ相異ナルコトナシ、覆訴上告ハ裁判所ノ書記局ニ申告スルヲ法トス、目代ヲ經由スルニアラス、但シ已ニ覆訴上告ノ申告アル時ハ其裁判ヲナセル裁判所ノ目代、或ハ大目代ヨリ、其ノ覆訴上告ヲ受ケタル裁判所ノ大目代ニ書類ヲ送遞スル已、目代已ニ罪犯ヲ各裁判官若クハ治罪掛裁判官ニ訴ヘタルノ后、其無罪ナルコトヲ知ル時ハ自ラ其ノ訴ヘヲ止ムルコトヲ申告スベシ、裁判官ハ仍ホ其ノ事ヲ裁判シ、然ル后ニ解放ス、

民事

目代ハ刑事ニ於テ衆ニ代ルノ原告人トシテ、常ニ重大ノ務メヲ行フト云トモ、其民事ニ於テハ大抵一ノ連班人タルニ過キサルノミ、目代ノ民事ニ於ケル治安裁判及ヒ商事裁判ヲ除クノ外、凡ソ訟廷ニ連班シ目代連班セサレハ裁判ヲ行フコトヲ得スト云トモ、其ノ原被ノ間ニ居中シテ曲直ノ意見ヲ述フルノ権ハ其意ノ好ム所ニ従ヒ、強チニ毎事発言スルノ義務アルニアラズ、故ニ通常実際ニ於テ発言スルコト甚タ稀ナリ、

目代民事ニ於テ、通常附加連班タルニ過キスト云トモ、只タ特例数事ニ於テ必ス其発言ヲ要スル者アリ、処謂特例数事ハ訴訟法ノ八十三條ニ載スル処、政府官地縣邑及ヒ諸公館病院施済院ノ類ニ係ルノ訟ハ、其公事ノ故ヲ以テシ、貧民施済物ノ訟ハ貧民ヲ助クルノ故ヲ以テシ、身分ニ係ルノ訟、父其ノ子ヲ認セス、夫婦別居ノ訟ノ類後見ノ訟ハ、其人倫治道ニ係ルノ故ヲ以テシ、裁判管権ノ訟、裁判官嫌情阻障ノ訟、裁判官枉法ノ訟ハ、其事法官ニ係ルノ故ヲ以テシ、婦女幼弱及失踪人ノ訟ハ其ノ保護ヲ要スルノ故ヲ以テシ、共ニ目代其ノ訴訟ニ関係シテ、原被ニ拘ハラス、必ス意見ヲ述ヘサルコトヲ得ス、以上数事ハ裁判長官自カラ之ヲ聴理スルヲ以テ法トス、亦タ其事重大ナルノ故ヲ以テナリ、此

時ハ對訟期日ヨリ三日前ニ実際ニ於テ大抵其日ニ於テス、双方代書人ヨリ、其書類ヲ目代ニ授付シ覧閲ニ供ス、通常事件ニ於テハ目代書類ヲ検スルコトナシ、是レ其ノ定則タリト云トモ、實條ニ在テ、大抵目代「我レ裁判官ノ慎密ニ信委ス、」ト云テ止ムニ過キサルノミ、

按スルニ、目代ノ民事ニ於ケルハ強チニ必用ナリトセス、故ニ普魯社ハ、裁判制度事々佛蘭西ニ模倣ストニ云トモ、目代通常民事ニ連班スルコトナシ《ク》、独リ夫婦ノ訟ニ在テ訟廷ニ班シ、意見ヲ述フルノミ、普魯社ノ大代言官「フレーイ」氏ノ曰、余巴里ニ在リテ民訟ヲ觀ルゴトニ、目代意見ヲ陳論スルノ間、裁判官或ハ倦睡シテ聞カス、或ハ新聞紙ヲ讀テ困ヲ遣ルヲ觀タリト、是レ普魯社人ノ目代ヲ置テ其ノ民事連班ヲ廃セル処以ノ説ナリ、故ニ普魯社ニ於テ、目代職員簡少ニシテ、繁冗ノ弊ナシ、「レオンヂユバル、」氏ノ普魯社裁判制度考ニ据ル、

各國目代制

目代ノ職制ハ佛蘭西ニ始マリ、歐洲諸国漸次之ニ倣ヘリ、伯耳義、荷蘭陀、意太利ノ三國ハ、佛蘭西ト異ナルコト無ク、西班涅ハ、其ノ務メ混雜シテ、或ハ民事ノ代言人トナリ、或ハ刑事裁判官ノ事ヲ行フ者アリ、英吉利ニ於テハ、猶ホ目代ノ設ケアラス、刑事告訴法、別ニ定職ナク、其ノ事犯ノ為ニ害ヲ被ル所ノ民、人々自ラ訴ルコトヲ得、但タ罪ヲ訴ルノ原告者ナクシテ、其ノ犯事世治ヲ害スル者ハ、大如力《シユリー》アリテ、女王ノ為ニ検探ヲ行ヒ、又大代言人《アットルニー、ゼネラル》アリテ、女王ノ為ニ代訟シ、凡ソ王位ヲ侵シ、及ヒ世治ヲ害スル者ハ、即国事犯之ヲ検探スルノミ、然ルニ蘇格蘭ニ於テハ、英ノ一部「ゼ、ヒユフリツク、プロセクツル」ト名クル者、即チ女王ノ上等代言人《ロルドアドフヲカ》ヲ以テ刑事ノ追糾ヲ行ヒ、佛蘭西ノ目代ト大抵異ナルコトナシ、

日耳曼諸邦ニ於テハ、法吏、惨苛風ヲ成シ、検探ノ權、久シク裁判官ニ属シタリシニ、近時、始メテ目代ノ制ヲ設ケ、罪ヲ追スルコト平ヲ持セシメタリ、

抑々普魯社ノ裁判ハ多ク佛蘭西ヲ模倣シ、裁判構成ハ

尤モ佛蘭西ト大抵異同ナシ、但佛蘭西ハ百事繁盛ヲ尚ヒ官吏冗雑ノ弊ナキコト能ハス、普魯西ノ佛蘭西ニ取レルハ、大抵其ノ華ヲ削テ簡實ニ従ヘリ、目代ノ如キ即チ是ナリ、其都府繁劇ノ地ノ上等裁判所ヲ除クノ外、一ノ裁判所ゴトニ、一ノ目代アルニ過キス、其補員ト称スル者ハ、則チ一ノ裁判所本員ナキノ地ニ於テ、其事ヲ代行スル者ニシテ、佛蘭西ノ本員、補員、同ク一所ニ在ルカ如キニアラス、時トシテハ、上等裁判所ノ大目代、其営下ノ下等裁判所目代ノ事ヲ兼行スル者アルニ至ル、（目代一員、病障アレハ、鄰管ノ目代之ヲ代理ス、隣管ノ目代亦病障アレハ、裁判長官ノ指揮ヲ以テ、裁判官之ヲ行レ代ス、）蓋現今（千八百七十二年ニ据ル、）普魯西全国下等裁判所ノ数、凡ソ二百四十二ニシテ、目代及ヒ補員ノ数、百七十二人ニ過キス、其故目代民事ニ干預セサルノ佛蘭西ト異ナルニ由ルト云トモ、亦タ其ノ百事簡倹ニシテ、佛蘭西ノ事無キニ官ヲ設ケ、其ノ官ニ居ル者モ亦往々優游日ヲ消スルカ如キニアラサルヲ知ルヘシ、其便宜方法何如ト問フニ至テハ、目代ノ附属ニ多少ノ吏員アリテ、簿書傳報ニ任シ、凡ソ佛蘭西ニ於テ目代爲ル所ノ雑務、皆吏員之ヲ為シ、而シテ其ノ吏員タル者一時傭作ノ類利達ノ求メアル者ニアラス、冗倹ノ間、相去コト如何ソ乎、（巴里府代言人「ヂュハル、」氏ノ普魯社裁判制度考）大審院及ヒ各上等裁判所ニ大目代一員、其事繁ナルノ地ハ補員ヲ置ク、上等裁判所ノ大目代ハ其管下ノ目代ヲ監督シ、其ノ紀律ヲ糺シ、二年ニ一次以上之ヲ検査ス、便宜管下ノ下等裁判所ニ出張シ事ヲ執ルコト其ノ意ニ随フ、各重罪裁判及ヒ各府縣裁判要劇ノ地ニ目代一員、其它ハ補員一員ヲ置ク、補員ハ本員ノ監督ヲ受ク、毎年[二]ノ終ニ、各目代其所属ノ大目代ニ本年裁判ノ公報ヲ進ム、其ノ下モ警察使アリ、概シテ邑長之ヲ兼ネ、警察罪ニ付キ検職ノ事ヲ行フ、大抵佛蘭西ニ同シ、

＊1　三日ノ延期トハ中間三日ヲ得ルヲ云フ、
＊2　三日前トハ亦中間三日ヲ云、
＊3　三日前トハ中間三日ヲ隔ツルヲ云、

（佐佐木家図書一八四五）

編者曰　本書は『井上毅傳史料篇第三』所収文書一五『佛國司法三職考』第三章目代考の草稿にて、又『井上毅傳史料篇補遺二』「二著作」所収文書六中の「目代考」の異本なり。美濃紙三十三枚に全文他筆を以て墨書され、「加利州典」第四百五十五條より第六百七十一條を和譯せし原稿一本（司法省罫紙五十七枚）と合綴せる。ここにおいては「加利州典」は省略す。尚、本書に付ては『井上毅傳史料篇第三』所収『佛國司法三職考』の解題にも説明あり。

五　ケレルモン行随筆　〔明治六年〕

（表紙、宮内省罫紙一枚）

「（井上自筆墨書）
ケレルモン紀行随筆」

宿亭ノ主人ハ地主ニアラスシテ「ケレルモン」ノ富家ナリ、「ロアイヤ」ニ家ヲ假テ「ホテル」ヲ為ス、其ノ家僕ノ話ニ、家産大抵五千布蘭ナルベシ、

「ロアイヤ」村人口千二百、メール《邑長》アリ、頗ル冨豪ニシテ四十万布蘭ノ産ヲ有スト云、猶ホ自ラ鍬ヲ把テ耕シ、朝五字ヨリ夕八字ニ至ル、村民其ノ冨ヲ貪ル事ヲ誹ル、

「ロアイヤ」ハ山谷ノ間ニ村ヲ為シ、頗ル貧陋ナリ、「ケレルモン」ノ西ニ當リ「バウモン」ト云村ハ、居民千五百十五口民、屋整楚ニシテ冨豪多シト云、人呼テ強キ村トス、亦タ我カ國ノ村床ト云類ナルベシ、

「バウモン」村教師二人アリ、一ハ官ニ属シメル役所ト同屋タリ、書生五十人、余其ノ中ニ至リ、教師ヲ見ル、問フ、何ヲ課業トスル哉、答フ、文法地理、教堂甚タ陋、村民ハ甚タ瞢昧ニシテ、「ジヤハン」國アル事ヲ知ラサルモノ多ク、プレフェヱ《縣令》ノ名ヲ問フニ知ラザルモノ有リ、

農民大抵五時或ハ六時ニ起キルト云、六月七月ハ晝間熱暑ノ故ヲ以テ四時ニ起ルモノアリト云、

ケレルモン村々ニ乞、丐ヲ禁スルノ掲示アリ、癈疾路傍ニ乞フモノハ、

此ノ者癈疾ノ故ヲ以テ外ニ生活ノ方便ナク、諸人ノ慈悲ヲ乞フト云、大字ニ書キタル札ヲ胸ニ掛ケタリ、

「ケレルモン」ニハ郡裁判所アリテ覆《控》訴院ナク、裁判所ノ結構甚タ寒陋ニシテ清潔ナラズ、

商事裁判所「ケレルモン」ニ在ルモノ、毎周金曜午後二時ニ開ク、裁判官、長官ヲ合セテ七人、余カ行テ見ルノ日、席ニ即ク者四人、代言人「アグレ」ト稱フルモノ凡ソ五人、商事裁判官ハ商人中「ノターブル」ト稱シ、尤モ富豪ナルモノ、中ヨリ取ル、「ケレルモン」府中「ノタブル」凡ソ六十人、「ノタブル」中四五六ノ等差アリ、余現ニ見ル所ニ据ルニ、長官吶々不辨ニシテ大抵事ヲ後日ニ送リ、甚タ其職ニ稱ハサルニ似タリ、「ケレルモン」ノ工事裁判毎周木曜二時ニヲヒ《イ》テ、治安裁判ノ訟廷ヲ假リ席ヲ開ク、當時ノ裁判長官ハ鐵商某ナリ、又老鈍ニシテ法吏ニ類〇《セ》ズ、副長官一人、裁判員工主ニ採ルモノ十人、工手ニ採ルモノ十人、現ニ席ニ即ケルモノ三人ナリ、

狂院ヲ觀ル、院中男子百人女子五百人ヲ養フ、一人毎年大抵四百布蘭以上ヲ費スト云、僧尼ノ管理タリ、病院又頗ル壯大ナリ、

「ロアイヤ」村ノ學校モメール《邑長》役所ト同屋ニシテ、上階ヲ役所トシ下階ヲ學校トス、狹少、「バウモン」村ノモノト同シ、メール《邑長》ノ書記官ハ学校ノ教師ヲ兼ヌ、此ノ地「プエド、トムミ」火山アルヲ以テ名ヲ得、所々湖アリ、硫湯アリ、然ルニ終年地震ナシト云、亦一奇ナリ、余カ此コニ在ル時、方ニ第六月雨アレハ雷之ニ隋フ、風氣清冷暮寒逼レ人、

「ケレルモン」府人〇《ロ》三万七千餘、此ノ地プユ、ド、ドム《「フユイ、ド、ドム」》ノ火山アルヲ以テ名ヲ得、山脉聯貫シテ、四圍屏ノ如シ、第六月十五日、余府西ノ小丘ニ登テ視ル、北面ノ連山猶雪麑斑ヲナス、

—全縣民口五十六万六千四百六十三人、

縣廳官員

縣令　一人
大書記官　一人
縣令参議員　縣令議會毎周金曜日公會ヲ開ク
上席人為二縣令一
副長　一人　議員　三人　書記官　一人

縣令役所

役所《官房》長セフヂユカビネ　一人

第一課

記録《秘書》スクレタリアゼネラル　庶務アドミニストラシオン、セネラル　警察

推選ユレクシオン　陪審　徴兵

郷兵ガルド、ナシオナル

課長一人　局長一人　「通辨一人」(井上自筆墨書)　郷民ノ為ニ通辨スルモノ

第二課

會計　直税及関税　農事

課長一人　局長一人

第三課

土木トラワオーヒユブリツク　商事　工事

邑路シマン、ヴイシノー　車路

課長一人　局長一人

第四課

各邑及各施濟院病院ノ類ノ管理及會計

教育

課長一人　局長一人

各邑ノ地産ヲ私略スルモノヲ推理スル為ノ専務役二人

其外ニ書庫看守一人副一人

縣廳毎周水土三時ニ開ク、

縣令ハ毎日九時半ヨリ十一時半マテヲ以テ應接時間トス、

縣議院

凡ソ五十人、大抵皆議院代議員《デヒユテ》若クハ邑長公證人代言人醫師或ハ裁判官ナリ、

郡廳

下令一人　書記官一人

ケレルモン郡議院

凢十四人亦邑長代言人ノ類任之、

邑

大邑ニハ邑長《メール》ノ外ニ助員《アジヨアン》二三人アリ、

又書記官アリ、諸局總長タリ、租税局長アリ、車路

局長アリ、民籍局長アリ、
邑ノ収税役アリ、「ケレルモン」ノ一邑、邑議院員十人ナリ、邑長及助員皆其中ニアリ、
「アンベル」ニハ廿四人アリ、

「ジヤン、ダルム、」譯シテ備警兵トスルモノ、所レ至在ラザル事ナシ、「ピユイ、ド、ドム」縣中五郡、「ケレルモン」郡三、「ブリガード」分テ十所ニ置ク、「アムベル」郡、分テ八所トス、「イソアル」郡二、「ブリガード」八所、「リオン」○《郡》三、「ブリガード」十一所、「チエル」郡二、「ブリガード」五所ニ置ク、

又サマウルンポンピエー即チ消防兵「ケレルモン」ニ七十五人アリ、其ノ它毎郡五六十人、

流行病ノ時ニ醫薬ニ任スルモノ、平常一郡三四人ノ医員アリ、種痘醫頭領アリテ一縣ノ種痘ヲ管ス、五六七月及十一月ノ間、毎周土曜日一時ニオイテ種痘ヲ行フ、但シ不得以モノハ限ニアラス、

縣令ノ命ヲ以テ凡ソ医及産婆ノ痘種ヲ乞フモノハ皆無賃ニシテ給シ與フ、又各郡栄養《衛生》議會アリ、「ケレルモン」ノ議員十三人、

産○《婆》學校アリテ第一ニハ牙婆ヲ教ヘ、第二ニハ貧婦ノ孕胎セル者ヲ養フ、醫教師二人女師二員アリ、産○《婆》學校ニ入ル事ヲ許サル、モノハ、凡ソ字ヲ讀ミ書クモノ十八歳以上三十五歳以下、第一出産公證、第二疱瘡證書、第三善行證書、第四未成人ハ父母後見人ノ許了《可》、已ニ嫁シタルモノハ夫ノ許了《可》ヲ以テ願ヒヲ為ス、

「ケース、デ、パルヌ」《貯金預所》即チ存銀會各一所《郡各》一所アリ、又相扶《救恤》社ソシエテ、ド、スクウルシユチユエルト稱スルモノ、縣中ニ六所アリ、各々社長アリテ管理ス、疾病相扶クルモノナリ、其他医師兵卒各々社ヲ結テ錢ヲ貯へ患難ニ備フ、

「バンクトフランス」、「ソシエテゼネラル」等ノ出張所ハ、「ケレルモン」ニアリ、蓋佛蘭西全國到ル所兌銀アラサルノ地ナシ、

農社アリ、縣令其「プレシダンオノレール」《名誉會長》タリ、社長ノ名

目アルヲ云、

書庫凢ソ四万巻

（梧陰文庫Ⅱ―六七七―④）

編者曰　本書は井上の著作を綴りし冊子（梧陰文庫Ⅱ―六七七）中にあり。本書は『井上毅傳史料篇第三』所収文書七「佛國地方都市見聞録」の浄寫本を底本に、井上自筆墨書を以て修正加削を施せしものなり（宮内省罫紙八枚）。蓋し、本書の起草年代を右の「佛國地方都市見聞録」に倣て推定するも、修正加削は後年に井上が施せしものと推量す。

六　佛蘭西國法覺書

（明治六年）

（西洋ノート表紙）

「（井上自筆朱書）
第二巻　」

佛蘭西法科沿革　　アルフレ、ブランシ氏

初メ佛蘭幾《フランク》佛蘭西ノ開國ノ民、今ノ「ゼルマン」ノ地ニ起、人ノ嵬爾《ゴール》即今ノ「フランス」ノ地ノ地ヲ取ルヤ、一ニ力征ヲ以テシ随テ取リ随テ其猛將勇士ニ分チ與フ、於レ是乎全國ノ土地人民分レテ両端トナル、一ニ曰王士、二ニ曰君士、王ノ下ニ君アリ、即チ藩國諸侯ノ類ナリ、王士ハ王自ラ訟ヲ聽キ、「ジュスチス、ロアヤル」君士ハ前日ノ將士独リ其兵權ヲ專ラニスルノミナラズ、合テ訟獄ヲ節制ス、「ジュスチス、シエーリウリアル」王家又其權ヲ收メテ各部ノ人民其君主ノ裁決ニ服訴セザル者、王家ニ赴《ツケ》愬フルコトヲ許ス、是レ越訴「アヘール」ノ起ル所以ナリ、○墨耳旺《メルワン》是加耳旺《カルワン》二氏ノ時ニ行ハル丶者、其後ユギー《ウ》カペー王ニ至リ王室權ヲ失ヒ、各部專擅制シテ越訴ノ法亦行ハレズ、訟獄ノ道恐ルベキ荒乱ヲ增シ二陥リ、凢争訟アル《レハ》搏戦ヂュエルヲ以テ曲直ヲ斷シ、名ケテ決闘「コンバージュヂシエル」ト、シ、天下ノ通法トスルニ至ル、非立布奥古士都《ヒリープオーグスト》以來英主継キ起ルニ至テリ、又越訴ノ權ヲ收メ聖路《サンロー》易王○其二至テ王土内ノ決闘ヲ禁シ、更ニ天下各邦ノ越訴スル者ハ搏戦ヲ以テセズシテ專ラ直道ヲ以テ裁理スルコトヲ布告セリ、是ヨリ越訴スル者日ニ多ク、終決「デルニエ、レスソル」ノ權、王家ニ在リテ王權ノ一端重事タリ、先レ是訟廳法局ノ下邑ニ在ル者、○其類甚多ク名目同カラズ、政門ニ出ルモノアリ、教門ニ出ルモノアリ、中世賣レ官ノ事行ハル丶贓贖裁判ヲ以テ税ノ資トスルニ及テ益々荒冗雜ヲ極メ治法ノ一大害タリ、「英國ハ現今猶冗雜ノ弊ヲ存ス、」王家終決ノ權ヲ攬ルニ及テ、審理ノ方法未タ畫一ニ至ラズ、墨児旺氏以來参議官〔員〕「コンセーユ」ヲ置キ帷幄ノ顧問ニ備ヘ、凢ソ内治外交和戦ノ事殊皆獻替ヲ取リ、殊ニ訟獄ニ至テハ事端繁委ナルヲ以テ大抵参議官〔員〕ヲシテ代理セシム、是、國議院ノ始メナリ、是ニ至リ王及執政及〔諸宰相及〕議員ト自ラ越訴ヲ聴ク事端日ニ繁キニ至テ暇《イトマ》給スルニ及ハズシテ、専ラ議員ニ任シ議員亦公務ノ間ヲ以テ私訟ヲ聴クコトヲ得、但、訟廷定日無ク、○往々壅滞緩慢ノ患アリ〔ナキコト能ハズ〕、於レ是ニ「パル、マン」〔巴里門〕ノ設始テ起レリ、「パル、マン」〔巴里門〕ハ○〔全〕議員或ハ議員中〔或ハ全員、〕或ハ数員出張シテ、毎年四度期ヲ定メ専ラ訟獄ヲ聴断スルノ名ナリ、英ノ「パル、マン」ハ名此ニ出テ、其実同カラズ、其初メ「パル、マン」ヲ置ク定地ナシ、千三百〇二年ニ至テ始（井上自筆墨書）テ巴里ニ建創ス〔シ〕、「非立布長王《ヒリーブル、ロン》」、又定メテ「巴里門」ヲ以テ常官トシ、議員ト分立セシメタリ〔ム〕、」其後各部巴里ニ傚フテ王廳《クールロアヤル》ヲ置クコトヲ得ル者其地ノ慶幸タリ、是レ〔各部ノ王廳〕控訴裁判所即チ帝廳ノ起由ナリ、巴里門分立以來、事〔課〕務分界明粛〔確〕ナルヲ要ス、然ルニ猶互ニ相干旨シ、王家或ハ意ニ任シテ重大ノ獄訟ヲ取テ自ラ之ヲ裁断シ、巴里門亦其起源〔本〕参議員ニ出ルヲ名トシ〔ニ因縁シ〕、立法行〔治〕法裁判ノ三權ヲ合セ行ハントシ、凢会計教門○〔輪易〕警保點兵ノ事ニ干預シ、條規レグルマンヲ建立スルノコトニ任セリ、現今條規ヲ設クルハ専ラ國議院参議シテ大統領頒布ス、司法權与ルコトヲ得ズ、於レ是事務又蕪〔喧〕雑〔閙〕ニシテ、静恬ナルコト能ハズ、法〔訟〕廳多岐〔門〕ノ弊ト并ヒ行ハレ、以テ王家ノ亡フルニ及ヘリ、革命ノ後、立憲〔建国〕会「アスサンブレーコンスチチユアント」政府ノ名急ニ裁判法ヲ改革シ各地ノ私廳及法官ノ賣買ヲ禁シ、凢裁判官吏ハ國ノ俸給ヲ受ケ告訴人ヨリ献饋〔需料〕ヲ取ラザルコトヲ〔ルコトヲ得〕布告セリズ、立法權ノ事ニ干預スルコトヲ得ズ、政府ノ命令ヲ拒ミ、或ハ止メテ行ハザルコトヲ得ズ、又擅ニ行政諸官ヲ喚告鞫責スルコトヲ得ズ、裁判官ハ〔ザルコトヲ布告セリ、〕此時裁判官ハ○〔各縣ノ〕民撰ヲ以テ推シ、〔政府ヨリ命セズ、〕一時ノ假任トシテ事務ヲ行ヒ、〔定レ期代任ス永任ニアラズ、〕又○互ニ越訴ヲ受理セリ、其後陞尋テ修正ヲ致シ、〔各受所　上告ノ法ナシ、〕又各縣〔裁判〕八十九縣ニ一ノ裁判所ヲ置キ、郡ニ訟廷ナク、各所○互ニ越訴ヲ受理シ上告〔覆審〕ノ法ナシ、於レ是下邑ノ民訴アレハ○〔遠ク本〕縣ノ治所ニ行テ聴断ヲ求ム、費用貲《ハカ》ラレズ、又隣近互ニ相覆審《翻按》シテ異同帰○《一》スル所ナシ、那破侖、議《欽》事首官《コンシュル》トナルニ及テ、先ツ控訴裁判所ヲ設ケテ、次ニ民撰ノ不便ナルヲ以テ○《定メテ》政府ヨリ裁判官ヲ撰任シ、又各郡一ノ裁判所（始メテ初按廳裁判所ト名ク、）ヲ置キ、訴訟人ニ便近ナラシメ二十九ノ越《覆》訴裁判所《院》ヲ設ケ、専ラ覆按ヲ掌リ、其地ハ古來法科盛ニ行ハル、ノ地ヲ以テシ、（是越《覆》訴裁判ノ○《往々》縣治ト所ヲ異ニスル所以ナリ、）又重罪ハ越《覆》訴裁判《院》ノ官吏出張シテ、陪審ト共ニ審決ス、「乃会審院ナリ、」（井上自筆墨書）（重罪裁判所ノ法ハ其後ニ至テ備ル、）又覆《大》審院ヲ置テ取上ニ位ス、然ル後ニ更ニ「コード」ヲ定メテ全國ニ行ヒ司法ノ體制始テ大成セリ、

（井上自筆朱書）「ログロン氏曰、勸諧ノ法僻地下邑ニ在テハ往々善路ヲ與フルコト多シ、但都会ニ在テハ其効ヲ見ルコト少ナク、殊ニ巴里ノ如キハ裁判官平素人民ト相識ラザルヲ以テ情意相通セズ、勸説行ヒ難シ、」

治安裁判官ノ給料《俸》、其郡裁判ヲ設ケタル「カントン」ニ在ルノ治安裁判官ハ二千四百フラン以上五千フラン以下、即チ郡裁判官ニ同シ、其它ハ千八百フラン以上二千三百四十フラン以下、補員給俸ナシ、治安裁判官ハ大抵裁判附属官員中ヨリ撰挙ス、補員ハ大抵邑長或代書人之ヲ兼ヌ、巴里府二十「アルロンヂンマン」区ニ分チ、一區ニ一治安裁判ヲ設ク、它ノ方制ニ同カズ、

民事　刑事

司法權民事刑事ニ法ヲ兼知ス、民事ニ詞訟法アリ、刑事ニ治罪法アリ、二科法ヲ殊ニシテ審理ノ方法亦同カラズ、各裁判所皆二科ヲ兼理シ、裁判官往々一人ヲ以テ二科ヲ兼行フ、治安裁判官ハ違式裁判ヲ兼ネ、或ハ二局ヲ分チ各科ヲ理シ、或ハ一局日ヲ分テ分《更輪》理ス、郡裁判ハ民事裁判ト懲治裁判ヲ兼ネ《合セ》局ヲ分チ事ヲ理ス、覆訴裁判ハ重《擬》罪局ト覆訴局ヲ分チ、覆訴局ハ民事刑事ノ覆訴ヲ判シ、重罪局ハ○《専ラ》重罪ヲ撿査ス、覆審院又三局ヲ分チ一ヲ上告局トシ、民事刑事ノ上告ヲ受シ《二ヲ民事局トシ共ニ民事ヲ理シ》、三ヲ民事刑事○《局》

トシ、○《並ニ》日ヲ分チ輪理ス、但重罪裁判ハ専ラ重罪決ノ権ニ居ル、○《不レ服セ者》郡裁判ニ覆訴スルコトヲ得、郡裁判○《民事ハ》千○《不動産》五百布蘭以下ノ事件ヲ終決シ《不動産ノ税入六十布蘭以下ノ事件》、刑事ハ違式罪ノ治安裁判ヨリ覆訴シ来ル者ヲ終決シ、其它凡百《民事》○《ノ民》事件及刑事懲治罪ハ皆初一決ノ権ニ居ル、覆訴裁判ハ主トシテ○《凡百》民事ノ覆及懲治罪ノ覆訴ヲ受理ス《シ》、終決ノ権ヲ全有シ、更ニ覆訴スルコトヲ許サズ、是レ裁判ノ制等級マテ逓次相上ル所以ナリ、

若シ重罪ニ至テハ、更ニ一層ノ慎重ヲ加ヘ、各郡裁判ニ一ノ治罪官ヲ設ケ、専ラ罪犯ヲ鞫訊スルヲ掌リ、其重罪ハ按成ルノ後、之ヲ覆訴裁判ノ重罪局ニ送リ、重罪局撿査ヲ加ヘ、異議ナキ時ハ更ニ重罪裁判所ニ付シテ裁決セシム、重罪裁判所ノ決放ハ覆訴スルコトヲ許サズ、凡ソ覆訴ハ終決ノ権ヲ干スコトヲ得ズ、故ニ訴ヘ二タビスベクシテ三タビスルコトヲ得ズ、更ニ上告ノ法アリ、訴、終決ヲ經ル者、独リ覆《大》審院ニ上告スルコトヲ得、後ニ詳ニス、

初決　終決

凡裁判ノ構成ヲ論スルハ、先ツ裁判ニ二等アルコトヲ知ンコトヲ要ス、一ニ曰、初按《決》、二曰、終決、各國皆初終ヲ分テ裁判ノ等ヲ定ム、佛蘭西ニ於テハ○《各》郡ニ在ル者名ケテ《ヲ》初決廳トシ、各「レスソル」ニ在ル者○《専ラ》終決ヲ掌ル《リ》、名ケテ控《覆》訴廳《院》トスル所以ナリ、凡各○《等》裁判所各々権限ヲ定メ、事ノ輕重ヲ以テ初決及《ト》終決ヲ分ツ、初決ハ越《覆》訴スルコトヲ得、終決ハ越《覆》訴スルコトヲ得ズ、覆訴トハ裁判ヲ受ル者《テ》、服セザレバ《ル者ハ》再タヒ其上ノ裁判所ニ訴ヘ裁判ヲ求ムルコトヲ云、治安裁判ハ民事ニハ百布蘭以下刑事五布蘭《罰金贖合計》以下終決ノ権ヲ有ス、「訴訟人《(井上自筆墨書)》覆訴スルコトヲ得ズ、」之ヲ越ル者ハ初按《以上民事》トス、以下刑事凡ノ違式罪ハ○《唯》初理シ、限ヲ越エ界ヲ乱ルコトヲ得ズ、

國必法《ドロア》アリ、法ハ上下ノ交各民ノ際ヲ正クスル所以ナリ、法ノ大目二ツ、曰ク民法、曰ク刑法、司法権ハ民事ノ争訟○《ヲ審判シ、》刑律ノ罪犯ヲ《懲罰シ、法ヲ施シテ執テ》審犯シテ法ヲ行フノ務ニ任ス、「ブ

「スケ氏建言書」以テ世治ヲ保ツノ務ニ居ル、司法権ニ当ル者ハ全國覆審院アリ、各道二等裁判アリ、各縣初按裁判アリ、各裁判所是ナリ、佛蘭西ノ裁訴判覆越所凡三等、其等次區分大抵治法ノ区分ヲ践ム各區治安裁判アリ、各郡初按《決》裁判アリ、各道控《数縣ヲ合セテ覆》訴裁判アリ、○合セテ之ヲ通置裁判トス、(井上自筆墨書)「更ニ各縣専ラ重罪ヲ論スル為ニ別ニ各縣ニ重罪裁判ヲ設ク《アリ》、商工二商事件ニ付キ《別ニ》商事裁判、工事裁判アリ、」之ニ臨ム者ヲ覆審院トス、司法省ハ司法権ト流ヲ異ニス、

司法権ハ法ヲ明ニシ、「ジユリスプリユダンス」法ヲ中《持ス》ルノ権アプリカシオンヂユロアアリテ、法ヲ立ルノ権ナシ、論決スル処ヲ以テ條章ヲ定メ、以テ立法○《官》ノ権ヲ干旨スルコトヲ得ズ、各等裁判、○其権限ニ従ヒ、其管内ノ事件ヲ處分シ、商事裁判ハ絶テ刑事ニ管セズ、

治安裁判

今先ツ民事裁判ノ構成ヲ等次論叙セントス、佛蘭西國凡二千九百四十カントン、各カントン一ノ治安裁判アリ、(千八百六十七年ノ会計ニ従ヘハ、凡二千八百四十七ノ治安裁判ヲ得タリ、)治安裁判ハ最下等裁判ニシテ之ヲ治安ト名クル者ハ民訟ヲ勸諧シテ平和ヲ保ツニ取ル各所治安裁判官一人補員二人并ニ大統領撰任ス、書記一人○使部一人同レ上凡ソ三十歳ニ満タザル者ハ治安裁判官タルコトヲ得ズ、治安裁判ハ裁判官一人事ニ当ル《ヲ聴ク》、郡裁判ノ三人聴レ事ト同カラス、其故障アレハ補使《員》代理ス、「若シ補員二人共ニ故障アレハ其訴願緊急ナル者ハ郡裁判ヨリ令シテ隣近ノ治安裁判ニ移ス、」(井上自筆墨書)民事ニ於テハ目代○ナシ、并ニ代書人満二十五歳郡裁判官タルコトヲ得テ、治安裁判官獨三十歳ヲ要スル者ハ治安裁判ハ尤モ民事ニ近切ニシテ事端曲折老成練熟ノ人ニ非レハ任ニ当ラズ、但シ「リサンシエ」ノ級ヲ得ルヲ必トセズ、治安裁判官事務分テ三類トス、一曰、勸諧「コンシリアシオン」二曰、裁判、三曰、裁判外事務、凡ソ詞訟法四十九條ニ載スル所ノ特例数件直チニ郡裁判ニ訟フルコトヲ得ル者ヲ除クノ外、軽重詞訟皆先ツ○《治安》裁判官ニ經由シ勸諧ヲ行フ、其法詞訟人ヲ其室ニ引キ居間調理シテ互相諧和スルシ或ハ其事ヲ郷里ノ長老ニ裁ヲ取ルコトヲ勸説ス、勸説行ハレズ始テ軽事ハ二百フラン以下更ニ自ラ裁判シ、重事ハ三等《郡》裁判ニ送付ス、凡裁判ハ公聴シ、勸諧ハ公聴セズ、公聴見レ存凡治安裁判官ハ軽件争訟ヲ判ス○ル、第一人件不動産件ハ《ノ》百フラン以下○《ヲ》終決シ、終決ノ権ハ百フランニ止ル、○百フランヲ越ル以上二百フランニ至

ル迄初決ス、其它不動産件千八百三十八年五月廿五日ノ法ニ開説シタル數件ハ其便急、

第二　百フラン以下終決シ百フランヲ越ル以テ〔以上〕千五百フランニ至ル迄〔權限郡裁判ニ同シ、〕初決スル者、旅館及借宅ノ動産損破セルニ付キ旅客或ハ借寓人償當ノ事件、旅客ノ為ニ舟或車延留シ〔損破セル〕償當事件、

第三　百フラン以下初〔終〕決シ、百フランヲ越ル以上一切初決スルコトヲ得ル者、田宅借賃欠滞ノ訟、(井上自筆墨書)「及欠滞ヨリ生スル破約ノ願及其人ヲ逐テ其動産ヲ抑追スル事件、」但、巴里ニ在テハ一歳ノ賃租元額四百フランヲ越ズ、其它各所ニ在テハ二百フランヲ越ザル者ニ止ル、其餘ハ權内ニアラズ、

凡賃租ノ貸幣ヲ以テセズシテ、物料ヲ以テ定メシ者ハ、其市價ヲ以テ商量スベキ者ハ〔算当シ〕、欠滞事件ハ迫賣定日ノ時價ニ從ヒ其它ノ訴訟ハ其前月ノ時價ニ從フ、其市價ヲ以テ算当スベカラザル者、或ハ賃租其〔毎〕年ノ登入〔豊凶〕ニ從ヒ一定セザルノ類〔モノ〕ハ治安裁判官其年ノ地税ニ五ヲ加ヘテ数ヲ定ム〔賃租ノ数ヲ得〕、

第四　百フラン以下終決シ、百フランヲ越ル以上千五百フランニ至ル迄初決スル者、田宅ヲ借リ利益ヲ得ザルニ付キ、借入ヨリ借主ニ向ヒ〔借入ニ〕償当ヲ賣ルノ〔スベクシテ其ノ〕價ニ付キテ〔定〕ノ訟、但、借主償当スベキノ責ニ服セザルノ訟ハ治安裁判ノ權内ニアラズ、田宅損破ニ付キ借主ヨリ借人ニ向ヒ償当ヲ求ルノ訟、但、火災水災○〔ノ損破〕ハ二百フラン以上治安裁判官ノ權内ニアラズ、

第五　百フラン以下終決シ、百フランヲ越ル以上一切初決スル者、田畝ノ穀菓ヲ損傷シ、或ハ樹木蘿藤ヲ伐折シ或ハ溝渠器械〔水路ニ係タルノ修理後鑑ニ係タル〕水碓ノ類ヲ損傷スル訟、但、其所有ノ争ハ治安裁判ノ權内ニアラズ、借有田宅○〔借人ヨリ〕修繕○〔スベキ〕事件、雇工及奴婢及工師工手ノ間ノ約束事件、但、工事裁判ノ權限ニ觸レザル者ニ止ル、乳母給料ノ訟、誹謗罵詈闘争ノ訟、刑法ニ係ラザルモノ、

第六　灌漑及器械運動ノ水路、本年内ニ工ヲ起シタル者ノ訟、經界ノ争訟、但、所有ノ争ニアラズハ權内ニアラズ、隣墻ノ法ニ係タル訟、民法六百七十四條ニ見ユ、但所有ノ争ニアラズ、父母舅姑ト子婿ノ間養料事件ノ訟、但、一年百五十フランヲ越ザル者ニ止ル、

以上或ハ其便急ヲ要シ、(井上自筆墨書)「アクシオン、ポスセソアル、ハ金数ヲ以テ限ラズ、」或ハ其地ニ臨テ撿査スルヲ要スルヲ以テ輕重共ニ治安裁判ニ任シテ判理セシム、治安裁判官裁判外事務ハ婚禮ノ公布証ヲ下付シ養子及成丁ノ証書ヲ書録シ親族会議ニ首班シ、動産抑追取ノ印ヲ押シ、或ハ之ヲ開カシメ○〔開〕墾ノ地主ヲ定ムルノ類、是ナリ、又郷兵《ガルド、ナシオナル》點撿ノ陪審ニ首班スル等治法事務ニ干預ス、

凡治安裁判ハ便捷簡儉ヲ以テ○〔権利争訟ノ〕輕事ヲ判理シ、就レ中〔権利ノ争ニアラズシテ、其〕其權利ノ争ヨリモ多ク事実ニ係タル争訟、実地臨〔蹈〕撿スルヲ要スル者ヲ判スルコト其目的タリ、(分注)権利得失ノ訟ハ大抵郡裁判ニ属ス 目代并代書人ナシ、詞訟人或ハ自ラ訟ヘ或ハ代人ヲ以テ訟フ、治安裁判所ハ大抵邑長《メール》ノ治所ト相接シ衆人縦入スルコトヲ許ス、治安裁判一人事ヲ聴ク、〔郡裁判官三人事ヲ聴ク者ト同カラズ、〕若シ故障アレバ○〔第一〕補員代理ス、○〔第一〕補員二人又故障アレハ〔アレハ第二〕〔補員代理ス、第二補員亦故障アルニ至テ、〕其訴願緊急ナル者ハ郡裁判所ヨリ令シテ其郡ノ治安裁判ニ移シ代〔審〕理セシム、(井上自筆墨書)「凡代理スル者ハ其由シヲ裁判申宣告書ニ附記ス、若シ裁判官及補員列班シテ二人以上事ヲ聴ク時ハ、其裁判用ニ当ラズ、」書記裁按ヲ録シ、其原按ヲ藏シ、更ニ一本ヲ写シ理直ヲ得ル者ニ交付ス、若シ書記故障アレハ書記試員《ユミゲレヒエ》代理シ、試員又故障アレバ、○〔平民中〕書記タルベキ能力備ハリタル平民〔者〕誓ヲ宣ヘ代理ノ任ニ居ル使部宣告ヲナス、

凡裁判ハ衆人縦入ヲ許シ書記按ヲ録シ使部宣告ス、並ニ適法タリ、

治安裁判ハ刑事違式裁判ヲ兼ヌ、故ニ或ハ輪日事ヲ一周間三日刑事ヲ理シ、三日民事ヲ理ス、

(裏表紙見返し)

(井上自筆墨書)
「七十九年帰化ノ法ヲ定ム、

千八百十四年前ハ帰化ヲ願フ人ハ上下院ノ議ヲ經、

大統領ハ帰化ヲ拒ムノ權アリ、

帰化ハ住居三年後許ス、三年ヲ經ザレハ公〔政〕權ヲ得ルノ能力ナシ、

商人不許除籍、
除籍二十五年無寄屋或賣却家産而去行佗國苦、裁判官以従判理、
羅馬法男十四女十二許約婚、
」
（梧陰文庫Ⅱ—二三八）

編者曰 西洋ノート一冊に全文井上自筆墨書。本書は後數葉を欠く。井上が巴里に於て受講せし佛國の國政に關する講義筆記たる『井上毅傳史料篇第三』所収文書四「佛蘭西國政覺書」の表紙に「第一巻」とあり。本書の表紙に「第二巻」とあることより、本書は當該文書の續編と推量す。加へて「梧陰文庫」には、表紙に「第三巻」とありし次の文書を収む。

（西洋ノート表紙）

（井上自筆朱書）

「
第三巻
」

郡裁判所

*1 治安裁判ノ上ニ位スル者ヲ郡裁判トス、凡ソ單ニ裁判所「トリビュナル」ト称スル者ハ皆郡裁判ヲ指ス、原名初決裁判「トリビュナル　ド　プレミエーインスタンス」或ハ民事裁判「トリビュナル、シヴィル」トス、今呼テ郡裁判「トリビュナル、ダルロンヂスマン」トナス者当レリトス、何トナレバ郡裁判ノ権分ハ初決ニ止ラズ、又民事ニ止ラズ、貌斯克《ブスケー》氏云、

*2 佛蘭西國現今凡三百七十三郡各郡《大抵郡ノ首邑ニアリ、其首邑ニ於テ》一ノ郡裁判アリ、セザル者、僅ニ三所トス、千八百六十七年ノ会計ニ従ヘハ凡三百六十一ノ郡裁判ヲ得、其繁簡ニ従《大抵戸口ニ》ヒ、《比例ス》

*3 一裁判所ヲ分テ数《ニ》局トス《トシ》、民事刑事ヲ分課シ、或ハ分テ三局トス、《シ其》二局民事ヲ理シ、一局刑事ヲ理ス、各所裁判長一人其分局アル者ハ各局《毎ニ》副長各一人ヲ加フ置ク、各局定日時ニ開キ《裁判長首班セザル者ハ》副長官首班ス、裁判長ハ随意各局各局ニ首班ス、裁判長首班スレハ副長退班ス、毎局○裁判官《長官ヲ合セテ》

*4 三人ヨリ少キコトヲ得ズ、局ヲ開キ聴判シ《スルノ時》、若シ裁判官三《少キ者》人ニ足ラザレバ、其裁判用フルニ当ラズ、各所裁判官、○三人《四人或六人、八人、九人、十人、尤多キ者十二人》ヨリ十二人ニ至ル、裁判補員三人ヨリ六人ニ至ル、分テ二局トスル者○《裁判官》七人以上十人ヲ得、三局トスル者十二人

*5 ヲ得、○《裁判補員三人四人或六人ニ至ル、》一千八百六十七年ノ会計ニ従ヘハ全国凡三百六十一裁判○《長》官、九

十三副長官、千二百〇八裁判官ヲ得、三百六十一目代、四百七十一目代助員、
三百六十一書記、四百七十五書記試員ヲ得、

(井上自筆墨書)「旧裁判官五十六人、長一人、副長八人、分テ八局トス、五局詞訟ヲ理シ、三局刑事ヲ理ス、目代一人助員二十二人、」巴里ノ裁判所ハ其要劇ナルヲ以

*6 テ、分テ○《今増シテ》十局トス、(井上自筆墨書)「五局民事ヲ理シ、四局懲治ヲ理シ、其一局輪日民事刑事ヲ理ス、」是特例トス、

裁判官故障アレハ《リテ一局三人ニ満ルコト能ハザレハ》補員代理シ、補員又故障アレハ、代言人或代書人中年資尤久キ者ヲ択ヒ、假ニ裁判官ノ事ヲ摂行ス、民事刑事ヲ論セス、

各所目代一人、目代補《代助》員《スブスチチュ》数人、書記一人、書記試員数人、○《使部数人、》裁判長官、副長官、裁判官目代、目代補《代助》員、並ニ大統領撰任ス、凡ソ上ノ数官タル者、第一ニ年歯 裁判官及目代トナル者ハ年二十五ニ満ルヲ要ス、長官副長官タルニハ二十七ニ満ルヲ要ス、目代代員ハ二十二ニ満ルヲ要ス、第二ニ學限科、三年法ヲ學テ「リーサンシエ」ニ登級シタル者、第三代言人《スターヂユ》ノ職務ヲ二年間行ヒタル者、《二年間》此三固《ツ》ノ効力「カパシテ」ヲ備ル者ヲ覆訴裁判○《ノ》長官并目代長ヨリ記載

*7 シテ表トシ、裁判事務執政ニ送リ、執政其ヲ《ヨリ》執奏シテ叙任ス、

郡裁判ハ軽事治安裁判ニ属スル《シ商事、商法裁判ニ属シスル》ヲ除クノ外、凡ソ民事ハ人件、実件、間件ヲ論セズ皆其管理スル所タリ、《此レ》亦《ニニ専ラ》民事裁判ト称スル所以ナリ、 其商法裁判ナキノ地ニ在テハ、并セテ商事ヲ判ス、凡人件、動産件ハ○《元額》千五百フランニ至リ、実件ハ定税《祖》六フランニ至ル迄ノ訟ヲ終決スシ、及治安裁判官ヨリ覆訴シ來ル者ヲ終決ス、此レヲ越ル以上及実件佃租定マラザル者、《ス、價額ヲ以テ論スベカラザル者ハ毎年登入ニ従ヒ、地主主佃戸ト分取スル者ノ如シ、》ハ只初決ノ権ニ居ル、但シ詞訟人双方叶同《意》シテ初ニ終決ヲ乞フ《約スル》時ハ、亦之ヲ終決スノ外ハ、並ニ初決ノ権ニ居ル、

凡局ヲ開キ裁判スルニ、裁判官三人ヨリ多キコトヲ得ルモ、少キコトヲ得ズ、若シ裁判官及補員共ニ故障アリテ数ニ満タザル時ハ、代言人、或《代言人ナケレバ》代書人中年資尤久キ者ヲ以テ、假ニ裁判○《官》ノ班ニ就カシム、若シ《裁判官》三人ニ満《充》タザルノ裁判ハ、用ニ当ラズ、取消ノ咎メヲ受ク、凡裁判ハ局長或ハ裁判長首班シテ裁決ヲナス、目代及

助員班ニ列シ、民事ニハ意見ヲ述ルノ權アリ、又少弱
婦女ノ為ニ保護シテ代言スルコトヲ得、書記、試員、
各局ニ分隷ス、

覆訴裁判所

覆訴裁判ハ、郡裁判及商法裁判ノ初決ニ服セズシテ覆
訴スル者ノ民事及刑事ヲ再審スル為ノ裁判所ナリ、全
*8 國分テ二十八《六》レスソル管「レスソル」トシ、一管数郡ヲ合
*9 ス、一所分テ三局以上トシ、○《其》一局名ケテ覆訴局トシ、
専ラ民事ノ覆訴ヲ理シ、一局専ラ懲治罪ノ覆訴ヲ理シ、
一局ハ重罪《重罪擬論擬》局ト名ケ専ラ重罪ヲ論擬ス、民事局ハ裁判
官七人ヨリ少キコトヲ得ズ、擬罪《重罪論擬》局ハ五人ヨリ少キコ
トヲ得ズ、懲治局ハ局長ヲ合セテ七人以上、其懲治事
件ヲ○《理スル時ハ》五人トシ、或ハ裁判首長官ノ命ヲ以テ民事ヲ兼
理スル時ハ、局長官ヲ合セ七人ヲ《ヨリ》少キコトヲ得ズ、故
*10 ニ各所裁判官員裁判長官及各局長《長官一人、各局長官三人以上、裁判官》ヲ合セテ二十四人以上
トス、又大目代一人、第一大代言官一人、大代言官数
人、大目代助員数人、書記首官一人、書記数人、千八百
六十七年凡二十七長官、九十三局長官、六百三十六裁判官、二十七大目代、二
十七○《第二》大代言官、四十一大代言官、六十三大目代助員、二十七書記首官、百
二十四書記ヲ得、以上諸官並ニ大統領撰任ス、其學科効力
*11 並ニ郡裁判官ヲ撰フノ法ニ同シ、但二十七歳ニ満タザ
ル者ハ覆訴裁判官タルコトヲ得ズ、三十歳ニ満タザレ
ハ長官、局長官、大目代タルコトヲ得ズ、二十五歳ニ
満タザレバ大目代助員タルコトヲ得ズ、又代書師数人、
使部数人、

覆訴裁判ハ最上終決ノ權ヲ有シ、専ラ下等諸裁判ニ於
テ初決ヲ經、覆訴スル者ヲ再審シ、當ナル者ハ同シ、
否ナル者ハ改ム、其覆訴ニアラザル者ハ受理セズ、但
訴訟法五百○九十○條ニ載スル所ノ治安裁判所、郡裁判
所、商事裁判所ヲ○《告》訟告スル者及覆訴裁判所ノ裁判官
一人、重罪裁判ノ裁判官一人ヲ告訟スル者ハ、直チニ
覆訴裁判ニ訴フルコトヲ得、然ルニ是レ甚タ稀ナルノ
コトタリ、

凡ソ局ヲ開キ○《民事ヲ》裁判スルニ民事《裁判官》七人ニ満ズ《タ》、刑事五人
ニ満タザレバ、裁判用ニ当ラズ、其重大事件國事ノ政府ニ
関係スルノ類ニ至テハ、首長官命シテ二局ヲ合シ、二ノ民事
局アル者ハ之ヲ合シ、若シ無レハ刑事《懲治》局ヲ合ス、裁判官十四人以上列
班審理ス、毎局局長官首班シ、首長官ハ随意各局ニ首
班ス、○《大》目代、大代言官、大目代助員毎局列班ス、名
異ニシテ其実同ク目代事務ヲ行フ、但、大目代ハ主ト
*12 シテ管隷スル所ノ○《郡裁判》目代員ヲ統監《摂監督》シ、大代言官ハ多ク
民事ニ任シ、○《大》目代助員ハ多ク刑事ニ任ス、凡覆訴裁
判ニ覆訴スル者ハ、必覆訴裁判所ノ代書人及使部ニ依
ル、它ノ代書人ニ依ルコトヲ得ズ、

ログロン氏曰、凡ソ覆訴ハ下等裁判ノ不直ヲ改正
スルコトヲ得ルカ為メ、上等裁判ニ訴願スルノ方
法ナリ、羅馬法曰、覆訴ハ不直ノ決ヲ争フト是也、
故ニ裁判ニ初決終決《二等》ヲ分ツ者ハ、上級ニシテ且明知《高等明ニシテ備具セル法廳》
ナル裁判所ヲ逓次重畳《置》シテ力取及十分ノ平直ヲ國
民ニ与フル所以ナリ、於レ是乎、過失錯アリト云
ドモ審閲ノ下ニ逃ル、コト能ハズ、然ルニ亦其争
言止ム期アラズシテ、費用貲ラレザルニ至ルヲ恐
レテ、裁判ノ方初終二等ニ限リ再訴ヲ許シテ三訴
ヲ許サズ、此レ覆《又大》審院ノ○《尋常》覆訴ヲ受ケザル所以ナ
リ、凡終決ノ権ハ覆訴裁判之ヲ行ヒ、初決ノ権ハ
郡裁判、商法裁判、治安裁判、工事裁判之ヲ行フ、
之ヲ裁判ノ上下等トス、抑亦曲折多端、槩言スルコ
トヲ得ザル者アリ、凡ソ事ノ輕小ナル者ニ至テハ、
覆訴往々其費○《ヲシテ》其訟事シテ元額ニ喩エ○《シム》、於レ是
更ニ制限ヲ設ケ、治安裁判、人件動産件ノ百フラン
ヲ越ザル者ヲ終決シ、○《工事裁判之ニ例シ、人件動産件ノ》郡裁判其千五百フランヲ
越ザル者、及実件ノ祖入六フランヲ越ザル者ヲ《及治安裁判ノ覆訴ヲ》終
決シ《ス》、工事裁判、治安裁判ニ比シ、商事裁判、郡裁判
ニ比ス《シ》、並ニ○《其下等ノ覆訴ヲ受ケ》其終決権内ニアル者ハ覆訴スルコ
トヲ許サズ、是ニ据レバ「コード」《一二覆訴裁判ニ同シ、是終決》覆訴ノ巻ヲ以テ覆訴
ノ方《法》則ハ已ニ以テ○《郡裁判、商法裁判ノ覆訴ヲ終決スル所ノ》覆訴裁判ニ中ツベク、又《以テ》○治
安裁判、工事裁判ノ覆訴ヲ終決《判》スル所ノ郡裁判及

商事裁判ニ中ツベク、覆訴裁判獨王《其帝》廳○《タルヲ以テ覆訴裁判ノ異》名独リ覆訴裁判ノ名《終決ノ権》ヲ専ラニスルコトヲ得ズシテ《者ニ非ス、然ルヲ而シテ》、「コード」ニ覆訴裁判ヲ改メテ王《帝》廳トセシコト千八百十四年○《甚タ》理無シトス、共和政治再ヒ覆訴裁判ノ名ヲ復スル所以ナリ、以上尋常覆訴ヲ論ス、更ニ非常覆訴《上告即非常覆訴》アリ、即チ大審院ノ受理スル所ナリ、

（末消）

刑事裁判総論

凡ソ刑事裁判ハ警察官吏ヨリ逓付スル所ノ罪犯ヲ審理ス、

刑事裁判ハ犯罪ノ軽重ヲ以テ等級ヲ分チ、権分ヲ定ム、凡國民ノ安寧《堵》或生命ニ害スル者ヲ重罪《キリム》トシ、○《國民ヲ害》此ノ治平ニ害スル者《セズシテ独リ警察ニ背キ、》ヲ軽罪○《デリー　及過失コントラワンシオン》トス、於レ是刑事裁判ヲ分テ二級《等》トシ、一ハ○《専ラ》重罪《キ者》ヲ理シ、「名ルニ重罪会審廳トシ、（井上自筆墨書）会審廳トシ、」一ハ違犯《専ラ軽キ者》ヲ理ス《シ》、「警察名テ違警裁判ト（井上自筆墨書）ス、」又其○《過失ノ律ヘ》最至軽ニシテ判決便捷ナル者ヲ要スル○《ノ故》

ヲ以テ更ニ違警○《察》裁判ヲ置キ《区分シテ三トシ》、専ラ犯禁ヲ理シ、其一専ラ軽《懲治》罪ヲ理シ、其一専○《平等ノ》違警ノ平等ナル者ヲ理ス、是又懲治裁判有テ、其下平等警察裁判アル所以ナリ、

治罪法ニ警察裁判「トリビユノー、ドホリス」ト称スル者ハ、懲治裁判ト平等警察裁判ヲ合セ指スノ名、今其名目繁委ナルヲ避テ平等警察裁判ニ与フルニ、専ラ違警○《察》裁判ノ名ヲ以テス、違警ハ猶我カ違式ノ如キナリ、

凡《今》罪犯分テ三類トス、曰重罪、重罪ハ体刑、辱刑律ニ中ツ、

曰軽罪、○《軽罪ハ》懲治律ニ中ツ、曰犯禁註誤《過失》○《ハ》警察律ニ中ツ、

警察裁判

原名「トリビユナル、ド、サンプル、ポリス、」

直譯、平等警察裁判

毎區ニ在ル所ノ治安裁判即警察裁判ヲ兼ネ、治安裁判

官、警察裁判官ヲ兼ネ行フ、毎週数日〇《治安裁判官或其補員》警察廳ヲ開キ、専ラ警察罪《註過愰失》犯ヲ裁判ス、〇《過失註愰一名》警察罪ハ刑法第四巻《篇》ニ載スル所、輕キ者ハ路ヲ掃ハズ、獣ヲ放テ它人ノ地ニ入ルノ類ヨリ、重キ者ハ車ヲ行ル不法ニシテ它人ノ獣畜ヲ死傷セシメ、及占卜業トシ《ヲ賣リ》及夜間喧噪ノ類、罰金〇《一フラ》十五フラン《ンヨリ》〇《二至リ》監禁〇《一日以上》五日以下ノ律ニ處スル者是ナリ、

ログオン氏曰、若シ過愰失罪時アリテ五日監禁十五弗蘭罰金ヲ越ルト云ドモ、亦警察裁判ノ管理スル所タリ、不レ然ハ警察裁判其《ヲシテ警察ノ》權分ヲ減セザラシムル所以ナリ、

其罪監禁ニ至リ、及罰金《贖ヲ合セテ》五弗蘭ヲ踰ル者ハ、違《裁判費用ヲ算》警察裁判《セズ、》ニ服セズシテ越訴スルコトヲ得、其它ハ越訴スルコトヲ得ズ、凡越訴スル者ハ〇《十日内ニ》懲治裁判ニ越訴ス、

凡警察裁判ハ裁判官一人、書記一人、警部長《コミスセールドポリス》一人列班シ、使部一人陪坐ス、若シ裁判官欠ル時ハ裁判補員代理シ、及裁判官補員列坐シテ、二人一事ヲ聽判スルコトヲ得ザルコト、治安裁判ノ法ニ同シ、警部長ハ目代ノ務ヲ行フ《ヒ》、罪ヲ訟ヘ刑《証シ決罰》ヲ求ム、若シ警部長ナキノ地及其故障アル時ハ、邑長或副邑長目代ヲ行フ、邑長、副邑長亦故障アル時ハ大統領ヨリ一ノ邑會議員ヲ指シテ代理之ニ充ツ、書記官及目代ノ務ヲ行フ者、其一ヲ欠テ裁判官裁判スルコトヲ得ズ、

ログオン氏曰、違警《察》〇罪ハ律ノ至輕ナル者〇《ニシテ》、之ヲ審理スルニ便捷ニシテ鄭重〇《繁委》ナルヲ欲セズ、〇《従テ》科罰亦輕ク犯人亦必シモ審論保證ノ多キヲ望マズ、此レ警察裁(貼紙)「判ノ設ケ一ノ裁判官〇《ヲシテ》独リ事ヲ決スル《セシムル》所以ナリ、郡裁判ハ三人事ヲ決ス、治安裁判ハ輕件争訟ヲ判ス、其知力位地《リユミエルホシシオン》」正ニ警察裁判ニ当ルニ堪フ、

警察裁判〇《所》ハ各區《カントン》ノ首邑ニ在テ各邑ニ在ルニ非ス《ズ》、各邑ノ邑長実ニ警察裁判ノ事ヲ行ヒ、治罪法百三十九條ニ載スル所数件事犯人邑内ニ在ズ、及罵詈犯レ人非法書画ヲ賣、占卜ヲ賣ルノ類ヲ除クノ外、邑内ノ警察罪犯ヲ審理スルコトヲ得ル、一ニ警察裁判官ニ同シ、但民事ヲ判ス

ルコトヲ得ズ、　邑長ノ裁判ニハ副邑長目代ノ事ヲ行ヒ、副邑長アラザレハ邑会議員中一人郡目代ヨリ指差シテ《スル所ノ者》充レ之、書記ハ邑長○《ヨリ》平民中ニ撰ヒ之ニ充ツ、

　懲治裁判「トリビユナル　コルレクシオネル」

懲治裁判○《ハ》懲治律ヲ行フノ裁判《名》ニシテ即チ郡裁判所ノ兼ル所タリ、若シ郡裁判所○《ニ於テ》只一局ヲ設クル者ハ一週間幾日民訟ヲ判シ、幾日刑事ヲ判シ、若シ分テ二局○《以上》トスル者ハ其中一局或数局専ラ刑事ヲ分課ス、

懲治裁判ノ管理スル所ハ《ハ》凡ソ輕罪ノ○《輕罪ノ》監禁五日罰金十五弗蘭ヲ越ル以上ノ《者》輕罪及山林犯禁《警察裁判ノ越訴》ヲ審理ス、治罪法百七十九條

　懲治場有期《監禁アンプリソンヌマン》徒役民權剥奪科《有期禁止》罰金、之ヲ輕罪懲治律トス、

其它山《官》林ノ禁ヲ犯ス者、直税事件ノ罪犯、穀物輸出ノ禁ヲ犯ス者、○《嵠》猟ノ禁ヲ犯ス者、○《河渠漁禁ヲ犯ス者、》贋造罪犯、黑《賣》奴犯、十六歳以下幼人ノ罪ヲ犯ス者、著刻ノ禁ヲ犯ス者、並ニ輕重トナク懲治裁判ノ管理トス、《ログオン氏コード注》

凡懲治裁判ノ論決ハ、(井上自筆墨書)「警察罪ノ覆訴ヲ終決シタル者ヲ除クノ外」輕重トナク○《十日内ニ》覆訴裁判ニ覆訴スルコトヲ得、裁判○《官》三人列班シ、裁判官欠ル時ハ代言人、代書人摂行スルコト民事裁判ニ同シ、目代罪ヲ証シ罰ヲ求ム、書記々録シ書記試員一人證見人ノ證告ヲ録ス、名ケテ筆手、《プリユミチフトス》

裁判○《官》三人ヨリ多ク《以上》列坐シ、若シ其説異同アル時ハ其多キ者ニ従ヒ、若シ二説相敵スル時ハ更ニ一人ヲ加ヘテ再ヒ審判ヲナス、是レ民事聴訟ノ法ナリ、刑事ニ至テハ二説相敵スル時ハ其輕キ者ニ因テ決ス、此レ其異ナル所ナリ、

毎郡治罪官《各郡裁判所治罪裁判官》一員或数員○《繁簡ニ従フ、》郡裁判官或輔員大統領ノ領ヲ以テ之ニ任ス、毎三年代任シ或ハ続任ス、罪犯ヲ鞠治シテ其情状ヲ詳ニシ、懲治罪ハ懲治裁判ニ送リ、重罪ハ覆訴裁判ニ送ルヲ掌ル、

　覆訴裁判懲治局

　　見二民事部一

凢ソ覆訴裁判ハ三局ヲ分チ、其一局ヲ懲治○《罪》覆訴局ト称シテ、専ラ懲治裁判ニ服セズシテ覆訴スル者ヲ再審ス、凢懲治裁判ノ裁判ハ輕重トナク覆訴スルコトヲ得、

*13

凢《覆訴スルコトヲ得ル者ハ、》○被告人及被告人ノ為ニ責ニ任スル者、《代書人図》○未丁人ノ父、及後見人、及代言人或其它委托状ヲ受テ代訴スル者、原告人、懲治裁判ノ目代、覆訴裁判ノ大目代皆覆訴スルコトヲ得トス、○《懲治》覆訴局裁判官五人以上事ヲ聴ク、

ガルニエ、パゼス氏ノ覆訴ヲ論シテ曰、裁判官ノ裁決嚴重ニシテ争フベカラザルコト直道ノ勢ヲナシ、法律ノ嚴《威》ヲ持ス《セリ》、抑々人民ノ裁判官ノ専權多少ノ危害ヲ成スコトヲ知ルコト已ニ久矣、裁判官《言ワハ》モ亦《人ニシテ神ニ非ス、》人ナリ、○《勢》寡弱ニ向テ迷《欺》謬《エクウル》ヲ行ヒ易シ、詞訟人ノ貧詐《キユピヂテ、アスチユス》ナル者之ヲ外ニ詿誤シ、固有《プロプルパシオン》ノ情好之ヲ内ニ誘惑ス、已ニ彼此ノ間ニ迷ヒ易ク又自ラ其直亮《ドロアチユル》ヲ枉ルコトニ趨ク、故ニ人民ノ財産權利榮名ヲ一ノ裁判官ノ好悪意中《ヂスクレシオン》ニ任スルコト人○《ノ正直》ヲ信スル《言ワハ人ヲ》ニ過キ《信スルコト神ニ同シ、》、其務ニ任スル《ヲ行フ》者ヲシテ過重○《不レ可レ勝》ノ責任ヲ負ハシムルナリ、於レ是覆訴ノ法通シテ各國ニ起レリ、羅馬○《ノ》法覆訴ヲ以テ人民ノ保持《障》《ガランチ》トシ、○《又》其方法ヲ定メタリ、彼ノ北人ゼルマン種、乃○《現今》欧洲全土《各國》ヲ略有スル者、○《ノ法》力征割ヲ以テ《封建ト共ニ》欧洲ヲ略有シ《ニ入リ、如レ彼》、其法蕪雑ナルヲ以テスラ猶○《覆訴ノ法、下ヨリ上ニ至リ、》逓次相属セリ、佛蘭西革命以來○《尤モ覆訴ヲ重シ、特ニ》覆訴裁判ヲ設ケ那破倫継テ○《与フルニ》帝廳ノ名ヲ以テ榮飾シ《シ之ヲ粧》セリ、覆訴裁判ノ設ケハ○《其》官吏老練ニシテ員備リ、下等裁判ノ能ハザル所ノ保持《障》ヲ与ルナリ《ニアリ、》、《但惜ムラクハ》今其失ヲ論スレハ其官吏往々親故ヲ以テ擧リ、良法《其》才學高格《其位》ニ中ラ《称ハ》ズシテ良法ヲ悞ル而已、今更ニ覆訴ノ得失《權限ノ事》ヲ詳論セントス、夫覆訴ハ凢《通シテ》諸般ノ争訟ヲ《ニ》行フベキ者、○《今》何故ニ其質同《均独》ツ其價異ナル《者》所ノ權利ニ於テ保証不同ナアル乎、凢公明ナル裁判ハ凢ノ人ヲ守リ《当ニ得ベキ所ニシテ》、裁判ノ二等アルハ○《凢ノ》過謬ヲ防ク所以ナリ、何故ニ細砕ノ貨値ヲ争フ○《コトヲ得ル》所ノ貧民ニ○《於テ》独此保護ヲ与ヘズシテ、専ラ豪強ノ利ヲ主持スル乎、此ノ理甚タ明白ニシテ独リ《ナリト云ドモ、然ルニ》法令○《是ト》背テ相

馳ス、治安裁判ノ裁決ハ百フランヲ越ルニ非レハ、郡裁判ニ覆訴スルコトヲ得ズ、郡裁判ノ裁決ハ千五百フランヲ越ルニ非レハ、覆訴裁判ニ覆訴スルコトヲ得ズ、是ナリ、老吏《オムブラチクー》ノ論《言ニ》曰、法ハ聖知ヲ以テ成ル、「ラ、ロア、ア　ヱテサドシュ」

夫現今詞訟法ノ繁瑣《コンプリカシオン》、定費《ダリフ》ノ騰貴《ヱレワシオン》、聚斂《ヒスカリテ》、精神《ヱスプリ》《能ク》○詞訟人ニ付テ巨大ノ貢税《アンポー》入ヲ成スニ至レリ、嗚呼人民一不幸ニ継クニ又一不幸ヲ以テス、已ニ其権利ヲ保護センカ為ニ官ニ至リ助ヲ求ム○已ムコ《ルコト》トヲ得ルニ非ズ、乃チ其産資産《業》○ヲ以テ《国ノ》○會計及一ニ専業営利《アンヂュストリエー》工作人「アウーエ、ゲレビエ」等ヲ指ス、ノ餌トシ、《視テ》○好資料トナスヨリ、是ヨリシテ覆訴スル者、子費其母資ニ越ヘ、小民ノ訴フル者《ニ在テ定メテ》其困弊ヲ求ムルニ同シ、是ニ至テ我レ将ニ及覆シテ言ントス、曰、法ハ聖知ヲ以テ成ル、抑々知ンコトヲ要ス、法ハ《以テ》○悪弊ヲ保ツ、法ハ一弊《失》ヲ以テ一失ヲ救フナリ、今法ヲシテ正直平均ノ元理ニ合セシメント欲セバ、凡ソ今日不公不平ノ仁恵ヲナス所ノ《一切》○繁瑣《法》ヲ禁シ、貧富トナク凡テノ人ヲシテ○覆訴《逓次》逓次ノ権ヲ得セシムルコト已ム《欠ク》ベカラザルノ事タリトス、刑事ニ至テ越《覆》訴法ヲ許ス、民事ニ同シ、但民事ハ輕重共ニ覆訴ノ《ニ従テ其各其》方アリ、刑事ハ其至重ナル者ニ於テ独リ欠テ行ハズ、警察裁判ノ論決ハ懲治裁判ニ訴ルコトヲ得、懲治裁判ノ論決ハ覆訴裁判ニ訴ルコトヲ得、會審裁判ノ死、及苦役ヲ論決放スルニ至テ独リ覆訴スベキナシ、法律家《ヲ論スル者》以為ラク、重罪法廳體制鄭《慎》重初メニ擬罪局ノ検照アリ、次ニ《ヲ經、又殊ニ》陪審アリテ犯人ノ同類《ヘール》一体ノ者ヲシテ《論》○裁セシム、之ヲ《其》它ノ裁判所ニ送リ《於テ》審閲スルト均ク《ヨリモ》至大《重》ノ保證ヲ致ス《者多シ》○、況ヤ其它ノ裁判所アラシムルモ亦政府ノ勢威ヲ張ル者ニ過キザルベキヲ乎、然ルニ又覆《大》審院ノ設ケ有テ全國法令ノ監守タリ、凡裁判ノ法《章》○ヲ枉ケ體制ヲ欠ク者ハ密《厳》ニ之ヲ検察ス、會審裁判亦其下ニ逃ル、コトヲ得ズ、蓋刑事ノ越《覆》訴法ニ於テ亦

＊14

議スベキノ事○《アル》ヲ見ズ、独リ懲治罪ノ覆訴法ニ至テ猶未タ盡サヾル者アリテ《覆訴裁判ノ審閲》、其下等ノ懲治裁判ニ及ハザルコト多シ、懲治裁判官ハ○《言》争論活動ノ間之ヲ耳目○《見聞》ニ得、証見人ノ立容顔色○《其》声音ノ審固遅疑、言辞動作ノ中ニ顕ハル、所ノ誠偽ノ掩フベカラザル者、皆直捷活溌ノ感ヲ従ヒ、其憑テ以テ事ヲ断スルノ証トスルコトヲ得、覆訴裁判ニ至テハ、例○《ニ於テ》証見人ヲ喚告セズ、對争《決》ヲ聴ズ、独リ書記ノ録スル所ノ供書ニ因テ其光景事状ヲ見ル、然ルニ供書《其記録》単略不悉、往々錯誤塗抹無彩ノ素画、大抵人ヲ迷スニ足ル而已、縦‐使ヒ裁判官才學高明ナルモ、死文ヲ以テ事實ヲ断スルニ当テ、豈ニ能ク活事動ノ事実ヲ親見スル所ノ《シタル》懲治裁判官ニ過ルコトアラン乎、此レ○《已ニ》失錯アリ、彼レ亦免レザル而已、法ノ慎重、是ニ至テ欠タリトスル也、郡裁判分局ノ一ヲ擬罪《重罪擬》局トス、「シヤンブルデ、ミズ、ザ、ナグクサシオン」

＊15

裁判官五人以上治罪裁判官罪犯ヲ鞫治シテ其重罪タルコトヲ證知スレハ之ヲ擬罪局ニ送ル、擬罪局再タヒ其状ヲ審閲シテ治《其》罪官《(抹消)》明白ナル時ハ始テ之ヲ會審院ニ送付ス、凡○《重》罪人《ヲ治ムル》分テ三期トス、一曰、犯《責》「アンキユルペー」是治罪裁判官其罪ヲ推訊スルノ間猶罪人ヲ以テ視ルコトヲ得ズ、二曰、罪《獄》「アクザシオン」擬罪《獄》局再審シテ始テ罪人ヲ以テ之ヲ處ス、三曰、罪「クーパブル」會審院陪審ノ決ヲ經《取》テ始テ罪ヲ論シ刑ヲ行フ、凡疑獄局ヲ經ザレバ《ノ決ニ因ラザレバ》會審院ニ付スル《下ル》ノ罪人ナシ、重罪ヲ慎ム所以ナリ、

會審院「クール、ダシス」即重罪裁判

凡重罪ヲ判スルコト覆訴院ノ権分ニシテ、此時ニハ特別ノ裁判ヲ設ケ、各縣ニ一所○《臨時》覆訴院ノ官員出張シテ陪審ヲ會シ事ヲ決ス、故ニ會審ト名ク、會審ノ法、陪審ハ罪《其人其罪ヲ犯シタル》ノ有無輕重ヲ判シ《スルニ任シ》、裁判官ハ（井上自筆墨書）其有無輕重ニ因リ律ヲ擬シ、刑ヲ定ムル○《ニ任ス》、「陪審ハ其跡ヲ判シ、裁判官ハ其法ヲ判ス、」○《其法》尤モ鄭重《ソラネル》ヲ加フ、凡體刑、辱刑ヲ重罪トス、死、無期苦役《タラワウホルセ》、流有期苦役《デポルタシナン》、城塞監禁《データンシオン》《置》、場内徒役《レタリユシオン》、体刑、

追放《バニフヤン》、民権剥奪《デガラダシオン、シヴィクウ》、辱刑、是也、各縣ニ一ノ會審院ヲ開ク、其覆訴院アルノ地ハ覆訴院ニ属シ、之レ無キノ地ハ其縣[ノ首府]治ニ於テ設ク、或ハ亦裁判治所「セフリウ、ジエヂシエル」縣治ト所ヲ異ニスル者アリ、會審ヲ開クハ事ノ繁簡ニ従ヒ、覆訴院ノ首長官其日ヲ定メ、豫メ公布ヲナス、少クトモ三月ニ一会以上、一會期十五○它ノ裁判所巴里府平時設クル者ト同ラズハ毎十五日逐次會ヲ開ク、間断ナシ、一会ゴトニ陪審ヲ易フ、裁判官三人、其一人長官トス、若シ覆訴院アルノ地ニ在テハ、[三人供ニ]覆訴院ノ裁判官[派出シ]及其目代書記派出シ、[「及目代、覆訴院目代公使ヲ行ヒ、」]若シ之ナキノ地ハ○裁判長官トシテ○覆訴院裁判官派出スルヲ除クノ外、○其[裁判官]二人ハ郡裁判官之ニ充[ツ]テ、及郡裁判ノ目代[公使]書記事務ヲ行フ、其郡ニ在テ治罪課裁判官タリ、○及縣ニ在テ擬獄局[ヲ分課タル]ニ当リシ裁判官ハ派出裁判官タルコトヲ得ズ、○凡會審院ノ裁判ハ皆終決トシテ更ニ覆訴スルコトヲ得ズ、

陪審

別巻陪審考ニ詳ナリ、

＊1 詞訟法ニ下等裁判ト云者ハ、郡裁判ト商法裁判ヲ合セテ称スルノ名、覆訴裁判ニ對シテ云者、

＊2 巴里ニ在テハ一縣一裁判ヲ置ク、然ルニ体制廣大ニシテ它所郡裁判ノ比ニアラズ、

＊3 分テ大小六等トス、

＊4 一局三人ヨリ少キコトヲ得ズ、但三人ヨリ多キコトヲ得、

＊5 亦治罪官アリ、刑事部ニ詳ニス、

＊6 其中第六、第七ノ局、刑事ヲ理ス、

＊7 那幾氏云、裁判官撰挙ノ法、現今議員中其議一ナラズ、一説旧ニ依リ、一説裁判官ヨリ公挙シ、一説民撰ニ復ス、未タ一定ノ論アラズ、

＊8 一所「アルゼリー」ニ在ル者ヲ合セテ二十七トス、

＊9 覆訴裁判ハ例縣治ノ首都ニ在リ、其縣治ト所ヲ異ニスル者、僅ニ二所トス、

＊10 繁簡ニ従ヒ大小三等トス、五局三局民事、一局懲治、一局擬罪ノ者裁判官三十一人至四十人、四局二局民事、一局懲治、一局擬罪ノ者二十五人至三十人、三局ノ者二十人至二十四人、

＊11 巴里ニ在ル者ハ七州ヲ管理シ、分テ七局トシ、其五局民事、一局懲治事件、一局擬罪ヲ課ス、裁判官、長官ヲ合セテ七十二人、大目代大書記并一人、大代言官七人、大目代助員十一人、書記試員十二人、

＊12 大目代ハ諸目代ヲ統摂シ、且列班述《ルコト》レ議随レ意、大代言官、主トシテ議ヲ述フ、目代助員主トシテ議ヲ抄《草》ス時アリ、大代言官ニ代リ議ヲ述フ、

＊13 被告人ハ其冤ヲ訴ヘ、原告人及目代ハ刑ノ中ラザルヲ訴フ、

＊14 覆訴院ノ懲治罪ヲ再審スルニハ証見人ヲ喚致セズ、○《懲治裁判所》書記ノ記録《ノット》ニ因テ論判ス、

＊15 （抹消）

ガルニヱ、パゼー氏曰、擬罪局ノ事《制》議スベキ者アリ、覆訴院中裁判官年老テ事ニ勝ヘズ、精神消耗シテ精《研》思スルコト能ハザル者ハ皆、擬罪局ニ分課シテ其老ヲ養フ之地トス、夫民事ノ軽易ナルスラ猶之ニ任スベカラザルノ人ヲ以テ、今刑法ノ最重堆多ナル者ヲ判決シ、且書記供状ニ据リ曲折明シテ堆キノ情実ヲ審照《晰白》セシムメントス、方ニ只無罪人ノ痛苦ヲ曠延シ、或ハ判擬已ニ成テ復回クベカラズ、遂ニ改メザルノ失錯アルヲ致スニ足ル而已、

（梧陰文庫B—二二四二）

編者曰　西洋ノート一冊に全文井上自筆墨書。臺本はこの後「大審院」の説明に續く。蓋し『井上毅傳史料篇第三』所収文書一二「佛國大審院考」の一部草稿にて、ここにおいては省略す。尚、この他「梧陰文庫」に収む、井上が西洋ノートに筆記せし佛蘭西國法に關する覺書二點を參考として次に掲ぐ。

〔參考一〕

（表紙）

「（井上自筆墨書）
陪審規則
」

第一編

自由

第一章　自由ノ形狀

人常言ニ於テ毎ニ○《本然ノ》自由ト自由ノ効驗《諸行果業》トヲ混ス、故ニ今一個ノ人ヲ監獄ニ係クトキハ、之ヲ名ケテ自由ヲ奪フトス、又之ヲ監獄ヨリ出ストキハ、呼テ自由ヲ與フトス、

此ノ如キノ解義ヲ得タル自由、即チ人事ノ自由ハ、猶ホ政事ノ自由ト分別アリ、政事ニ就テ論スルトキハ、魯西亜國ノ臣隷ハ自由ヲ得ル者ニ非ス、然レトモ亦○《國君主ヨリ縦ス所ノ》人事ノ自由ヲ享クルコトヲ失ハズ、其縦サヾル者ハ仍ホ之ニ反ス、

政事ノ自由○《ト》ハ何ソ、其國法國政ノ制作ニ参預シ、及特殊ノ権利ヲ許サズ、及《又》○《亦》之ヲ有セズ、及○《証》明ナル罪犯ノ為ニ常職アル法司ニ由テ、而シテ法章ニ循フニ非レハ、審断ヲ受ケザルヲ謂フナリ、政事ノ自由ハノ目的ハ何ソ、自由邦國ノ人民ニ人事ノ自由、即チ其身体財産ノ自由ナル作用ヲ保障スル所以ナリ、

然ルニ魯西亜及都児其ノ臣隷ハ、其君主ノ日時変換スル意慾ヲ以テ渙汗《無上》ノ法律トシ、○《之ヲ》順受スルノ暇アラズ《ザル》、手足ヲ束縛シテ《ノ魯西亜及都》、尓其ノ臣民ト雖モ及手足ヲ束縛シ、牢獄ニ沈倫シタル囚人ト雖モ、実ニ彼レノ意嚮《好》ヲ懐抱○《有》シ、彼レノ霊性ハ旧ニ依テ自由ナルコトヲ失ハズ、彼レ其苛虐ノ主《刑酷吏》ヲ祝スルヲ得、亦之ヲ咀スルヲ得、彼レ其苛虐ヲ甘受スルヲ得、亦脱出ノ方法ヲ得ル為ニ自ラ奮フヲ得、彼レノ勢力ハ其本《根》源ニ於テ侵逼ヲ受ルコトナシ、只タ其外部《界》ニ於テ制束ヲ被ルノミ、彼レハ動作スルコトヲ得《能ハ》ズ、猶ホ○《能ク》思欲スルコトヲ得、諸種ノ法律風習○《及》暴君酷吏モ、吾人ノ人心ヲ結成スル所ノ内界ノ自由ニ向テハ、其勢ヲ逞スルコトナシ、獄吏、方正ノ人ヲ看守ス、其《約スルニ》遁逃セザルノ《ヲ以テス、吏其》一語ヲ得、却テ局鐍ニ勝ル《ヨリモ固キ》ヲ信ス、

此ノ人ノ本然ノ自由ハ、即チ人事ノ自由及政事ノ自由ノ根踞スル所ノ基址タリ、其意好ヲ存重セシムルノ権利ヲ求ムル為ニハ、先ツ其意好アルヲ要ス、世間ノ中ニ《ニ向テ》一個ノ人民タルコトノ前ニ、我レハ先ツ吾カ本心ノ中ニ一個ノ人タルコトヲ、吾カ本心ノ中ニ《ニ向テ》覚知スルヲ要ス、

自由無ケレハ斯ニ道徳無シ、何ソ耶、自由無ケレハ斯ニ道義○《務》及責任無キヲ以テ也、故ニ《此ノ》自由ヲ解スルニ謂フコト勿レ由為シ、或ハ為サヾルノ権力ト○正ニ謂フ《謂フベカラズ、》ベシ由欲シ、或ハ欲セザルノ権力ト謂フベシ、○《試ニ》吾人ハ自由ナル乎ト問フ、即チ吾人行ヒ或ハ行ハザルノ決断《了》ハ、純ラ吾人自己ニ属スル乎ト云ノ意ナルノミ、是ニ由テ観レハ、一切ノ人衆自ラ自由ナリト信スルハ、明白ナル一事物ニ非ス乎、人アリ、我レニ金貨二片ヲ進

ム、而シテ我レ《メテ、且ツ》謂フ、○《是レ》汝ノ擇ス《フ》所ニ任スト、誰カ猶ホ《我カ更ニ》它物《個》ヲ擇ヒ取ルノ十分自由ナルコトヲ信セザル者アラン乎、一時ノ間ニ二三タヒ手ヲ揚《擧》ルハ、太タ容易ナル動作ナリ、若シ我カ《レ果シテ》自由ナラ《リトセ》ン歟、為スト為サヾルト純ラ我レニ属ス、若シ我カ《レ果シテ》自由ナラザラ《ズトセ》ン歟、○《為スト為サヾ》當ニ我カ《ルト》意好ノ外ナル一ノ縁故ニ属スベシ、今我カ《レ》果シテ自由ナラザルヤノ説ヲ為ス者ニ向テ、○《我レ》將ニ一賭ヲ一時ノ間ニ我レ能ク二三タビ手ヲ擧クルトキニハ我カ為ニ《事ヲ千金乃至十万》百万金ヲ以テ賭《我レヨリ》約セン二《トス》、孰レカ賭ヲ承《諾ス》ル者アンラン乎、又孰レカ○賭ヲ發スルニ憚カル者アラン乎、是レ乃チ一切ノ人衆《其》体勢動作ヲ為スハ、我カ好ム所ニ従ヒ、其能《全》力総テ我レニ属スルヲ信スルコトヲ証スルニ足ルナリ、又今一室中ニ吾人《然ルニ若シ我カ》三名《人同ク》一室ノ中ニ在ランニ、二人《ノ者》○互ニ我カ室ヲ出ル右足ヨリシ、或ハ左足ヨリスルコトヲ賭ニセンスルコトヲ得、然ルニ○《孰レカ親シク室ヲ出ル》我レニ向テ如此ノ競賭ヲ為ス者アラン乎、是レ甚タ簡単了シ《平》易キノ事タリニシテ、凡《至テ》庸知ノ人○《ト雖モ》亦知リ難カラズ、而《然》シテ実ニ人ノ自由ノ理ヲ信スルハ、○《智愚トナク》一切ノ霊性ニ在テ天然ナルコトヲ確《立》証シ、確然破ルベカラザラシムルニ足ルナリ、而シテ彼ノセクスチュス、エネシデム、スピノサ、ユムノ如キ諸々理學者、自由ノ理ヲ駁シタル理學者ト雖モ、必ス敢テ我レニ向テ、我カ支節健康ナルノ日ニ、我カ一時間ニ手ヲ擧ケヌ《ザル》コトヲ競賭シ得ザルコトヲ信スベシ、彼レ等ノ疑難其論説《駁疑論議論場》ニ於テ勝ヲ占メタルモ、自己顕著ナル《此ノ這箇意》○好ノニ向テハ○《應ニ》戦ハズシテ屈スベシ、

我生活ノ一切ノ行業ハ、確然トシテ我カ自由ヲ信認スベキコトヲ立証スルニ非ル者ナシ、凡ソ○《我カ》一事決行スルノ時《初》ニ當テ、我レ一タヒ疑ヒ一タヒ《懼シ我レ》思議ス、是レ我レ自由ナルコトヲ《レハ》ナリ、《為スト為サヾルト我レニ在リ、故ニ疑懼思議ヲ容ル、ヲ云ナリ、》我カ已ニ擧行セルノ後、其事良好ナリト見ユ《ルヲ得タ》ル時ニハ、我レ自ラ我《吾作圜果》ヲ喜フ、是レ其我レニ属スレハナリ、若シ其事或ハ凶吝ナル成菓ヲ得タルトキハ、我レ自ラ快キコト能《嘆小シカラズ為》ハズ《慚愧》、悔恨己ニ勝《ヘ》エザルモノアラントス、我レ吾カ同《倫》

類ノ行業ニ向テ○《モ》亦前ト同一ナル感覺ヲ以テ判了ス、茲ニ児子アリ、我レ其善ヲ歡メ悪ヲ懲ス、為ニ篤以《懇意ヲ致シ》テ之ヲ教育ス、茲ニ人アリ、我レ之ヲ忠告シ之ヲ激勧シ之ヲ脅迫《恐喘》シ之ヲ奨賞ス、○《弍》我レ嘗テ吾カ自由及他人ノ自由ニ信ヲ置カザル所ノ行業ヲ為サズ、又其言語ヲ發セズ《ザルナリ》、夫レ人衆相聚リテ争議シ、式ニ依リ《而シテ儀礼ヲ以テ》公布シ、而シテ社會及政事ノ基礎ヲ成ス所ノ法章ナル者ハ、何ソ《果シテ何》《物ソ乎、人其審判ヲ行フ為ニ天》神ヲ以テ見証トスル所ノ審院トハ《ナル者ハ亦》果シテ何ソ、《物ソ乎、人其》罪犯ヲ罰スル為ニ○《其》同胞ノ栄名ト○《及》生命ヲ奪フ所ノ刑場ナル者ハ亦果シテ行物ソ乎、○《試ニ》自由ノ信ヲ去ラン、社會茲ニ動《揺》カン、若シ自由無ラシメハ茲《斯》ニ權利ナク、又義務ナク、又誓盟無ク、又直道ナク、又約束ナク、又罪犯ナク、又徳義ナク、恩恵《有》ナク、賞奨《賛》ナシ、自由ナカラシメハ斯ニ恩《功徳》ナク祈願《念》ナシ、自由ナカラシメバ、一切ノ寺院ハ○《皆ナ》我カ我レ《吾人》ニ属セザル所ノ《浮泛漫ナル》歸依ヲ奉ツルコトヲ○《天》神ニ○《誓》約スル○《荘嚴ナル》虚妄《欄》ノ地ノミ、○《若シ我レ自由ナラザラシメハ》我レ愛スル能ハズ、我レ敬スル能ハズ、我レ祈念スル能ハズ、

若シ我レ自由ナリト信スルノ妄ナラシメハ《コトノ自ラ誤ルトセン歟》、是レ我レ一切《擧世ノ》衆生《衆門人》ト倶ニ自ラ誤マルナリ、我レ自由ヲ信セザル、ノ《僻見ノ》徒ヲ求ムルニ、特ニ理學者ノ中ニ於テ之ヲ見ルノミ、而シテ自由ヲ疑フノ理學者ト雖モ亦○《自ラ》其疑ヲ以テ自危ム者ノ如シ、蓋シ衆門流《諸學種門流》ノ中ニ於テ極メテ微弱《渺》ナル少○《弱》部○《分》ヲ為スノミ《ニ過キズ》ザルナリ、理學ノ初メテ起レル而來○《二三ノ隠僻ノ徒ヲ除ク外》其取モ顕著ナル學先ハ皆自由ノ信ニ生死セリ、國王ハ其國ニ責任シ、游牧ノ酋領ハ其畜群ニ責任ス、《自由ナリ、故ニ責ニ任ス、》而シテ法司ニナル者ニ非ザルヨリハ《至テ愚》法司ニ向テ〔我カ意ニ逆テ我カ手之ヲ為セリ〕ト辨説シ、以テ罪ヲ白スルニ足ルト思フ《スル》者無カランシハ至愚ノ人ナリ、

世界アリシ以來一切ノ人衆倶ニ自由ヲ信スルノミナラズ、自由ノ信ハ自然ニシテ且ツ誣ユベカラズ、○《人ノ》我レハ《カ》自由ナリトシテ人ノ我レヲ教フルヲ須要セズシテ、我レ自ラ《一タヒ身ヲ動カシテ已ニ自ラ》吾カ自由ヲ知ル為ニ一挙動作スル、已ニ足レリ《ル》、自由ヲ信スルハ蛮民猶ホ開化ノ民ニ均シク、児童猶ホ

○《耆》老ニ均シ、○《自由ノ信ハ》我カ生活○《日用》ノ一切ノ擧動ヲ追随ス、
[而シテ之]《自由ノ信》ヲ抜クコト○《物》焉《コレ》ヨリ難キハナシ、思索ノ力ニ
倚リ自由ナキノ論ヲ作ス所ノ者ト雖モ、其知覺スル所
ト活動スル所○《トヲ見レ》ハ、猶ホ自由ヲ信スル者ノ如ク然リ、
彼レ本ト疑ハズ、○《唯タ》疑フコトヲ力ムルノミ、要スルニ
其學文ノ成菓タルニ過キザルノミ、

（梧陰文庫B―一八七三）

編者曰　西洋ノート一冊に井上自筆墨書にて筆記す。

〔參考二〕

（表紙）

「（井上自筆朱書）
治罪法重罪部五
」

（表紙裏）

「（井上自筆朱書）
上‐告ス大審院ニ
行刑　赦典
翻審　總論
」

（貼紙一枚表）

「（井上自筆朱書）
大審院刑事裁判ヲ破毀法等二ツあり、
陪審之決ヲ破ル一なり、陪審之決ニ因テ其後
之裁判ヲ破ル一なり、
陪審ウイ之語有てアラマジヨリテ之語無キ時ハ
陪審之決ヲ破る、」

（貼紙一枚裏）

「糾問掛裁判官
第一　無罪放免

目代私訟人故障ヲ得、

第二　ポリス局[懲治局]ニ送ル、

犯人目代私訟人――――

第三　懲治局ニ送る、

同前、

第四　治罪局ニ送る、

犯人故障ヲ得、

糾問掛者罪人ヲ縦放スル時ハ目代私訟人、」

（以下、井上自筆朱書）

上告ス大審院

被告人已ニ裁判宣告ヲ受ルノ後、其裁判ニ服セズシテ大審院ニ上告セントスル者、裁判ノ日ヨリ三日内ニ裁判所（即チ会審院ヲ設ケシ所）書記局ニ申達ス、其三日ノ期内ハ晝夜ヲ論セズ申達ヲ願フコトヲ得、其時或ハ其時ヨリ遅クトモ十日内ニ上告ノ訴状ヲ差出シ、右十日ノ期後ニ其裁判所ノ目代其書類及訴状ヲ司法執政ニ送達シ、司法執政之ヲ交受シタルヨリ二十四時間ニ大審院ニ遞[付]（下）ス、或ハ其訴状ヲ罪人自ラ直チニ大審院ノ書記局ニ差出スモ亦妨ケナシ、大審院ニ於テハ上告ヲ受○（取）タルヨリ遅クトモ三○（十）日内ニ判断シテ、或ハ其訴ヲ斥ケ、或ハ之ヲ伸理ス、其訴ヲ斥クル時ハ（云々ノ故ヲ以[罔]テ會審院ハ○（審）裁[決]嘗テ法ニ乖カザル為ニ其訴ヲ斥ク）ト云旨ヲ宣告シ、大審院ノ書記官其宣告ヲ抄写シテ三日内ニ本院ノ目代長ニ送リ、目代長之ヲ司法執政ニ送リ、執政之ヲ會審院ノ目代ニ下ス、若シ之ヲ申理スル時ハ（云々ノ故ヲ以テ會審院ノ○（審）裁法ニニ（ママ）乖ケル為ニ之ヲ破毀ス）ト云旨ヲ宣告シ、更に它ノ會審院ニ下付シテ再審セシム、凡ソ重罪論訴局及會審院ノ審理○（皆）治罪法ニ掲ケテ悉《ツブ》サニ規則アリ、其ノ重キ者ハ法章逐條ニ於テ（若シ之ニ違フ時ハ裁判効ヲ失フ）ノ旨ヲ掲ケ、其輕キ者効ヲ失フノ旨掲ケズト云ドモ、目代若クハ被告人一應其規則ニ従フコトヲ求メテ、[法]（裁判）官之ヲ拒[ム時]テ[校]采聽セザル時ハ、並ニ大審院ノ破毀ヲ受ク、但シ○（罪犯）事跡有無ノ争ニ至テハ、○（已ニ）陪審ノ判斷ヲ經、大審院ノ受理スル所ニアラズ、凡ソ重罪ヲ以テ上告スル者ハ、豫納金ヲ大審院書記局ニ納ル、コトナシ、其它、輕罪以下必ス豫納金卮五十弗蘭ヲ納ル、ヲ以テ法トス、

凢ソ訴訟法及治罪法ノ設ケアルハ、審理ノ方法一定ノ規準ヲ成シ、○《司》法官タル者ヲ循行セシムル所以ニシテ、立法官委曲ニ人民ヲ防《保》護シ、官吏ノ横制ヲ○《範》防スルノ意ニ出ツ、其ノ稍々緊要ナル者ニ至テ、各條ニ於テ裁判無レ効ノ旨ヲ掲ケ、違フ者ハ破毀ヲ受ケ、失錯アル官吏、裁判官、或書記官ヲシテ再審ノ費用ニ任セシム、治罪法尤モ周密ヲ極メ、重罪ニ至テ一言一事之ヲ《必ス之カ》規轍ヲ為シ、大抵皆犯人ヲシテ十分ノ優地ヲ得セシメ、少シク欠畧《不法》アレバ従テ上告ヲ受ク、又《ナスコトヲ得》「又書記官ヲシテ、又法官ノ方ニ付テハ必ス」（井上自筆朱書）審判明細書ヲ作ラシメ《リ》、尺寸ノ欠畧ナキヲ証セシム、法官天ニ踏《蹐》シ、地ニ踏シ、之ヲ慎テ、又慎マザルコトヲ得ズン乎哉、此レ尤モ欧洲治罪法ノ美タリ、其過テ繁委ヲ致シ、瑣屑ノ嫌アリト云ドモ、大‐要采テ用ユベキ者トス、○《司法》綜計表ニ据ルニ千八百六十九年全國重罪裁判ノ綜計三千三百九十七、其大審院ニ上告スル者四百四十四ニシテ、其破毀ヲ得タル者十七トス、千八百七十年綜計二千七百九十六、上告スル者三百五十六ニシテ、其破毀ヲ得タル者二十トス、皆審判定規ノ欠畧ニ由ル、《其》擬律ノ失錯出入ニ由ル者僅ニ一二ニ過キズ、

○行刑

罪人若シ三日内ニ上告セザル時ハ、満三日ノ後二十四時間ニ刑ヲ行フ、若シ上告スル時ハ、行刑ヲ停留シテ大審院ノ決ヲ待チ、大審院其訴状ヲ斥クル時ハ、會審院ノ目代司法執政ヨリ大審院判状写本ヲ交受スルノ後二十四時間ニ刑ヲ行フ、裁判宣告ヨリ行刑ニ至ル迄ノ間罪人獄ニ在ルコト前ノ如シ、

余輩獄舎ニ至リ見ルノ時、獄吏為二余輩一説云、死罪已ニ宣告スル者ト云ドモ亦タ、縛ヲ加フルコト無ク、只、它ノ未決人ト室ニ異ニシ、看守卒三人

ヲシテ晝夜押護セシムル而已、又室外ニ逍遥スルコトヲ許ス、古昔死罪ニ中ル者囚《ツヽム》ニ布嚢ヲ以テシ、手足○《ヲ》動作《サズ》ヲ止メ、其後稍、寛兼《縦》ヲ致セシモ、亦一室ニ閉固シ、天日ヲ見セシメ《ルコトヲ得》ズ、現今室外ニ逍遥シ、神《天》ヲ拝シ、日《神》ヲ祈ルコト、其自由ニ任ス、

凡ソ刑ヲ行フコトハ目代○《長》ノ指揮ヲ以テシ、死罪ハ備警兵ヲシテ處行セシメ、其它、苦役以下、各-方ニ送付ス、書記官行刑明細書ヲ作リ、裁判状ノ末ニ記入シ之ニ名印シ、書記局ニ藏ス、（井上自筆朱書）「對理中它ノ更ニ重キ罪件發覚シ、及同《附従》罪人新ニ捕獲スル時ハ、已ニ裁判ヲ宣告シテ長官更ニ糾治ヲ受《スベキ》コトヲ命シ、目代刑ヲ處行スルコトヲ止メ、以テ後ノ判決ヲ待ツ、」罪人病アル時ハ疾癒ヘ《為ニ療治ヲ与ヘ》常ニ復ルヲ待テ處行ス、婦人○《死罪ヲ科シ方ニ》懐妊スル者ハ分娩ヲ待テ處行ス、裁判宣告ノ後喪心スル者ハ○《又》刑ヲ行ハズ《止ム》、

ボアソナド曰、病犯ハ○《死罪ト云ドモ》平癒ヲ待テ處決スル者ハ、以テ衆ニ示シテ懲艾《エキザンフル》ヲナスニ足ラザレバナリ、婦人懐妊スル者分娩ヲ待ツ者ハ、生道ヲ重ンスルナリ、○《現ニ》妊婦大抵特赦ヲ得テ生児ヲ○《乳》養セシムル者多シ、

按スルニ千七《八》百九六十九年ノ綜計表死罪十一人ニシテ、其處決スル者六人ニ過キズ、其餘猶ホ実決ヲ經ズ、

若シ罪人刑ニ臨テ言ント欲スルコトアル《中述ヘタキコトアル旨ヲ願フ》時ハ、其池《地》ノ治安裁判官、書記官ト共ニ之ヲ其室ニ導《引》キ、其所レ言ヲ聽テ之ヲ録ス、其式如レ左、

何○《年》月○《日》何時、本職何地○《治安》裁判官某書記官某ト共ニ裁判所ノ本局職事務局ニ在リ、何日ニ於テ會審院ノ裁決ニ因テ何刑ニ處《ヲ科》セラレタル某申述ノ願アルヲ聞キ、即チ某ヲ引-出シ之ヲ尋ヌルニ、某申述ノ旨如レ左、

乃チ口書ヲ作リ之ヲ罪人ニ讀-示シタルニ、彼レ其相違ナキ○《コト》ヲ述ヘ、而シテ之ニ名印シタリ、

裁判官　名印

書記官　名印
罪　人　名印

〇赦典

赦典ハ古昔ヨリ沿リ用ユ《フ》ル所ノ特典ニシテ、法律ニ《ノ》成文ニ掲クルコトナシ、ボアソナード氏云、赦ニ大赦《アムニスチー》アリ、曲《特》赦アリ、「(井上自筆朱書)大赦原語「アムニスチー」恩ㇾ旧ノ義、特赦原語グラス恩恵ノ義、」大赦ハ其事ヲ赦シ《ス》、「(井上自筆朱書)故ニ衆ニ施ス、或ハ天下ニ赦シ、」曲《特》赦ハ其人ヲ赦ス、「(井上自筆朱書)故ニ人ニ施ス、或ハ同《堂》数犯衆ヲ曲赦ス、」大赦ハ旧《罪》ヲ忘ル丶ノ意、曲《特》赦ハ罪《刑》ヲ恕ス《恤ム》ノ意、大赦ハ多ク政―事―犯ニ施ス、政府革命アル毎ニ大抵赦ヲ行フテ前朝ノ不逞ヲ解キ、更始ノ微シトナスヲ以テ例トス、凡ソ大赦ヲ行フ時ハ、未決已決ヲ問ハズ皆ナ恩ニ及フ、(曲赦ハ已決犯ニ限ル、)國制議会ノ時、重罪ノ大赦曲《特》赦ヲ禁シ、那破倫氏ニ至テ又ニ赦ノ権ヲ〇《以テ》帝王ノ特権トシ、千八百七十一年新共和六月十七日ノ法ニ至テ、大赦ハ《ヲ以テ》議院ノ権トシ、独リ曲《特》赦ヲ以テ行政統領ニ属シタリ、

各國赦典ノ権ハ國主ノ特権トシテ司法省其事ヲ管シ、省中別ニ一局アリテ赦ノ事ヲ〇《判》理ス、凡ソ死罪ハ行刑ノ前ニ審判ノ書類ヲ目代〇《長》ヨリ司法省ニ移シ、其赦恩ヲ得ベキ者ハ、之ヲ検査シテ恩司法卿、國王ノ裁ヲ乞ヒ、行下ス、曲《特》赦ハ特恩ヲ以テ罪人ヲ従《免》シ、或ハ其〇《之》罪ヲ宥メ、若クハ之ヲ減スルノ謂ナリ、曲《特》赦ニ例典アリ、非例典アリ、例典トハ苦役以下ノ者已ニ其期ノ半ヲ受ケ《ク》ルノ後、「(井上自筆朱書)罪人ヨリ國主ニ恩ヲ乞フノ願ヲナシ、司法卿之ヲ検照シテ目代長ノ意見ヲ取リ、其ノ」悛改《心遷ㇾ善》ノ效シアル者ハ之ヲ〇《減》免ス、「(井上自筆朱書)毎年幾人ヲ赦スルコト常例タリ、」非例典ハ法ノ過厳ナル者ヲ修改シ、及ヒ失《審判ノ》錯誤アリト云ドモ、法ニ於テ翻審スルコトヲ得ザル者ヲ修改ス、(此類ニ在テハ目代長行刑ヲ延留シテ審判ノ書類ヲ司法卿ニ移シ赦恩ノ当否ヲ検照行下スルニ供ス、)大赦ト曲《特》赦トノ別、大赦ハ未決及已決ニ施シ、曲《特》赦ハ已決ニ限ル、大赦ハ独リ其ノ刑ヲ赦スノミニアラズ、合セテ其罪ヲ除ク、「(井上自筆朱書)故ニ再犯〇《スト云》、前罪ヲ数ヘズ、」曲《特》赦

ハ其刑ヲ赦シテ其罪ヲ赦サ《除カ》ズ、再犯、前罪ヲ数フ、大赦ハ○《従テ》民權ヲ復得、曲《特》赦ハ民權還《更ニ》復○《權レアビリタシオン》ノ令ヲ得ルニ非レハ、失權ノ人タルコトヲ妨ケズ、民權還復、大赦ハ其事《罪》ヲ忘レ、一洗シテ其事《罪》ナキモノニ同カラシム、特赦ハ其刑ヲ恤ムニ止マル、大赦ハ事ニ属ス、故ニ○《衆ニ施ス、》或ハ天下ニ全赦シ、或ハ一類ニ曲赦ス、特赦ハ人ニ属ス、故ニ一人○《或数人》ニ施スニ過キズ、

大赦ノ尤モ近キ者ハ、千八百七十年十月四日ノ令○《ニ於テ》、凡ソ千八百五十二年十二月三日以来千八百七十年十月三日ニ至ル迄ノ政事犯及著刻犯ハ《ヲ》一切赦除シタリ、民權還復ハ又○《特》赦ノ類ニシテ、(井上自筆朱書)「民權剥奪ノ《ヲ得タル》罪人」有期刑、其期限已ニ満ルノ後、若クハ○《特》赦ヲ得ルノ後、重罪ハ五年、輕罪ハ三年、罪人ヨリ恩ヲ乞フノ願書ヲ其地ノ目代ニ出シ、覆訴院重罪論訴局之ヲ検査シテ《其常任常産アリテ、善行因ノ実図アル時ハ之ヲ許シ、》、司法執政ノ手ヲ經、國主ノ名ヲ以テ復權状ヲ下付ス、詳ニ治罪法ニ《罪法一章ニ觸几犯》見ユ、

按スルニ司法官ハ○《専ラ罪ニ依リ》法ヲ断スルノ任ニ居リ、其初メニ罪人ヲ検討探緝シテ法《審理》ニ置クノ施行ヲナシ《コトヲ求メ》、終リニ法官ノ断ヲ承ケテ刑ヲ処シ罰ヲ行フコト、亦皆目代ノ權ニアリ、佛蘭西ノ喭ニ、裁判官ヲ以テ坐官《マジストラアシス》トシ、目代ヲ以テ立官《マジストラ、デブー》トス、是レ審廷ニ在リ、裁判官ハ○《常ニ》坐シテ言ヲ述ヘ、目代ハ言アレバ必ス立ツヲ以テ名ヲ得ト云ドモ、亦両職ノ位置ヲ論スルニ、一ハ立テ運用スル者ニ類シ、一ハ坐シテ論議スル者ニ似タルコトアリ、故ニ目代ハ常ニ司法執政ノ權《指揮》ヲ承ケ國主ノ命ヲ奉行シ、其恩威ヲシテ脈絡貫通セシム、赦典ニ至テハ専ラ國主ノ特權トシテ、司法官敢テ干預スルコトナシ、已ニ裁判宣告ノ後ハ司法官ノ務已ニ畢ル、其刑ヲ行フト行ハザルトハ目代ノ權ニ在テ、司法官、亦《又》干カルコトナシ、其《犯人》情ニ乖キ理至テ(井上自筆朱書)「原諒スベシト云ドモ」法ニ於テ従スベカラザル者、司法官亦敢テ法ヲ曲クルコトヲ得ズ、乃チ《於レ是》目代ノ權ヲ以テ國主《司法卿》ニ奏請シ、裁ヲ經テ赦ヲ行フ、是レ目代ハ常ニ國主ノ

意ヲ体認スルコトヲ要スル所以ナリ、

○翻審　「レウイシオン」箕作氏譯シテ裁判調査トスル者

凡○《終決ノ》裁判宣告ヲ經タル者ハ、已ニ國主ノ名ヲ以テ行フ国主ノ諸令ト異ナルコトナク、流汗不レ及ノ力《威》アリトス、之ヲ名ケテ○《經レ裁之 ショーズ、ジュゼ、ホルス》判權力トス、其法ヲ枉ケシ者ニ於テハ裁其裁ニアラズシテ、大審院之ヲ破毀ス○《ルコトヲ得》、其審理未タ嘗テ一モ法規ニ乖カザル者ニ於《至》テハ、縦令ヒ事情確証失錯非《無》辜冤ニ陥ルノ疑アリトドモ（ママ）、其失錯○《タル》ノ確証アルニ非レハ、大審院ト云ドモ敢テ之ヲ異議スルコト能ハズ、其確証アリテ○《因テ以テ》前日裁判ノ失ヲ改正スル者、名ケテ翻審ノ法ト云、國憲議會ノ時、翻審ノ法、經レ裁之力ヲ破ルヲ以テ之ヲ廃シタリ、那破倫氏、治罪法翻審ノ法ヲ許スコト三事ニ限ル、一ニ曰、殺レ人犯、刑ニ就クノ後、被レ殺ノ人猶ホ生ルノ○《確》証憑據顕徵アル時、二曰、二人、一事ヲ以テ各所ニ於テ刑ヲ受ケシ時、三曰、犯人受レ刑ノ後、其○《事ヲ》告發○《シ》タル証人○《又》偽證ヲ以テ刑ヲ受ケシ時、然ルニ猶ホ《翻審》重罪ニ止マリ、懲治罪ニ及サズ、又被レ殺ノ人猶ホ生ルノ時ハ、刑人已ニ死スルノ後ト云ドモ、其後《代》ノ人ヲ以テ裁ヲ与ヘ、前事ヲ洗慮スト云ドモ、其它ノ二事ハ、刑人已ニ死スレバ《ルノ後ハ》受理スルコトヲ許サズ、又翻審ヲ求ムルノ權ハ○《専ラ》司法執政ニ在テ、刑人及其親族之ヲ求ムルコトヲ得ズ、其後議者翻審之法ヲ廣ムルコトヲ求ムル者甚タ多ク、千八百六十七年六月ニ至テ始テ治罪法四百四十三條、四百四十七條ヲ改修シテ現行ノ法トシテ、三事共ニ刑人已ニ死スルノ後○《ト云ドモ》、之ヲ理スルコトヲ許シ、翻審ヲ求ムルノ權ハ○《第一》司法執政ニ在リ、第二刑人、第三其親族相続人及代人ニ在リ、又權シテ懲治罪ニ及ホシ、監禁及民權禁ヲ受ケタル者、再《重罪ト同ク翻》審ヲ許ス《シタリ》、

按スルニ、審理実《情》ヲ得ルハ、凡ソ《百端》政事中○《ニ在テ》最難大難レ能ノ事タリ、聖人ト云ドモ、其果シテ一人ノ冤枉ナキ○《コト》ヲ保ツコトアタハズ、欧洲各國審判《治罪》法其精密ヲ極ムト云ドモ、又時アリテ、独リ証人ノ誓言ヲ信

據シテ本犯ノ供状ヲ取ラズ、終リニ無-知無-文ノ陪審ノ然否ノ一言ヲ以テ決ヲ取ル、豈ニ能ク其果シテ一人ノ冤枉ナキヲ保タン乎哉、乃チ經レ裁之力ヲ重シテ翻審之法ヲ狭クシ、英國ノ如キ、一タヒ終決ヲ經ル者ハ、後日事情明白シテ其無罪冤犯タルコト○《衆目ニ》確然タリト云ヘドモ、敢テ前日ノ裁判ヲ改-作スルコトナク、只、特恩ノ名ヲ以テ赦ヲ与フル而已、「其刑ヲ宥ム《(井上自筆朱書)》ト云ドモ、曽テ」其罪ヲ被ル《タル》ノ辱ヲ洗慮スルコトナシ、佛国翻審ノ法アリト云ドモ、独リ三事ニ限リ、其它ニ及サズ、夫レ審理ノ失繆豈ニ獨リ三事ニ止マラン乎、千八百六十一年「ノル」縣ノ女子「ガルダン」、父ヲ殺スヲ以テ告ケラル、囚繫シテ外人ノ《ト》相見ルコトヲ許サズ、女子獄廷ノ苦ニ堪ヘズ《ヲ以テ》、糾治掛裁判官ニ向ヒ、自ラ誣ル《テ罪ヲ獲ス承ク》ニ実ナキノ事ヲ以テス、乃チ《後チ》会審院ノ對理ニ於テ、前日ノ供状情ニ非ルコトヲ陳スト云ドモ、陪審之ヲ采聴セズ、○《其》有罪ヲ判斷ス《シ》、終身苦役ノ刑ニ處シタリ、其○《ノ》後女子ノ父ヲ殺セルノ罪人捕獲シテ刑ニ就キ、女子翻審ヲ得テ刑ヲ《シテ》免ス《ル、コトヲ得タリ》、此レ失繆ノ尤モ著シキ者、千八百六十九年「ヴイク」ノ裁判女子「ベルナル」○《アリ》、医-人ノ証-告及本人ノ供状ヲ以テ奪胎ノ罪ニ處シ、其ノ生レ児不《隠シテ》告ケザルノ罪ヲ証告シ、女子自ラ其児ヲ豚《塩肉》ノ中ニ棄テタルコトヲ供認ス《シ、》、乃チ《二月ノ》監禁ニ處ス、女子獄ニ在ルコト一月ニシテ○《其》児ヲ娩《ウ》メリ、幸ニ覆訴ノ期未タ満タズシテ、目代ヨリ覆訴院ニ告ケ、女子ヲ解縦セリ《スルコトヲ》得タリ、若シ稍々数日ヲ遅クセシメハ、女子覆訴ノ期ヲ失ヒ、又翻審三事ノ一ニ居ラズ、無罪ノ確証ア《然タ》リトドモ《(ママ)》、終ニ洗白ノ日ナカラン、夫レ審理○《偶々》失繆アリ、法官タル者、將ニ○《怨》悔自ラ尤ムル二《ノ》暇アラザラントス、乃チ之カ限束ヲ設ケ、遂レ非ニ易クシテ過ヲ改ムルニ難カラシム、非情之甚シキ者ニアラズ乎、那破倫治罪法○《翻審法ヲ設ケ》、國憲議会及英國ノ法ニ比スレハ差改正《ヤ、専恤》ヲ致シ、千八百六十七年ノ新法更ニ其意ヲ廣ム《メ》、改正ヲ加フ、然ルニ猶ホ独リ法律《翻審》三事ニ止マリ、其它無罪人事情確白スト云ドモ、忍テ之ヲ經レ裁之力ニ置ク、此レ今日刑律家ノ痛ク論スル所○《ニシテ》、亦タ以テ欧洲各國ノ法方《律》ニ其旧《宿》弊ニ旧失《弊》ヲ因循スル者猶ホ多キヲ証スベシ、蓋シ佛律ヲ以テ漢律ニ比スルニ、得失相交ハルコト犬牙ノ如シ、今佛律ノ失ヲ略言スルニ、一曰、首從同罪、二曰、行而遂ケザル者遂クル者ト同罪、三曰、經レ裁之力失錯明白ナリト云ドモ、三類《例》ノ外改正セズ、其它法ヲ設クルノ寛ニ過キ、倫理ヲ害スルコト多キニ至テ、指屈クルニ堪《勝》ヘズト云ドモ、亦我レト固有國体ノ同カラザルニ因ル、故ニ置テ論セズ、上ノ三ツノ者ニ至テハ、刻薄ニシテ情ニ非ス、其立國ノ制務メテ寛慈ヲ尚フ者ト顕ハニ相背馳スト云ベシ、

(末消)

総論

アンセルム、プトタン氏ノ論ニ曰、被告人已ニ獄ニ繋カレ、人ト相通スルコトヲ得ズ所、獨幽閉スルコト二三月、或ハ○《五》六月ニ至ル、絶テ外人何ノ景況ヲナシ、己レノ供状ニ付テ何等何ノ解説ヲナシ、証人何○《等》ノ情状ヲナスヲ知ルコト能ズハズ、此ノ時ニ当テ、目代方ニ力ヲ極メテ証憑ヲ拾聚シ、旁ネク旧悪ニ及ヒ糾弾《作ル所》状《ノ論告》ヲ作リ、人口《耳》ニ廣布ス《シ》、其○《犯罪》醜悪惨残恒《残暴幾ント》演劇ニ類スル者、衆ノ喜テ聞ク所タリ、於レ是○《ニ於テ》審判未タ行ハズ、被告人已ニ世ニ容レザルノ罪人タリ、陪審○《未タ》其職ヲ務メザルノ前ニ○《已ニ》無言ニ浸漸シ、隣交交相話シテ耳罪悪ニ○《耳》熟シ訟廷ニ臨ムニ及テ、中心《コンシアンス》ニ依リ投票ヲ作ルモ亦《其実》先人ニ因テ思ヲ構フルニ過キズ、稍自ラ疑フコトアルモ、亦前日隣交○《友》相話スルノ言ニ背クコトヲ欲セズ、其所レ謂心証《コンフイクシオン》ナル者、自是《アムール、プロプラール》トスルノ心ヲ持スルニ過キザル而已、人中心ヲ信ス、抑々○《誰カ》中心亦

自愽マルコトノ易クシテ、又《且ツ》速ナラザルコトヲ知ン乎哉、况乎法官ノ言語色容、以テ其心証ヲ暗制スルニ足ル、至公至明至正ノ人ト云ドモ、身此ノ地ニ在テ能ク衆口処國《アトムペール》ノ外ニ超出シテ《シ》、冤枉ヲ指陳《察》シテ、之ヲ○《先》雪白センコト《スルハ》我レ《カ》信セザル○《所》ナリ、夫レ被告人一タヒ目代ノ手ニ墜ツ、衆共ニ悪ム《仇トスル》ノ人タリ、嘗テ一人目代ノ糾弾証告ニ反シテ其冤ヲ鳴ス者ナシ、公廷ヲ開クニ至テ、人視テ以テ奇觀トシ、無レ費ノ劇場ニ当ツ、豈ニ《甚タ》天理《プロヴィダンス》《意ノ正》ニ戻リ人情ニ乖クコト甚シキ者ニアラズ乎、今其失ヲ救ハントセバ、治罪法二百十七條重罪論訴《検査》局ニ於テ被告人記念書ヲ捧クルコトヲ得、是レ甚タ良法、唯惜ムラクハ、面説ニアラザレバ、以テ意ヲ悉スニ足ラザル而已、又二百九十四條代言人ヲ撰フノ法ヲ以テ進メテ糾治《問法官糺問》已ニ畢ルノ後、重罪論訴《検査》ノ前ニ置ク時ハ、被告人差《ヤ》○《其》慶幸ヲ得、冤枉○《或ハ》寡キコトヲ《カラン歟》、

ハリンリー、コルヌ氏曰、囚人方ニ暗獄ヲ出テ、孤ー立助ケナク、兵卒左右シ、衆目之ニ聚マリ、一身ノ死生数人ノ手ニ属シ、終生不拭フベカラザルノ辱ヲ被リ、○《人生》家廷《室》骨肉ノ樂ミニ背ク、是レ果シテ罪人ナリ乎、曰、否是被告人ナリ、罪人ニアラズ、身体、厳威ノ下ニ戦栗シ、耳目、雄辨ノ中ニ迷眩ス、辨護思ヲ構フルコト能ハズ、不レ得レ已《コトヲ得ズシテ》○它人ノ口ヲ借ル、《代言人ニ借ルヲ云、》其証人ニ對理シテ信偽ヲ争ハントスルモ、哀苦交々攻メ神氣已ニ失フ、此レ豈ニ人間不幸ノ極ニアラズ乎、亜《アテン 雅》典希臘羅馬ノ時、已ニ刑ヲ受クルノ後ニアラザレバ、被告人其ノ自由ヲ失フコトナシ、疑似未タ白セザルノ事ヲ以テ、已ニ刑スルノ罪人ト同ク祝ルコト、古ノ無キ所ナリ、今法官タル者、被告人未タ失ハザルノ權利ヲ敬重スルコトヲ知リ、哀矜ヲ以テ厳酷ニ代ヘ法ヲ執ルノ本意ヲ失ハザランコトヲ要スル而已、

(井上自筆墨書)
「一字下ケニ写セ」

按スルニ、會審院ノ審判ハ、往々寛縦ニ失フモ、嚴刻ニ錯マルコト寡ナシ、陪審ノ衆説ハ多ク《縦ヒ》仁慈ニ過ルモ、惨酷ニ陥ルコト稀ナリ、然ルニ二氏ノ論《説》猶ホ尚ホ云レ

爾、其共和激党ノ餘論ニ出テ、未タ必シモ実際ニ切ナラザルモ然ズ、或ハ○《無》病而呻○《スル》ノ論類タルモ、然レトモ《其》用意忠厚恤レ刑矜レ情ノ誠《意》、讀者ヲシテ感動セシムル者アリ、今是此レヲ以テ重罪○《裁判》ノ部ヲ終フ、

（梧陰文庫B―二一四二）

編者曰　西洋ノート一冊に井上自筆にて朱、泥朱、墨の三種を以て記す。

七　明治十年出張日程報告案

明治十年

伊藤（博文）参議随行、京坂へ被差遣、一月卅一日發舩、

二月十九日伊藤参議随行被免、滞京被仰付、

三月十九日○大坂ニ於而御用有之、長崎へ被差遣旨拜承、

山田（顯義）少将随行一同大阪ヲ發船、

同廿三日長崎着、廿四日山田少将一同八代渡海、夫より山田少将之指揮ヲ受ケ軍行ニ随行スし、

三日廿六日別働隊第二旅團附兼勤被仰付旨旅團ヨリ命ヲ得タリ、宇土、川尻を経、熊本ニ至る、

五月十日山田少将隈ノ庄ノ本陣ヲ辭シ去リ、十五日熊本ヲ發シ、廿一日京都行在所着、

同廿五日御用有之東京へ被差遣、卅一日東京着、

六月十五日右御用濟東京發、十七日京都着、

七月廿三日京都發、廿五日東京着、

右之通ニ御座候也、

明治十

太政官大書記官井上毅

（梧陰文庫Ⅱ—六四六）

編者曰　全文他筆（美濃紙二枚）。

八　琉球交渉事件年月日表

明治十二年四月二十五日
〜明治十四年一月二十日

（欄外、井上自筆墨書）
「琉球交渉事件」
年月日表

明治十二年四月二十五日 清光緒五年三月初五 宍（璣）戸公使到任、
五月十日 清三月二十日 総署第一照会來、
八月二日 清六月十五日 外務卿第一照覆 七月十六日發 ヲ総衙ニ轉致ス、
八月二十二日 清七月初五 総署第二照会來、
九月二十日 清八月初五 総署第三照会來、
十月二十六日 清九月十一 外務卿第二照覆 十月八日發 ヲ轉致ス、
十一月十三 清九月廿九 第三照覆ヲ轉致ス、
十二月十四 清十一月初二 総署第四照會來、
十三年三月二十九日 清 第四照覆ヲ轉致ス、 第四照覆三月九日發
四月十九 光緒六年三月十一 総署第五照會來、
七月廿四 六 清六月二十 第五照覆ヲ轉致ス、 第五照覆
又球案委任之命ヲ報明スルノ照會ヲ送ル、
八月五日 清六月三十 總署ヨリ外務卿ニ照覆シ并ニ公使ニ照覆シ、該衙門王大臣球案亦理之諭旨ヲ奉スルコトヲ報明ス、
八月十八日 七月十三日 総署大臣來商、 第一会 公使節略書ヲ面交ス、 第一節略書
八月廿四 七月十九 公使總署ニ赴キ面商ス、 再タヒ 彼レ 節略書ヲ交ス、
九月廿三日 七月廿九 総署大臣来館面商、節略ヲ交ス、
九月五日 八月一日 田邉（太一）書記官總署ニ赴ク、
九月七日 八月三日 田邉再タヒ總署ニ赴ク、
九月九日 八月五日 田邉総署ニ赴キ節略ヲ總署大臣ニ致ス、
九月十一日 八月七日 公使總署ニ赴キ對話ス、

九月十四日 八月十日 田邉総署ニ赴キ總办ト会話ス、小節略アリ、
九月十五 田邉總署ニ赴キ惣辨ト会話シ、應稿第一款ヲ示ス、
九月廿五 八月廿一 公使 ○総署ニ赴キ對話ス、彼レ節略ヲ面交ス、
九月廿七 八月廿三 節畧ヲ總署ニ送ル、
九月三十日 八月廿六 總辦啓文ヲ齎シ來テ總署大臣ノ意ヲ致ス、
十月一日 八月廿七 復啓ヲ総署ニ送ル、
十月七日 清九月四日 総署大臣来館對話、
十月八日 清九月五日 田邉總署ニ赴キ啓文ヲ送リ并ニ豫約憑単稿案ヲ致ス、
十月十日 清九月七日 總署照会書来、
十月十二日 清九月九日 公使總署ニ赴キ對話并ニ節略ヲ交ス、
十月廿一日 清九月十八日 公使總署ニ赴キ對話、
十月廿二日 清九月十九日 田邉總署ニ赴キ約案文字ノ改竄ヲ議ス、
十月廿四日 清九月廿一日 總署總辨ヨリ書ヲ田邉ニ致シ御宝并帋式ノ事ヲ商ル、
十月廿五日 清九月廿二日 田邉ヨリ惣辨ニ復書、
十一月四日 清十月二日 石崎(次郎太)書記生ヲ總署ニ遣シ、約案調印日期ヲ督促セシム、
十一月七日 清十月五日 總办書ヲ石崎ニ寄セ、現在擬議加約等件尚有球案、、未奉○諭旨、一俟奉到、當即函述云々、
十一月十七日 清十月十五日 惣辨、總署王大臣ノ照會書ヲ帯來ス、
十一月廿日 清十月十八日 公使總署ニ赴キ對話、
十一月廿三日 清十□月廿日 照覆書ヲ送ル、
十二月廿四日 井上毅北京ニ到ル、
十二月廿七 清十一月二十六日 照会ヲ總署ニ送ル、
十四年辛巳 一月三日 清光緒六年十二月初四 總署照覆書來、
一月四日 清十二月五日 田邉總署ニ赴キ總署大臣ニ面話シ照会應稿ヲ示ス、
一月五日 清十二月六日 田邉惣辨ニ面会シ照会書ヲ致ス、

一月十一日清十二月十二日　照会書ニ送リ歸國ノ由ヲ報明ス、
總署ヨリ照会書ヲ送リ我五日ノ照会ニ荅覆ス、
一月十二日清十二月十三日　總署ヨリ照会并啓文ヲ送リ我歸國ノ報
知ニ荅フ、
一月十三日清十二月十四日　復啓ヲ總署ニ送リ昨日ノ啓文ニ荅へ、
且ツ發程日期ヲ報ス、
一月十五日清十二月十六日　照会ヲ送リ十一日總署照覆ノ意ニ荅フ、
十六日清十二月十七日　公使總署ニ到リ告別ス、此日總署照覆ヲ
送リ昨日ノ照会ニ荅フ、
十七日清十二月十八日　照会ヲ送ル、
十八日清十二月十九日　總署大臣來リ別ヲ叙フ、
二十日　公使北京ヲ發ス、

（梧陰文庫A—六〇六）

編者曰　太政官罫紙四枚に全文井上自筆を以て墨書す。

九　孛國憲法小引案

〔明治十五年〕

（抹消）
王國建國法小引
一建國法トハ、根本憲法ノ謂ナリ、上ミ君權ヲ定メ、中カ官制ヲ規シ、下モ民權ヲ保シ、上下共ニ誓ヒ、守テ渝エズ、之ヲ根本憲法トス、故ニ根本憲法ハ、將ニ國ト共ニ存シ國ト共ニ亡ヒントスル者ナリ、民權ハ何ソ、曰、國民平等、人身自由、住居不侵、私有通義、上言、論述、禮拜社會ノ自由、此ノ類是レナリ、君權ハ何ソ、曰、専治ノ國、人主言ト出テ、法ヲ爲ス、立憲ノ國ニ在テハ、國王上下二院ト、立法ノ權ヲ三分ン、諧同ノ後、方ニ定法ヲ成ス、専治ノ國、王事必ス恭ム、立憲ノ國ニ在テハ、獨リ王ノ身位、得テ侵スベカラズ、其

ノ王命ニ至テハ、輔相名ヲ署シ、事、憲法ニ乖ク者アレバ、直ニ人主ヲ責メズシテ、罪其輔相ニ加フ、是レ其ノ異ナリ、若シ夫レ成法ヲ施行スルノ權、和ヲ約シ戰ヲ宣フルノ權、兵馬ノ權、錢貨ヲ鑄造スルノ權、行政諸官ヲ任スルノ權ハ、國王ノ尊ニスルコトヲ得ル所ナリ、古ニ云、民ニ二王無シト、猶ホ信ナリ、官制何如、曰、法ヲ議シ税ヲ徴スルハ、國ノ大事トス、必ス之ヲ衆ニ詢ル、詢フザルノ法ハ、必シモ順ハズ、問ハザルノ税ハ、必シモ納メズ、是ニ於テ乎、議院ノ設ケアリ、民衆推選シテ、議士集リ、多寡決ヲ擧ケテ、公論定マル、公論ノ歸スル所、以テ法ヲ天下ニ爲ス、若シ夫レ、議事ハ衆ヲ尚ヒ、施行ハ獨ヲ尚フ、法成テ之ヲ行フ、政府一ニ統テ縣邑下ニ分ル、各省ノ事ハ、細大トナク、該省大臣、躬ヲ以テ責ニ任ス、綱擧リ目張リ、手動キ臂振フ、冗費無ク滯事無シ、始メハ、三議シテ後ニ決ス、之ヲ愼テ又愼ム已ムコトヲ得ザル者ノ如シ、終リニ、令出テ反スコト無シ、水ノ下キニ注ク

カ如シ、乃チ訟獄ノ事ニ至テハ司法ノ官アリ、特立不羈、一官身ヲ終フ、法ニ徇フコトヲ知テ、權ニ順フコトヲ知ラズ、國王ト雖モ臨テ其ノ決ヲ格ムコトヲ得ズ、而シテ民始テ安スル所ヲ得、是レヲ官制ノ大略トス、立憲各國ノ同スル所ナリ、夫レ開化ノ民ハ法ヲ以テ天トス、然ルニ建國法アラズンバ、民安ソ法ノ以テ重シトスルコトヲ知ラン、柱無キノ家ハ、以テ屋ヲ架スベカラズ、軸無キノ車ハ、以テ輻ヲ施スベカラズ、治國ノ常經、大義數十、炳トシテ日星ノ如シ、之ヲ棄テ、它ニ求メントセバ、猶ホ木ニ縁テ魚ヲ求ムルカ如キ而已、

(井上自筆朱書)
「孛国憲法小引」

一原本、佛國ノ法士「ラヘリエル」氏、歐米各國ノ建國法ヲ纂聚シテ、譯スルニ佛文ヲ以テスル者ニ係ル、刊行實ニ彼ノ千八百六十九年ニ在リ、余日耳曼文ヲ讀ムコト能ハズ、重譯ノ間、実ニ務メテ原意ヲ存ス、実ニ韠ヲ隔テ痒ヲ狐ク者多シ今其ノ中ニ就テ、先ツ歐洲各王國ニ屬スル者ヲ抜キ之ヲ重譯ス、

一法章原文、辭簡ニシテ句省ク、加フルニ彼我情事ノ殊ナル、讀ム者、或ハ蝋ヲ嚼ムノ思アリ、乃チ其ノ原由ヲ探テ、其意ノ該ル所ヲ推スニ至テハ、金石ノ文菽粟ノ義往々一言ニシテ萬理ヲ総ル者アリ、今淺學ヲ以テ、妄ニ譯鞮ヲ行ヒ、并セテ小註ヲ加フ、自ラ僭越ノ罪ヲ知ル、博雅ノ君子、垂矚ノ餘、謬誤ヲ批正スルヲ賜ハヾ、獨リ譯者ノ至幸ナルノミナラズ、

明治八年二月　　　　井上毅　誌

(井上自筆墨書)
「改再刷　千部
四号文字十行二十三字詰メ
註ハ五号　原稿四十枚」

(梧陰文庫A—九一五)

編者曰　井上は明治八年二月、ラヘリエール Laferriere, Edouard Julien (1840–1901) が歐米各國の憲法を纂聚して佛蘭西語に飜譯せし『歐米憲法集』(*Les constitutions d'Europe et d'Amerique*) の

内、普魯西、白耳義兩國の憲法を和譯し、司法省明法寮より『王國建國法』(『井上毅傳史料篇第三』所収文書一四)と題して刊行す。その七年後となる明治十五年六月、再び井上は『王國建國法』の「普魯西之部」に補訂を加へ、東京博聞社より『孛國憲法』(『井上毅傳史料篇第三』所収文書一八)を刊行す。本書は、その『王國建國法』の小引を底本に、井上が朱筆で修正を施し、『孛國憲法』小引として書き改めしもの。冒頭には井上の自用印の一つたる「孝忍」の朱印あり。尚、本書については『井上毅傳史料篇第三』所収『孛國憲法』の解題にも説明あり。

一〇　開化論

〔明治十五年〕

人智ノ薄弱ナル過去ヲ知ルニ明ニシテ、未来ヲ察スルニ暗シ、普通ノ人モ歴史ヲ読テ其治乱奥癈ノ由ヲ論スルコトヲ知ルト雖モ、未然ヲ洞察シテ豫メ其変状ヲトフニ至テハ、往々寸前暗夜ノ番ヲ免レス、

熟々歳月来シ方ノ事ヲ思ヘハ、実ニ一大変化ノ時ニテソアリツル、而シテ其変化ノ進動ト反動ト相感シ相激シ《ス》ルノ勢ノ迅速ニシテ且張大ナルコト古今未タ我国現在ノ実況ノ如キ者ハアラザル可シ、吾人ハ正ニ其変化ノ運轉盤渦ノ中点ニ在リ、舟中ノ人ハ往々自ラ其舟ノ運動ヲ知ラス、

支那ノ西洋ト交際セルハ三百年前、明末以来ノ事ニテ、万暦年間兵部尚書徐光啓ノ建議ニ依リ、既ニ西洋ノ暦學推歩ノ術ヲ採用シ、其後當代ニ至リ康熈帝ハ尤モ西洋ノ天文医術ニ心酔シ洋人將友仁ト謂ヘルヲ密ニ宮中ニ召シテ身体學ヲ講セシメ自ラ其書ヲ校正セシコトアリ、乾隆帝ハ觀象臺ヲ北京城ノ墻壁ノ上ニ設ケ壮大ナル西洋ノ天文器械ヲ列塁シ觀象授時ノ四大字ヲ題シテ其栄耀ヲ與ヘタリ、洋人ノ支那ニ入リ洋舶ノ支那ニ往クハ斯ノ如ク其レ久シト雖モ、所謂開化文明ナル洋風洋説ノ行ハル、ハ今日終ニ其幾ヲ見ル者ニシテ前途猶数十年ヲ費ス可シ、試ニ我国ノ事ヲ取テ支那ト相比較セヨ、其敏鈍遅速ノ相懸隔スルハ幾ント同一人種ノ所作ニ非サルカ如シ、

我開化ノ敏速ナルハ我国人民ノ自ラ夸称スル所ニシテ、又各国人ノ賛嘆スル所ナリ、但シ將来ノ結果ニ依テハ此敏速ナル開化ハ徒ニ一場邯鄲ノ夢タルニ過キサルベシト雖モ、今未タ其得失ヲ論スルニ暇アラス、先ツ我国開化ノ斯ノ如ク常度ノ外ニ敏速ナル所以ノ原由ヲ説カン、我国二十年前、武士ニ切捨ノ権アリ、名ケテ武

士道トシ、警察ハ大抵博徒ノ首領ニ委ネタルカ如キ、猛武ノ風モ《ト》野蕃ノ陋習ハ終古不変ノ勢ニテアリシモノ一蹴シテ現今ノ有様ニ進ミタルハ、試ニ二十年前ノ人ヲ九原ニ起シテ一見セシメハ、幾ト固有ノ日本国ニ非サルコトヲ疑フヘキ程ナリ、斯ク開化ノ敏速ナル所以ノ原因ヲ歴挙スルコト、甚タ容易ナル可シ、第一ニハ我国ニ固有ノ宗教理學ナキ事、此事ハ普通ノ人ノ説ク所ニシテ予カ喋々ヲ煩ハサヽレハ、此ニ之ヲ畧ス、第二ニハ明治ノ維新ハ本ト攘夷ヨリ起リシ事、是ナリ、明治ノ維新ハ特ニ名義ヲ尊王ト攘夷トニ假ルノミニ非ラス、此ノ時所謂有志ノ徒ノ草莽ヨリ崛起シ熱血ト生命トヲ犠牲ニシテ、以テ大業ヲ助ケ成セシ所以ノ者ハ、一ニ皆潮《シホ》－沫《ナワ》ノ凝《コリ》－成《ナ》セル外ツ国々ノ夷ドモヲ逐ヒ斥ケ、以テ日本刀ノ光ヲ海外ニ耀サント希望セシ一点ノ碓武心ヨリ生セシナリ、然ルニ此ノ攘夷家ノ團結中ニ一二卓見ノ士アリテ、現在寰宇ノ情形一変シ、外国冨強ノ勢ハ我カ一筋ノ矢猛心ヲ以テ克服スベキニ非サルコトヲ覚知シ、如－何ニモシテ此満天下ノ輿論ナル攘夷ノ説ヲ一変シテ外交ヲ開キタキモノガナト苦慮シツヽ、更ニ一歩ヲ進メ一種壮快卓絶ノ説ヲ発見シテ、以テ一時ノ壮士輩ノ氣風ニ投シタリ、一種壮快卓絶ノ説トハ何ソ、即チ大ニ交際ヲ開キ彼ヲ知リ己ヲ知リ以テ万国ノ上ニ淩駕スベシト謂ヘル是ナリ、當時ノ壮士輩ハ此説ノ○快活《痛》ナルニ心折シ、一時ニ開化ノ塗ニ競争シタルハ、畢竟其固有ノ確心勝欲ヲ達シ、数年ヲ出ズシテ各国ヲ睥睨シ、我大御国ノ威稜《ミイツ》ヲ宇内ニ耀サンコト難カラジトノ期望心ノタメニ誘ハレタル者ニシテ、取モ直サス攘夷ノ目的ヲ達スルハ、瑣国ニ在ラスシテ開国ニ在リト心得タルナリ、此時若シ先覚ノ士或ハ説ヲ為スコト巧ナラスシテ、漸次進歩トカ又ハ力ヲ量リ勢ヲ測ル等ノ老成ノ説ヲ以テ唱言シタランニハ、忽チ輿論ニ反對シテ炉上ニ雪ヲ点スルカ如ク、却テ彼ノ攘夷主義《戦》家ノ勢力ヲ激成スルニ足リシナルベシ、蓋《盖》此時ノ先覚ノ士モ強チニ予カ今日ニ想像スルカ如キ、深キ謀計ハ《モ》無カリシナルベシト雖モ、攘夷ノ素論ヲ変シテ俄ニ開国ノ議ヲ唱フルニハ其説ヲ壮ニシテ其標準ヲ大ニセサルベカラサルコトヲ何トナク中心ニ感覚シ、此ヲ以テ自ラ安シ又以テ暗ニ天下ノ嗜好ニ投機シタルハ幾ト天助アル者ノ如シ、

攘夷ノ確心一変シテ開国トナル、是レ明治初年政略ノ方向ナリ、既ニ旧幕ノ攘夷ニ《ノ》怯キヲ責メテ加フ《被シム》ルニ因循ノ名ヲ以テシ、之ニ代リテ交際ノ政柄ヲ執ル《リシ》故ニ其開国ノ政略ハ非常激烈ノ急進ヲ用ヒ、一ハ以テ攘夷素論ノ確心ヲ一饜カシメ、一ハ以テ因循ノ開国ト差別アルコトヲ証明セザルベカラズ、是ニ於テ歟、癈藩置縣ヲ初メトシテ税法ヲ改メ暦ヲ改メ服制ヲ改メ百般ノ制度慣習ヲ改メ、凡ソ内政ヲ改良シテ欧洲文明ノ邦ト相平均《行》シ、而シテ以テ条約ヲ改正シテ彼我平等ノ位置ニ並立スルノ地ヲナスニ足ルノ事、一トシテ挙行セザルハナク、朝ニ一大事ヲ令シ、夕ニ一大政ヲ発シ、今日甲省ハ新法ヲ草シテ、明日乙省ハ旧章ヲ廃ス、万軍並進テ無人ノ沙漠ヲ横絶スル者ノ如ク、勇往断行向フ所前ナク、欧洲各国数百年ヲ経久シテ漸クニ成緒ニ就クノ事ヲ挙テ、五七年ノ間ニ既ニ略其大体ヲ結構シ、以テ一時ノ壮観ヲナシタルハ勇々《マ》布キコト謂ハン方ナク、平心ニ回思スレハ夢耶ト疑フバカリナリ、是レ皆其初メ海防論ヲ草シ日本刀ヲ腰ニシ燈下ニ審敵篇ヲ読ミ慷慨悲歌シ、其一半ハ獄ニ死シ草野ニ死シ戦陣ニ死シタル壮士輩ノ党類ニシテ、間ニ髪ヲ容レザルノ際ニ其針路ヲ轉シ、以テ開国ノ政略ヲ取リタル者ナレハ、斯ク鋭進果断ナルハ決シテ怪ムニ足ラサルナリ、

政府ノ鋭進既ニ此ノ如クナレハ、上好ミ下甚シキノ習ニテ、其激動ノ人民ニ感スルハ必ス一層ノ張大ヲ加ヘザルコトヲ得ズ、其初メハ人民ハ政府ノ変革ノ百事意表ニ出テタルニ驚キ、暫ク其後ニ瞠若タリシモ、漸クニ競争ノ念ヲ生シ旧ヲ棄テ新ニ就キ文明ヲ夸耀シ、開化ヲ歆羨シ、務メテ旧物ヲ破壊シ旧俗ヲ蕩尽スルニ汲々タル者ノ如ク、従テ洋書洋學ノ流行、脛無クシテ走リ、

一時ニ天下ノ少年子弟ヲ牢蓋シテ、其知識ヲ一変スルニ至リ、我国固有ノ学問好尚ハ一掃シテ蹤ナク、是レヲ精神上ノ洪水ト謂ハンモ亦不可ナルコト無キモノ、如シ、香港ノ循環日報ニ日本ノ開化[八]ヲ評シテ朝野皆如レ狂ト謂ヘルコトアリ、其得失ハ姑ク論セス、反顧自省スレハ、如狂ノ二字ハ或ハ評シ得テ妙ナリト謂ハン歟、是レ我国開化ノ敏速ナル第二ノ原因ナリ、

（梧陰文庫A—九〇八）

編者曰　本書は無銘罫紙六枚に全文他筆を以て墨書されしものにて、『井上毅傳史料篇第三』所収文書一九「世變論」第一の異本なり。尚、起草年代も「世變論」より推して、明治十五年と推定す。

一一　山林議

〔明治十七年〕

（欄外上、井上自筆朱書）「十五」

（井上自筆墨書）「山林議」

今日我邦森林ノ状況ハ往々荒廢ノ極ニ帰セントス、人ノ言ニ云、維新以還百政擧ラサルナシト雖モ、獨リ水利土功及山林ノ制ニ至テハ、舊時幕政ニ及ハサル遼シト、今ニシテ之カ療法ヲ計畫セサレハ、遂ニ救フヘカラサルニ至ラントス、

凡ソ事物ノ弊害ヲ除カント欲セハ、其弊害ノ因起○《因》スル所ヲ究明セサルヘカラス、倩ラ今日森林ノ荒廢ヲ致ス由縁ヲ察スルニ、實ニ二大原因ニ在ルコトヲ發見セリ《スヘシ》、往時ハ山林ヲ大別シテ二種トセリ、其一ヲ村受山林トス、此種ノ山林ハ闔《一》村共有ノ有様ニシ《又ハ二村以上ノ入合ニシ》テ、随時下草ヲ刈テ薪ニ代用シ、或ハ竹ヲ伐テ家屋障壁ヲ編ムカ如キ、是ニ倚テ以テ各自生計ノ一部ヲ助ケタリ、故ニ村民ハ山林ヲ愛惜スルコト自家ノ財産ニ異ナラス、而シテ其立木ハ之ヲ官有トナスモ亦時々低價拂下ヲ許シ、村民亦視テ以テ官民共同ノ利益トナシ、偶々○《村中ニ》之ヲ盗伐スルモノアレハ、闔村ノ耻辱トシテ其犯者ヲ責罰シ、或ハ之ヲ追放スルコトナリキ、然ルニ維新後遽ニ此舊慣ヲ破リ、各個所有ノ明證アルモノヲ除クノ外、所謂村受山ト称セシ分ハ、多クハ官林ニ併セ、標示ヲ建テ、嚴法ヲ設ケ、竹木ノ採伐ヲ禁シタリ、於茲《是》乎、民心森林ヲ愛護スルノ念ヲ滅シ、争フテ盗伐ヲ為シ、甚シキハ警吏ノ過キル《無キ》ヲ待《伺フ》テ、山林ニ放火スルカ如キノ暴行ヲナスコトアリ、而シテ其身罪辟ニ觸ル、モ傲然誇色アリ、他人亦之ヲ怪マスシテ、竊ニ其氣概ヲ称スルモノアルニ至ル、第二往時ノ官林ハ所謂留山建山

ノ制ニシテ、即純然タル官有ノ性質タリ、然ルモ猶近傍村民ノ為ニ下草刈取ヲ許シ、以テ其利ヲ分チ、又之ヲシテ保護ノ責ニ當ラシメタリシニ、維新ノ後堅ク其禁ヲ設ケ、人民ハ趾ヲ官林ニ容ル、ヲ得ス、之ヲ要スルニ往時ノ制ハ下等山林ノ為ニハ民ト利ヲ共ニシ、上等山林ノ為ニハ下草或ハ竹葦《枯枝》ノ採伐ヲ許シテ民ノ歡心ヲ取リ、以テ其共同看守ノ力ヲ得タル、一種自然ノ良法ナリ《シ》○、然ルニ維新更革ニ際シ、百年因襲ノ美制ヲ破壊シタリ、

以上、叙述スル所ノ病因ヨリシテ、左ノ三個ノ症候ヲ顕ハセリ、第一、人民ノ為ニ生活ニ必要ナル森林ノ利ヲ殺キタルコト、第二、森林取締法ノ宜シキヲ失フコト、第三、官有山林ノ限域多キニ失スルコト、是ナリ、今全国ノ官有山林ノ積数ヲ算スルニ、実ニ五百万町ノ多キヲ占メタリ、而シテ毎歳収穫スル所ヲ問ヘハ、僅々四十万円ニ過キス、是官民倶ニ不利ナルノ証ナリ、

上文略三其病因ヲ論セリ、今之カ療法ヲ求メサルヘカラサルナリ、法律ヲ厳ニセンカ、警察ヲ密ニセンカ、是等ノモノ、時ニ其必要アリト雖モ、今一概ニ是ヲ以テ利器トセントスルトキハ、必民情ヲ激動スルノ媒ト為リ、其山林ヲ仇トスルノ心ヲ増シ、其結果ハ希図ノ外ニ出テ、、而シテ森林ハ愈々益々荒廃シテ、終ニ救フヘカラサルニ至ランノミ、然ラハ何等ノ方法ヲ以テ對症ノ薬石トスヘキカ、他ナシ、惟タ既ニ乖背シタル民情ヲ帰向セシメ、森林ヲ敵視スルノ心ヲ消除シ、之ヲ愛護スルノ意ヲ起サシムルニ在リ、

人、動モスレハ云フ、歐洲森林ノ美ナルハ其法ノ密ナルニ由ル、我邦ノ森林ヲシテ彼邦ノ如クナラシメントセハ、須ク彼ニ倣《倣》フテ綿密ナル法律ヲ設クヘシト、此言一理ナキニアラスト雖モ、一タヒ欧洲ニ游テ親シク彼邦ノ森林ノ如何ニ構成シ、如何ニ倍《培》養セラル、カヲ見聞スル者ハ、其事情異同アリテ遽ニ概論シ難キコトヲ発見スヘシ、何トナレハ欧洲ノ森林ハ○《大抵》廣原平野ニシテ、然カモ巨多ノ資材ト無数ノ労力トヲ費シ、栽培

制アリ、伐採法アリ、田圃ヲ耕耘スルト異ナルコトナシ、故ニ単ニ警察ノ保護ニ委セサルコトヲ得ス、其法独リ我邦森林中上等ニ位スル一等官林ニ施スヘクシテ、之ヲ下等山林ニ施スヘカラス（物徂徠ノ政談ヲ看ルニ、紀州日州濃信州ノ山林ヲ割テ公領ト為シ、別ニ法ヲ設ケテ之ヲ保護セントスルノ説アリ、卓見ト云ハサルヘカラス）、而シテ今日ノ要ハ惟タ森林ヲ上等下等ニ判別シ、其優等ナルモノ○及水利防風ノ要用アルモノハ特別ノ法例ヲ設ケテ之ヲ保護シ、其劣等ナルモノハ之カ府縣ニ委シテ簡約ナル法ヲ定メ、人民ヲシテ倶ニ其利ニ頼ラシムルニ在リ、

以上述フル所ノ方法ヲ約言スルニ、上等ナル森林ニハ緻密ナル法律ト厳粛ナル警察トヲ以テ保護シ、下等ナル森林ニハ全ク上等森林ノ法律ヲ以テ支配スルコトナク、之ヲ府縣廳ニ委ネ、例セハ其立木ハ官有トスルモ、萱竹根草ハ無代價採伐ヲ許シ、其立木ヲ輪伐スルニ際テハ、低廉ナル代價ヲ徴シテ村民ニ拂下ケ、而シテ人民ヲシテ保護ノ責ヲ負ハシムヘシ、是レ上陳ノ弊ヲ拯フノ薬石ナルノミナラス、実ニ我邦ノ民情ト森林ノ実況ニ徴シテ、永ク動スヘカラサルノ方法ナルヘシト信スルナリ、

（梧陰文庫Ⅱ―六七八―③）

編者曰　本書は「存議」（梧陰文庫Ⅱ―六七八）に収められしものにて、『井上毅傳史料篇第二』所収文書一五〇「森林法草案意見」を底本に、井上自筆を以て修正加削を施せしもの（太政官罫紙五枚）。蓋し、本書の起草年代は右の「森林法草案意見」に倣て推定するも、修正加削は「存議」の表紙より二十八年二月の頃に施せしものと推量す。尚又、「存議」の目録は、意見書六「貨政ヲ論スルノ書」に〔參考〕として掲載せり。

一二　京城事変報告書案

（明治十八年）

朝鮮漢城ノ変ニ我[商]《兵》民ノ残殺ニ罹リタル者凡ソ[二]《三》十[九]《六》名、其貫籍姓名左ノ如シ、内一名ハ女トス、他ニ兵員ノ戦死セル者[四名]ハ猶此外ニ在リ、

——

——

——

——

以上ノ数十名ハ其内壱二名ハ朝鮮人ノ為ニ使役セラレ、事変ノ情ヲ知ル者ナルヲ除クノ[他]《外》、其他ノ[人]《兵》民ハ皆十二月六日、七日ノ間ニ不意ニ暴徒ノ為ニ侵襲サレ、惨酷ナル殺害ヲ被ムリタル者ナリ、

此数多ノ被害人ハ其身ト共ニ其口ヲ[消]《滅》シタルヲ以テ、行兇人ハ何國ノ何類ノ人タルコトヲ證拠立ツルニ由ナ[ルト雖モ]《ク》、唯タ僅カニ其[内]《中》ノ一二、[難ヲ免レテ]生還セシモノ、、現場ノ兇害ニ觸レ、終ニ禍乱ヲ免レタル実況ヲ提出セシニ[代]《倚》テ、幸ニ其由ヲ知ルコトヲ得ルノミ、生還セシ者ノ口供ハ別紙ニ寫ス所ノ如シ、

此事変ニ當リ、朝鮮人[暴民]ハ、其未タ外交ノ情誼ヲ知ラザルト、又一時ノ浮説ニ動揺シ、我國[ノ兵民]《ノ使臣》ヲ仇視シタルトノ事[由]《情》ニ由リ乱起シテ、我カ無罪人民ヲ残殺シタルハ、[其]無知ノ暴民ノ所為タルニ相違ナキニ、○《特ニ》怪ムヘキハ清[兵]《人》ノ獨リ之ヲ制○《防》セザルノミナラズ、反テ其共犯タ[リ、教唆者タル]《ル》ノ現述アルコトナリ、

我輩ハ生還者ノ目撃セシ所ヲ以テ、其他ノ被兇人モ皆盡ク清國人ノ為ニ残殺サレタリト推測スルニ非ス、亦清國人ノ兇害ヲ行ヒタルハ、獨リ生還者ノ目撃セシ者ノミニ止マルコトヲ断言スルコト能ハズ、但タ生還者ノ提出セル現場ノ実況ニ據テ、此時ノ乱殺ハ、獨リ朝鮮[人ノ]無知ノ乱民ノ所為ニ止マラズシテ、他ニ勢力アル共犯者アリシコトヲ証據立ツルニ充分ナ

ルヘシ、

十五年ノ変ニ総理衙門ハ我カ代理公使ニ照會シテ、査、中國與二貴國一為二盟好ノ鄰邦一、誼應二休戚相關一ス、遇レ有二此等ノ情形一、尤應三実一力護持盡二我應レ辨之事一、現ニ調二流水陸軍師一、以資二鎮壓調護一云々ノ語アリ、清兵ノ朝鮮ニ駐在セルハ、一ハ以テ朝鮮ノ乱民ヲ鎮壓シ、一ハ以テ日韓ノ際ヲ調護スルカ為ナリト言明セリ、豈料ランヤ、鎮壓調護ノ任ヲ以テ自ラ居ル者ニシテ、及テ乱民匪徒ノ共犯者トシテ日韓両國ノ不和ヲ助長スルノ媒介タラントハ、

此時ノ乱殺ハ、一言以テ断定スルコトヲ得ヘシ、曰《日、》、縦令勢力アル鎮壓調護者ハ、乱《暴》民ノ我カ無罪ノ人民ヲ乱殺セシニ放任シ《タルノミナラズ、》タルノ責ニ任、況ヤ及テ其共犯者タリシナリ、

（梧陰文庫A—八〇七）

編者曰　全文井上自筆墨書（日本國駐清公使館罫紙三枚）。本書は、井上の自筆にて「遭難者件」と墨書されし封筒内に、明治十八年一月四日付「大庭永成届書及遭難者口供附漢譯」（但、表紙及び冒頭部分を欠く）と合綴して収む。

一三　孝説

明治二十二年一月

○孝　説

井上　毅

神日本磐余彦天皇、あまつひつぎをはじめたまひしよとせの春、まつりのにはを鳥見の山なかにまうけて、みおやのみたまをまつらせ玉ひ、神渟名川耳天皇は、みおやのみこと神さりまし丶時に、かなしみしたひ玉ひて、御心をみはうむりのことにとゞめ玉へり。その丶ち、よ丶のみかどのみのりに、孝のみちをもて大政の本としたまひしこと、いちじるしくぞ見えたる。から國の聖《ひじり》たちは、孝者百行之本とて、うへなくめでたきいきほひとして、教へたまへり。佛の書にも、佛説長阿含經といへるに、壽命延長、至二四万歳一、四万歳時、人復作二是念一、我等由レ修レ善故壽命延長、今者寧可三更憎二少善一、何善可レ修、當下孝二養父母一敬中事師長上、於レ是其人即孝二養父母一、敬二事師長一、壽命延長、至二八万歳一といへり。西のはてなる、古へ羅馬といへる國人も、子たるものは、その身をさへにおのがものにせざるならはしにて、おやに孝なるを、よきこと乃限となしたりき。これらは、おのづから神随《かむながら》乃道にかなひて、いとめでたくなんおぼゆる。その後の世になりて、耶蘇教といふものいできて、羅馬のふるき教はすたれにき。羅馬にて、我が孝の字にあたれる、ピヘチといへる語を耶蘇教にては、信神といへるこ丶ろにとりてをしへたり。かれかの國には、耶蘇のをしへはじまりしこのかた、おやに仕ふるにあてもちふべき言葉なし。

（『日本文學』）

編者曰　本書は明治二十二年一月二十五日發兌の『日本文學』第六に發表されしものにて、『井上毅傳史料篇第六』「詩文」所収文書一五「國文存稿」に収められし「孝説」の淨寫本なり。

一四　言靈

〔明治二十二年〕

言靈

古言を吟味することは、一の歴史學なり、何となれば、太古の歴史は、何の國に於いても往々事曚昧に屬し、當時の人の風俗意想は、筆記したる歴史の上のみにては、分り兼ぬること多きものなるに、古き言葉は、古の人の風俗意想をその侭に後の世に傳へて、数千載《(ママ)》の後より数千載の古に遡りて、當時の有様をありありと想像せしむることが出來る、故に近世に於いては、古言を取調ぶることを、一箇の學問として、歴史學の中の一として数へることになつた、さて言靈の幸ふ國と称ふる我が御國の古言には、様々尊きことがある中に、私は一の上もなき價値ある有難き言を見出した、今晩は其のお話しを申上げます、太古、人民が集合團結して、一の土地に住んだ、此の土地と人民との二の原質が組合ひたるものを名けて國とはいふた、太古の初、假に開闢と言はんか、其の初に於いて、右申す所の國を手に入れて、之を支配する働きを名けて、昔の人は何と称へた、此の称へ方に付いて國々に違ひがある、支那にては國を有つた、國を有つとは、我が物にし、我が領分にして手に入るゝことで、即一の屋しきを手に入れた、或は一の山を我が物にしたといふとおなじことの意味の文字である、詩經に奄有天下といふ語がある、奄有すとは、大きなものをおつかぶせて一に纏めて手に入るゝ心持で、成程、天下は大きなものだによつて、天下を手に入れたことを奄有すと名けたものと見える、此の國を有つといふ言葉の成立は、國土國民を以つて一の私有財産と見立てゝ、其の財産なる物質を我が物にしたといふ心持で、彼の中庸には冨有天下ともいふてある、夫で何分穏ならぬ称へである、故に支那の聖人は、保つといふ言葉を嫌つて、保天下而不與といふたこともある、不與といふことゝ保つといふことは、一句の言語の中に意味の矛盾があるといつても宜しい、其の後、政治の思想が稍進んだる後には治國といふ言葉がある、又は經國ともいつた、此の治むるといひ、經するといふのは、乱れたる絲を筋々を揃へる心持で、稍精微なる文字ではあるなれども、まだ物質上の意想に成立つたものである、さて、人民に對しては、何といふたかと尋ねて見ると、民を御するといひ、又は民を牧するといつた、御するとは馬を使ふを、牧するとは羊を蓄ふこと、人民を馬か羊に喩へて見たのは、太古未開の時のあらめな考へを畫いたものに相違ない、歐羅巴では、國土を手に入れたことを何といつたか、一國を保つことの初に遡つて、一國を占領すと名を付けた、此の占領するといふ文字は（オツキユーパイド）、一には奪ふといふ意味を持つて居る文字である、次に、人民に對しては、「ゴーウルン」といふた、この「ゴーウルン」といふことは、船の舵を取ることである、即、支那で御するといひ、牧するといつたのと同じことで、人民を一ツの物質に見立てた意味から轉じたものである、支那も西洋も、昔の人の國土人民に對する働きの称へは、頗、尾籠な名を付けたもので、其の國土を縄張をして、自身の領分にするといふことを目的とし、その人民を一の品物と見て手綱をつけ、舵を取つて乗り、治むるといふあしらひをしたものと見える、是は尤の事で、太古の人は、今の人の様に政治学の精密なる考へはなかつたものに相違ない、偖、御國に於いては、この國土人民を支配することの考へを、何と名を付け何と称へたものであらうか、古事記に建御雷神を下したまひて、大国主神に問へらくの條に、汝之宇志波祁流葦原中國者、我子之所知國言依賜とある、「うしはぐ」といふ、「しらす」といふ二の言葉が御國の大昔の國土人民に對する働きを名けたる國言葉であつたものと見える、而して一は「うしはぐ」といひ、他の一は「しらす」と称へたるには、必此の二の言葉の間に、差別があつたに相違ない、大國主神には、汝が「うしはげる」と宣ひ、御子の為には、「しらす」と宣ひたるは、比の二の言葉の間に、雲泥水火の意味の違つたことに相違ない、「うしはぐ」といふ言葉は、本居大人の解釋に従つて、今の言葉に直して見れば、領するといふことであつて、即、歐羅巴人の「オッキユーパイド」と称へ、支那人の冨者奄有と称へたる意義と見える、比の「うしはぐ」と称へたるは、一の土豪の所作であつて、土地人民を勝手にわが財産に取入れ居つた所の、大國主神のしわざを畫いたものであつて、正統の皇孫として御國に照し臨み玉ふ所の大御業は、「うしはぐ」ではない、是を「しらす」と称へられた、其の後、神日本磐余彦尊の御称名を始馭國天皇と称へ奉り、世々の大御則に、大八洲國知ろしめす天皇と称へ奉るをば、公文式とはなされたり、即、御國の御先祖御傳來の御家法は、國を知らすといふ言葉に存在して居るといふことを考へなければならん、此の國を知り、國を知らすといふことは、各國に例のないこと、各國に比較を取る見合せにする言葉がない、今、國を知る、國を知らすといふことを本語の侭に、支那の人、西洋の人に聞かせたならば、支那の人、西洋の人は、其の意味を了解することは出來ない、何となれば、支那の人、西洋の人には、國を知り、國を知らすといふことの意想が初より其の脳髄の中に存じないからである、是が私の申す、言靈の幸ふ御國のあらゆる國言葉の中に、珍しい、有難い價値あることを見出したと申す所のものである、知るといふことは、今の人の普通に用ふる言葉の如く、心で物を知ることであつて、中の心と外の物との關係をいひあらはし、而して中の心は外の物に照し臨みて、鏡の物を映す如く、知り明むる心持の言葉に相違ない、西洋流に解釋して見ると、「知る」とは、無形的の高尚なる心識の働きをあらはしたるものであつて、保といひ、占領するといひ、「うしはぐ」といへるは、有形的の一層下つたる物質上の意味をいひあらはしたるものである、我が國の古書に「しろしめす」といふ言葉に御の字、治の字等を當てたのは、當時歴史を編むに適當なる漢文字なきに苦しみ、是を借用ゐたので、固より言葉の意味には適はぬ文字である、かくいへば、人が難じて太古の人に斯くまで高尚なる考へはあるまいに、今の人の考へを以て、附會したるならんといふでもあらうが、論より証據、古典に「うしはぐ」といふことは「知らす」といふことゝ、二の言葉を向き合つて使ひ、而して其の「うしはぐ」といひ、「知らす」といふ働き字の主格に、玉と石ほどの差があるのを以つて見れば、太古の人に、この二の働き詞の意味に、千里の差別があつたに相違ない、其の差別がなかつたら、此の一条の文章は、全く解繹は出來ない、右の一条は、私のお話しの本題としたる目的の國言葉言靈の話しであるが、是よりは、餘論ながら國家の成立の道理、即、近來の歐羅巴人の称ふる所の國家學のあらましを轉じてお話し申しませう、歐羅巴人が、人民集つて國を成すの初に遡り、太古の有様を想像して、いろいろの研究をなした、今より百年前に行はれたる説は、國といふものは、上に立つ君と下に居る人民との間の約束より成立つたもの、早くいへば、一の會社であるといふた、近來五十年來、此の國は約束になるとの説を論駁するものあつて、全く誤謬なりとしたるは、今日は一般の学理上の是認する所の論となつた、而して近來の新説にては、いろいろ説もあるなれども、其の中の重立つたる説は、國の始りは、小き村々が集りて一の大きなる國を形造り、即、一人の豪傑が多くの土地を占領して、一の政府にて支配したるもので、いひかへて見れば、征服の結果であるといふことを以て、現今の勢力ある國家学の釈義としてある、此の説は、君民契約の説に優ることはいふまでもないことなれども、然しながら、権利の本は勢力にあるといふ、かの希臘流の意味が存じて居るかの如く考へらるゝ御國にては、兵力を以つて征服するよりも、先第一着に天日嗣の大御業の源は、皇祖の御心の鏡で、天が下の青人草を知ろしめして、力でない心で御支配遊ばして、御心にかけられて、御世話を遊したといふことが、御國の國の成立の初である、故に御國に於ける國家成立の原理は、君民の約束でない、兵力の征服でない、一の君德である、國の始りは君德であるといふことが國家學の開巻第一に說くべき動かない定論とすることが出來る、御國の國の始りは、國知らすといふことであるからして、其の原因より種々の結果を實際上に生じてある、第一は、歐羅巴にて彼の国の歴史上の有様を尋ねて見ると、成程、國は豪傑の人が占領したものである、大きな財産として手に入れたものである、それゆゑに國を支配することを、民法上の道理で、財産相續篇にある通のこととして考へた、そこで一人の財産のあしらひで國を支配した、故に其の人がなくなると、その子供が民法上の相續を行つた、即、子供が三人あれば、其の國を三に分け居つた、彼の歴史上に有名なるフランクのシヤーレマン帝には、その廣大なる版圖を三人の子供に分けて、一は獨逸となり、他の一は佛蘭西となり、又、他の一は西班牙となつて、歐羅巴の大陸の大乱の種を蒔いた、蒙古の相續法も丁度同様のことであつて、元の大祖が廣大なる亜細亜の土地を三人の子供に分けて、支那の一部、蒙古の一部、印度の一部ときれぎれにした、是は歐羅巴では珎しからぬことであつて、現に二百年前まで行はれて居つたが、二百年前の墺地利亜帝の聯邦各國との條約に、一国の相續は、一統の子孫に傳ふべきものであつて、数多の子孫に分割すべきものでないといふことを始めて明言した、是を彼の國の学者は学理的に說いて、昔の人は私法と公法との差別を知らず、國と家との別を知らず、一家の財産相續法を以つて、國土の相續に混雜したるものといつた、御國に於いては、公法私法などの学理論は、昔にあらう様はないが、神髄の自の道に於いて、天日嗣の一筋なることは、自然に定つて居つて、二千五百年前より一度もまちがつたことがない、あやまつたことがない、神武天皇の御子は四柱坐しましたれど、御嫡流の綏靖天皇、天日嗣の御位に即かせられて他の三柱の御子等に國土を分与へられたといふことは少しも見えない、歐羅巴の人が二百年前に辛うして發明したる公法私法の差別は、御國には大昔より明に定つて居る、是は何故ぞといへば、即、御國を知らすといふ大御業は、國土を占領する事と全く公私の差別のあるからである、第二に、歐羅巴では、君臨の事業を一の私物私法として見立てたものゆゑに、君位并に君職に付いての入費は、手元の財産の入額を持つて賄ひ居つたが、その後、段々入費がかさむに従つて、始めて人民に調達金をいひつけて金額を献納させて、君家の食邑の入額の不足を補ひ、是が歐羅巴の租税の始りである、是は昔のことのみならず、今も現に獨逸の中の小國には、君家の入額の不足する時に、始めて租税を取るといふことを、法律に書いてある國もある、御國は右の如きまづいことでない、國を知らす、天職の道理が初より明であつた故に、君位君職に付いての入用經費は、天下全國に割負せて、是をちからと名けて、人民の義務として納むることであつた、それゆゑに、租税の源流が御國では歐羅巴と全く出所が違つて居る、是は歐羅巴の歴史を讀んで見ると善く分ることであるが、歐羅巴の租税は、元來、約束及承諾に成立つたものである、御國の租税は、君徳君職に属したる人民の義務である、右申す所の二の東西の間の大きなる差別は、何が然らしめたかといふに、決して偶然ではないに相違ない、何れの國の歴史を讀んでも、千年の後の有様は、千年の昔に孕んで居る、是は原因結果の道理で、社會學の学理に照してまちがひないことである、私は太古の歴史にかこつけて、様々に敷衍して附會の説をなすことを好まないが、此の國を「うしはぐ」といひ、國を「知らす」といふことの差別に至つては、何分にも欺かれない、誣ふべからざるの事実であつて、而して二千五百年來の歴史上の結果に証據立つるに、又、他の國と全く雲泥の違ひがあるといふことは、誰人も否むことは出來ない、この結果は、必彼の原因に成立つたものに相違ない、御國の萬世一系は、恐多くも学問的に論ふべきことにあらざれとも、推して之を考ふる時は、その初に必一の種子があつたに相違ない、是を過ぎて以往は喋々多言を憚りますゆゑに、諸君の判断に任せませう、終りに一言の結論を申上ます、畏くも我が國の憲法を歐羅巴の憲法の写しではない、即、御國の遠御祖の憲法の今日に發達したものである、あなかしこ、

（梧陰文庫Ⅱ―六七七―⑭）

編者曰　本書は井上の著作を綴りし冊子（梧陰文庫Ⅱ―六七七）に収められしものにて、『井上毅傳史料篇第五』「講演・祝辭・序文」所収文書六「古言」、及び『梧陰存稿』所収の「言靈」の異本なり。全文他筆（内閣罫紙十二枚）。起草年代は取敢ず「古言」が發表されし、明治二十二年と推定して後考を俟つ。尚委しくは『井上毅傳史料篇第三』の解題に譲る。

一五　憲法第十八條十九條衍義

〔明治二十三年〕

憲法第十八條十九條衍義

世ノ文明ニ向フニ當リ、人智愚トナク、既ニ自尊賤他ノ舊習ハ四十九年ノ非ナル事ヲ知レリ、然ルニ所謂國家ナルモノヽ成立ハ、自他内外ノ差別ヲ欽クヘカラサルコトヲ悟ラサルカ如キハ、亦上レ堂而未レ入レ室ノ類ニ非ス乎、

國トハ一個人ノ共同セル一團體ナリ、開明ノ世ニ在テハ、両間ニ生活セル一個人ハ各々其ノ属スル所ノ本國ヲ有セサルハナシ、此ノ國ニ属スル所ノ一個人ハ各々此ノ國ニ對シ道徳上ニ忠愛ノ感情ヲ有シ、法律上ニ公權利ト公義務トヲ有ス、此ノ忠愛ノ感情ト公權利及公義務トハ、一個人ナル分子ヲ一國ニ組織スルノ系絡ニシテ、國家ヲシテ有機的ニ活潑ナル生存ヲ有セシメ、神氣健全ニシテ運動自在ナラシムル者ナリ、若此ノ系絡ナカリセハ、國家ハ骨節鮮體シ生機腐壊シテ形骸長大ナリト雖、一日モ其ノ運命ヲ保ツコト能ハサルヘシ、未開ノ世ハ人民法律上ノ思想ニ乏シト雖、亦道徳上ノ感情ニ富メリ、故ニ自尊ノ風ハ以テ其ノ義俠心ヲ鼓動シテ一國ノ存立ヲ強固ナラシムルノ資料タルニ足ラシメタリ、今ハ世人競フテ朴ヲ去リ文ヲ慕フノ時ニ當リ、自尊ノ舊俗一時ニ地ヲ拂ヒテ、而シテ易フルニ法律上立國ノ要素タル一大系絡ヲ以テセザルノミナラス、猶此ヲ擯斥シテ價直ヲ與ヘサルニ至リテハ、國ノ不祥ナル兆候トシテ之ヲ痛歎セサルコトヲ得ス、

憲法トハ一國ノ成體法ナリ、國ト國民トノ系絡ヲ條通シテ其ノ組成ヲ経紀スルモノナリ、故ニ國民ノ公權利及公義務ハ憲法ニ於ケル精髓ノ原質タリ、成立ノ要素タリ、國民ニシテ公權利及公義務ナキ時ハ是レ憲法ナキナリ、憲法ニシテ此ノ條章ヲ欽クトキハ是レ憲法ヲ

成サヽルナリ、或国ニ於テ憲法ヲ名ケテ根本法トイヘルハ、憲法ニ此ノ根本権利ヲ掲ケタルニ因リテ名稱ヲ與ヘタルナリ、

若シ國民権義ノ憲法全体ニ於ケル関係ノ此ノ如クニ重要ナルコトヲ理會セハ、立憲國ニ於ケル此ノ権義ノ存否ニ對シテ疑問ヲ置クノ要用ナカルヘシ、而シテ此ノ権義ヲ欽損スルコトノ立憲ノ主義ニ傷害ヲ與フル輕重ノ度ニ於テモ亦多言ヲ費サヾルヘシ、

問

此ノ公権利ハ之ヲ本國人民ノ専有トシ、之ヲ外國人ニ分有セシメサルノ原理ノ由来スル所ハ如何、

答

第一　人誰レカ本國ナカラン、而シテ人ハ二ツノ本國ヲ有スヘカラサルコト、宛モ一人ノ女ハ二人以上ノ夫ヲ有スヘカラサルカ如シ、人既ニ二ツノ本國ヲ有セス、故ニ又二ツノ國ニ向ヒテ其ノ政務ニ參預スルノ権利ヲ有スルコト能ハス、

第二　権利ハ義務ト相對向ス、義務ナケレハ権利ナシ、國民ノ公義務ハ本國ニ忠純ニシテ事アルノ日ニ護國ノ役務ニ服スルニ在リ、外國人ハ各々其ノ本國ヲ有ス、故ニ他ノ國ニ忠純ナルコト能ハス、又事アルノ日ニ兵役ニ服スルコト能ハス、従テ他ノ國ノ公権利ヲ有スルコト能ハス、

第三　國ノ成体ハ宛モ人身ノ如シ、人身若其ノ機関ノ要部ニ一ノ異分子ヲ嵌入スル時ハ、其ノ物ハ微細ナリト雖、必異常ノ焮衝ヲ發シ、重病ノ原因トナルヘシ、國モ亦是ノ如シ、

上ニ陳ヘタル理由ニ依リ、國民公権ハ建國ノ原理ニ於テ一國臣民ノ専有ニ属スヘキモノニシテ、而シテ之ヲ外國人ニ分有セシムヘキモノニアラス、之ヲ外國人ニ分有セシムルハ、憲法ニ對シ忍フヘキノ小事ニアラサルヲ推理スルコト難キニアラサルヘシ、

予ハ初ニ憲法ノ主義ヲ説明スルコト、寧モ上乗ニシテ其ノ條項ヲ解剖的ニ注疏スルコトノ必要ナシト信シタ

リシニ、論理家ノ一部ノ議論ハ更ニ予ヲシテ文ヲ逐ヒ、句ヲ尋ヌルノ不得已ニ迫ラシメタリ、予ハ憲法ヲ研究スル為ニハ精神ヲ吐露シテ取後ノ餘瀝ヲモ傾ケ盡スコトヲ惜マサルカ為ニ、今ハ此ノ問題ニ付世論ノ熱度既ニ消却シテ過去ノ看ヲ為スニ拘ラス、後世百年ノ為ニ再タヒ憲法第十八條十九條ヲ分拆《(ママ)》シテ、以テ前著ヲ補苴スルノ労ヲ取ルコトヲ辞セサルナリ、

第十八條

我カ帝國憲法ニ日本臣民トイヘルハ何等ノ意義ナルヤ、抑臣民ナル語ハ、通シテ之ヲ外國人ニモ用ヰルコトナキニアラス、即チ英國ニテ「ソブゼクト」ナル語ハ、或ハ外國人ノ英國ニ居留スルモノニモ通用スルコトアリテ、法律上ニハ之ヲ「セミー、ソブゼクト」ト云フカ如シ、我カ憲法ノ日本臣民トハ、日本帝國ヲ組成スル一分子トシテ、帝國ニ對シテ義務ニ服シ権利ヲ有スルモノヲ謂フ、日本臣民タル身分ハ、単ニ日本ノ土地ニ居留スルノミヲ以テ之ヲ得ヘキニアラス、必ヤ法律ノ定ムル所ニ依リ之ヲ得有セサルヘカラス、故ニ國民身分ニ係ル法律ハ十八條ノ約束スル所ニシテ憲法ニ附属シ其ノ制定發布ヲ必要トスルモノナリ、日本臣民タルノ身分ヲ得ル者ハ大別シテ二ツトナス、第一　出生ニ由リ臣民タル者、第二　帰化ニ由リ臣民タル者、猶此ノ外ニ私生子ニシテ出生ノ時ハ未タ臣民ノ身分ヲ得スト雖、其ノ父ノ公認ニ由リ初メテ身分ヲ得ル者アルハ、第一ノ出生ニ由レルノ類ニ包含スヘシ、又婚姻ニ由リ日本臣民タルノ身分ヲ得ル者ハ帰化ノ類ニ包含スヘシ、

出生及帰化ノ二ツノ塗轍ニ依リ日本臣民タルノ身分ヲ得ル者ハ、同シク公権及私権ヲ享有ス、但シ公権ノ中ノ或ル重要ナル部分ニ付キ法律ノ正文ヲ以テ帰化人ノ終身又ハ若干年間享有ヲ禁スルノ特例アル時ハ格外トシ、仍出生ノ本國人ニ比較シテ同一ナラサルノ點アリ、往時ハ歐洲各國ニ於テ外國人ヲ擯斥スルコト過甚ニシテ、或國ニ於テハ帰化シタルモノト雖、猶責任アル官

職ニ就クコトヲ許サヽリシ程ナリシニ、近時ニ至リ漸ク柔遠博愛ノ傾向ヲ取ルニ至レリ、又大帰化、通常帰化ノ區別ヲナシ、通常帰化ハ行政官之ヲ許可シ、大帰化ハ立法部之ヲ許可シ、立法部ノ會議ヲ經テ大帰化ノ許可ヲ與ヘタルモノニアラサレハ、樞要ノ高官ニ就クコトヲ許サヽルノ國アリ、白耳義ハ今猶此ノ制ニ依レリ、佛國ハ千八百六十四年ノ法律ニ由リ大帰化ノ制ヲ廢シ、普通帰化ヲ以テ、一般ノ公権ヲ得ル者トシタリシニ、仍昨年發布ノ法律ヲ以テ、帰化シタルノ後十年ヲ經サレハ國會代議士トナル事ヲ得スト定メタリ、蓋佛國ノ大帰化ヲ廃シタルハ、二重帰化ノ法ハ内外ノ間ニ欄柵ヲ設クルノ過嚴ナリトスルニ依レルナリ、

國民身分法ハ或ハ憲法ノ正條ヲ以テ之ヲ定メタルノ國アリ、或ハ憲法ニ於テ之ヲ特別ノ法律ニ譲リ別ニ發布シタルアリ、又或ハ民法成典ノ一部トシテ發布シタルアリ、佛國伊國ノ如シ近時國法學者ノ説ニ従ヘハ、國民ノ身分ハ私権ノ得有ニ関係スルニアラスシテ、多クハ公権ニ関係スルヲ以テ専ラ國法ノ部門ニ属スヘキモノタルカ故ニ、特別ノ法律ヲ以テ之ヲ制定スルヲ尤至當トスト謂ヘリ、兎ニ角同一ノ人類ニシテ一ハ本國人トシ、他ハ外國人トシ、而シテ権利義務ノ関係ニ重大ノ差別アルトキハ、必ヤ法律ヲ以テ國民身分ノ得有ヲ規定セサルヘカラス、而シテ我憲法第十八條ハ特ニ其ノ制定ヲ必法律ニ依ラシメ、行政命令ニ依ルヘカラサルコトヲ明言シタリ、故ニ法律ニ依ラスシテ行政命令又ハ行政處分ヲ以テ外國人ニ國民身分ヲ付予スルコトアルハ憲法ノ禁スル所ナリ、

第十九條

私権ハ民法ノ認定スル所ナリ、公権ハ憲法又ハ其ノ他ノ國法ノ附與スル所ナリ、我カ憲法ハ第十九條ヲ以テ日本臣民ノ平均ニ公権ヲ享有スルコトヲ保證シタリ、此ノ條ノ明文ニ依リテ日本臣民タルモノハ平均ニ公権ヲ附與サレタルノ恩惠ヲ得タリ、

公権ヲ享有スルハ本國臣民タルコトヲ要件トスルノミ

ナラス、又男子ニ限リ成年者ニ限リ、或ル特別ノ公務ノ為ニハ又特別ノ年齢ヲ要シ、刑法ニ觸レザルヲ要シ、身代限ノ處分ヲ受ケザルヲ要シ、或ル選擧ノ公務ノ為ニハ又特別ノ資産ヲ要シ、或ル官務ニ就ク為ニハ相當ノ學問知識及經歴アルヲ要ス、其ノ衆議院議員ノ選擧及被選擧ノ權ノ為ニ、裁判官及裁判所屬僚ノ為ニ、地方自治員ノ為ニハ法律ヲ以テ之ヲ定メ、行政各官及武官ノ為ニハ勅令ヲ以テ之ヲ定ム、法律勅令ノ望ム所ノ資格アル者ハ、門閥ノ貴賤ヲ問ハズシテ何人タリトモ平均一様ニ文武ノ官吏トナリ、選挙人トナリ、議員トナリ、地方自治員トナルコトヲ得、平均ノ權利ヲ以テ経トシ、法律勅令ノ定ムル所ノ資格ヲ以テ緯トス、此レ本條ノ正意ナリ、

本條ハ日本臣民ノ為ニ平均ニ公權ヲ附與シタリ、然ラハ其ノ外國人ニ於ル関係ハ如何、此ヲ講究スヘキ問題トス、

（其ノ一ヲ掲クル時ハ其ノ他ヲ排却ス）トハ、法律ヲ解釋スル為ノ一ノ古諺ナリ、然ルニ此ノ古諺ハ或ル場合ニ限リ之ヲ適用スヘキモノニシテ、若シ一般ノ場合ニ通シテ之ヲ概論スル時ハ危険タルコトヲ免レズ、例之ハ（太郎ハ家ニ在リ）トイヘル一語ハ、或ル場合ニ於テハ太郎ハ他ノ人人ト共ニ家ニ在リト云フ事ヲ顕シ、又或ル場合ニ於テハ他ノ人々ハ總テ家ニアラズシテ、太郎ノミ家ニ在リト云フコトヲ顕スガ如シ、

去リナガラ予カ見ル所ヲ以テセハ、左ノ數例ニ限リテハ、此ノ格言ヲ適用スヘキ區域ノ内ニ在ルモノトスルコトヲ得ヘシ、

第一　原則ニ合シテ穏當ナル時ハ、此ノ解釋法ハ法文ノ精神ニ合フモノト判定スヘシ、例ヘハ、

十七歳ヨリ四十歳マテノ男子ハ、事アルノ日ニ皆國民軍ニ編入セラルヘシ、

トノ法文ハ、男子ニ限リ女子ヲ除クノ義トシテ解スヘシ、何トナレハ兵事ハ男子ノ壯勇ナルモノニ限ルコト社會ノ原則ニ適合スレハナリ、

第二　特許權ニ係ル者ハ此ノ解釋法ヲ用ウヘシ、例ヘハ、醫者ノ開業免状ヲ得タル者ハ、全國到ル處ニ於テ開業スルコトヲ得、

ト謂ハヾ、開業免状ヲ得サル者ハ開業スルコトヲ得サルノミナラス、若開業シタル時ハ犯則者タルコトモ顕然ナリ、又市制第八條ニ、

市ノ公民タル者ハ選擧權ヲ有ス、

トアルハ、市ノ公民ニ非サル者ハ選擧權ヲ有セザルノ明文ナリトシテ解釋スヘシ、若此ノ法文ハ市ノ公民ノ為ニ選擧權アルコトヲ規定シタルモノニシテ、市ノ公民ニ非サル者ノ選擧權ナキコトニ関係ナシト云ヒ、従テ市ノ公民ニアラザル者ニ選擧權ヲ付與シタランモ法律ニ違フニ非ストノ強辨ヲ為サン歟、誰カ之ヲ是認スルモノアラン乎、

蓋市ノ公民權ハ市制ノ認許スル所ニ依テ始メテ之ヲ得有スル者ナリ、此レト同ク憲法上ノ一國ノ公民權ハ憲法ノ認許スル所ニ依テ始メテ之ヲ得有スル者ナリ、我カ憲法第十九條ハ即チ日本臣民ノ公民權ヲ掲ケ、平均ニ之ヲ認許シタルモノニシテ、勅定憲法ノ日本臣民ニ付予シタル平等特許權タリ、故ニ日本臣民ナル文字ニ據リ他ノ法律ニ除外例ヲ設ケサル限ハ、以テ他ノ外國人ニ敷及セサルコト、シテ領解スルコトヲ得ヘシ、又均クト云ヘル一字ニ據リ、以テ外國人ノ為ニハ平均ナラサルコトヲ領解スヘシ、何トナレハ若内外人ノ區別ナカラシメハ、本條ノ掲クル所ハ初メヨリ日本臣民ノ平等特許權タラザレハナリ、

此ノ解釋法ハ以テ他ノ一様ナル文章ヲ以テ組成シタル各條ニ例推スヘキヤト問ハ、否ト答ヘサルコトヲ得ス、何トナレハ其ノ各條ノ示ス所ノ事物ノ性質如何ト問フヘケレハナリ、若其ノ事ニシテ人類普通ノ性法ニ原ツクモノナラシメハ、此レ即チ特許權ニアラズシテ普通權ナリ、普通ノ權利ニ對シテハ此ノ解釋法ヲ用ウヘカラズ、故ニ憲法ハ獨日本臣民ノ為ニ規定シタルニ拘ラズ、信教自由、身体自由ノ條ノ如キハ、之ヲ日本ニ在留

スル外國人ニ及ホサズトシテ解釋スヘキニ非サルナリ、此ノ區別ニ對シテ佛國ノ憲法ハ公民權ト人權トヲ差別シ、其ノ各條モ一々精密ナル注意ヲ以テ組成シタリ、又佛國ノ學者ハ信教自由、身体自由ノ類ヲ以テ之ヲ普通公權《ドロアプブリック》ト名ケ、專ラ國民ニ属スル任官ノ權、選擧被選擧權ノ類ヲ以テ之ヲ公民權《ドロアシヴィク》トハ名ケタリ（下ニ載セタル圖ヲ見ヨ）、

且第十九條ノ正義ハ固ヨリ文法上ノ解釋ニ止マルニアラス、此ノ條ハ憲法ノ日本臣民ニ向テ公民權ヲ認許シタルノ金條ナリ、憲法ノ日本臣民ニ向テ其ノ日本帝國ヲ組成シタル榮光アル一分子タルコトヲ保明シタルモノナリ、立憲ノ要素タル代議制ノ淵源ナリ、選擧法ノ基礎ナリ、日本臣民ニ向テ權利ヲ付與シタル他ノ百般ノ法律ノ原則タルモノナリ、如此ノ寵栄ハ日本臣民ニ向テ平等ナルノ特定權利ニシテ、外國人ニ向テ平等ナラサルコト多言ヲ須タスシテ知ルヘキナリ、

今又《歩ヲ轉シテ》此ノ解釋法ニ從ヘハ、本條ノ効力ハ何等ノ點ニマデ及フヘキ歟、絶對的ナル歟（除外例ヲ法律ニ設クルコトヲ許サズ）、將タ関係的ナル歟（除外例ヲ法律ヲ以テ設クルコトヲ許サス）ヲ仔細ニ研究スヘシ、此ヲ講究スル為ニハ試ニ他ノ各國ノ憲法ノ異様ナル文章ヲ引擧シテ互ニ相比較スヘシ、

普國ノ憲法第四條第二項ハ、普國臣民ナル文字ヲ用ヰスシテ左ノ如キ漠然タル用語法ヲ取リタリ、

凡ソ其ノ器能アル者ハ、法律ニ定メタル要件ニ從ヒ總テ公務ニ就クコトヲ得、

此ノ憲法ノ條文ニ依レハ、縱令憲法大体ノ主義ニ於テハ、公民權ヲ外國人ニ許サヽルコト他ノ國ノ憲法ト同一ナルニモセヨ、此ノ條ノ効力ハ外國人ヲ官用スルヲ禁スルコトナシ、當初千八百四十八年憲法制定ノ際ニ、上院ノ第四部ハ此ノ項ノ首ニ普國臣民ノ一語ヲ冐ラシムルコトヲ動議シタルモ、院議ハ之ヲ採用セザリシハ當時一ノ特別ナル事情ノ然ラシムル者ニシテ、亦以テ此ノ一語ノ効力ニ依リテ此ノ條ノ精神ニ異同アラシム

ルコトヲ了知スヘキナリ、

白國ノ憲法第六條ハ左ノ如キ文字ヲ用ヰタリ、

　獨、白耳義人ハ官吏タルコトヲ得、

此ノ獨ノ一字アルカ為ニ意義尤明瞭ニシテ毫末ノ疑無ラシム、即チ積極ノ文章中ニ於テ又外國人ヲ排却シタル消極ノ意義ヲ十分ニ顕シタリ、但シ此ノ文字ハ嚴格ニ過キ、絶對的ニ外國人ヲ排却シ、其ノ結果ハ實際ニ不便ナルコトアルヲ免レサルヘキニ依リ、其ノ極弊ヲ救フ為ニ又下文ニ左ノ二句ヲ加ヘタリ、

　但シ法律ヲ以テ外國人ヲ任用スヘキ場合ヲ定ムルトキハ例外トス、

ト、此レ乃或場合ニ限リテ外國人ヲ任用スルノ路ヲ開キ、而シテ必法律ヲ以テ之ヲ定ムヘクシテ、行政處分又ハ行政命令ヲ以テ之ヲ行フヘカラサルコトヲ保明シタリ、故ニ其ノ後千八百三十一年ニハ一ノ法律ヲ發布シテ、和蘭ト戰争ノ間ハ外國人ヲ用ヰテ陸軍士官トスルノ權ヲ政府ニ許シタルハ、即チ此ノ憲法ノ除外例ニ依レルナリ、トニッセント氏

此ノ二國ノ正條ト比較スル時ハ、我カ十九條ハ普國ノ第四條ノ如ク意義廣漠ナラス、又白國ノ第六條ノ如ク氣象狭局ナラスト知ルヘシ、我カ第十九條ハ立言高尚正大ニシテ圭角淺露ナラズ、而シテ實ニ白國ノ第六條ノ全文ト其ノ效力ヲ同クスル者ナリ、

白國ノ第六條ハ既ニ獨ノ字ヲ用ヰ嚴正ナル文法ニ従ヒタリ、故ニ下文ニ除外例ヲ補フノ必要ヲ生ス、我カ十九條ハ獨ノ字ヲ取ラス、故ニ下文ニ除外例ヲ補フノ必要ナク、而シテ本條ノ效力ハ別ニ法律ヲ以テ特別ノ規定ヲ設クルコトヲ禁セス、又別ニ法律ヲ以テ特別ノ規定ヲ設ケサル限ハ、行政處分ヲ以テ此ノ區域ヲ犯スコトヲ許サヽルナリ ニ在リトシテ推理スヘシ、

以上ノ論理ヨリシテ左ノ結論ヲ得ヘシ、曰、

一　第十九條ハ日本臣民ニ限リテ公民權ヲ付與シタリ、

二　故ニ行政處分又ハ行政命令ヲ以テ外國人ニ公民權ヲ付與スルコトアラハ、日本臣民ノ特權ニ妨ケテ憲法ノ

主義ヲ犯ス者トス、

三　但シ或場合ノ必要ノ為ニ法律ヲ設ケテ規定スル時ハ例外トス、憲法ノ條文ハ此ノ如キノ法律ノ設立ヲ禁スルマテニ絶對的ノ意義ヲ有セズ、

四　此ノ特別ノ場合ノ為ニ設クル所ノ特別ノ法律ハ、《シ、以テ》必ヤ憲法ノ精神ニ基キ狭局ナル區域ニ於テ○根本ノ主義ニ傷害ヲ来サヽルコトニ注意セサルヘカラス、

此ノ結論○《第二、第四》ニ依リ前ノ引例ニ適用センニ奏任以上ハ玄関マテ乗車スルコトヲ得ノ明文ニ對シ、但判任ノ人モ動七等ヲ有スルトキハ玄関マテ乗車スルコトヲ得トハ追加スルコトヲ得へシ、但シ上文ト對向シテ判任モ亦玄関マテ乗車スルコトヲ得トハ謂ヒ難シ、醫士ノ開業免状ヲ得タル者ハ開業スルコトヲ得ノ明文ニ對シ《ト斜面ニ對向シテ》、假免状ヲ得タル者モ《亦》當分ノ間開業スルコトヲ得ト謂フコトヲ得へシ、但シ上文ト○《正面ニ》對向シテ開業免状ヲ得サル者モ亦開業スルコトヲ得トハ謂フへカラス、

前ノ如ク論シ来リテ玆ニ、

裁判官ハ特別ノ法律ヲ以テ日本臣民ナラサル人ヲ任用スルコトヲ許スヘキ乎、

ノ問題ヲ生スヘシ、此ノ問題ニ答フルコトハ極メテ容易ナルヘシ、曰、

裁判官ノ構成及資格ハ何故ニ法律ヲ以テ之ヲ定ムルコトヲ要スルカ、第五十七條 其ノ直接ニ主権ヲ代表シテ人民ノ権利ヲ回復シ、或ハ處罰ヲ宣告スルノ重柄ヲ握レハナリ、其ノ裁判官ノ構成及資格ハ、必法律ヲ以テ之ヲ定ムルヲ要スルトキハ、行政處分ハ公民権ナキノ人ヲ擧ケテ裁判官ニ任スヘカラス、而シテ《ザルノミナラズ、又》法律ハ又何等特別ノ場合ニ於ケルモ公民権ナキノ人ヲ以テ裁判官ニ任スルノ規定ヲ設クヘカラサルナリ、蓋帝國憲法ハ又日本臣民ハ法律ニ定メタル裁判官ノ裁判ヲ受クルノ権ヲ奪ハルヽコトナキコトヲ明示シタリ、第二十四條 是レ即チ憲法ハ臣民ニ對シ公民権ヲ有シ、及相當ノ資格アル人ノ裁判ヲ受クルノ権利ヲ保證シタル者ナリ、仍反言スレハ

公民権ヲ有セス、及相當ノ資格ナキ人ノ裁判ヲ受クルノ義務ナキコトヲ明言シタル者ナリ、

此ノ時沖津ノ旅寓ニ在リ、稿ヲ起ス、昨夏國府津ニ在リ、公私権考ヲ草セシ時ヲ回顧スレハ既ニ半歳ヲ経タリ、

（附図）

佛國學者ノ説ニ依レハ左ノ如シ、

権利
- 民法権
- 私権
  （民法権・私権）或學者ハ同一ナリトシテ之ヲ解シ、又或學者ハ私権ハ内外人ニ通シ、民法権ハ専内國人ニ屬スル者トス、
- 公権
  内外人ニ普通ナル者ト[シ]《ス》、但或事件ニ限リ法律ヲ以テ特ニ外國人ニ禁スル者アリ、
- 公民権
  内國人ニ專屬ス、故ニ公民権ノ名アリ、但シ或事件ニ限リ法律ノ明文ヲ以テ特ニ外國人ニ許スコトアリ、
  我カ刑法及憲法義解ニ所謂公権トハ即チ公民権ヲ指ス者ニシテ、或學者ノ所謂普通公権ニハ非ス、故ニ公権剥奪ノ刑ハ憲法第十九條ノ特権ヲ剥奪サル、モノニシテ第二十二條以下ノ権利ニ関係ナシ、

編者曰　修正加削は井上自筆墨書（法制局罫紙十九枚）。　（梧陰文庫Ａ—二一〇）

し全文他筆の一本をともに収む。井上が本書を花房直三郎に送りし後の、これに對する花房の十一月十三日付書翰（梧陰文庫Ａ—二〇〇）に「公私權考第二編尊稿御示被遣難有奉存候、右ニ付卑見別冊自第一至第五相認候ニ付差出候、御教示奉乞候」とあることにより、本書は井上毅著『内外臣民公私權考　憲法衍義之二』の續編と認む。尚、本書の異本が宮内廳書陵部所藏「秘書類纂　憲法八」中にあり。本書は、末尾に「此ノ時沖津ノ旅寓ニ在リ、稿ヲ起ス、昨夏國府津ニ在リ、公私権考ヲ草セシ時ヲ回顧スレハ既ニ半歳ヲ経タリ」とあり、井上が明治二十三年一月に静岡の興津に滞留の際に稿を起こせしものと思料し、ここに収む。加へて本書の序文と思しき史料一本が「梧陰文庫」中にあり。參考として次に掲ぐ。

〔參考〕

人皆普佛ノ[勢]《際》○《世々》宿讐ヲ為シ、氷炭相容レザルノ積勢アルコトヲ知ル、而シテ[其]《學者或ハ》兩國ノ學説○《亦》互ニ一方ニ[睥虎]《割據》[踞]シ、[其ノ]《各々》極點ニ偏[シスルコ]《シ抗敵ヲ相為スコ》トヲ忘ル、若[未来ノ史乘ニ]外国交戰ノ変アラハ、我カ利益線ヲ防護スルノ必要ニ

依ルヲ除ク外、孰レカ局外ニ中立スルノ得策《常道》タルヲ知ラザル者アラム、獨、無形ノ事、學理政論ノ争ニ至リテハ、其ノ學フ所知ル所ニ慣熟《偏傾》シテ、甘ムシテ《好ミテ》一方ノ黨倫國《死、友トナリ應援》トナリ、○《聯盟トナリ、》之カ先鋒トナリ、其ノ一身ヲ以テ之ヲ《ニ》殉スルコトヲ甘ンスルノミナラズ又我カ同胞ヲ誘導シ《キ》我カ本国ヲ擧ケテ戰塵軍馬烟ノ衢ニ驅馳セ《他人ノ為ニ旌旗鼓ノ塵勢ヲ助ケ》ムト欲スルハ何ソヤ、

何ソ《孰レカ》我カ憲法ハ我カ史乘沿襲《二千年》ノ成果ニシテ、○外《海》理論ノ能ク一朝ニシテ鑄造スル所ニ非サルコトヲ思ハ《知ラ》ザル、何ソ《ラム、又孰レカ》我カ憲法ノ條章ハ我カ固有特立ノ主義ニ基ク者ニシテ、外国儒流ノ著説ヲ假リテ以テ紫朱相乱ルヘカラ《者ニ非》ザルコトヲ思ハザル《知ラザラム》、若抑々耳ヲ尊重○《ン》シテ目ヲ賤ミ、昔人ノ病ハ古ヲ尊ミテ今ヲ賤ムニ在リ、今《吾》人ノ病ハ外ヲ尊ミテ内ヲ賤ムニ在リ、若不幸ニシテ《モ》病其ノ熱ヲ加へ、輾轉怨忿《讐》之ニ乘シ、我カ公議衆謀ノ府ハ轉シテ海外理論ノ寄生スル《ノ一方ニ行ハル、所ノ》所ト為リ、両極ニ争立シテ和氣ヲ戕害シ、以テ立憲ノ大事ヲ敗ルカ如キコトアラハ其レ之ヲ何トカ謂ハン、此レ其ノ遠因ハ他人ノ為ニ禍ヲ買フ《豈過キテ學説》者ニ非ス乎ニ忠ナルノ害《弊ニシテ、他人ノ債ヲ償フテ以テ自家ノ産ヲ倒ス者》ニ非ス乎、古人云、人欲ノ害ハ洪水猛獣ヨリ○《モ》甚シ、而シテ意見ノ害ハ又人欲ヨリモ甚シト、思ハザルへケム哉、之ヲ史乘ニ徴スルニ、世道ノ変ハ往々才學ノ士之カ偏ヲ作ルニ始マル《リ》、萬衆雷同シテ中コロ顧今警醒スル所ヲ知ラザルニ成ル、思ハザルヘケン哉、憲法義解《衍義》第二篇ヲ作ル、

口議會開設ノ前三月

井上毅

(梧陰文庫Ⅱ―六六(二))

編者曰　全文井上自筆墨書（法制局罫紙二枚）。本書の淨寫本を東京大學附属總合圖書館所藏「井上毅ヨリ小中村義象江送書類　壹」に「政事上学説之弊」との題で収む。

一六　憲法第六十七條に對する意見

明治二十四年三月

憲法第六十七條に對する意見

法制局長　井上　毅

官制と豫算との關係は、何れの國に於ても豫算會議の時に往々起る所の問題なり、亜米利加の如きは豫算を以て官制を改革することを得、共和國は總ての官制を法律を以て定め、議院の議決に於て行政の組織を設け、之を大統領に委任するか故に、豫算もそれと同様の事にして、豫算を以て行政組織の雛形を作り、之を大統領に渡し、委托して一年の行政を行はしむ、之を共和國に於ける主義とす、立憲君主國に於ては之に反し、官制の組織は君主の大權に屬し、文武の官制は即君主の股肱手足にてあり、君主の随意に制定する所のものとす、並に俸給に付ても、既に定りたる俸給は即君主の随意權の内に在り、議會は之に喙を容れす、是れ各國に於ては多くは古來の慣習憲法上の徳義となして行はれ居る所なり、然れとも明文に之を規定しあらざるが故に往々紛議の種子となることあり、我國の憲法は此に見る所あり、明かに大權を正條に掲けたるのみならす、更に第六十七條に於て豫算會議の手續を明記し、以て帝國議會の遵由すべき約束となし、豫め立法と行政との衝突を避くることの望を表せり、

且つ豫算議會の時に豫算を全廢し、又は豫算の金額を過度に節減して以て議會の政府に對する不信用を表白し、之を以て脅迫手段と爲したるは歐羅巴の古き歴史に往々見る所にして、今日に於ても其の議論學者の著述に遺る所なり、然れども近來に至りては、歐羅巴の文明諸國に於て、豫算拒絶を以て政府に迫るのことは殆と絶えて見さる所にして、只是れを以て歴史上の遺事と爲すに過ぎず、(但し千八百七十一年メルボルンの議

會が豫算を全廢したるは格別、）其の故は各國憲法上の德義漸々高尚の度に達したると、各國の富力增進して每年の歲入は歲出に超過するに至れるに由る、然るに始て憲法を實施するの國、及び富力未だ增進せざるの場合に於ては、豫算の必要定額を廢除削減して以て行政の困迫を致すは免角有り勝のことにして、之れに依て立法行政の調和を損ひ、立憲の美果を妨ぐるに至ることなきを保せざるは、蓋し帝國憲法起草の際に當り、固とより憲法其の物の豫想することを得たる所なるべし、故に我が帝國憲法は、其第六十七條に於て豫算會議の約束を明記し、以て此の容易に起る所の衝突を防かんとしたりしなるべし、若し立憲の基礎既に鞏固にして、行政と立法との間に圓滑なる慣習を作るの後に於ては、此の正條なしと雖、官制、軍制、法律又は義務に屬する費用に付ては、議會は豫め之を政府委員に打合せ、十分の熱議を遂けたる後に決議すること疑を容れざるべきも、其の未だ此の如く馴熟なる程度に達せざるの間は、此の第六十七條を以て窮屈なからるも議事の順序とせざることを得ざるべし、

但し議會は此の第六十七條の爲に牽束せられて、自由に議決を爲すことを得ざるが爲に、此の第六十七條を解釋して其の効力を薄弱ならしむるの手段を取るは、是れ亦一樣の變態を顯はしたるものなり、第六十七條の効力をして薄弱ならしむるの解釋の手段とは、即政府の同意を求むるの手續を後段に廻し、先以て自由に廢除削減し、既に確定議を經たる後之を上奏し、然る後に政府の同意又は不同意に一任すと謂へること是なり、（若兩院合意の後に政府に協議し同意を求むるなりと云はゝ、政府の不同意の時には再ひ衆議院に向て再議に附すへきや、我が憲法及議院法は再議の規定なし、まさかに此の如きの説はあらさるへし）、此の解釋に依るときは、政府の同意とは即天皇の裁可權と混同するものにして、議會の議決は其の第六十七條に關係する費目なると、又六十七條の外の費目なるとに拘らす、普通一般の讀

會を經、衆議院より之を貴族院に廻し、貴族院議決の後又普通一般の手續によりて之れを上奏し、上奏の後、政府に於て若し不同意なるときは之を裁可せられさるへし、第六十七條の示す所は斯の如きの手續を顯はすと云に過きす、果して然らは政府の同意せすして之を裁可せさるの結果は如何、即消極の働きをなし、豫算の不成立となる、斯の如くなれは憲法第七十一條の外に第六十七條を設けたるの必要は全く地を拂ひ、此條の効力は毫も實際に存在することなきに至るへし、憲法第六十七條は毎年の議事に於て、立法行政の間に調和なる事前の協議を遂くるの標準を示したるものにして、彼の稀に見る所、豫算不裁可の場合を指示したるものにあらす、若し毎年に取扱ふへき協議の手續を誤解して政府の不裁可の權を指すものとせは、是れ今日の府縣會と一般にして、殆んと毎年にも不裁可の大權を濫用するの端を開くへし、第六十七條の主議豈に此の如きものならんや、此の解釋は蓋し政事家の爲にすること有るの論にして、此の條の牽束を避くる爲の一手段に過ぎさるのみ、

其の上文字に付て之を分析するに、政府の同意なくして廢除又は削減することを見すと云へる同意の有無は、議會が政府に對して求めたる結果なり、之を求むるの手段を爲すに止まらずして、其の之を求めたるの結果として、或は同意或は不同意と云ふことを生ず、政府の同意あれは廢除削減することを得べく、政府の同意なければ廢除削減することを得べからず、其の同意の質物を手に握りたる後にあらざれば議會は廢除削減の確定の働きを爲すことを得ず、然るに廢除削減の議決を爲したる後に政府の同意を求め、以て本條の示す所の手續を履行すと云へるは、即ち曲げて本條を解釋したるものにして、本條の効力を痲痺薄弱せしむるものにあらずして何ぞ、

右に述ぶるが如く、第六十七條の指示する所は、先つ事前の協議に依り政府の同意を得、後に確定の廢除削

減を爲すことを得るものとせば、此の論理の結果として、帝國議會の各院に於て其の廢除削減の確定の議決を爲すことの前に、先づ以て政府との打合せを爲さゞるべからず、是に於てか政府の同意を求むるは兩院合議の後に於て始めて政府の同意を求むべしとの説は、即政府の同意と云ふことを以て上奏の後の天皇の裁可に混合し、以て第六十七條の効力を麻痺せしむるに外ならず、

今一院に於て政府の同意を得ずに第六十七條の費目を廢除削減し、普通の確定議を終て一の修正案を作り、之を他の一院に廻付したるの事ありと假定せんに、我が立憲の歴史は茲に困難の一問題を生ずるなるべし、何となれば若し六十七條をして有効ならしめんとすれば、此の一院の議決を無効ならしめざるを得ず、若し此の一院の議決を敬重して之を有(効字脱カ)ならしめんとすれば、憲法第六十七條の効力を麻痺せしめざることを得ず、何れか一方は已むを得ず無効に歸せざるべからず、憲法第六十七條は議會に對し政府を以つて第三者と爲し、政府の同意なき場合には廢除削減することを禁じたり、議會若し此禁を犯し、政府の同意なきに廢除削減の議決を爲したらんには、其の議決は憲法の眼より之を視るときは明かに其の禁令を犯すものなり、凡一般の法理として法律の禁令を犯すときは、其の所爲は無効たらざるを得ず、第三者の位置に居る政府が認めて無効とするにあらず、議會の議決は憲法に對して法理上自然に無効に歸するものなり、

序に一言すべき事あり、反對の論者中には、或は帝國議會とあるが故に、兩院合意の後に非れば同意を求むべきものに非ず、又は少くも兩院合意の後に同意を求むるを妨げずと云ふものあり、此の説を爲す人に注意したき事あり、帝國憲法を通覽して其の用語法の凡例を吟味するときは、自然に其の疑團を冰解するなるべし、憲法の各條に於て立法部と行政部との關係を示すときは、總て帝國議會と云て立法部

の全体を提ぐるを例とす、其の兩議院と云ひ又は各議院と云へる場所は、必ず議院と議院との關係を示すか、又は議院のみに關りて其の會議の規定又は職權を示すときに限る、第六十二條、第六十四條、第六十六條、第六十七條、第六十八條、第七十條、第七十一條、第七十二條の如き、皆な帝國議會と云ひて兩議院と云はず、而して其協賛と云ひ承諾と云ひ、又は廢除削減と云へるは皆各院各自に之を爲す者にして、決して両院合同の議決をなすことを命ずる者に非ず、又或一説に、法文は廢除削減することを得ずと云て、議決することを得ずと云はずと云ふが如きは、殆ど辯解の必要なき者なり、議會の働きは議決より外何も爲し得ざる者なり、廢除削減は議決なり、議決の外に廢除削減あることなし、

（『日本之法律』）

編者曰　本書は博文舘發行『日本之法律』第三巻第三號（明治二十四年三月十日發刊）に發表されしものにて、『井上毅傳史料篇第二』所収文書二七五「憲法第六十七條意見」の異本なり。

一七　勅語衍義

〔明治二十四年〕

（表紙、文事秘書局罫紙一枚）

「（他筆墨書）
勅語衍義」

勅語衍義

朕惟フニ我カ皇祖皇宗國ヲ肇ムルコト宏遠ニ徳ヲ樹ツルコト深厚ナリ

神武天皇國ヲ肇メ民ヲ治メ、以テ我カ大日本帝國ヲ定メタマヘルノ後、歴世相承ケ、以テ今日ニ至ルマテ、　皇統連綿、實ニ二千五百五十餘年ノ久シキヲ經テ、　皇威益々振ヒ、　皇德益々顕ハル、是レ海外ニ絶エテ比類ナキコトニ○シテ、我邦ノ超然萬國ニ秀ツル所ナリ、蓋是レ元ト

皇祖

皇宗ノ德澤深厚ナルニアラザルヨリハ、安クソ能ク此ノ如ク其レ盛ナルヲ得ンヤ、

我カ臣民克ク忠ニ克ク孝ニ

我邦古來忠義風ヲ成シ、「（井上自筆墨書）世々良臣其人ニ乏カラザルノミナラズ、」國家事ノ安危休戚ニ關スルコトアルトキハ、臣民自家ノ利害ヲ顧ミズシテ、身ヲ致シ命ヲ擲チ、以テ○皇室ヲ擁護スシ内ハ匪徒ヲ防キ、外ハ外寇ニ當ルモノ、其人ニ乏シカラズ、即チ藤原鎌足カ蘓我蝦夷父子ヲ誅シ、以テ　皇室ヲ扶翼シ、和氣清麻呂カ直言シテ妖僧ノ膽ヲ寒カラシメ、坂上田村麻呂、新田義貞、○名和長年、北畠親房、楠正成○及正行カ身ヲ奮テ難ニ投節ヲ全クセシカ如キハ、我史乘ニ千載磨滅スヘカラサルノ光輝ヲ遺シタ

ル《リ》モノナリ、我邦人古来忠義ノ心相因ルノ深キヲ以テ、建國ノ始メヨリ今日ニ至ルマテ、悖逆残暴ノ徒、幾ト其蹤ヲ絶テリ、是レ亦海外萬國ノ我邦ニ及ハザル所ナリ、

父母ニ事ヘ、先祖ヲ崇敬スルノ風ハ元ト東洋一般《モ亦我國固有》ノ習慣ニシテ、殊ニ我國古來《古来》孝道ヲ以テ顯ハレ、閭里ニ旌表セラレシモノ、枚擧ニ遑アラズ、即チ丈部路祖父麻呂、安頭麻呂、乙麻呂兄弟三人、幼少ノ身ヲ以テ官奴トナリ、父ノ罪ヲ贖ハント請ヒ、丸部明麻呂カ、備サニ孝養ヲ盡クシ、父母ノ老衰セルトキ、其家十里ノ外ニアルヲモ厭ハズ、定省懈ルコトナク、朝夕往還セシカ如キ、其他丈部知積、倭果安、奈良許知麻呂、小谷五百依、矢田部黒麻呂、伴家主、財部繼麻呂、丹生弘吉、風早冨麻呂、平重盛、北條泰時ノ如キ、亦皆孝道ヲ以テ世ニ聞ユ《ヘタリ》、

億兆心ヲ一ニシテ世々厥ノ美ヲ濟セルハ我國ノ鞏固ナル所以ハ、億兆心ヲ一ニシテ、以テ王命ニ從ヒ、四支ノ精神ノ向フ所ニ從ヒテ動キ、澁滯スル所ナキカ如クナルニ因レリ、抑々國家ハ一個體ニシテ、唯一ノ主義ヲ以テ之レヲ貫クヘク、結合一致ハ實ニ國力ヲ強クスルノ○《方》法ニシテ、譬ヘハ猶ホ一本《木》ノ弱キモ、集メテ之レヲ束ヌレバ、容易ニ折レザルカ如シ、夫《彼》ノ伊國カ千八百七十年ヲ以テ全國ヲ合一シ、獨國ノ諸州ガ千八百七十一年ニ聯合シテ、一大帝國ヲ興セシカ如キハ、皆同一ノ心性及ヒ言語風俗歴史ヲ有スルモノヲ結合シ、以テ國力ヲ養成スルニアラザルハナキナリ、然ルニ我カ國民ノ如キハ、古来渾然一體ヲ成シ、面目各々異ナリト雖、忠孝ノ心ニ至テハ、全ク同一ニシテ、未タ相背馳スルモアラズ、是レ世々臣民ノ其美ヲ濟セル所ナリ、

此レ我カ國體ノ精華ニシテ教育ノ淵源亦實ニ此ニ存ス

皇祖皇宗ノ國ヲ肇メラルヽ、極メテ宏遠ニ、其徳ヲ

樹テラル丶コト、甚ダ深厚ニ、而シテ臣民タルモノ、亦従来心ヲ一ニシテ、忠孝ノ道ヲ盡クスハ、即チ我邦ノ萬國ニ卓絶スル所以ニシテ是ヲ國体ノ精華トス、是故ニ《而シテ》ニ我邦ノ教育ハ一ニ其ノ基本ヲ此ニ取ラサルベカラズ、抑

皇祖

皇宗ノ偉業盛徳數千年ノ久シキヲ經、我ガ國民ノ君ニ忠ニ親ニ孝ナル徳義ノ極メテ大ナルハ、我國ノ教育ニ於テ《ケ》ル固有ノ基本タリ、蓋シ教育ハ國民ノ歴史習慣ニ従ヒテ之レヲ施サヾルベカラズ、之レヲ國民的ノ教育トス、然ルニ若シ他邦ノ教育法ヲ採リテ○《其ノ形式ヲ模倣シ》直ニ之レヲ我邦ニ行ハントスルトスルモ《ハ》、或ハ此ニ由リテ利益ヲ生スルヨリモ、却テ弊害ヲ来タスコト多カルベシ、蓋《何故ナレバ》各邦ノ教育法ハ各其國ノ臣民ニ適當ナル發達ヲ為セルモノナレバナリ、然ルニ《蓋》我邦古来《固有》忠孝ノ教ヲ措キテ別ニ教育ノ基本ヲ覓ムルガ如キハ、正道ノ平坦明白ナルヲ厭ヒテ、反リテ崎嶇冥暗ナル○《狭》邪《険》路ヲ索ムルモノナリ、

爾臣民父母ニ孝ニ

子ノ父母ニ對シテ一種特別ノ親愛ヲ感スルハ、元ト其骨肉ノ関係ヲ有スルニ由リテ起ルモノニシテ、全ク自然ノ情ニ出ツ、即チ子タル者ノ身ハ、父母ノ生ズル所ニ○《シ》テ、父母ハ己レノ由リテ出ヅル所ナレバナリ、啻ニ是レノミナラズ、抑々人類ハ先祖ノ業ヲ継ギ、之ヲ子孫ニ傳フルノ精神ヲ有セリ、即チ歴史的ノ思想アリテ、他ノ動物ノ如ク親ハ子ヲ忘レ子ハ親ヲ忘レテ各々其生活ヲ營ム者トハ、異ナル所アリ、イハユル孝ハ、一家ノ継續ヲ全クスル所以ニシテ、人類ノ大ニ他ノ動物ニ勝ルモノ、實ニ此ニ存ス、且ツ夫レ人類ホド生長スルニ永キ歳月ヲ要スル者ハアラズ、他ノ動物ニ至リテハ多クハ一年ヲ出ズシテ獨立ノ生活ヲ得ベキモ、人類ハ一年若クハ二年ノ間ハ歩行スルコト能ハズ、已ニ歩行スルニ至ルモ、尚ホ

自力ニ由リテ生活スルコト能ハズ、獨立ノ生活ヲ得ンニハ、少ナクモ二十年ヲ経ザルベカラズ、殊ニ今日ノ如ク高等ノ教育ヲ要スルノ世ニアリテハ、二十年モ猶ホ未タ以テ獨立ノ期トナスニ足ラズ、然レバ《是レ》子ノ父母ニ頼リテ、養毓ヲ受クルコト、實ニ二十有餘年ノ久シキニ及ブニアラズヤ、若シ幼少ノ時之レ《四五歳ノ子》ヲ無人ノ一孤島ニ放タバ、四五歳ノ子ト雖トモ決シテ其生命ヲ保全スルコト能ハズ、果シテ《サルヘシ、》然ラハ父母養毓ノ勞ハ、人ノ最モ忘ルベカラザル○《ノ》大恩ナレ《リ》バ、深ク之レヲ心肝ニ銘シ、居常父母ヲ愛敬セザルベカラズ、蓋シ獸類スラ、猶ホ且ツ往々恩義ヲ知ルコトアリ、然ルニ若シ人ニシテ恩義ヲ忘ル、○《コト》アラハ、實ニ禽獸ニモ及ハサルモノニ○《シ》テ、最モ賤ムベク最モ忌ムベキ腐肉廃骨ニ過ギズ、然レバ父母ヲ愛敬スルハ、人倫ノ至重至《サルナリ、故ニ父母ヲ愛シテ又之ヲ敬シ、生ケルトキニ厚ク之ヲ》大ナルモノナルコト明ナリ、《奉養シ、死セルトキハ禮ヲ以テ之ヲ葬ルハ人倫ノ至重ナルモノナリ》且男子ニアリテハ尚ホ更ニ進テ社會ニ有益ナル業務ヲ成シ、世ニ一個ノ名士ト知ラレ、父母ノ名ヲモ顕揚スルニ至リテ、始メテ孝道ノ全キヲ得タリト謂フベシ、此ノ如ク子孫相續キテ孝道ヲ行ヒ、大倫ヲ維持スルコトハ、徒ニ一家ノ美談《事》ナルノミナラズ、又我邦ノ榮名《譽》ヲ耀カスベキ、一種善美ノ風俗ナリト謂フベキナリ、

兄弟ニ友ニ

兄弟○《姉妹》ハ一木ヨリ生ズル枝葉ノ如ク、血屬ノ甚ダ《尤モ》近キモノナレバ、兄弟互ニ相救ヒ相助ケテ、反月牆ニ鬩グコトアルベカラス、姉妹モ亦此點ニ於テハ兄弟ト異ナル所ナカルベシ、蓋シ子孫ハ父母ノ幼少ノ状ヲ知ラズシテ、已ニ其老年ニ傾クヲ見ル、即チ父母ハ子孫ヨリ前ノ代ニ屬スル人ナリ、父母ハ子孫ノ幼少ノ状ヨリ次第ニ發達スルヲ見テ、其老後ノ如何ヲ知ルコト能ハズ、即チ子孫ハ父母ヨリ後ノ代ニ屬スルモノナリ、惟ニ《々》兄弟ハ多少年齢ノ差ハアルモ與ニ倶ニ生長セル者ニシテ寧ロ《即チ》同時代ノ人ナリ、是故ニ兄弟ハ事ヲ共ニシ、同シク其成効ヲ見ルヲ得ルモノニ○《シ》テ、

互ニ親密ナル關係ヲ有スルモノト謂ハザルベカラズ、然ルニ若シ兄弟ニシテ不和ナルトキハ、一家ノ和《親》睦ヲ損シ、啻ニ父母ニ孝ナラザルノミナラズ、従テ又自己ノ為メニモ悪シキコト多カルベシ、且ツ一家ハ細胞ノ有機體ニ於ケルカ如ク、實ニ一國ノ本ニシテ、家々和睦スルトキハ、一國亦安寧ナルヲ得ルモ、家々《ニ》不和ノ人アルトキハ、億兆決シテ心ヲ一ニスルコト能ハズ、然レハ世ノ兄弟タルモノハ常ニ此意ヲ體シ、互ニ相親愛スルヲ要ス、

夫婦相和シ

夫婦ハ一家ノ因テ起ル所ニシテ、實ニ一國ノ本ナルカ故ニ、一國ノ治○《マルコト》ヲ欲スルモノハ、家々其宜シキヲ得テ《ル》不和ヲ生ズルコトナキヲ期スヘシ《ク》、一家ノ治○《マル》ヲ《コト》欲スルモノハ、先ヅ夫婦ノ常ニ相愛シテ相戻ルコトナキヲ欲セサルヘカラズ、一家ノ安全ハ夫婦ノ和合ニ基クモノナレハナリ、蓋シ妻ハ元ト體質孱弱ニシテ多クハ勞動(ママ)ニ堪ヘザルモノナレバ、夫タルモノハ之レヲ扶ケ之レヲ保護スベク、妻ハ又夫ガ非道ニ渉ラサル限リハ、成ルベク之レニ服従シテ貞節ヲ守リ、始終苦樂ヲ共ニスルノ念慮ナカルベカラズ、夫タルモノハ○《又》自己ノ妻ヲ以テ婢僕ノ如ク見做シテ使役スベキニアラズ、必ズヤ自己ノ最近最親ノ同伴トシテ之レヲ愛憐セサルヘカラズ、愛憐ノ情ハ鐵鎖ノ如ク異體ヲ結合シテ忽チ一心トナスモノナリ、一心ニシテ異體ナルハ、即チ是レ眞誠ニ相和セル夫婦ナリトス、

朋友相信シ

總テ人ハ孤身ニテ事ヲナスコト容易ナラサルノミナラズ、疾病患難ニハ互ニ慰籍或ハ救助ヲ要スルモノナレバ、親戚ノ外又朋友ノ情ヲ同クシ心ヲ一ニスルアルガ如キハ、各自ノ常ニ切望スル所ナリ、且人ハ社會的ノ動物ニシテ、オノヅカラ同類相求ムルノ傾

向ヲ有シ、離群索居ハ、其本性ニアラズ、又今日ノ世ハ交通ノ便大ニ開ケ、社會ノ組織漸ク改變シ、共同ノ事業増加スルニ至リタレハ、益々朋友交誼ノ親密ナルヲ要ス、人ニシテ若シ朋友ナケレバ、社會ニ於テ孤立ノ患ヲ免レザルヘク、一人ニシテ其力微弱ナルモ、朋友アリテ相結合スルトキハ、其力倍蓰スルヲ得ヘキナリ、蓋朋友相交ルニハ信義ヲ失ハサルヲ要ス、信義ハ朋友ノ交ヲ鞏固ニスル無二ノ具ナリ、苟モ信義ヲ守ラサルトキハ離散睽違シテ、復タ締結スベカラザルナリ、然レトモ理ニ戻リ義ヲ害スルノ事ノ如キハ、朋友ト雖ドモ、決シテ互ニ相阿従スベキニアラズ、又朋友規諫シテ聴カレザルコトアルカ、若クハ相互ノ情状復タ相容ルベカラザルモノアルトキハ、交際乃チ止ムニ至ルヘキモ、互ニ憎悪スルコ《シテ、》トナク、決シテ悪聲ヲ出ダスコトアルベカラズ、

恭倹己ヲ持シ

恭ト倹トハ人ノ美徳ナリ、恭ハ社會ノ秩序ヲ成スノ基ニシテ、自己ノ行為ヲ撿束シ、放縦僣濫ニ流レサルヲ謂フ、人々恭謙ナルトキハ、譬ヘハ猶ホ室内ノ諸品ノ盡ク其所ヲ得テ清麗雅致アルカ如ク、社會ノ組織ハ此ニ由リテ井然タル秩序ヲ整頓シ、總ヘテ恰好正當ノ途ニ就キ《クコト》、國體モ此ノ如クニシテ、始メテ其宜シキヲ得ヘキモノナリ、然ルニ自己ノ實價如何ヲ顧ミス、徒ニ倨傲尊大ニシテ他人ヲ賤視シ、傲慢不遜ニシテ長者ヲ輕侮シ、靦然愧ヂザルトキハ、即チ其人ノ徳義ノ極メテ卑下ナルヲ知ルヘシ、若シ夫レ恭謙ニシテ禮節アルトキハ其人品ノ高キハ問ハズシテ知ルヲ得ヘシ、蓋シ禮節ハ時勢ノ變遷ニ從ヒテ、多少改變セザルヲ得《スルモノアリ》ズ、語ヲ換ヘテ之ヲ言ヘハ、禮節ノ方法ハ古今必スシモ同一轍ニ出ヅベカサラルモノアリ、即チ坐禮ハ變シテ立禮トナリ、低頭ハ變シテ握手トナルガ如キ《シ》、皆時勢ノ變遷ニ伴ヒテ改變スル所ナリト雖、其ノ恭謙ヲ以テ身ヲ立テ世ニ處スヘキニ至リテハ、古今其ノ軌ヲ一ニスト謂

フモ可《ヘキ》ナリ、然レトモ又恭儉《謙》ヲ誤解シテ卑屈ニ失スヘカラズ、貴賤ニ論ナク、凡ソ人タルモノハ他人ニ對スル毎ニ必ス一個ノ善士、一個ノ淑女タル資格ヲ失ハス、故ナク己レノ權利自由ヲ妨ゲラル、コトナク、言フベキコトハ充分ニ之レヲ述べ盡シ、答フベキコトハ憚ル所ナク、分明ニ之レヲ語リ了ハルベシ、要スルニ、是非曲直ノ存スル所ニ至テハ、如何ナル人ニ對シテモ、肝膽ヲ見ハシテ、餘蘊ア《枉ケテ屈撓スルコトア》ルべカラズ、又自己ノ名譽ハ、一個ノ良民タル資格ノ存スル所ナレバ、決シテ他人ノ爲メニ損傷セラレザランコトヲ務ムヘキナリ、

(井上自筆墨書)「儉ハ財用ヲ節儉スルノ謂ナリ、」奢侈無用ノ費ハ産ヲ破リ家ヲ潰スノ始メトナル、故ニ節儉ヲ守リ、濫用浪費ノ弊ヲ防キ、餘財アレハ或ハ之レヲ貯畜シテ獨立ノ道ヲ圖リ、或ハ之レヲ國家有《慈善又ハ公》益ノ事ニ供用スヘシ、一人ノ儉約ハ一國ノ儉約ナリ、一人冨メハ一國亦富ム、一國ハ一人ヨリ成ルモノナレバナリ、故ニ蓄財シテ冨ヲ致スハ、人ノ良徳ト稱セザルヲ得ズ、之三《レ》ニ反シテ貨財ヲ濫用シ獨立ノ道ヲ失ヒ、他人ヨリ金錢ヲ借リ、衣服ヲ乞フ者ノ如キハ、社會ノ寄生蟲トモ稱スヘキ、破廉《無》耻ノ人ニ過ギサルナリ、且ツ夫レ驕奢潛濫○《佚》ニシテ、餘財ヲ蓄積セサレハ、僅少ノ金額ヲ以テ父兄ヲ喜ハシメ、若シクハ他人ヲ救フべキコトアルモ、絶エテ之レヲ爲スコト能ハス、財産ヲ擲チ衆志ヲ集メテ、國家テ鴻益アル事業ヲ興スヘキコトアルモ、遂ニ之レヲ成スコト能ハサルニ至ル、是レ豈ニ遺憾ナリト謂ハザルヘケンヤ、

博愛衆ニ及ホシ

唯自己ノミヲ愛シテ、他人ヲ愛スルノ心ナキトキハ、人亦自己ヲ愛セザルニ至ル、故ニ人タルモノハ徒ニ一己ノ利益ノミヲ求ムべキニアラス、誠實ノ心ヲ以テ博ク衆人ヲ愛惠ス《セサ》ルノ念慮ナカルべカラス、君父長老ハ勿論、奴婢ノ如キ卑賤ノ者ト雖トモ、務メテ之レヲ愛憐スルヲ要ス、路上知ラサル人ニ接スル《ト雖》モ、猶ホ《亦》慈善ノ心ヲ以テ之レニ應《接》ゼザルヘカラズ、啻ニ是レノミナラズ、又獸畜ニ

至ルマテ無益ノ苛虐ヲ加ヘズシテ之レヲ愛撫スルノ情ナカルベカラザルナリ、

然レトモ博愛ノ法、必ズ順序ナカルヘカラズ《序アルヲ要ス》、若シ自己ノ家族ヲ棄テヽ、他人ノ家族ヲ先ニスルカ、若クハ本國ノ人ヲ棄テヽ、異國ノ人ヲ先ニスルカ如キハ、其法ヲ得タルモノニアラス、故ニ愛ハ近親ヨリ始メ漸次ニ衆庶ニ推シ及ボスヲ要ス《ヘシ》、若シ惹那ノ同愛主義若クハ墨子ノ兼愛主義ノ如ク、親疎ノ別ナク、彼我ヲ論セス均シク之レヲ愛シテ、順序ヲ立テザ《ナケ》レバ、即チイハユル萬國同愛ニシテ、愛國ノ情、是ニ於テカ已ム、故ニ自己ノ國ヲ愛スルヲ先ニシテ、之レヲ他國ト區別スルハ、親疎遠近ノ存スル所ナレハナリ、

但シ邦人ハ又海外ノ來客ヲ厚遇スルノ要ヲ知ラザルベカラズ、獨逸ノ人民カ異域ノ遊客ヲ待遇スルノ懇切ナル、各國人ノ稔知スル所ニテ、是レ實ニ獨逸人ノ美徳ナリト謂フヲ得べシ、若シ我カ邦人ニシテ能ク他國ノ遊客ヲ待遇セバ、其人本國ニ還ルノ後我カ邦人ノ美徳ヲ嘆賞セン、然ラバ是レ亦我邦ノ名《栄》譽ヲ海外ニ揚ク《墜サヾル》ルノ一端トナルべシ、

＊1

學ヲ修メ業ヲ習ヒ

學業ハ智能ヲ啓發シ德器ヲ成就スル所以○《ノ方法》ナリ、凡ソ人ハ專門學士ニアラザル以上《ノ外》ハ、學問ト共ニ實際ノ業務ヲ學習セサルべカラズ、又實業ノミヲ修メ學問之レガ基礎トナラザレバ智識欽クル所アリ、故ニ人ハ學問ト業務ト兼ネテ○習學《之ヲ修》シ、以テ一家ノ利益ヲ圖リ、又以テ一國ノ需用ニ應スルヲ要ス、」○學ヲ修メ業ヲ習フニ就キテ、最モ注意スヘキハ、時間ヲ惜ムコトナリ、時間ハ即チ貨財ナリ、之レヲ浪費スルハ、貨財ヲ浪費スルニ同ジ、殊ニ學業ノ時間ハ貨財ヨリ貴キモノナリ、寸陰ト雖モ空シク之ヲ過ゴサヾランコトヲ欲セザルべカラズ、已ニ自ラ時間ヲ惜ム心アラバ、又他人ヲ訪問シテモ、速ニ要用ノ事ヲ畢リ、決シテ他人ヲシテ我ガ為メニ空シク時間ヲ過ゴサシムべカ

ラズ、他人モ我レト同ク時ヲ惜ム心アルベケレバナリ、蓋シ一日ハ小生命ニシテ、醒覺ハ死生ノ如シ、一日ヲ過グレバ、其日ハ再ビ來ラズ、是ノ故ニ其日其《毎一》日二《ニ》幾分カ《ノ》業務ヲ成シテ進歩スルノ念慮ナカルベカラズ、若シ一日ヲ浪費スルヲ以テ惜ムニ足ラズトスルトキハ、一箇月モ亦○《之ヲ》惜ムノ心ナク、遂ニ一年モ一生涯モ、何ノ成ス所モナク一夢ノ如ク経過スベキナリ、抑々人生ハ山ヲ踰ユルガ如ク、登ルトキハ遠キヲ覺ユレドモ、其半ヲ過ギテ下ルニ及ンデ、極メテ駿速ナルヲ知ル、故ニ人ハ年少ノ時ニ於テ最モ勉學スルヲ要ス、實ニ一生涯ノ事ハ前半生ノ勤惰如何ニ因テ定ムルコト、恰モ一日ノ計ハ午前ニ定マルガ如シ、

以テ智能ヲ啓發シ

智識才能ハ人ノ○《光明ナル》品格ヲ高尚ニスルモノナリ、縦令冨貴ナルモ、智識才能ナケレハ、犬豚ト以テ異ナル *2

○《コト》ナキナリ、况シテ今日人文益々開ケ百事學識ヲ要スルノ世トナリタレバ、必ズ教育ヲ受ケ《ニ由リ》、以テ物ノ道理ヲ辨識スルコトヲ務メザルベカラズ、夫ノ學識ナク道理ノ何タルヲ知ラザルモノハ、一生懜然トシテ、日月ノ光ヲ見ルモ、智慧ノ光ヲ見ルコト能ハザルナリ、○《又》已ニ學習《得》スル所ノ智識ヲ實際ニ應用スル《ノ能力ナキ者ハ》ヲ能ト謂フ、智アリテ能ナケレハ、寶玉ヲ抱キテ空シク朽腐スルガ如ク、始メヨリ身ニ得ル所ナキモノト以テ異ナルコトナキナリ、故ニ又世運需要ノ存スル所ニ従ヒ、其ノ學識ヲ以テ社會ヲ裨益スルコトヲ務メザルベカラズ、且ツ夫レ人ハ已ニ外貌ヲ飾ルニアラスヤ、何ソ又其内ヲ飾ラザル、内ヲ飾ルノ具ハ智識才能ナリ、智識才能已ニ我ニ備○《ハ》ルトキハ、假令外貌ハ《ヲ》飾ラザルモ、猶ホ寶玉ノ沙石ニ混ズルガ如ク、未タ其真價ヲ減ゼザルナリ、然レドモ智識才能ナクシテ徒ニ外貌ヲ飾ルハ、錦繍ヲ以テ汚穢物ヲ包ムガ如ク、誰レカ之レヲ厭棄セザランヤ、○《」抑々》加之智識開發ノ度ハ、

迷信退歩ノ度ニシテ、國ノ文明ハ主トシテ此レニ由リテ測量スベキモノナリ、抑々西洋文化ノ根底ヲ成スモノハ、實ニ學術ニ外ナラス、整頓セル法律モ完備セル教育モ、電線滊車滊舩等ノ如キ有形物モ、皆元ト學術ノ結果○《タル》ニ過ギズ、學術ハ西洋ノ長スル所ニシテ殊ニ東洋ノ短ナル所ナレバ、速ニ之レヲ我邦ニ○《於テ大ニ之ヲ》興シ《起シ》、以テ文明ノ元素ヲ養成スルヲ要ス、即チ徒ニ水ノ末流ヲ他邦ニ汲ムニ止ラズシテ、其源泉ヲ我邦ニ開クコトヲ要セザ《務メザ》ルベカラズ、然ラザレバ幾百年ヲ経ルモ、我ガ邦人ハ徒ニ彼ノ皮相ヲ模倣スルニ汲々トシテ、遂ニ其精神ヲ取リテ之レヲ我ガ精神トスルノ期ナカルベシ、

德器ヲ成就シ

學問ヲ修メ業務ヲ習ヒ○《以テ有徳ノ人トナリ、又》以テ有用ノ材ヲ成《ス》シ、又以テ有徳ノ人トナルコト、是レ各人ノ當ニ務ムベキ所ナリ、良木モ蒸矯シテ後用ヲナシ、好璞モ琢磨シテ後光ヲ生ズ《ス》、人モ亦研磨淬勵シテ、始メテ木器ヲ成スコトヲ得ベシ、然レハ幼少ノ時ニ於テ黽勉以テ其天賦ノ資質ヲ成就スベキナリ、人假令學識アルモ、徳○《器》ナケレバ決シテ《未タ》善良ノ士タルコト能ハズ、

苟モ徳ヲ修メント欲セバ、其良心ヲ養成スルノミ、其良心ヲ養成シ、此レニ由リテ世ニ處スレバ、品行其宜キヲ得ザルコトナカルベシ、若シ夫レ然ラズシテ、其良心ヲ荒廢ニ任ズレバ、詐偽奸謀至ラザル所ナク、遂ニ罪業ヲ積ムノ人トナラザルヲ得ズ、是ヲ以テ《故ニ》徳ヲ修ムル者ハ○《其》良心ヲ傷フコトヲ避ケザルベカラズ、是レ實ニ言ヒ易ク行ヒ難シ、百般ノ外物ハ無數ノ悪魔ガ一人ヲ擒ニスルガ如ク、動モスレハ人ヲ不善ニ陥レントスルモノナレバ、全力ヲ竭クシテ之レニ打勝タザルベカラズ、世ニ有力者多キモ己レニ克ツモノニ勝ルモノハアラズ、己レニ勝ツハ勍敵ニ打勝ツヨリ難キモノナレバナリ、然ルニ人々ノ禍福ハ、主トシテ己レニ克ツ力ノ強弱如何ニ因リテ

定マルコト多キモノナレバ、毒ノ蔓延ヲ恐ル、者ガ、手足ヲ切断シテ、其餘命ヲ存《保全》スルガ如ク、微細ノ不善ト雖ドモ、深ク自ラ省悔シテ、之レヲ我ガ身ヨリ剗除シ、念慮ヲ以テ善ニ復リ徳ニ移ラザルベカラズ、且人苟モ徳ヲ失ヘバ、人必ズ敬愛セズ、敬愛スベキハ唯徳器ノ人ニ限ル、

進テ公益ヲ廣メ世務ヲ開キ

己レ一身ノ利益ニナルコトノミヲ圖ラズシテ、公衆一般ノ利益ニナルコトヲ圖リ、或場合ニ於テハ自己ニハ不利ナルモ、公衆ニ有益ナルコトハ、自己ノ利益ヲ棄テ、、公衆ノ利益ヲ圖《先ニス》ルガ如キハ、徳義ノ極メテ美ナル所《モノ》ナリ、志士仁人ヲ以テ自ラ居ルモノ、豈ニ此ノ心ナクシテ可ナランヤ、夫ノ國家ノ為メ若クハ社會一般ノ為メ汲々唯々公利公益ノミヲ求メ一身ヲ犠牲ニ供スル者ノ如キハ、愛國者ノ模範トシテ一層嘆美スベキ所ニ○《シ》テ、國ノ強弱ハ、主トシテ此種ノ人民ノ多キト少キトニ因ルト謂フヲ得ベシ、故ニ己ニ智能ヲ啓発シテ、徳器ヲ成就スルモノハ、當ニ進ンデ力ヲ國家ノ事ニ盡シ、公衆ノ利益ヲ○圖《廣メ世ノ要務ヲ開クコ》ルベキナリ《トヲ》、又学識アルモノハ、言論若クハ著作ヲ以テ國家ヲ○《利》益シ、殊ニ公衆ノ○《為ニ》方向ヲ示スヲ要ス、実ニ一代ニ卓絶セル碩学ノ國ニ存スルハ、恰モ荒園ノ中ニ一個ノ艶花アリテ開クガ如ク、一國ノ光彩ヲ添ヘ其價値ヲシテ貴カラシムルモノナリト雖トモ、如何ナル《其人若》碩学モ国ノ利益ヲ圖リ衆庶ノ福祉ヲ增進スルコトヲ主トセザレバ、毫モ崇敬スルニ足ラザルナリ、之レヲ要スルニ、公利公益ハ人生《社會團結》ノ最高目途ナリト知ルベシ、玆ニ○《一群ノ》人アリテ、少シモ公衆ノ利益ヲ思ハスシテ孜々唯一己ノ私利ノミヲ求ムルトキハ、恰モ螻蟻ノ膻肉ニ集○《マ》ルカ如ク蚊蠅ノ腥魚ニ群カルカ如ク最《ナラン》モ賤ムヘキコトナリ《ノ人タリ》、猶ホ一歩ヲ進メテ之レヲ論スレハ、人ハ退キテ身ヲ修メ業ヲ成シ一點ノ疵瑕ナキトキハ、実ニ國ノ良民タルニ愧チス《サルカ如シ》ト雖トモ、更ニ

進ミテ公益ヲ廣メ世務ヲ開クニアラサレハ、未タ以テ國家ニ對スル義務ヲ盡セリト謂フヘカラス、家ニ《是レ》居テ獨ヲ慎ムハ固ヨリ修身ノ始メナリト雖トモ、一身ノ私徳ハ廣ク公衆ニ関スル徳義ノ大ナルニ及ハス、《サレハナリ》是レ畢竟如何ナル知識モ如何ナル學問モ社會ニ應用スル所ナケレハ、些ノ價値モナキモノナレハナリ、若シ孤獨主義國ニ行ハレ、人々唯々自己ノ利益ノミヲ求メ、公益世務ノ上ニ着眼スルモノナキトキハ、其國ハ決シテ久シキニ耐フルコト能ハザルナリ《ヘシ》、何故ナレバ、人々國家ニ對スル義務アルコトヲ知ラザルトキハ、其結合ノ力弱ク、衆庶盡ク解散崩壊スレバナリ、然レバ学ヲ修メ業ヲ習ヒテ、以テ有為有徳ノ人物トナル者ハ進テ公衆ノ利益ヲ廣メ、且ツ社會ノ要務ヲ興スヲ要スベキナリ、実ニ人世ニ於テ最モ髙尚ナル希望ハ、○《公衆ノ為ニ》事業ヲ成遂シテ、以テ社會進歩ノ一分子ヲ加フルニアリ、此ノ如キ人ハ眞ニ不朽ナリト謂フヲ得ベシ、何トナレバ永ク後世ニ存スベケレバナリ、茲ニ一ノ注意ヲ要スルコトアリ、凡ソ公益ヲ廣メ世務ヲ開クニ當リテ最モ要スル所ハ耐忍力是レナリ、耐ヘ難キニ能ク耐ヘ堅忍不抜如何ナル事業モ之レヲ永遠ニ期シ、到底之レヲ成シ遂ケ、以テ國家ヲ裨補スルノ念慮ナカルベカラズ、又公益ヲ圖リ事業ヲ興ス者ハ己レノ名ヲ衒ハンカ為メニスルノ念アルヘカラス、名ヲ賣ルハ己レノ為メニシテ即チ自利ニ過キサルノミ、事業ノ《ヲ》成ルト成ラサルトハ《ス者ハ》唯公利公益ヲ以テ正鵠トシ、已ニ正鵠ニ達スレハ乃チ止ム、復タ名ノ顯ハルヽト然ラサルトヲ問ハサルナリ《ズ》、此ノ如クナレハ、其志望ノ極メテ髙尚ナルコト問ハスシテ知ルヘキナリ、

常ニ國憲ヲ重ンシ國法ニ遵ヒ

我カ邦人カ今日遵奉スル所ノ國憲ハ今上天皇陛下カ明治二十二年二月十一日ヲ以テ之レヲ發布セラレテヨリ、遂ニ我邦ニ實行スルコト、ナリ、君主専治ハ一變シテ立憲政治トナリタルハ、實

ニ我カ日本人民ノ倶ニ慶賀スヘキ所ニ○《シ》テ、又亜
細亜洲中ニ於テハ全ク比類ナキコトナレハ、我カ邦人莫大
ノ栄譽ナリト謂フヘシ、國憲ノ主義ハ統治者ノ権限
ヲ明カニシ、一般ノ臣《公》○《臣》民ヲシテ國事ニ参與セシム
ルノ方法ヲ定メ、又臣民ノ権利ヲ保證シ、義務ヲ明示
シ、公共ノ安寧秩序ヲ維持シ、國家ノ幸福ヲ増進スル
ニ在リ、凡ソ我邦ノ人《臣》民タルモノハ、謹ンテ之レヲ
*3 ○《敬重》遵奉セサルヘカラス、」○國法ハ臣民行為ノ軌範ヲ
定ムル所以ニシテ、各人此レニ由リテ法律上ノ公権
私権ヲ享有スルモノナリ、國法ヲ以テ公共ヲ支配ス
ル○《コト》ナケレハ、各自ノ権利ハ遂ニ《由リテ》保持ス《以テ之ヲ》ヘキノ方法《ルニ由》
ナキナリ、然レバ臣民ハ総テ國法ニ○《依》遵ヒ《シ》、私曲詐
偽暴行ノ其間ニ行ハレサルコトヲ務ムヘシ《メサルヘカラズ」》、○又人
*4 文大ニ開ケ、國家ニ法律ノ存《既ニ備ハル》スルアリテ、罪人ヲ處分ス
ルノ法既ニ備ハルニ當テ、法律○《如何》ヲ顧ミスシテ、○《臣民各個ニ》自ラ
復讎ヲ謀ルカ如キハ、臣民《其》ノ本分ヲ忘ル、モノニシ
テ亦法律上ノ罪人タルコトヲ免レズ、抑復讎ハ右法律
未タ備ハラズシテ、各個ノ制裁ヲ要スルニ當リテハ、或ハ之
レヲ義勇トセシコトアリシモ、今ヨリ之レヲ論スレハ、其志
ハ全ク悪ムヘキニアラスト雖モ、其行ハ深ク咎ムヘキコト、
セサルヲ得サルナリ、彼ノ歐打決闘ノ類亦全ク野蕃ノ
遺風ニ過キサレハ、《ルナリ》是等ノ事ハ皆《凡ソ國》法律ニ由ルカ、《遵フノ臣民ハ、》若ク
ハ他ノ正當ナル方法ニ由リテ、其權利ノ争ヲ決セサ
ルヘカラサルナリ、

一旦緩急アレハ義勇公ニ奉シ

人ノ徳義ハ徒ニ能ク一身ヲ修メ他人ニ害ヲ加ヘサル
ニ止マラス、又國ノ為ニ難ニ投スルノ義勇ナカルヘ
カラズ、即チ消極ノ義務ハ未タ盡サヾル所アルモノ
ニ○《シ》テ、加フルニ積極ノ義務ヲ以テセサルヘカラス、
蓋愛國ノ心ハ國ノ元氣ナリ、國家ハ有機物ト同シク
生命アリテ生長シ發達シ老衰スルモノナリ、○《故ニ》常ニ
國家ノ元氣ヲ培養セサルヘカラサルコトハ、譬ヘハ猶
ホ燈火ノ光明ヲ保ツ為ニ、時々刻々《寸時モ嘗》油ヲ注入シテ継續《欽クヘカラザルカ如シ》

スルコトヲ要スルカ如キモノナレハ、國ノ臣民ハ此意ヲ體シ、暫クモ國ノ元氣ヲ殺クヘキ○《カ》ニアラス、（ママ）蓋シ《抑》一國ニ住スルノ臣民ハ、國家ニ於テ互ニ密切ノ関係ヲ有スルモノナリ、故ニ國民ヲ組織スルモノハ、啻ニ相互ニ法律上ノ権利義務ヲ有スルノミナラス、又道德上ノ権利義務ヲ有ス、然レハ《故ニ》愛國ノ心ナキモノハ、假令國法ヲ犯サヾルモ、德義上ニ於テ其《国民ノ》義務ヲ欠ク者ナリ、且ツ夫レ國ノ《祖》先祖ヨリ受ケ得タル《ノ傳フル所ノ国》土地《及獨立》ヲ保持シ之レヲ子孫ニ遺スハ、吾人ノ義務ノ極メテ大ナルモノナレハ、○《外ヨリ》其安全ヲ妨クルモノアルトキハ、力ヲ極メテ之レヲ除キ去ルコトヲ務メサルヘカラサルナリ、是故ニ國家ノ《一旦》緩急○《ノ事》アルトキニ臨ンテハ、身ヲ以テ難ニ投シ、他事ヲ顧ミズ、以テ國家ノ獨立ヲ全クシ、他國ノ《以テ》隷属トナルノ恥辱ヲ避ケサルヘカラス、彼ノ國家ノ耻辱ヲ以テ己レノ恥辱トセサルモノハ、氣力精神俱ニナキ《消費シタル》モノニシテ、國家ノ蟊賊○《ニ過タルコトヲ免レザル》ノミ、世ニ愉快ナルコト多キモ、真正《誠》ノ男子ニアリテハ、國ノ為メニ難ニ投スルヨリ愉快ナルコトハナカルヘキナリ、

以テ天壌無窮ノ皇運ヲ扶翼スヘシ

我國家ノ皇室アルハ太陽系ニアリテ太陽之レカ中央ノ地位ヲ占ムルカ如ク、衆庶ノ上ニ統治ノ大権ヲ有シタマヘリ、蓋シ君主ハ譬ヘハ元首ノ如ク、臣民ハ四肢百體ノ如シ、四肢百體ハ一ニ元首ヲ扶翼スルヲ以テ其ノ生命トスル者ナリ、況ンヤ我邦開闢以来天壌無窮ノ皇統○《綿々トシテ》君臨セラレ《ル、ハ》、實ニ他國ノ比スヘキニ非ス、臣民タルモノハ戮力協心シ、以テ輔佐擁護シ、古來ノ國體ヲ維持シ《スルコト》、子孫ノ安全幸福《ヲ貽スコト》ヲ圖ルべキナリ、義勇公ニ奉シ　帝室ヲ扶翼セント欲セバ、人々最モ體力ノ壮大《強壮》ナランコトヲ要ス、是レ實ニ體育ノ必要ナル所以ナリ、既ニ智德ヲ備ヘ併セテ○《完》美麗ニ發達セル身體ヲ有スルトキハ、能ク國家ノ為メニ○《其》力ヲ盡クスコトヲ得ベシ、且體貌骨格ノ完《健》全ハ往々優

等《良》ナル心意ノ發達ニ《ト相》伴フモノナレバ、我邦ノ人民ハ古代ノ希臘人ガ身體ノ美相ヲ尚ビシ如ク、智德ノ外又《ト倶ニ》體格ノ發達ヲ希圖シ、以テ昌運ヲ扶翼スルコトヲ務メザルベカラズ、

是ノ如キハ獨リ朕カ忠良ノ臣民タルノミナラス「(井上自筆墨書)又以テ爾祖先ノ遺風ヲ顯彰スルニ足ラン」

國ノ臣民タルモノハ各々其盡クスベキ○《ノ》義務ヲ盡クス、即チ《シ、以テ》我カ天皇陛下ノ○《盛旨ニ奉對ス、即チ陛下》忠良ノ臣民タルモノナリ、「(井上自筆墨書)而シテ啻ニ天皇陛下ノ忠良ノ臣民タルノミナラズ、」

又以テ爾祖先ノ遺風ヲ顯彰スル○《ニ》足ラン

我邦古來忠孝ヲ以テ嘉《美》名ヲ後世ニ傳ヘシモノハ即現在臣民ノ祖先ナリ、然レバ後ノ臣民タルモノ亦○《能ク》祖先ノ志節ヲ継キ《ク》祖先ニ耻ヅル所ナキトキハ、以テ祖先ノ模範ヲ践行シテ其ノ遺風ヲ顯彰スル者タルベキナリ、抑々國家ハ歴史的ノモノナリ、其國ニ固有セル祖先ノ遺風ハ其國精華ノ存スル所ナリ、我ガ邦人ハ忠良孝純ノ美俗ヲ失ハズ、子々孫々祖先ノ遺風ヲ存續シ、以テ東洋ニ於テ一種優美ノ國民ヲ成ス《タルコトヲ失ハサル》ヘキナリ、

斯道ハ實ニ我ガ皇祖皇宗ノ遺訓ニシテ子孫臣民ノ倶ニ遵守スヘキ所

忠孝彝倫ノ教《道》ハ　皇室祖先《宗》ノ後世ニ垂貽セラレ《シタマヒ》シ所ニシテ、臣民ノ常《倶》ニ由リ従フ《依遵恪守ス》ベキノ道ナリ、忠孝ノ教《此ノ》ハ古來我邦○《固有》ニ存スル所ノ高尚ナル事風俗中ニシテ、《風教ヲ固有スル所ノ》子孫臣民タルモノ此ノ遺訓ヲ遵守シ、復タ後ノ《ハ、前ヲ承ケ、後ニ傳ヘ、将來圏ノ》子孫臣民タルモノヲシテ、永ク此ノ餘風ニ感化セシムベ○《キ》ナリ、

之ヲ古今ニ通シテ謬ラス之ヲ中外ニ施シテ悖ラス

君父ニ忠孝ニ兄弟ニ友ニ夫婦相和シ朋友相信シ恭倹法ヲ重シ國ヲ愛シ義ニ狥フ《殉》ハ、古人ノ屢々稱道シテ

子弟ニ教ヘシ所ナルガ故ニ、今人或ハ之レヲ以テ已ニ陳套ニ属ストナシ、之レニ換フヘキ新奇ノ説ヲ求ムルガ如シト雖ドモ、《、然ルニ》日常彝倫ノ教ハ簡易明白ニシテ幾千年ノ久シキヲ経ルモ、決シテ差違ヲ生ズ《謬アル》ベキアラズ、唯文化ノ程度及ビ風俗習慣ノ變動ニ因リテ、其之レヲ《或ハ》行フノ方法ヲ異ニスルコトハアルベケレ《シト雖》ドモ、其主義精神ニ於テハ、古今中外同一ナルベキハ毫モ疑フヘカラサルナリ、且ツ夫レ舊キモノ必シモ謬誤ナルニアラズ、又新シキモノ必シモ真誠ナルニアラズ、新舊ハ物ノ正邪ヲ判スベキ標準ニアラザルナリ、

彝倫ノ教ハ社會成立上必然ノ勢ニ因テ成ルモノナレハ、如何ナル國ニアリテモ、其國ガ文化ニ進メル以上ハ、東西ノ別ナク、中外ノ差ナク、總ベテ同様《一ノ軌道》ニ稱揚《依遵》スベキ徳義《者》ニシテ、獨リ我邦ニ限ルモノニアラザルナリ、

朕爾臣民ト倶ニ拳々服膺シテ咸其徳ヲ一ニセンコトヲ庶幾フ

人々個々其行為ヲ完クセント欲セバ、必ス一種高尚ノ理想ヲ構成シ、此ノ理想ニ向ヒテ進行セザルベカラズ、然ラバ一個《國》ノ國《人》民モ亦同一ノ理想ニ依遵シ、万衆心ヲ一ニシテ、勉焉之レニ達センコトヲ圖ラ《務メ》ザルベカラズ、是レ即チ國民進歩ノ方針ニシテ、高等文化ノ域ニ入ル○《為》ニハ必ス要スル所ノモノナリ、○《蓋》彝倫義勇ノ教ハ凡ソ臣民タルモノ、服膺セザルベカラザルモノ《所》ニシテ、即チ我邦人ノ粲然タル文明ニ達スベキ徳義上ノ法則ニシテ、又之レヲ一國ノ理想ナリト稱スルヲ得ベシ、吾儕臣民ハ
今上天皇陛下自ラ衆庶ト其徳ヲ一ニセンコトヲ希望シタマヘルノ聖勅ヲ奉戴シタリ、安ンゾ孜々努力シテ
陛下ノ　叡慮ニ副フ所ナカルベケンヤ、

明治二十三年十月三十一日

御名 御璽

＊1 學ヲ修メ以下另項

＊2 抑以下另項

＊3 国法以下別項

＊4 人文以下別項ニ写

(梧陰文庫Ⅱ―四五九)

編者曰 墨書、朱書の二度にわたる井上自筆の修正加削あり(文事秘書局罫紙三十一枚)。本書は明治二十四年に井上哲次郎が起草せし「勅語衍義」の稿本をもとに、井上毅が全文にわたり修正を施し、文章を整理せしものの草稿なり。尚又、「梧陰文庫」には本書に關連したる史料數本あり。以下、參考として列記す。

〔參考一〕

肇国《ハツクニシラス》天皇ト稱ヘ奉ルハ神武天皇ナリ、又崇神天皇ノ詔ニ皇祖トアルハ即チ神武天皇ヲ尊稱シタマヘルナリ、故ニ皇統ノ綿系ヲ論スルトキハ天照太○神ヲ皇祖トスヘキモ、肇国ノ基始ヲ叙ルニハ皇祖トハ神武天皇ヲ稱ヘ、皇宗トハ歴代ノ帝王ヲ稱ヘ奉ルモノトシテ解セザルヘカラス、古典ニ據レハ天照太神ハ「天シラス神」ニシテ「國シラス神」ニハ非ス、

我カ臣民ノ一段ハ勅語即チ皇祖皇宗ノ對《ムキ》股《アヒ》文ニシテ、臣民ノ祖先ノ忠孝ノ風アリシコトヲ宣《ノタマ》ヘルナリ、故ニ維新ノ攘夷諸士ヲ此ノ例ニ引クハ古今ノ別ヲ混スルノ嫌アリ、削ルヘシ、

何故ナレハ云々以下九行暁ルヘキナリ迄削ルヘシ、何トナレハ行文冗長ノ失アルノミナラズ、其ノ君道ヲ論スル處、全ク勅語ノ本文ニ關係ナシ、是レ衍義ノ體ニ非ス、

外國ノ教育法ヲ直接ニ采用スルノ不可ナルコトハ、

獨歐洲ノミナラズ中古ノ印度ニ釆リ百濟ニ釆リ近古ノ支那ニノミ釆レルカ如キ亦同一理ナリ、此ノ一段專歐洲教育ヲノミ指摘シタルハ時弊ニ切ナリト雖、但タ論鋒太露シテ一家言ノ口吻ニ近シ、今歐洲ノ教育法トアルヲ外國ノ教育法ト改メ、下文元ト歐洲ノ教育法ハ云々ノ一段ヲ左ノ如ク改ムヘシ、

蓋各國ノ教育法ハ各々其國ノ臣民ニ適當ナル發達ヲ為セル者ナリ、

然ルニ以下七行削除シテ議論ノ暴露ト行文ノ冗長トヲ避ケ、而シテ然ルニ我邦ニハ云々以下、

今我邦古来忠孝ノ教ヲ措キテ別ニ云々、

ト改ムヘシ、

若夫臣民以下八行ナレハナリニ至ル迄勅語ノ本文ニ関係ナシ、無用ノ冗文タルコトヲ免レズ、削ルヘシ、

又夫ノ老年云々以下孝養スヘキナリ迄老衰ノ狀ヲ憐ムヲ以テ孝ノ義ヲ解クハ不穩ナリ、削ルヘシ、

久シク云々以下然ルニ迄五行削、

啻ニ云々以下モノナレハ迄削、

且夫以下我カ子孫ノ我レニ孝ナランコトヲ欲シ我レ先ツ我カ父母ヲ敬愛スヘシトハ教ヲ成サズ、削ルヘシ、下文期スヘクニ至ル迄併セ削リ、男子ニ在リテハノ上ニ一ノ且ノ字ヲ冠ラスヘシ、

（梧陰文庫A―四〇八）

編者曰　本書は井上哲次郎起草「勅語衍義」稿本に對して井上毅が呈せし箇條書の意見書にて、文事秘書局罫紙三枚に全文他筆を以て記す。

〔參考二〕

(表紙、文事秘書局罫紙一枚)

「(他筆墨書)
勅語衍義」

勅語衍義

朕惟フニ我カ皇祖皇宗國ヲ肇ムルコト宏遠ニ徳ヲ樹ツルコト深厚ナリ

神武天皇國ヲ肇メ民ヲ治メ、我大日本帝國ヲ定メタマヘルノ後、歴世相承ケ、以テ今日ニ至ルマテ、 皇統連綿、實ニ二千五百五十餘年ノ久シキヲ經テ、 皇威益々振ヒ、 皇徳益々顕ハル、是レ海外ニ絶エテ比類ナキコトニシテ、我邦ノ超然萬國ニ秀ツル所ナリ、蓋

皇祖
皇宗ノ徳澤深厚ナルニアラザルヨリハ、安ソ能ク此ノ如ク其レ盛ナルヲ得ンヤ、

我カ臣民克ク忠ニ克ク孝ニ

我邦古來忠義風ヲ成シ、世々良臣其人ニ乏カラザルノミナラス、國家事アルトキハ、身ヲ致シ命ヲ擲チ、以テ皇室ヲ擁護スルモノ、其人ニ乏カラス、即チ藤原鎌足カ蘇我蝦夷父子ヲ誅シ、和氣清麻呂カ直言シテ妖僧ノ膽ヲ寒カラシメ、新田義貞、名和長年、北畠親房、楠正成及正行カ身ヲ奮テ難ニ投セシカ如キハ、我史乗ニ千載磨滅スヘカラサルノ光輝ヲ遺シタリ、邦人忠義ノ心相因ルノ深キヲ以テ、建國ノ始メヨリ今日ニ至ルマテ、悖逆残暴ノ徒、幾ト其蹤ヲ絶テリ、是レ亦海外萬國ノ我邦ニ及ハザル所ナリ、

父母ニ事ヘ、先祖ヲ崇敬スルモ亦我國固有ノ習慣ニシテ、殊ニ古来孝道ヲ以テ顕ハレ、閭里ニ旌表セラ

レシモノ、枚擧ニ遑アラス、即チ丈部路祖父麻呂、安頭麻呂、乙麻呂兄弟三人、幼少ノ身ヲ以テ官奴トナリ、父ノ罪ヲ贖ハント請ヒ、丸部明麻呂カ、備サニ孝養ヲ盡クシ、父母ノ老衰セルトキ、其家十里ノ外ニアルヲモ厭ハズ、定省懈ルコトナク、朝夕往還セシカ如キ、其他丈部知積、倭果安、奈良許知麻呂、小谷五百依、矢田部黒麻呂、伴家主、財部繼麻呂、丹生弘吉、風早冨麻呂、平重盛、北條泰時ノ如キ、亦皆孝道ヲ以テ世ニ聞ヘタリ、

億兆心ヲ一ニシテ世々厥ノ美ヲ濟セルハ

我國ノ鞏固ナルハ、億兆心ヲ一ニシテ、以テ　王命ニ從ヒ、四支ノ精神ノ向フ所ニ從ヒテ動キ、澁滯スル所ナキカ如クナルニ因レリ、抑々國家ハ一個體ニシテ、唯一ノ主義ヲ以テ之レヲ貫クヘク、結合一致ハ實ニ國力ヲ強クスルノ方法ニシテ、譬ヘハ猶一木ノ弱キモ、集メテ之レヲ束ヌレハ、容易ニ折レザルカ如シ、彼ノ伊國カ千八百七十年ヲ以テ全國ヲ合一シ、獨國ノ諸州カ千八百七十一年ニ聯合シテ、一大帝國ヲ興セシカ如キハ、皆同一ノ言語風俗歴史ヲ有スルモノヲ結合シ、以テ國力ヲ養成スルニアラザルハナキナリ、我カ國民ノ如キハ、古来渾然一體ヲ成シ、面目各々異ナリト雖モ、忠孝ノ心ニ至テハ、全ク同一ニシテ、未タ相背馳スルモノアラス、是レ世々臣民ノ其美ヲ濟セル所ナリ、

此レ我カ國體ノ精華ニシテ教育ノ淵源亦實ニ此ニ存ス

皇祖皇宗ノ國ヲ肇メラルヽ、極メテ宏遠ニ、其德ヲ樹テラルヽコト、甚タ深厚ニ、而シテ臣民タルモノ、亦從来心ヲ一ニシテ、忠孝ノ道ヲ盡クスハ、即チ我邦ノ萬國ニ卓絶スル所以ニシテ是ヲ國体ノ精華トス、而シテ我邦ノ教育ハ一ニ其ノ基本ヲ此ニ取ラサルベカラズ、抑

皇祖

皇宗ノ偉業盛德數千年ノ久シキヲ經、我ガ國民ノ君ニ忠ニ親ニ孝ナル德義ヲ極メテ大ナルハ、我國ノ教育ニ於ケル固有ノ基本タリ、蓋教育ハ國民ノ歷史習慣ニ從ヒテ之レヲ施サヾルベカラス、之レヲ國民的ノ教育トス、然ルニ若シ他邦ノ教育法ヲ採リテ其ノ形式ヲ模倣シ直ニ之レヲ我邦ニ行ハントスルハ、或ハ此ニ由リテ利益ヲ生スルヨリモ、却テ弊害ヲ来タスコト多カルベシ、何故ナレハ各邦ノ教育法ハ各其國ノ臣民ニ適當ナル發達ヲ為セルモノナレバナリ、蓋我邦固有忠孝ノ教ヲ措キテ別ニ教育ノ基本ヲ覓ムルガ如キハ、正道ノ平坦明白ナルヲ厭ヒテ、反リテ嶇冥暗ナル険路ヲ索ムルモノナリ、

爾臣民父母ニ孝ニ

子ノ父母ニ對シテ一種特別ノ親愛ヲ感スルハ、元ト其骨肉ノ関係ヲ有スルニ由リテ起ルモノニシテ、全ク自然ノ情ニ出ツ、即チ子タル者ノ身ハ、父母ノ生ズル所ニシテ、父母ハ己レノ由リテ出ツル所ナレバナリ、啻ニ是レノミナラス、人類ハ先祖ノ業ヲ継ギ、之ヲ子孫ニ傳フルノ精神ヲ有セリ、即チ歴史的ノ思想アリテ、他ノ動物ノ如ク親ハ子ヲ忘レ子ハ親ヲ忘レテ各々其生活ヲ營ム者ト異ナル所アリ、イハユル孝ハ、一家ノ継續ヲ全クスル所以ニシテ、人類ノ大ニ他ノ動物ニ勝ルモノ、實ニ此ニ存ス、且ツ人類ホド生長スルニ永キ歳月ヲ要スル者ハアラズ、他ノ動物ハ多クハ一年ヲ出ズシテ獨立ノ生活ヲ得ベキモ、人類ハ一年若クハ二年ノ間ハ歩行スルコト能ハズ、已ニ歩行スルニ至ルモ、尚自力ニ由リテ生活スルコト能ハズ、獨立ノ生活ヲ得ンニハ、少ナクモ二十年ヲ経ザルベカラズ、殊ニ今日ノ如ク高等ノ教育ヲ要スルノ世ニアリテハ、二十年モ猶未タ以テ獨立ノ期トナスニ足ラス、子ノ父母ニ頼リテ、養毓ヲ受クルコト、實ニ二十有餘年ノ久シキニ及ブ、若シ四五歳ノ子ヲ無人ノ一孤島ニ放タハ、決シテ其生命ヲ保全

スルコト能ハサルベシ、然ラハ父母養毓ノ勞ハ、人ノ最モ忘ルベカラザルノ大恩ナリ、蓋獸類スラ、猶且ツ恩義ヲ知ルコトアリ、若シ人ニシテ恩義ヲ忘ル、コトアラハ、實ニ禽獸ニモ及ハサルモノニシテ、最モ賎ムベク最モ忌ムベキ腐肉廃骨ニ過キサルナリ、故ニ父母ヲ愛シテ又之ヲ敬シ、生ケルトキニ厚ク之ヲ奉養シ、死セルトキハ禮ヲ以テ之ヲ葬ルハ人倫ノ至重ナルモノナリ、且男子ニアリテハ尚更ニ進テ社會ニ有益ナル業務ヲ成シ、世ニ一個ノ名士ト知ラレ、父母ノ名ヲモ顕揚スルニ至リテ、始メテ孝道ノ全キヲ得タリト謂フベシ、此ノ如ク子孫相續キテ孝道ヲ行ヒ大倫ヲ維持スルコトハ、徒ニ一家ノ美事ナルノミナラズ、又我邦ノ榮譽ヲ耀カスベキ、一種善美ノ風俗ナリト謂フベキナリ、

兄弟ニ友ニ

兄弟姊妹ハ一木ヨリ生ズル枝葉ノ如ク、血属ノ尤モ近キモノナレバ、互ニ相救ヒ相助ケテ、反月牆ニ鬩グコトアルベカラス、蓋子孫ハ父母ノ幼少ノ状ヲ知ラズシテ、已ニ其老年ニ傾クヲ見ル、即チ父母ハ子孫ヨリ前ノ代ニ属スル人ナリ、父母ハ子孫ノ幼少ノ状ヨリ次第ニ發達スルヲ見テ、其老後ノ如何ヲ知ルコト能ハス、即チ子孫ハ父母ヨリ後ノ代ニ属スルモノナリ、唯々兄弟ハ多少年齢ノ差ハアルモ與ニ倶ニ生長セル者ニシテ即チ同時代ノ人ナリ、是故ニ兄弟ハ事ヲ共ニシ、同シク其成効ヲ見ルヲ得ルモノニシテ、互ニ親密ナル關係ヲ有スルモノト謂ハザルベカラズ、然ルニ若シ兄弟ニシテ不和ナルトキハ、一家ノ親睦ヲ損シ、啻ニ父母ニ孝ナラザルノミナラズ、従テ又自己ノ為メニモ悪シキコト多カルベシ、且一家ハ實ニ一國ノ本ニシテ家々和睦スルトキハ、一國亦安寧ナルヲ得ルモ、家ニ不和ノ人アルトキハ、億兆決シテ心ヲ一ニスルコト能ハズ、世ノ兄弟タルモノハ常ニ此意ヲ體シ、互ニ相親愛スルヲ要ス、

夫婦相和シ

夫婦ハ一家ノ因テ起ル所ニシテ、實ニ一國ノ本ナルカ故ニ、一國ノ治マルコトヲ欲スルモノハ、家々其宜シキヲ得ルヲ期スヘク、一家ノ治マルコトヲ欲スルモノハ、夫婦ノ常ニ相愛シテ相戻ルコトナキヲ欲セサルヘカラズ、一家ノ安全ハ夫婦ノ和合ニ基クモノナレハナリ、蓋妻ハ體質孱弱ニシテ多クハ勞働ニ堪ヘザルモノナレハ、夫タルモノハ之レヲ扶ケ之レヲ保護スベク、妻ハ夫カ非道ニ渉ラサル限リハ、成ルベク之レニ服従シテ貞節ヲ守リ、始終苦樂ヲ共ニスルノ念慮ナカルヘカラス、夫タルモノハ又自己ノ妻ヲ以テ婢僕ノ如ク見做シテ使役スヘキニアラズ、必スヤ、自己ノ最近最親ノ同伴トシテ之レヲ愛憐セサルヘカラス、愛憐ノ情ハ鐵鎖ノ如ク異體ヲ結合シテ一心トナスモノナリ、一心ニシテ異體ナルハ、即チ是レ真誠ニ相和セル夫婦ナリトス、

朋友相信シ

總テ人ハ孤身ニテ事ヲナスコト容易ナラサルノミナラズ、疾病患難ニハ互ニ慰籍或ハ救助ヲ要スルモノナレバ、親戚ノ外又朋友ノ情ヲ同クシ心ヲ一ニスルアルガ如キハ、各自ノ常ニ切望スル所ナリ、且人ハ社會的ノ動物ニシテ、オノヅカラ同類相求ムルノ傾向ヲ有シ、離群索居ハ、其本性ニアラズ、又今日ノ世ハ交通ノ便大ニ開ケ、社會ノ組織漸ク改變シ、共同ノ事業増加スルニ至リタレハ、益々朋友交誼ノ親密ナルヲ要ス、人ニシテ若シ朋友ナケレバ、社會ニ於テ孤立ノ患ヲ免レザルベク、一人ニシテ其力微弱ナルモ、朋友アリテ相結合スルトキハ、其力倍蓰スルヲ得ヘキナリ、蓋朋友相交ルニハ信義ヲ失ハサルヲ要ス、信義ハ朋友ノ交ヲ鞏固ニスル無二ノ具ナリ、苟モ信義ヲ守ラサルトキハ離散睽違シテ、復タ締結スベカラザルナリ、然レトモ理ニ戻リ義ヲ害スルノ事ノ如キハ、朋友ト雖ドモ、決シテ互ニ相阿従スベ

キニアラズ、又朋友規諫シテ聴カレザルコトアルカ、若クハ相互ノ情状復タ相容ルベカラザルモノアルトキハ、交際乃チ止ムニ至ルベキモ、互ニ憎悪シテ、悪聲ヲ出ダスコトアルベカラズ、

恭倹己ヲ持シ

恭ト倹トハ人ノ美徳ナリ、恭ハ社會ノ秩序ヲ成スノ基ニシテ、自己ノ行為ヲ撿束シ、放縦僭濫ニ流レサルヲ謂フ、人々恭謙ナルトキハ、譬ヘハ猶室内ノ諸品ノ盡ク其所ヲ得テ清麗雅致アルカ如ク、社會ノ組織ハ此ニ由リテ井然タル秩序ヲ整頓シ、總ヘテ恰好正當ノ途ニ就クコトヲ得ヘキナリ、然ルニ自己ノ實價如何ヲ顧ミス、倨傲尊大ニシテ他人ヲ賤視シ、傲慢不遜ニシテ長者ヲ軽侮シ、靦然愧ヂザルトキハ、即チ其人ノ徳義ノ極メテ卑下ナルヲ知ルヘシ、蓋シ禮節ハ時勢ノ變遷ニ従ヒテ、多少改變スルモノアリ、即チ坐禮ハ變シテ立禮トナリ、低頭ハ變シテ握手トナルカ如シト雖、其ノ恭謙ヲ以テ身ヲ立テ世ニ處スヘキニ至リテハ、古今其ノ軌ヲ一ニスト謂フヘキナリ、然レトモ又恭謙ヲ誤解シテ卑屈ニ失スヘカラズ、貴賤ニ論ナク、凡ソ人タルモノハ他人ニ對スル毎ニ一個ノ善士一個ノ淑女タル資格ヲ失ハズ、故ナク己レノ権利ヲ妨ケラル丶コトナク、是非曲直ノ存スル所ニ至テハ、如何ナル人ニ對シテモ、枉ケテ屈撓スルコトアルベカラズ、又自己ノ名譽ハ、一個ノ良民タル資格ノ存スル所ナレバ、他人ノ爲メニ損傷セラレザランコトヲ務ムヘキナリ、

倹ハ財用ヲ節倹スルノ謂ナリ、奢侈無用ノ費ハ産ヲ破リ家ヲ潰スノ始メトナル、故ニ節倹ヲ守リ、濫用浪費ノ弊ヲ防キ、餘財アレハ或ハ之レヲ貯畜シテ獨立ノ道ヲ圖リ、或ハ之レヲ慈善又ハ公益ノ事ニ供用スヘシ、一人ノ倹約ハ一國ノ倹約ナリ、一人冨メハ一國亦富ム、一國ハ一人ヨリ成ルモノナレバナリ、故ニ蓄財シテ冨ヲ致スハ、人ノ良徳ト稱セザルヲ得

ズ、之レニ反シテ貨財ヲ濫用シ獨立ノ道ヲ失ヒ、他人ヨリ金錢ヲ借リ、衣服ヲ乞フ者ノ如キハ、社會ノ寄生蟲トモ稱スベキ、無耻ノ人ニ過ギザルナリ、

博愛衆ニ及ホシ

人タルモノハ徒ニ一己ノ利益ノミヲ求ムベキニアラス、誠実ノ心ヲ以テ博ク衆人ヲ愛惠セザルベカラズ、君父長老ハ勿論、奴婢ノ如キ卑賤ノ者、路上知ラサル人ト雖モ、亦慈善ノ心ヲ以テ之レニ接セサルヘカラサルナリ、

然レトモ博愛ノ法、必ス順序アルヲ要ス、若シ自己ノ家族ヲ棄テ丶、他人ノ家族ヲ先ニスルカ、若クハ本国ノ人ヲ棄テ丶、異国ノ人ヲ先ニスルガ如キハ、其法ヲ得タルモノニアラス、故ニ愛ハ近親ヨリ始メ次ニ衆庶ニ推シ及ボスベシ、若シ慈那ノ同愛主義若クハ墨子ノ兼愛主義ノ如ク、親疎ノ別ナク、均シク之レヲ愛シテ、順序ナケレバ、即チイハユル萬國同愛ニシテ、愛國ノ情、是ニ於テカ已ム、

但シ邦人ハ又海外ノ來客ヲ厚遇スルノ要ヲ知ラザルベカラズ、獨逸ノ人民ガ異域ノ遊客ヲ待遇スルノ懇切ナル、各国人ノ稔知スル所ニテ、是レ実ニ獨逸人ノ美徳ナリト謂フヲ得ベシ、若シ我カ邦人ニシテ能ク他國ノ遊客ヲ待遇セバ、其人本國ニ還ルノ後我カ邦人ノ美徳ヲ嘆賞セン、然ラバ是レ亦我邦ノ栄誉ヲ海外ニ墜サヾルノ一端トナルベシ、

學ヲ修メ業ヲ習ヒ

學業ハ智能ヲ啓發シ徳器ヲ成就スル所以ノ方法ナリ、凡ソ人ハ専問學士ノ外ハ、學問ト共ニ実際ノ業務ヲ學習セサルベカラズ、又實業ノミヲ修メ學問之レガ基礎トナラザレバ智識欲クル所アリ、故ニ學問ト業務ト兼ネテ之ヲ修習スルヲ要ス、

學ヲ修メ業ヲ習フニ就キテ、最モ注意スヘキハ、時間ヲ惜ムコトナリ、時間ハ即チ貨財ナリ、之レヲ浪費

スルハ、貨財ヲ浪費スルニ同ジ、殊ニ學業ノ時間ハ貨財ヨリ貴キモノナリ、寸陰モ空シク之ヲ過ゴサヾランコトヲ欲セザルベカラズ、已ニ自ラ時間ヲ惜ム心アラバ、又他人ヲシテ我ガ為メニ空シク時間ヲ過ゴサシムベカラズ、他人モ我レト同ク時ヲ惜ム心アルベケレバナリ、蓋シ一日ハ小生命ニシテ、醒覺ハ死生ノ如シ、一日ヲ過グレバ、其日ハ再ビ來ラズ、是ノ故ニ毎一日ニ幾分ノ業務ヲ進歩スルノ念慮ナカルベカラズ、若シ一日ヲ浪費スルヲ以テ惜ムニ足ラズトスルトキハ、一箇月モ亦之ヲ惜ムノ心ナク、遂ニ一年モ一生涯モ、何ノ成ス所モナク一夢ノ如ク経過スベキナリ、抑々人生ハ山ヲ踰ユルガ如ク、登ルトキハ遠キヲ覺ユレドモ、其半ヲ過ギテ下ルニ及ンデ、極メテ駿速ナルヲ知ル、故ニ人ハ年少ノ時ニ於テ勉學スルヲ要ス、實ニ一生涯ノ事ハ前半生ノ勤惰如何ニ因テ定マルコト、恰モ一日ノ計ハ午前ニ定マルガ如シ、

以テ智能ヲ啓發シ

智識才能ハ人ノ光明ナル品格ナリ、縦令富貴ナルモ、智識才能ナケレハ、犬豚ト以テ異ナルコトナキナリ、況シテ今日人文益々開ケ百事學識ヲ要スルノ世トナリタレバ、必ズ教育ニ由リ、以テ物理ヲ辨識スルコトヲ務メザルベカラズ、夫ノ學識ナク道理ノ何タルヲ知ラザルモノハ、一生懜然トシテ、日月ノ光ヲ見ルモ、智慧ノ光ヲ見ルコト能ハザルナリ、又已ニ得ル所ノ智識ヲ實際ニ應用スルヲノ能力ナキ者ハ、寶玉ヲ抱キテ空シク朽腐スルガ如ク、始メヨリ身ニ得ル所ナキモノト異ナルコトナキナリ、且ツ夫レ人ハ已ニ外貌ヲ飾ルニアラスヤ、何ソ又其内ヲ飾ラザル、内ヲ飾ルノ具ハ智識才能ナリ、智識才能已ニ我ニ備ハルトキハ、假令外貌ヲ飾ラザルモ、猶寶玉ノ沙石ニ混ズルガ如ク、其真價ヲ減ゼザルナリ、智識才能ナクシテ徒ニ外貌ヲ飾ルハ、錦繍ヲ以テ汚穢物ヲ包ムガ如ク、誰レカ之レヲ厭棄セザランヤ、

智識開發ノ度ハ、迷信退歩ノ度ニシテ、國ノ文明ハ主トシテ此レニ由リテ測量スベキモノナリ、抑々西洋文化ノ根底ヲ成スモノハ、実ニ學術ニ外ナラス、整頓セル法律モ完備セル教育モ、電線瀛車瀛舩等ノ如キ有形物モ、皆元ト學術ノ結果タルニ過ギズ、學術ハ西洋ノ長スル所ニシテ東洋ノ短ナル所ナレバ、我邦ニ於テ大ニ之ヲ興起シ、以テ文明ノ元素ヲ養成スルヲ要ス、即チ徒ニ水ノ末流ヲ他邦ニ汲ムニ止ラズシテ、其源泉ヲ開クコトヲ務メザルベカラズ、然ラザレバ幾百年ヲ経ルモ、我ガ邦人ハ徒ニ彼ノ皮相ヲ模倣スルニ汲々トシテ、遂ニ其精神ヲ取ルノ期ナカルベシ、

徳器ヲ成就シ

學問ヲ修メ業務ヲ習ヒ以テ有徳ノ人トナリ、又以テ有用ノ材ヲ成スコト、是レ各人ノ當ニ務ムベキ所ナリ、良木モ蒸矯シテ後用ヲナシ、好璞モ琢磨シテ後光ヲ生ス、人モ亦研磨淬勵シテ、始メテ天賦ノ資質ヲ成就スベキナリ、人假令學識アルモ、徳器ナケレバ未タ善良ノ士タルコト能ハズ、

徳ヲ修メント欲セバ、其良心ヲ養成スルノミ、其良心ヲ養成シ、此レニ由リテ世ニ處スレバ、品行其宜キヲ得ザルコトナカルベシ、若シ夫レ然ラズシテ、良心ヲ荒廢ニ任ズレバ、詐偽奸謀至ラザル所ナク、遂ニ罪業ヲ積ムノ人トナラザルヲ得ズ、是故ニ徳ヲ修ムル者ハ其良心ヲ傷フコトヲ避ケザルベカラズ、是レ實ニ言ヒ易ク行ヒ難シ、百般ノ外物ハ無數ノ悪魔ガ一人ヲ擒ニスルガ如ク、動モスレハ人ヲ不善ニ陥レントスルモノナレバ、全力ヲ竭クシテ之レニ打勝タザルベカラズ、世ニ有力者多キモ己レニ克ツモノニ勝ルモノハアラズ、己レニ勝ツハ勍敵ニ打勝ツヨリ難キモノナレバナリ、然ルニ人ノ禍福ハ、主トシテ己レニ克ツ力ノ強弱如何ニ因リテ定マルコト多キモノナレバ、毒ノ蔓延ヲ恐ル丶者ガ、手足ヲ切断

シテ、其餘命ヲ保全スルガ如ク、微細ノ不善ト雖ドモ、深ク自ラ省悔シテ、之レヲ剗除シ、善ニ復リ德ニ移ラザルベカラズ、

進テ公益ヲ廣メ世務ヲ開キ

己レ一身ノ利益ノミヲ圖ラズシテ、公衆一般ノ利益ヲ圖リ、或場合ニ於テハ、自己ノ利益ヲ棄テヽ、公衆ノ利益ヲ先ニスルガ如キハ、德義ノ極メテ美ナルモノナリ、志士仁人ヲ以テ自ラ居ルモノ、豈ニ此ノ心ナクシテ可ナランヤ、夫ノ國家ノ為メ若クハ社會一般ノ為メ汲々唯々公利公益ヲ求メ一身ヲ犧牲ニスル者ノ如キハ、愛國者ノ模範トシテ一層嘆美スベキ所ニシテ、國ノ強弱ハ、主トシテ此種ノ人民ノ多キト少キトニ因ルト謂フヲ得ベシ、故ニ智能ヲ啓発シテ、德器ヲ成就スルモノハ、當ニ進ンテ力ヲ國家ノ事ニ盡シ、公衆ノ利益ヲ廣メ世ノ要務ヲ開クコトヲ圖ルベキナリ、又学識アルモノハ、言論若クハ著作ヲ以テ國家ヲ利益シ、公衆ノ為ニ方向ヲ示スヲ要ス、碩學ノ國ニ存スルハ、恰モ荒園ノ中ニ一個ノ艶花アリテ開クガ如ク、一國ノ光彩ヲ添ヘ其價値ヲシテ貴カラシムルモノナリト雖トモ、其人若國ノ利益ヲ圖リ衆庶ノ福祉ヲ增進スルコトヲ主トセザレバ、毫モ崇敬スルニ足ラザルナリ、之レヲ要スルニ、公利公益ハ社會團結ノ最高目途ナリト知ルベシ、茲ニ一群ノ人アリテ、公衆ノ利益ヲ思ハスシテ孜々唯一己ノ私利ノミヲ求ムルトキハ、恰モ螻蟻ノ膻肉ニ集マルカ如ク蚊蠅ノ腥魚ニ群カルカ如クナラン、猶ホ一歩ヲ進メテ之レヲ論スレハ、人ハ退キテ身ヲ修メ業ヲ成シ一點ノ疵瑕ナキトキハ、國ノ良民タルニ愧チサルカ如シト雖トモ、更ニ進ミテ公益ヲ廣メ世務ヲ開クニアラサレハ、未タ以テ國家ニ對スル義務ヲ盡セリト謂フヘカラス、是レ一身ノ私德ハ公衆ニ関スル德義ノ大ナルニ及ハサレハナリ、若シ孤獨主義國ニ行ハレ、人々唯々自己ノ利益ノミヲ求メ、公益世務

ノ上ニ着眼スルモノナキトキハ、其國ハ決シテ久シキニ耐フルコト能ハザルヘシ、何故ナレバ、人々國家ニ對スル義務アルコトヲ知ラザルトキハ、其結合ノ力弱ク、衆庶解散崩壊スレバナリ、実ニ人世ニ於テ最モ高尚ナル希望ハ、公衆ノ為ニ事業ヲ成遂シテ、以テ社會進歩ノ一分子ヲ加フルニアリ、此ノ如キ人ハ真ニ不朽ナリト謂フヲ得べシ、

茲ニ一ノ注意ヲ要スルコトアリ、凡ソ公益ヲ廣メ世務ヲ開クニ當リテ最モ要スル所ハ耐忍力是レナリ、耐ヘ難キニ能ク耐ヘ堅忍不抜如何ナル事業モ永遠ニ成遂ヲ期シ、以テ國家ヲ裨補スルノ念慮ナカルべカラズ、又公益ヲ圖リ事業ヲ興ス者ハ己レノ名ヲ衒ハンカ為メニスルノ念アルヘカラス、名ヲ賣ルハ己レノ為メニシテ即チ自利ニ過キサルノミ、事業ヲ成ス者ハ唯公利公益ヲ以テ正鵠トシ、已ニ正鵠ニ達スレハ乃チ止ム、復タ名ノ顯ハルヽト然ラサルトヲ問ハズ、此ノ如クナレハ、其志望ノ極メテ高尚ナルコトヲ問ハスシテ知ルヘキナリ、

常ニ國憲ヲ重ンシ國法ニ遵ヒ

我カ邦人カ今日遵奉スル所ノ國憲ハ、今上天皇陛下カ明治二十二年二月十一日ヲ以テ之レヲ發布セラレテヨリ、遂ニ我邦ニ實行スルコト、ナリ、君主専治ハ一變シテ立憲政治トナリタルハ、實ニ我カ人民ノ倶ニ慶賀スヘキ所ニシテ、我カ邦莫大ノ栄譽ナリト謂フヘシ、國憲ノ主義ハ統治ノ権限ヲ明カニシ、臣民ヲシテ國事ニ参與セシムルノ方法ヲ定メ、又臣民ノ権利ヲ保證シ、義務ヲ明示シ、公共ノ安寧秩序ヲ維持シ、國家ノ幸福ヲ増進スルニ在リ、凡ソ我邦ノ臣民タルモノハ、之レヲ敬重遵奉セサルヘカラス、

國法ハ臣民行為ノ軌範ヲ定ムル所以ニシテ、各人此レニ由リテ法律上ノ公権私権ヲ享有スルモノナリ、國法ヲ以テ公共ヲ支配スルコトナケレハ、各自ノ権

利ハ以テ之ヲ保持スルニ由ナキナリ、然レバ臣民ハ総テ國法ニ依遵シ、私曲詐偽暴行ノ其間ニ行ハレサルコトヲ務メサルヘカラズ、

人文大ニ開ケ、法律既ニ備ハルニ當テ、法律如何ヲ顧ミスシテ、臣民各個ニ自ラ復讐ヲ謀ルカ如キハ、其ノ本分ヲ忘ル、モノニシテ亦法律上ノ罪人タルコトヲ免レズ、彼ノ歐打決闘ノ類亦野蕃ノ遺風ニ過キサレハ、凡ソ國法ニ遵フノ臣民ハ正當ナル方法ニ由リテ、其権利ノ争ヲ決セサルヘカラサルナリ、

一旦緩急アレハ義勇公ニ奉シ

人ノ徳義ハ徒ニ能ク一身ヲ修メ他人ニ害ヲ加ヘサルニ止マラス、又國ノ為ニ難ニ投スルノ義勇ナカルヘカラズ、即チ消極ノ義務ハ未タ盡サヾル所アルモノニシテ、加フルニ積極ノ義務ヲ以テセサルヘカラス、蓋愛國ノ心ハ國ノ元氣ナリ、國家ハ有機物ト同シク生命アリテ生長シ發達シ老衰スルモノナリ、故ニ常ニ國家ノ元氣ヲ培養セサルヘカラサルコトハ、譬ヘハ猶燈火ノ光明ヲ保ツ為ニ、寸時モ膏油ヲ欠クヘカラザルカ如シ、抑一國ニ住スルノ臣民ハ、國家ニ於テ互ニ密切ノ関係ヲ有スルモノナリ、國民ヲ組織スルモノハ、啻ニ相互ニ法律上ノ権利義務ヲ有スルノミナラス、又道徳上ノ権利義務ヲ有ス、故ニ愛國ノ心ナキモノハ、假令國法ヲ犯サヾルモ、徳義上ニ於テ國民ノ義務ヲ欲ク者ナリ、且ツ夫レ祖先ノ傳フル所ノ國土及獨立ヲ保持シ之レヲ子孫ニ遺スハ、吾人ノ義務ノ極メテ大ナルモノナレハ、外ヨリ其安全ヲ妨クルモノアルトキハ、力ヲ極メテ之レヲ除キ去ルコトヲ務メサルヘカラサレ《ママ》ナリ、是故ニ國家一旦緩急ノ事アルトキニ臨ンテハ、身ヲ以テ難ニ投シ、國ノ獨立ヲ全クシ、以テ隷属ノ恥辱ヲ避ケサルヘカラス、彼ノ國家ノ耻辱ヲ以テ己レノ恥辱トセサルモノハ、氣力精神倶ニ消喪シタルモノニシテ、國家ノ蠢賊ニ過タルコトヲ免レザルノミ、世ニ愉快ナルコト

多キモ、真誠ノ男子ニアリテハ、國ノ為メニ難ニ投スルヨリ愉快ナルコトハナカルヘキナリ、

以テ天壌無窮ノ皇運ヲ扶翼スヘシ

我國家ノ皇室アルハ太陽系ニアリテ太陽之レカ中央ノ地位ヲ占ムルカ如ク、衆庶ノ上ニ統治ノ大権ヲ有シタマヘリ、蓋シ君主ハ譬ヘハ元首ノ如ク、臣民ハ四肢百體ノ如シ、四肢百體ハ一ニ元首ヲ扶翼スルヲ以テ其ノ生命トスル者ナリ、况ンヤ我邦開闢以来天壌無窮ノ皇統綿々トシテ君臨セラルヽハ、實ニ他國ノ比スヘキニ非ス、臣民タルモノハ戮力協心シ、以テ古來ノ國體ヲ維持スルコトヲ圖ルべキナリ、義勇公ニ奉シ帝室ヲ扶翼セント欲セバ、人々最モ體力ノ強壮ナランコトヲ要ス、是レ実ニ體育ノ必要ナル所以ナリ、既ニ智徳ヲ備ヘ併セテ完美ニ發達セル身體ヲ有スルトキハ、能ク國家ノ為メニ其力ヲ盡クスコトヲ得ベシ、且體貌骨格ノ健全ハ優良ナル心意ノ發達ト相伴フモノナレバ、我邦ノ人民ハ智徳ト倶ニ體格ノ發達ヲ希圖シ、以テ昌運ヲ扶翼スルコトヲ務メザルべカラズ、

是ノ如キハ獨リ朕カ忠良ノ臣民タルノミナラス又以テ爾祖先ノ遺風ヲ顕彰スルニ足ラン

國ノ臣民タルモノ各々其盡クスべキノ義務ヲ盡クシ、以テ我カ

天皇陛下ノ盛旨ニ奉對ス、即チ陛下忠良ノ臣民タルモノナリ、而シテ啻ニ　陛下ノ忠良ノ臣民タルノミナラズ、我邦古來忠孝ヲ以テ美名ヲ後世ニ傳ヘシモノハ即現在臣民ノ祖先ナリ、後ノ臣民タルモノ亦能ク祖先ノ志節ヲ継クトキハ、以テ祖先ノ模範ヲ践行シテ其ノ遺風ヲ顕彰スル者タルナリ、抑々國家ハ歴史的ノモノナリ、其國ニ固有セル祖先ノ遺風ハ其國精華ノ存スル所ナリ、我ガ邦人ハ忠良孝純ノ美俗ヲ失ハズ、祖先ノ遺風ヲ存續シ、以テ東洋ニ於テ一種

優美ノ國民タルヘキナリ、

斯道ハ實ニ我カ皇祖皇宗ノ遺訓ニシテ子孫臣民ノ倶ニ遵守スヘキ所

忠孝彛倫ノ道ハ　皇室祖宗ノ後世ニ垂貽シタマヒシ所ニシテ、臣民ノ倶ニ依遵恪守スベキノ道ナリ、此ノ高尚ナル風教ヲ固有スル所ノ子孫臣民タルモノハ、前ヲ承ケ、後ニ傳ヘ、将來ノ子孫臣民タルモノヲシテ、永ク此ノ餘風ニ感化セシムベキナリ、

之ヲ古今ニ通シテ謬ラス之ヲ中外ニ施シテ悖ラス

忠孝友和朋友相信シ恭倹法ヲ重シ國ヲ愛シ義ニ殉フハ、古人ノ屡々稱道シテ子弟ニ教ヘシ所ナルガ故ニ、今人或ハ之レヲ以テ陳套トナシ、新奇ノ説ヲ求ムルガ如シ、然ルニ日常彛倫ノ教ハ簡易明白ニシテ幾千年ノ久シキヲ経ルモ、決シテ差謬アルベキニアラズ、唯文化ノ程度及ビ風俗習慣ノ變動ニ因リテ、或ハ之レヲ行フノ方法ヲ異ニスルコトアルベシト雖ドモ、其主義精神ニ於テハ、古今同一ナルベキハ毫モ疑フヘカラサルナリ、且ツ夫レ舊キモノ必シモ誤謬ナルニアラズ、新シキモノ必シモ真誠ナルニアラズ、新舊ハ物ノ正邪ヲ判スベキ標準ニアラザルナリ、彛倫ノ教ハ社會成立上必然ノ勢ニ因テ成ルモノナレハ、如何ナル國ニアリテモ、其國ガ文化ニ進メル以上ハ、東西ノ別ナク、中外ノ差ナク、總ペ《(ママ)》テ同一ノ軌道ニ依遵スベキ者ニシテ、獨リ我邦ニ限ルニアラザルナリ、

朕爾臣民ト倶ニ拳々服膺シテ咸其徳ヲ一ニセンコトヲ庶幾フ

人々個々其行ヲ完クセント欲セバ、必ス一種高尚ノ理想ヲ構成シ、此ノ理想ニ向ヒテ進行セザルベカラズ、然ラバ一國ノ人民モ亦同一ノ理想ニ依遵シ、万衆心ヲ一ニシテ、勉焉之レニ達センコトヲ務メザル

ベカラズ、是レ即チ國民進歩ノ方針ニシテ、高等文化ノ域ニ入ル為ニ必ス要スル所ナリ、蓋彝倫義勇ノ教ハ凡ソ臣民タルモノ、服膺セザルベカラザル所、即チ我邦人ノ文明ニ達スベキ徳義上ノ法則ニシテ、又之レヲ一國ノ理想ナリト稱スルヲ得ベシ、吾儕臣民ハ

天皇陛下自ラ衆庶ト其徳ヲ一ニセンコトヲ希望シタマヘルノ聖勅ヲ奉戴シタリ、安ンゾ孜々努力シテ

陛下ノ叡慮ニ副フ所ナカルベケンヤ、

（梧陰文庫B―四二五八）

編者曰　本書は井上毅「勅語衍義」の浄寫本にて、全文他筆による（文事秘書局罫紙四十一枚）。なお「梧陰文庫」中に、井上家執事齋土繼雄が大正十一年十月八日に謄寫せし別の浄寫本一本あり（梧陰文庫Ⅱ―八四九―⑧）。

一八　國際法ト耶蘇教トノ關係

〔明治二十四年〕

（井上自筆墨書）「國際法ト耶蘓教トノ關係」

吾人歐洲學者ノ著セル交際法ヲ繙閲スルトキハ、其ノ書中ニ於テ屢々「ソシエテー、ヨウロペヤ《ア》ン」（歐洲社會）ト云ヘル慣用語○《アル》ニ觸目シ、又同一ナル意義ニ於テ、「キリチヤン、プアミイユ」（耶蘇教親族）ナル熟語ヲ使用シタルヲ見ル、（井上自筆墨書）「此ノ二ツノ慣用語ハ共ニ交際法ノ行ハル、區域ヲ指スモノナリ《ニ外ナラズ》、」吾人ハ之ヲ見ルノ始ニ於テ奇異ノ思ヲ為サザルコト能ハズ、更ニ之ヲ再思シテ後ニ現今ノ歐洲人ノ所謂交際法ナルモノハ、即チ専ラ歐洲社會ヲ成セル（今日ハ歐米）列國ノ間ニ行ハル、モノニシテ、換言スレバ耶蘇教國ノ相互ノ間ニ行ハル、ノ慣例ナルヲ知ル、果シテ然ラハ、交際法ハ耶蘇教ト密着ノ關係ヲ有スルモノニシテ、耶蘇教國ニアラザル即チ歐羅巴人ノ教友タラザル○《東洋》各國ニ於テハ、此ノ交際法ヲ需用スルノ必要ナク、又之ヲ利用スルノ資格ナキモノナリ《、如シ》、彼ノ支那政府カ明治七年ニ我カ派遣大使ニ《ノ》議論ニ荅辯シテ、萬國公法ハ専ラ泰西諸國ニ行ハルルモノニシテ、日清ノ間ニ關係ナシト謂ヘルハ最モ一理アル見解ト云ハザルコトヲ得ズ、吾人ノ交際法ヲ喋々スルハ、是レ門外漢ニシテ、室内主客ノ饗宴ヲ羨ムモノニ過キサルカ如シ《似タルコト無キヲ得ンヤ》、是ニ於テカ、頴敏ナル政事家《政策田家》ハ左ノ二ツノ問題ヲ設ケテ、○《政事家ヲシテ》其ノ一ヲ擇ブコトニ躊躇セザラントス《ヲ試ミル者アリト假定セン》、

（甲）有形及無形ノ社會ヲ改革シテ、邪《耶》蘇教友國ノ列ニ入ルベシ《キノミ》、

（乙）然ラザレハ別ニ一局ヲ為シテ、歐洲交際法ノ區域ノ外ニ立ツヘシ、

機敏ナル思想ト匆忙ナル判断トヲ以テ急遽ノ間ニ看過スルトキハ、此ノ二ツノ提案ハ凡眼ニ超越シタル異常

ノ卓見ナルガ如シ、

唯々否々其レ然リ、何ソ其レ然ラン、凡ソ社會ノ事柄《物》ハ、諸般ノ歴史上ノ經過ト及諸般ノ境遇ノ事情ト○《ヲ》収拾湊合シテ、以テ推考ノ資料ヲ完備ナラシメ、然ル後ニ一割ノ結論ヲ下サヾルベカラズ、況ンヤ此ノ○《如キ》國家ノ方向ニ關スル大事ニ於テ、請フ一知半解ノ所見ノ為メニ太早計ニ誤マラル、コトナカレ、

余ハ熟々交際法ノ淵源ヲ溯求シテ、其ノ邪蘇教ニ於ケル關係ノ依テ來ル所ヲ了解スルヲ得タリ、

國際法ト邪蘇教ト密着ノ關係アル原因ハ如何、

第一　國際法ノ起ルハ戰國ノ時ノ戰守同盟ト及戰後ノ和親ノ盟約ニ起因ス、此ノ徃古ノ列國盟約ハ交際法ノ第一期トモ称スヘキモノニシテ、現在亜米利加ノ「インヂアン」ノ如キモ亦戰後ニ和親ノ盟約ヲ為ストキハ、必ス鬼神ニ對シ宣誓スト謂《云》フ、又支那ノ古ニ、血ヲ歃テ盟フコト《ノ例》アリシ、蓋盟約ノ制裁ハ之ヲ鬼神ニ訴フルノ外、他ニ○《信守ヲ表明スルノ》方法ナケレハナリ、此○《レ》ヲ以テ交際法ノ始メ《源》トシテ観察スルハ交際法學者ノ公認スル所ニシテ、余カ私言ニ非サルナリ、「(井上自筆墨書)佛人フオンク、ブランタス氏及アルベルト、サレル氏著國際法要略ヲ見ヨ、」果シテ然リトセハ、交際法ハ盟約ニ基キ、盟約ハ天神ヲ以テ第三者トスルノ事實ナルコト燎《瞭》然ニシテ、交際法ト神教トノ關係ハ蓋其ノ起《始》源ニ胎生スルト云フモ可ナリ、○《近世ニ於テモ》彼ノ那破侖一世ニ反對セル各國ノ《カ》神聖聯盟ト称ヘシカ如キ亦其證トスヘシ、

第二　歐洲ノ中古史ハ、實ニ列國均勢ノ局面ヲ開造シタリ、而シテ中古史ノ初期ハ十字軍ニ始マル、此ノ時ニ當リテ亜剌比亞ノ「マホメット」起リ、「マホメット」教徒ノ猛暴ト其ノ絶世ノ智勇トヲ振ヒ、將ニ「ダニウブ」河ヲ渡リ、歐洲ノ中都ヲ進衝セントシ、是レニ継テ土耳其歴代ノ猛主ハ、又其ノ累捷ノ兵力ヲ以テ歐洲ノ全土ヲ蹂躙セント企テタリ、而シテ歐洲ノ人民ハ非常ノ恐懼ヲ感シタルノ後、又非常ノ憤激ヲ起シ一蹴シテ教敵ヲ驅除シ、僅ニ其ノ國土及人種ヲ保全スル

コトヲ得タリ、此ノ時歐洲人ノ唱フル所ノ宣言ニ曰、我カ神教ト我カ國土トハ將ニ絶滅ノ禍ニ沈マントスト、此ノ時ノ邪蘇教人民ノ奮起ハ歷史上ノ一大變局ヲ現ハシ、同時ニ歐洲各國合縦列峙ノ形勢ヲ作リタリ、而シテ歐洲人ノ思想ハ今ニ至ルマデ、子々孫々相遺傳シテ深ク心胸ニ感染シ、列國ノ社會ハ邪蘇教ヲ保護シ、「マホメツト」教ヲ公敵トシテ、之ヲ排除スルヲ以テ、其ノ最後ノ目的ト為スコトヲ忘レザリキ、

第三　交《國》際法ノ主唱者ハ十七世紀ニ於ケル和蘭ノ碩學「ヒユギー、グロチユス」氏ナリ、氏ハ性法ノ發明者タルト《ニシテ、吾人ノ尤欽仰スル所タルト》同時ニ、又○《熱心ナル》耶蘇教ノ深信者タリ、「グロチユス」氏ノ○《國際法ノ》著書ハ半ハ耶蘇教ノ口氣ヲ以テ充塞サレタリト謂フモ可ナリ、其ノ後○《百年ノ間》氏ニ繼テ交《國》際法ヲ祖述スル者、多クハ皆其ノ窠臼ニ墜チテ其ノ範囲ノ外ニ超出スルコト能ハズ、邪《耶》蘇教友《民》ヲ保護スルノ名義ハ、是レヲ以テ外國ノ內政ニ干渉スル權利ノ一トシテ論スルノ偏見ヲ公認スルニ至レリ、又何ソ各家ノ著論ニ於テ歐洲列國ヲ称シテ、邪蘇教親族トスルヲ○《國際法ノ》慣例《用》ト為スニ至レルコトヲ怪マンヤ、

以上三ツノ理由ハ、均ク國際法ノ緊ク邪蘇教ノ束縛ヲ蒙リタルノ原因ナリトス、

吾人ハ既ニ國際法ト邪蘇教トノ關係ヲ歷史的ニ研究シタリ、此○《レ》ヨリ進テ近世ノ經過ト現今ノ實《状》況トヲ考察シ、以テ實際ノ適用ニ於ケル方針ヲ論定スルノ資料ニ供セザルヘカラズ、

國際法ニ於ケル邪《耶》蘇教ノ關係ハ近世ニ至リテ一ノ變化ヲ顯ハシタリ、其ノ《ヲ》原因○《及実況》ハ「如何ト謂フニ、」(井上自筆墨書)

第一　各國ノ利益　歐洲各國ハ「マホメツト」教國ニ對シ、久シク外其ノ侮ヲ禦クノ聯合ヲ保チタリシニ、千六《五》百四十年ニ至リ佛國ノ「フランソアー」第一世ハ墺國ノ「シヤールカン」帝ニ抵抗スル為ニ、土耳其ノ「ソリマン」帝《第二世》ト密約ヲ結ヒ、遂ニ○《千五百》四十三年ニ至リテ有名ナル「カピチユラシオン」ト名ケタル公然ノ條約ヲ締結スルニ至レリ、此ノ時歐羅巴各國ハ佛王ノ宗

教上ノ信誼ニ背ケルヲ非難セリト雖、歴史家ノ評スル所ニ依レハ、此ノ時若シ佛王ヲシテ土耳其ト結フニ躊躇セシメハ、必ス墺帝ノ為ニ先鞭ヲ着ケラレシナラン〔ト云〕○、〔(井上自筆墨書)〕「ヂユリー氏著中古史」是レ歐洲ノ邪蘇教親族ノ破烈〔裂〕シタル第一着ナリトス、近世ニ至リテハ那破侖第一世カ埃及ヲ征スルニ當リ、「ネルソン」ハ英國○〔海軍〕ノ全力ヲ用キテ之ヲ海峡ニ防キシニアラズヤ、露國ノ教友ヲ保護スル名義ニ於ケル進軍ニ向ヒ、英佛ハ土耳其ヲ助ケテ激烈ナル希臘〔「キリシヤ」〕ノ戦争ヲ為セシニアラスヤ、其ノ他〔近來〕儒教ノ祖國ト邪蘇教ノ一大國ト聯合ノ密約アリト風聞ヲ傳フルノ新聞紙アルヲ見ルモ、人其ノ事實ニアラサルヲ疑フモノアレドモ、其ノ邪蘇教親族ノ信誼ニ關係リ非難スルモノアルヲ聞カザルナリ、〔二非スヤ〕是レ豈交際法ノ一大變局ニアラズヤ、蓋縦横競争ノ世唯勢力如何ト視ルノミ〔ノ利益ニ急ニシテ〕、而シテ専ラ〔宗〕教友ヲ扶ク〔ニ死生ス〕ルノ時代ハ既ニ過去ニ屬シタリ、

第二　學術ノ進歩　國際法モ亦他ノ法律及諸般ノ學術ト倶ニ長足ノ進歩ヲ為シ、漸クニ中古ノ迷堺ヲ脱シテ、眞理是レヲ求ムルノ目的ヲ成就セントス、「ブルンチュリー」氏ハ其ノ編纂セル國際成典ニ於テ、東洋ノ極端ニ於ケル日本國モ亦國際法ヲ受用シタルコトヲ揚言シ、又○〔日本カ〕千八百七十年ニ於テ局外中立ヲ公布シタルコトヲ證擧シタリ、近來各國ノ國際法學者ハ國際法萬國協會ヲ組織シ、益々國際法ノ進歩ヲ圖リ、漸クニ其ノ勢力ヲ列國ノ上ニ及ホサントス、而シテ此ノ協會ニ於テ、東洋各國ノ歐米ト平等相互ノ條約ヲ締結シ得ヘキヤ否ハ、其ノ重大〔要〕問題ナリト雖、此ノ問題ヲ判決スル為ノ材料ハ一ニ其ノ國ノ文明ノ程度、換言スレハ法律制度ノ整備セルヤ否トニ關シ○〔テ〕疑點ヲ遺スモノニシテ、曽テ宗教ノ異同ヲ以テ断按ト為スヲ聞カズ、右ノ二ツノ現象ハ、漸ク〔既〕ニ國際法ノ面目ヲ一變シテ、無形ノ羈軛ヨリ離脱セシメントノ傾向アルハ疑フ可ラザルノ事實トシテ、之ヲ徴證スルコトヲ得ベシ、余ハ歴史及學術ノ範囲内ニ於テ観察スルノ區域ニ論〔余カ説〕ヲ止

ムヘシ《メ》、此○《レ》ヲ過○《キ》テ以往ハ政事家ノ運用如何ニ存スルヲ以テ茲ニ多言セズ「唯《ト雖仍（井上自筆墨書）》左ノ一《数》言ヲ以テ案ヲ結ハントス、曰、

爾ノ内國ヲ治メ、上下《人心》一致シテ乱離ノ傾キ無ラシメ、○《爾ノ禮儀ヲ慎ミ、爾ノ文明ヲ進メ、又爾ノ教育及》爾ノ國ヲ冨マシ、爾ノ兵ヲ強クシ、列國ノ際ニ《必要ナル》勢力ヲ有スルニ至ラハ、國際法ハ○《宗》教ノ異同ヲ問フニ暇アラズ○《シテ》、將ニ來リテ、爾ト相迎ヘントス、」

（梧陰文庫B—二九九三）

編者曰　本書は『井上毅傳史料篇第五』「雜載」所収文書五六「國際法ト耶蘇教トノ關係」の草稿にして、修正加削は井上自筆を以て墨書す。尚又、本書は井上の自筆にて「國際法ト耶蘓教との関係」と墨書せる封筒に収む。

一九　病餘小言　後進の士に望む

〔明治二十四年〕

病餘概《小》言後進の士に望む　第二

余ハ政黨に望む、余ハ外に對してハ政黨なきを望む○《者なり》、余ハ左に記する事件に付、余か杞憂をして百歳の後一場の囈話たらしめんことを望むものなり、

高尚なる政事哲学士某君ハ嘗て余が為に言へることあり、曰、我國民ハ一の有所不為の限界を守らざるべからず、何ぞや、黨争急迫の際に至りても外援を求めて以て後禍を遺すべからざること是なり、一旦緩急肌に切なるに當りて脊に腹はかえ《へ》られずと云へる俗諺の如く、寧ろ外援の力を借り以て内敵に當らんとの策に出でざることなきを保たず、我國の将來に於て、萬一にも一の万敬塘を出す《比の誤を踏ムか》如きことあらば、國の運命ハ終に為すべからざるに至らんと云へり、余ハ切に此の言に同感を表する者なり、

夫何等の人も、幽谷を出でゝ喬木に遷るためにハ、多少の艱険なる境遇を經歴せざるはなし、何等の國も、文明強大の列に進むためにハ其○《の》内部に於て多少の變動を經過すべし、此の變動の勢は黨派の軋轢ともなるべし、而して其○《の》軋轢は一勝一敗非常の高等《度》に達することもあるべし、是れ勢の或は免れざる所にして、比較的に言へバ、深く憂ふるに足るものにあらず、但争議變して怨讐となり、惨毒苦肉轉輾相報復し、何等の方法も用ひざる所なく、満身情火のために支配し去らるゝに至らば、世人の眼中に國家あることを遺失し、從て内外親疎の義を忘却することなきを保証し難し、勝敗の機、已に肌膚に切ならば有所不為の限界ハ果して越ゆべからざるの鐵壁たるを得る歟、若し外事問題に関係し、隣交境遇の為に摩挲され、甲恩乙怨左秦右越隱然聲勢を為すの情況を現ずることあらば、其○《の》結

果の変態は如何なるべきや、古語に曰、隣國嗷々英主之資と、假令我に萬々石敬塘《機心》あることなきも、彼の為に乗ずべきの機を《乗スへきの隙を》挑まるゝことなからんや、旧幕の末、ナポレオン三世が其○《の》安南に施したる故智により幕府に應援して、以て東洋政畧の機會を作らんとし、幕府の之を謝絶せしは人の知る所なり、直接の干渉は人皆其○《の》謝絶すべきを知る、間接の干渉は或ハ其○《の》謝絶すべきを知らず、戰時の應援ハ人皆其○《の》疾惡すべきを知る、平時の應援は或ハ其○《の》疾惡すべきを忘る、足を挙ぐること一たび誤れバ國家千載の憂を貽す、豈深く戒めざるべけんや、

世人ハ安南の佛國のために占奪せられたるを見たり、嘗て其○《の》占奪の禍の從て來る所を尋ねたる歟、今を距ること一百年餘、安南分れて両國となり、其の北部なる東京の地ハ鄭氏の據る所となり、南部なる下交趾の地は阮氏の占むる所たり、阮王嘉隆か時に當りて叛臣阮文岳勢を得て、阮王孤危に瀕したれば佛國の宣教師ピニヨーか勸めに從ひ、太子年僅かに六歳なるをピニヨーに附し、佛國に遣はし應援の約を訂結せしめたり、西暦千七百八十七年阮王既に佛軍の援を得て纔に其の内乱を鎮定したりしも、其○《の》後佛王路易十八世は旧交を修むるを名とし、安南に逼り阮王使を拒み交を絶たんとし勢既に不可なるに至り、遂に佛國遣る所の海軍のために破られ、千八百四十七年後ナポレオン三世其の罪を問ひ、柴棍府を奪ふに至れり、千八百五十六年其の他印度の英國のために占據されしは、其の各部の君長が隣敵と戰ふために應援を英國の印度コムパニーに求めたるを禍源とするハ世人の知る所なり、戰國の縱横の策は獨り戰時のみならす、温言和氣の中にも伏在せざるハなし、其○《の》甘きこと蜜の如く、其○《の》鋭きこと刃の如し、

文明の程度、尚低きの國民に在てハ、怨讐報復の念最も強盛にして、感情の第一位を占むるを常とす、アメリカのインヂアンは其○《の》怨敵を殺したるに滿足せす、其○《の》脳を穿ちて之に燭を點し快を醫すと云ふ、

（抹消）

中央亞細亞天山の麓、支那にて新疆と名くる一帯の地は《にお》支那《いてハ》人種と回教人種と從來戰闘の地にして轉輾相報復し、互に屠殺して遺類なからしむるを期し、遂に千里蕭條として人烟稀疎なるに至りたり、嘗て回教人種が一都城を陥れし時、其市民を殘殺して猶足らず、故らに夫の死屍を烹其婦をして薪を添へしめて、以て樂みとせしことあり、蓋怨火其高度に達する時は良心滅絶し至らざる所なきなり、夫怨讐の流禍は此の如し、而して余は其一轉して意想外の旁徑に落ることなきやを憂慮するものなり、

何の國か党論なからん、何の世か争議なからん、唯文明の民は良心公議の基礎の上に立ち、陋野の民は私讐忿怨の下に墜ち《つ》、（井上自筆墨書）「此レ其の異なる所なり、縦令如此の極点に墜ちづとも、怨火高度に達する時ハ良心絶滅し、」兄弟相鬩くの日、往々國家の何物たるを忘る、余か病なきに呻し痒なきに掻くハ豈由なからん乎、

人余を難するものあらん、今ハ國中昇平奎運日々に躋り、太平洋の大勢ハ其の一新國を推して東方文明の牛耳を執らしめんとするの時に當り、突然印度安南の不祥の例を挙けて、以て殷鑒とするハ言其序を失ふもの丶如しと、

余ハ此の言を設けて、以て消極的前言の過慮なるを疑ふと同時に、若世人にして如此非難を為すものあるを得は、余ハ國家の為に慶幸を祝せんとし、且余ハ又進て積極的に余か冀望を述へんとす、

何をか積極的の冀望とするや、夫レ外に對しては又政黨なし、今の條約ハ我國の經濟において一の覊軛なり、從價五分の輕税は以て内國の工業を成立せしむること能はざるに論なく、又内國の冨力を減耗せしむるの性質を有すること疑なし、我○《れ》に五分の輕税品を輸入せしめて、我か輸出する國品は彼れにおいて七《五》割以下乃至三割の（井上自筆墨書）重税を課収せらる、或る例外を除き、我か○《國》商業上《工》の「幼稚なるのみならず努力」駈引鬼神の如きにもせよ、決して競争場裏に利益○《ある位置》を占むること能はざるべし《へく》（井上自筆墨書）、「從て又

輸入の超過するハ自然の勢也、」況や其の他の運搬税及物産税を課することを禁阻せられたるをや、現條約を履行したる經驗上の結果は多言を假らず、明に已往二十年間の貿易表と經済境の密画の指示する所なり、若将來二十年間に更に之を續行せん歟、吾人今日の生活上の位置たも猶之を保つこと能ふべきや、吾人の子孫は終に何等の惨状に落入るべきや、故に條約改正の成否ハ実に我か國運吉凶の分界線の始点なり、今は吾人実に漏舩の中に臥せり、吾人仍進為の勇氣ありせハ宜しく全國を一團とし、智あるものハ智を致し、財あるものハ財を致し、全力の有る所を盡して、以て此の危亡の位置を脱離することを務めざるべからず、

吾人ハ前回の失○《敗》に挫折し、此の大事業に對するの用意《企望》冷淡なるか如きことなきや、或は普通の人情に支配され毀譽栄辱の纏牽《綿》する所となり、彼我黨論の間《區域》に跼促するを免れざるが如きことなきや、

夫維新已來の最大困難は、條約改正に過○《く》るものあらず、國權上に欠点ある條件附の改正を行ふの不可なると同時に、又一方にハ経済上に必須なる改正を要求することを怠るべからず、故に将來に此の困難を打破して空前の大事を成就する為には、決して一二人の智力の能くする所にあらず、唯國民一般の冀望を合一し、百私を棄てゝ○《一公となし》、當局者をして背後に國民なる保障あらしめ、堅牢なる基礎の上に運動せしむるの一塗あるのみ、此の要件を欠くときは、條約改正は永久に決して成るを望むの期なし、

世の眼中に國家あるもの、果して安南印度の不祥例の忌むべきを知らば、何ぞ必須なる條約改正の輿望《に對し》を喚起し并に國民の所見を一致することに務めざる○《や》、外に對してハ政黨なし、此の大事の公共目的の為にハ、十六年、十九年、二十一年に於《お》ける既往の事は一場の夢ならんのみ、何ぞ必しも破釜に後顧せん、齷齪の私心を忘れ天下の公道に立て、一揮以て衆説を翕合し、輿望を混同して帰一する所あらしむ○《へし》(井上自筆墨書)、「是レ豈國家に忠勇なる男子

の事にあらずや、」

約説するに條約改正を成就する○《為》の要件二ツあり、

第一　國民[少くとも]多数所見の一致

第二　此の問題における憲法政治の平和

他事ハ之を置き、條約改正にして國民の所見一致せざるときは、各黨各々旧塁を嬰守し、外事問題ハ黨論と混淆して互に黨敵を弋射するの秘機となし、國内の分裂は甚た悪兆を呈するに至らん、（井上自筆墨書）「而して印度安南の[殷鑑]《事》豈鑑戒の必要なからんや、」

（梧陰文庫Ⅱ―六七八―⑥）

編者曰　本書は「存議」（梧陰文庫Ⅱ―六七八）に収められしものにて、『井上毅傳史料篇第三』所収文書二三「病餘小言」第二の草稿なり（美濃紙八枚）。修正は井上自筆。本書の起草年代は「病餘小言」より推定す。尚、「梧陰文庫」には、「病餘小言」第一の草稿の一部も収む（梧陰文庫A―一〇九五、及びB―三七七一）。

二〇　倫理ト生理學トノ關係

〔明治二十四年〕

（欄外右下、井上自筆朱書）「一見乞返却　井上」

倫理ト生理學トノ関係

呼ンテ倫理ト謂ヘハ儒教主義ノ占有物ノ如ク世ノ人ノ心得ルソ口惜キ、倫理ノ関係元来《ハ元ト》人身生機ノ構造ヨリ生シ《二具ハリ》タル造化自然ノ妙用ニ起ルモノニシテ、古モ今モ東洋ノ人モ西洋ノ人モ、假リニモ人○《トシ人ノ》世ニ生息ス《ケ》ルモノ、遁《レ》ルコト能ハサル生活的ノ軌道ナリ、何故ニ人身ノ構造ノ自然ヨリ生ス《二具ハリタリ》ト云フヤ、先ツ第一ニ夫婦ノ事ヨリ説キ明スヘシ、夫婦ノ道ハ二人相集○《マ》リテ一ノ和合ノ作用ヲ為スモノナリ、一陰一陽一剛一柔ニシテ天地ノ妙用存シ子孫育ハル、是レ則チ《ゾ》人身ノ組織構造ニ生スル自然ノ理ナルコトハ誰人モ異議ナカルヘシ、（井上自筆墨書）「古典ニ諸冊二神の宣へる如く、」形体上ニ於テ○《モ》長短相合フノ妙用ニ均ク、其ノ天稟ノ真《心》理ニ於テ亦互ニ異ナル所ヲ以テ互ニ相助クルノ神機アリ、即チ男ハ剛勇ニシテ濶大高尚ノ徳ヲ有シ、女ハ温和ニシテ機敏精微ノ質ヲ有スルカ如キ、一ハ外ヲ治メ、他ハ内ヲ治ムルニ適當ナルノ固有ノ性能ト謂ハスシテ何ヲ乎《ザランヤ》、（此理ハブロンチユリ氏ノ政治學ニ詳ニ之ヲ論シタリ、參看スヘシ、）故ニ○《歐洲各国ニテモ》縦令「サリツクロー」ノ行ハレサル國ト雖モ、女子ニ政権ヲ有セシメザルハ各國ノ同キ所ニ非ス乎、彼ノ男女同権ノ説ハ唯私権ニ就テノミ、歐洲ニ稍其ノ傾向アルモ此レトテモ一モ夫婦ノ間ニ実行シタルノ例アルヲ見ス、

夫婦ノ間ニ於ケルト同シク、総テ倫理ノ關係ハ生理學ニ於ケル人身ノ組織構造ニ基カサルモノナシ、人ノ生ル、三年ニシテ父母ノ懐ヲ免カル、ト云ヘル如ク、凡ソ各種ノ動物ハ長キモ一年ニシテ獨立ノ生活ヲナシ得

ザルモノナシ、蓋人類程生育ノ遅緩ナルモノアラス、三年ニシテ懐ヲ免カルヽノミナラス、十五、六歳マテ父母ノ養育ニ依ラザレバ獨立シテ衣食スル技能ヲ有セス、各國ニテモ二十歳ヨリ乃至二十四歳ニ至ルマデヲ未成年ト定ムルカ如ク、父母又ハ後見人ノ支配ヲ離レテ全ク獨立自由ノ能力ヲ備フルハ二十三、四歳ノ長日月ヲ費スモノナリ、此レ人ノ下等動物ニ比較シテ父母ノ恩ヲ受クルコト、尤モ深厚ナルノ事実ニシテ、而シテ不思議ニモ其ノ反嚮ニ於テ、人ノ晩年老衰ノ境涯ニ於ケルハ、他ノ動物ニ比較スレハ尤モ衰落困憊ニ陥リ、子孫ノ扶助ニ依頼シテ僅カニ其ノ晩生ヲ全クスルコトヲ得ルモノタリ、此ノ人世ノ幼時ト老境トノ実況ハ以テ父慈ニ子孝ナルノ必要ヲ説明スルニ餘アルベシ、

第三ニ君臣ノ関係ヲ謂ハン、希臘先哲ノ謂ヘル如ク、人ハ政体的ノ[團結]動物トハ[ナリ、政体的ノ動物トハ]人ハ相集リテ團結シ相扶助シ相依頼シ相抱合シ相交換スルニアラザレハ、生活スルコト能ハサルノ性質ヲ云フ[固有セリ]、小ニシテハ村落アリ、大ニシテハ国家アリ、一家アレハ家長アリ、一國アレハ君主アリ、多衆相集マルノ間ニハ分業ノ法行ハレテ人ヲ治ムル者ハ人ニ養ハレ人ヲ養フ者ハ人ニ治メラル、此ニ於テカ政事アリ、而シテ又政府アリ、枝ノ別ル、モノハ其ノ本ヲ一ニセサル可カラス、目ノ區々ナルモノハ其ノ統[綱]ヲ一ニセルヘカラス、而シテ君道存ス、彼ノ亜非利加人又ハ南洋島蠻ノ如キハ其ノ蠢愚ナルコト殆ント獸類ト相去ルコト遠カラサルカ如クニシテ、而シテ著シク人類タルノ徴ヲ顕ハスモノハ、到ル處村落ニハ一ノ酋長アラサルナキヲ以テ之ヲ證明スルコトヲ得ヘシト謂フハ、探検家ノ筆記ニ備ハル所ナリ、此レ亦君臣ノ道ハ夫婦父子ト同シク人類ノ生機ニ基ク者ニアラスヤ、盖人ノ生ル、ヤ、空中ニ飛揚スルコト能ハス、又水中ニ潜行スルコト能ハス、歯角爪牙[ノ]以テ身ヲ衛ルニ足ルナシ、唯々人々相愛スルノ情ト團結相保ツノ力トハ、以テ乕豹豺象ヲ驅リテ百物ノ上ニ優勝ノ地ヲ占ムルニ足ル、若シ此ノ霊図

能無カリセハ一簇ノ裸虫其ノ噍類絶滅セシコト已ニ久シカラン《リシナン》、十萬ノ兵モ一將ヲ欠クトキハ以テ戰フコト能ハス、億万ノ衆モ一君ヲ欠クトキハ以テ立ツコト能ハス、白耳義国ノ國旗ノ銘ニ曰ク、統一ハ強ヲ為スト、團結ノ固キハ國民忠愛ノ情如何ト視ルノミ、

第四　兄弟ハ氏族ノ始ナリ、看ヨ、他ノ動物ハ夫婦父子ノ外ニ親属ナシ、人ノ氏族アリテ其ノ門類ヲ分ツハ又一種ノ高尚ナル靈智ニ原ツク○、《モノナリ》而シテ人ノ生ル、ヤ、其ノ智能ノ発達ノ遅緩ニシテ又漸進ナルハ必スヤ教育磨勵ノ力ニ依ラスンハアラス、此レ他ノ動物ノ自然ノ技能ニ程度ノ限アリテ教育誘導ノ効ヲ見サルモノト同シカラス、故ニ人類ノ生活ノ法則トシテ、長者ハ幼者ヲ率ヰ、先進ハ後進ヲ導カサルヲ得ス、此レ亦長幼ノ序ノ依リテ生スル所ナリ、

第五　朋友ノ信ハ是亦人ハ社會的ノ《團結》動物ニシテ、孤立的ノ動物ニ非サル原理ニ基ツクモノニシテ、群生シテ榮ヘ單生シテ枯ル、ハ亦人類生機ノ然ラシムル者ナリ、此ノ原則ハ近時ノ熟論ニシテ尤見易キノ道理ナレハ、茲ニ更ニ喋々セズ、

更ニ之ヲ覆論スルニ、夫婦ノ道ハ總テノ動物ニ通シ、牝牡直覺ノ運用ヲ同シクスト雖モ、父子ノ關係ニ至リテハ數尋ノ動物ハ只父母ノ穉児ヲ慈ムノ事實アルヲ見ルモ、子ノ父母ニ孝ナルノ事実アルヲ見サルハ其ノ生体ノ構造ニ於テ必要ナキニ依ル、故ニ父母ニ孝ナルノ道ハ之ヲ人類ノ最高動物タル一ノ徴驗ト云フヘシ、君臣ノ義ハ群生的動物中一種類ニ限リ此ノ一種ノ関係ヲ生スルモノニシテ孤生的ノ動物ニ曾テ見サル所ナリ、群生的ムシム政体的ト称フヘキ○《團結》動物ハ其ノ最靈最高ナル者ヲ人類トシ降リテ遠隔ノ距離ニ於テ蜂ト蟻トニ於テ其ノ彷彿ヲ見ルコトヲ得タリ、故ニ人ノ倫理アルハ其ノ身体ノ生機ノ構造ニ基クコト疑ヲ容ルヘカラス、果シテ然ラハ此○《ノ》原因ヨリシテ左ノ結論ヲ生ス、曰倫理ハ普通人類ノ當ニ講明ス可キ所ニシテ、之ヲ古今ニ通シ之ヲ中外ニ施シテ遁レント欲シテ遁《レ》ルコト能

ハス、避ケント欲シテ避《ケ》クルコト能ハサルモノナリ、誰カ倫理ヲ以テ儒教一家ノ主義ト云フヤ、又之ヲ以テ東洋一種ノ舊套トシ視ルヤ、海ノ東西ヲ問ハス世ノ古今ヲ論セス、何等ノ論理モ吾人ノ呼吸生息スル生機ノ原則ニ抗抵《シ》スルコト能フヘカラス、個人ノ生活ト倫理ノ関係ハ、譬ヘハ目ト色トノ如シ、色ナケレハ目ナシ、暗室ニ幽蔽シテ目五色ヲ見サレハ其ノ目即チ盲ス、人ニシテ倫理ノ關係ヲ矢ハ、生機即チ絶ヱン、余ハ儒家者流ノ倫理ヲ以テ一派ノ専有物ノ如ク誇稱シテ他ノ百家ヲハ無父無君ナド、言ヒ罵ルヲ厭フト同時ニ、又世人カ倫理ヲ以テ儒教主義ノ特産ニ帰セントスルヲ笑フ者ナリ、

（梧陰文庫B—三〇二五）

編者曰　本書は、井上が『國家学會雜誌』第四拾八號（明治二十四年二月十五日發刊）に發表せし「倫理ト生理學トノ關係」を底本に、井上が朱墨二度にわたり修正を施せしものにして、又井上の著作集たる『梧陰存稿』（『井上毅傳史料篇第三』所収文書二六）の巻一に収められし「五倫と生理との關係」の草稿なり。

尚、起草年代は「倫理ト生理學トノ關係」の發表年より推定す。

二一　陸軍少佐福島安正君顕彰文案

（明治二十五年）

西伯利亜ヲ經テ旅行スルモノ多シ、（井上自筆墨書）「皆車ニ乗リ轎ニ乗ル者ナリ、」馬ニ騎シ西伯利亜ヲ旅行スルモノ、蓋我カ陸軍少佐福島君其人アルノミ、君カ輕装孤鞍伯林ヲ発スルニ當リテ、欧州ノ人一時喧傳シテ君ノ志ヲ壮トシ、且ツ君ノ行ヲ危ム、而シテ君ハ今既ニ九ヶ月ヲ經テ方ニ此ノ遼遠ナル長程ノ半ニ在リ、

西伯利亜ノ官道ハ單身ニシテ旅行スルモ亦難シトセス《ザルヘシ》、若夫朱緬《チユメン》ヨリ巴拉巴《バラバ》曠原ヲ經テ額尓斉斯《イルチス》海岸ニ沿ヒ、賽密披拉廷斯克《セミパラチンスク》ニ由リ大阿尓泰《アルタイ》山脉ヲ越エテ外-蒙-古ノ境ニ入リ、烏里雅蘇台《ウリヤスタイセ》ヨリ庫倫《クーロン》ニ至リ、再ヒ北折シテ恰克圖《キヤクタ》ニ向ヒ、義尓古徳斯克《イルクトトスク》ニ達スルニ至テハ、欧州ノ奇ヲ好ミ険ヲ探ル者ノ未タ嘗テ夢見セザル所ナリ、

吉《キ》-尓《ル》-稽《ギ》-斯《ス》及準葛爾ノ種族ハ種族ノ民半ハ支那ニ属シ、半ハ露西亜ニ属ス、而シテ皆游牧ヲ事トシ、強悍ニシテ不馴ナリ、行旅必ス隊ヲ結ヒ、警戒シテ以テ剽掠ヲ免ル、而シテ君ハ則チ單騎孤劍其ノ間ヲ經過ス、其ノ強膽勇進蓋又思フベキノミ《ナリ》、

古、匈奴ノ盛ナルニ當テ、南沙漠ヲ越エ長城ニ迫リ○西鳥孫○月氏ヲ逐ヒ、長驅シテ「ダニウブ」河ヲ渉リ歐州ヲ震動ス、今ノ外-蒙-古ハ蓋、匈奴崛起ノ地ナリ、中古鐵《テ》-木《ム》-眞《ジン》ガ亜細亜全部ヲ席捲スルヤ、今ノ西伯利亜及外-蒙-古ノ地ヲ以テ長子木赤《ジユチ》ニ與ヘテ欽察《チンチヤ》國トシ、以テ察哈台《チヤムガタイ》ノ中-央-亜-細-亜、及窩濶台《オコタイ》ノ支那ト相鼎峙セリ、今君ノ經過スル所ハ蓋、當時ノ欽察國ヲ貫クノ道ナリ、想フニ君山ヲ越エ漠ヲ絶《ワタ》リ、圖ヲ案シ古ヲ吊シ、英雄ノ故墟ヲ問ヒ、古今盛衰ノ跡ヲ考フ、其ノ地理及史学ニ於テ得ル所豈少小ナラン乎、此レ亦君ガ熟路ヲ棄テ艱険ヲ冒スノ志ナラン歟、

陸軍少佐福島安正君顯彰文案

我輩君ノ遠行ヲ壮トシテ、其ノ身軀健全、百艱ニ撓マズ、数千里ノ途ヲ經テ以テ東海岸ニ達スルノ期ヲ誤ラザルヲ冀フコト甚タ切ナリ、今同志相集リ、一面ニハ郵信ヲ以テ君ガ旅中ノ平安ヲ祝シ、賛嘆ノ意ヲ表シ、一面ニハ君ガ海ヲ渡リ歸朝スルノ日、集合歓迎シテ以テ君ガ名譽ヲ顕[揚]彰スルノ備ヲ為サントス、亦豈止ムコトヲ得ン乎、

（梧陰文庫Ⅱ—七〇一）

編者曰　修正加削は井上自筆墨書（美濃紙二枚）。本書の草稿を梧陰文庫B—四〇一四に収む。

二二　漢文の價値

〔明治二十八年〕

漢文の價値

井上　毅

漢文をも存するハ、何の要やハある、漢文を存するハ聊も要なし、几上に堆き、尋常序記應酬の類ハ、皆一炬に付したり、唯その中の、世道人心、經濟治道に、稍關係あるものと思へるハ、さすが其體の漢文なるが爲に、弃るに忍びざりしなり、

篇中、經傳幷に儒家の先覺を、憚なく誹り罵りたり、詳かに聞くべき説あるか、曰病中筆重くして杵の如し、但し余ハ更に一歩を進めむとす、支那の病は、一言にして盡すべし、曰く文弱なり、此の病ハ、周公旦これを釀造して、千載の後に傳へたり、將來に異常の英傑ありて、洗新するにあらざれバ、此釀酒の毒ハ、長く曾紀澤が所謂ル永世の睡を覺すの妨となるべし、此の大病源の釀造者を、見出せし者ハ、偏枯の見ながら、我國の本居宣長、古賀侗庵なり、實に卓識といふべし、

試に思へ、三年之喪ハ通レ于二貴賤一。禮儀三百、威儀三千。不レ服レ闇、不レ登レ高。一獻之禮、賓主百拜。絃歌之聲、優游翺翔。亡國の釀素にあらずして何かせむ、山東捻匪の起れる、曾國藩の力に依り、撲滅に歸せむとす、偶々曾の母逝けり、曾三年の喪制に從ひ、鄉里に歸る、捻匪猖獗を極め、彼の有名なる僧鬱沁も、戰敗れて死するに至れり、國の獨立に志ある者ハ、言論を待ずして、得失を判斷するに容易《タヤス》かるべし、程朱以下ハ、朱子の自稱せる如く、腐儒空ク慨歎、無三策ノ靜ムル二狼煙一、（朱子文集）皆風痺不レ知二痛痒一之人、皆舟中講二大學一之人也、此の病を療するハ、政事上の改革の力の及ぶ所にあら

ず、儒家中に人ありて起り、儒説を革新して、支那上流の方向を一變するより外に、一の方便もなし、王陽明ハ稍々氣力ありし人なり、其の言に曰、堯舜之上善無レ盡、桀紂之下惡無レ盡と、惜哉其の世に出ること、仍ホ早かりき、

余ハ支那の哲理の、夙に高尚に達し、不滅の確説、已に千古の前に卓立せることを認む、曰、仁也者人之道也、一言にして足れり、大學中庸の經文、孟子盡心章の或ル條章の如き、實に金石鼎彝、宇内の寶なり、余ハ深く、此の寶鼎の、空しく汙泥に埋沒することを惜むものなり、歎息のまゝ筆を抛つ、

（『如蘭社話』）

編者曰　本書は明治四十五年五月十日發行の『如蘭社話』巻四十八に掲載されしものにて、その冒頭に「こハ井上子爵が、相州葉山の別業に養痾中、或人に答られし尺牘にて、其絶筆とも謂つべし、此ごろ其眞蹟を得たれバ、假にかく題して社話に掲げ、以て子爵が識見の卓越せる一斑を示すになむ、」との解説を付す。尚、本書は『井上毅傳史料篇第三』所収文書二一六『梧陰存稿』巻二の序文の淨寫本なり。

二三　濟世説

（表紙、太政官罫紙一枚）

「（欄外上、井上自筆朱書）
十六
（井上自筆墨書）
救濟之《世》説
」

（井上自筆墨書）
「濟世説」

在留北京英國公使「ウエド」氏カ支那ノ内地ヲ旅行シタルトキニ、支那人民ノ木葉ヲ以テ食ニ當ツルヲ見テ自ラ其葉ヲ食ヒ試ミタルニ、呑テ咽ニ下ラサリシコトヲ其紀行中ニ著シタリ、然ルニ此事獨衰亡《支那》ニ垂ントスル所ノ我鄰國ノ人民ノ景況ノミニ非スシテ、概ネ亜細亜大陸ノ常況ナリ、（抹消）現ニ我國ノ人民ノ十分ノ一ハ歳ノ屢々豊熟ナルニモ拘ラス、木葉草根又ハ海藻ヲ粃糠ニ混シテ糜粥様ノモノトナシテ、以テ饑ヲ凌クノ哀ムヘキ情況ニ落入リタリ、今若シ地方官ニ命シテ詳細ナル報告ヲ作ラシメハ、全國餓死ノ数○《ハ》驚クヘキ統計表ヲ得べシ、大坂ノ一市中ニ於テスラ一年ノ倒死ハ三千ニ上ルコト即《チ》○別表ニ具フル所ノ如シ、然ルニ地方官ハ之ヲ報告セサルノミナラス、却テ之ヲ隠蔽スル者ノ如シ、《ヲ常トス、》即チ凡倒死アレハ之ヲ掲示スルハ警察ノ規則ナルニ拘ラス、其觀美ヲ傷フカ為メニ○《却テ》掲示ヲ癈シタ《リ》ルハ大坂ノ警察ノ處置ナリ、

第一、内治挙ラサレバ國民ハ次第ニ困耗ノ有様ニ落入リ、其内十ノ一二ハ機ニ投シ利ヲ射リ幸福ノ豪族トナルコトヲ得ヘキモ、其七八ハ貧困ノ極○《点ニ堕落シ》哀ヲ丐ヒ濟ヒ《憐》ヲ求メ自ラ死ヲ救フノ急ナルカ為ニ甘ンシテ○《他邦他人ノ》奴隷トナルニ至ル《ラ》ントス、此レ乃外交ノ結果ハ亦専内治ノ何如ニ關係シテ将來一國ノ運命ヲ暗ニスル者ナリ、

（抹消）第二、縦令外交ノ関係ナシト雖《ハ暫ク之ヲ置テ論セザルヘキモ》、内治将來ノ爲ニ亦慮ル《甚タ危》ヘキ者《險ノ情勢》アリ、現ニ今二十三年國會ノ議員ニ撰挙セラルヘキ人物ヲ暗算スルニ、鹿兒嶋山口土佐熊本等数縣ヲ除ク外、大抵所謂改進党ノ人ニ非サルハナシ、若シ試ニ政府ニ反對スルノ思想ヲ以テ計畫セハ、○《國ニ》窮民多キハ攻撃《敵國及反對者》ノ爲ニ無雙ノ兵器ナルベシ、即チ歐洲ノ佛國ノ大變革及近時ノ社會党ノ○《逐年》猛烈ナルヲ以テ引証トスベキノミナラス、彼耶蘇教ノ初メテ起リテ一時ニ羅馬ノ末世ニ傳布シタルカ如キモ亦的例トナスベシ、左ノ一節ハ有賀長雄ノ譯シタル、トレイバル氏ノ文章ナリ、

羅馬帝國カ兵力及政治上ノ全盛ニ達セシトキハ宛モ是宗教及社會ノ上ヨリ見レハ○《宛モ》腐敗ノ極度ニ達セシ時ナリ、此時ノ人ハ「人生ハ當ニ一大宴會ノ如クナルベシ」ト云フコト《ノ語》ヲ以テ準則トシ、或ハ金銀珠玉ノ光マバユキ《眩耀セル》盃盤臺床《机卓》ノ間ニ飲食シ、或ハ宏壮華美《麗》ナル沐浴處圓戯場ニ歡樂ヲ取リ、上下皆勢力ヲ以テ最大ノ物トシ、良民ノ土地財産ヲ没収シ重税ヲ課スル○《重税》ヲ以《テ》○戰功ノ正當ナル報酬トシ、皇帝ハ只勢力ノ看板タルノミニシテ他ニ國民ニ對スルノ義務アルコト無カリシ、カ、ル次第ナ○《カ、》レバ社會ノ外面ハ華美ヲ極メシト雖、其華美ハ昔時地中海ヲ照シタル燐火ノ如ク腐敗ニ出テ腐敗ニ返ルニ過キザリシ、此時東方ノ属地ナル「シリヤ」ト云處ニ於テ、貧民等集合シテ互ニ慈惠ヲ施シ兄弟親愛ノ教ヲ奉シタリ、是即耶蘇教ナリ、

歐洲ニ於テ、外交均勢ノ急ナルト及法律カ主義ノ盛ニ行ハレシト及議院政事トノ結果ニ依リ、社會ノ勢力ハ専ハ《ラ》冨豪ト貴族トノ二種ノ門閥ニ傾向シ、貧冨甚シク隔絶スルヲ以テ當然ノ事トシ、法律ハ専冨民ノ財産ヲ保護スルヲ以テ目的トシ、政事家ハ専ラ内外交際ヲ以テ無上ノ資格トシ、仁愛ノ政ノ如キハ一モ《其》政事家ノ口ニ上ラザルニ至リシハ○《輓》近百年ノ有様ナリシモ、近時《、現在英ノ》「スペンサー」氏ヲ初メ《及》佛ノ「アコラス」氏等ノ説ニ依《如キハ》レバ、社會ハ断ヘス変遷ノ有様ニ進行スルモノニシテ、

草昧ノ世冣初ニ君主専制トナリ、一変シテ戰乱ノ世トナリ、再変シテ宗教ノ世トナリ、三変シテ法律ノ世トナリ、今ヤ法律ノ世ノ末局ニ遭遇シタル者ニシテ、更ニ一歩ヲ進メテ将ニ哲學《真理》ノ世トナラントスト云ヘリ、而シテ「アコラス」氏ハ又哲學《真理》ノ世トハ即チ仁愛ヲ以テ社會及政治及經済ノ根本トスルニ在ルコトヲ唱ヘタリ、又「ブルンチユリー」氏ハ政事上完全ノ目的ハ世ニ貧民ナカラシムルニ在ルコトヲ唱ヘタリ、

卓識アル學者ノ唱導ト及普通教育ノ進歩トノ効力ニ因リ、歐洲ノ政事家モ将來ニ於テ彼ノビスマルク氏カ鋭意決行スル貧民黨撲滅ノ警察規則ニ倚頼スルコトハ、永久ノ長策ニアラザルコトヲ知リ、一変シテ仁政ノ主義ヲ唱ヘ、務メテ貴族門葉ノ風俗ヲ節倹ナラシメ、以テ下等貧民ヲ救濟シ、力所及平等ノ点ニ歸向セシム○《ス》ルノ道徳政事ニ出ントスルハ既ニ其兆ヲ見タル者ノ如シ、(井上英ノ自筆墨書)「グラドストン」氏ノ「アイルランド」財産法案ノ如キ亦其一端ニアラズヤ、」

抑歐洲各國ハ、中古已來貧富ノ秩序ハ貴賤ノ秩序ノ如ク既ニ慣習ヲナシテ安固ナル者《人ノ怪マザル所》タリ、我國ハ僅ニ専制政治ノ區域ヲ脱シタル者ニシテ、歐洲ト全ク其事情ヲ殊ニスル者ナリ、専制政治ノ精神ハ外ハ武力ヲ主トシ、内ハ《故ニ》○強ヲ抑ヘ弱ヲ扶ケ、務メテ窮民ヲ恤ミ、以テ一般ノ人心ヲ牢絡スルニ在リ《ノ必要ヲ見ル、》、彼ノ支那ノ文王ノ岐邑ヲ治メタルニ鰥寡孤獨ヲ先ニスト謂ヘルカ如キ、我國仁徳天皇ノ高臺ノ歌、天智天皇ノ秋田ノ歌、及近世ノ上杉鷹山、白川楽翁等ノ政事ノ如キ、并ニ佛ノ那破列翁カ帝位《尤則ヲ取ラザルヘカラズ》ニ上ランガ為ニ、務メテ下等人民ノ心ヲ牢絡シテ、以テ普通投票ニ訴フルノ準備トナシタルカ如キ、是レ其証例ナリ、是ニ反シテ法律《治》政事ハ、主ニ中等以上ノ人ノ財産ヲ保護スルニ在リ、此一点ニ於テハ、予ハ哲學者ニ傚ヒ、将來ノ変局何等反動ノ点ニ傾向スル乎ヲ、未然ニ豫言スルコトヲ好マズト雖、唯我國ノ現今ノ事情ハ専制政治ノ區域ヲ脱シテ、逐次ニ一般社會変遷ノ順序ヲ《ニ》従ヒ、漸ク《鋭意》ニ法律《治》政治ノ範囲ニ進行セントスルノ日ニ當テ、當局ノ政事家タル者、彼ノスペン

サー氏ノ謂フ所ノ人、自愛㆓己國㆒ノ偏心ト、又是ニ反動スル翻テ愛㆓佗國㆒ノ偏心トヲ洗陰シテ虚心ニ○《遠大高超ノ》思想ヲ下シ、以テ我國ノ従來ノ社會ノ組織ト、及ビ晩近ニ迄行ハレテ深ク人心ニ涵染シタル慣習トヲ観察シ、又佗ノ一方ニ於テハ、歐洲ノ政治法律《治政治》ハ既ニ末運ニ屬シ、行便《々更》ニ○《針路ヲ》一変セントスルノ機會ニ當レルコトヲ洞知シ、鑑明衡平、一家ノ主義ヲ前人ノ踏襲セル軌轍ノ外ニ一《大》家ノ主義ヲ確立シ、以テ後世永遠ニ行フヘキノ標準○《極》トスルハ、必其人アランコトヲ信スルナリ、此事ハ我國ノ新ニ擧行セントスル立憲政体ニ於テ、実ニ根源《本》主義ニ關係スル者ノ如シ、

（梧陰文庫Ⅱ—六六七）

編者曰　本書は、井上の自筆にて「重稿原稿」と墨書せる封筒内に収められる、井上の著作草稿類を合綴せし一束中にあり。本書には二度にわたる修正が施されたり（美濃紙六枚）。第一次の修正加削を浄寫せしものが『井上毅傳史料篇第三』所収文書一七「經世論」なり。

二四　制可及拒否之王權

（表紙、美濃紙一枚）

「（井上自筆墨書）
制可及沮格《拒否》之王權
（井上自筆朱書）」

制可之權

議院ニ法ヲ議シテ國王之ヲ制可スルノ權ハ、各國建國法ノ同ク掲クル所ニシテ、其ノ制可ヲ拒ムノ權、亦其ノ中ニ在リ、「バンジヤマン、コンスタン」氏曰、行法權ハ、其法危險ナルヲ知ル時ハ、之ヲ抗拒スルノ權ヲ有ス、蓋シ己レ善-可セサルノ法ヲ勉強シテ行フノ政府アルコトナキナリ、若シ之レアラシメバ政府将ニ其ノ力ヲ失ヒ其體面ヲ失ヒ其ノ下ニ使役スル者亦其ノ命ヲ守ラザルニ至ラントス、人或ハ國王制可ノ權、暴横ニ病ムト云者アリト雖、亦代議員横断ノ甚キニ至ラズ、何トナレハ、國王及ヒ大臣ハ事業経驗ノ力多ケレハナリ、「プイランジエリ」氏曰、交架ノ政府立憲君主政体ヲ云フ、ニ在テ、國王ハ其政府ヲ構成スル三体ノ一タルヲ以テ、他ノ二体ノ決議ヲ沮格スルノ權威ヲ有ツコト、當然トス、其故ハ、第一ニ立法權ヲ行フニ、三体合同ヲ要ス、三体トハ上下二院及ヒ國君ヲ云、第二ニ若シ沮格ノ權、國王ニ属セサラシメハ、立法部ハ一ノ阻障アルヲ見ス、専横侵冒、以テ行政部ヲ蔑如スルニ至ラントス、

議決ヲ沮格スルノ權、分テ二類トス、其一ヲ全廢之權トス、全廢トハ、凡ソ法ヲ成スニ、國王ノ制可、必要欠クベカラサルニ属スルモノ、是ナリ、其二ヲ中止之權トス、國王一次或ハ両次制可ヲ拒ムノ後、立法部再三其ノ案ヲ進ムル時ハ、制可ナシト云ドモ、亦法ノ力ヲ成ス者、是ナリ、人謂フ、建國法ノ國王ノ手ニ成レル

者ノハ、多クハ全廢之權ヲ有シ、其ノ議會ノ手ニ成レル者ノハ、多ク國王ニ與フルニ中止之權ヲ以テスルニ止マルト、米利堅合衆國ハ、即チ中止ノ權ヲ用フ、*1

決議中止之法ハ、實ニ議會ニ與フルニ立法ノ全權ヲ以テスルナリ、何トナレバ、議會實ニ終決ノ權ヲ有シ、多少延畄ノ後ヲ待テ遂ニ其意ヲ達スルヲ以テナリ、

議決全廢之法ハ、國君ニ帰スルニ立法ノ一部分ヲ以テスルナリ、英吉利ニ於テハ、議決全廢ノ法ヲ用フト云トモ、千六百八十九年以後、殆ト二百年、王家此ノ權ヲ用フルコトナシ、蓋立憲ノ論ニ據ルニ、諸宰臣行フ所ノ國政ハ、國民ノ好ミヲ印スル者ナリ、故ニ國民ト政府ト諧同セザル時ハ、或ハ宰臣ヲ罷メテ、他ノ諸人ヲ用ヒ、或ハ議會ヲ解散シテ、以テ新撰議會ノ叶議ヲ待ツ、是レ両々不諧ヲ除クノ方法ナリ、議決全廢ノ法ヲ行フトキハ、前ト相反シ、往々議院ヲシテ萎薾ニ帰セシメ、又宰相諸臣ヲシテ民望ヲ失ハシムルニ至ル、

右エミルセヂウ氏ニ据ル、

拒否[禁停]《拒否沮格》ノ權

禁停《ウェト》ノ權トハ法律ヲ制定シ、又ハ之ヲ執行スルヲ拒ムノ權ヲ謂フ、

禁停ノ權ニ二種アリ、法律ノ制定ニ必ス國王ノ制裁ヲ要スルモノ、之ヲ「アブソリウ」ト云ヒ、一回若クハ数回裁制ヲ拒ミテ後チ遂ニ再ヒ議定上申アルトキ、更ニ君主ノ承認ヲ要セスシテ法ノ力ヲ成スベキモノ、之ヲ「シュスパンシーフ」ト云フ、

英國ニ於テ禁停ノ權「アブソリウ」ナル者ナリト雖モ、朝家此權ヲ行ハザルコト茲ニ二百余年ナリ、其他ノ立憲諸邦ニ於テモ此權ヲ実用○《シ》タルノ例甚タ少シナリ、

多クノ共和政治國ニ於テ、議院ノ決議ヲ歴タル法按ヲ以テ其再議ニ付スルノ權ヲ行政府ニ許シ、分權ノ主義ニ傷ケズト思惟セリ、此場合ニ於テ、若シ議院前説ヲ固執シテ変セザルトキハ、其決議ハ則チ法律ノ力アリトス、[仮令ヘ]合衆國ノ如キ大統領ニ於テ裁制ノ權ヲ有スルトモ亦然リトス、

合衆國

合衆國大統領ハ立法權ニ関スト考ヘラレズ、英國王ノ「アプソリウ」ノ禁停ノ権ヲ有シテ立法三府ノ一ト看倣〔做〕サル、ノ類ト異ナリ、合衆國ノ建國法ハ「シュスパンシーフ」ノ禁停ノ権ヲ以テ大統領ニ付スルノミ、

議院ノ議定ハ其事ノ如何ニ拘ラズ、大統領ノ認可《アップロバション》又捺印ヲ得タル後ニ非レハ法律ノ力ナシ、大統領若シ其議定ヲ認可セザルトキハ、之ヲ前キニ議決シタル議院ニ廻付シテ再議セシム、但シ別ニ其認可セザルノ事由ヲ副書ヲ以テ明示ス、

大統領ハ議決ヲ修正スルノ権ナシ、

大統領ヨリ再議ヲ求メラル丶トキハ、議院ハ更ニ調査シ三分ノ二ノ多数ヲ以テ之ヲ可否シ、大統領ノ意見書ヲ添ヘテ之ヲ他ノ一院ニ廻付シ、其議院ニ於テ決議ヲ經レハ、大統領ハ必ス十日以内ニ之ニ捺印スルヲ要ス、若シ此日限ヲ過キタルトキハ、大統領ノ捺印アラサルモ法律ノ力アリトス、

制可及拒否之王權

（梧陰文庫C―六九―㉕）

＊1　及那威

編者曰　修正及び圏點は井上自筆朱書（美濃紙四枚、太政官罫紙三枚）。尚「制可之權」には、『原敬関係文書』（第四巻書類篇一、原敬文書研究会編、日本放送出版協会刊、昭和六十年）に所載されし井上毅署名入りの異本あり（原本は原敬記念館所蔵、全文他筆）。

一五　佛譯四書序文

凢ソ古ノ寰宇中ノ大國ト称スル者ハ、多少悠遠ニ傳フヘキノ故跡ヲ世ニ遺サヾルハ莫シ、即チ阨日多ノ垤丘羅馬ノ捷門石柱伽藍寺観ハ、現ニ今猶後人ヲシテ目撃スルヲ得セシムル所ナリ、而シテ其故跡ノ中ニ就テ尤モ永久ニ傳ヘ世運ノ進力ニ盛大ナル勢威ヲ及ホス者ハ、蓋人智ノ大著作ニ過キタルハナシ、是レ曠世ニシテ希ニ得ル所ノ者ニシテ、世民ヲ人生必由ノ天路ニ導ク為ニ異常ナル垂象ヲ顕ハシテ、以テ一世ノ標的ヲ示ス者ナリ、今茲ニ我カ始テ佛朗西ノ譯ヲ與フル所ノ支那ノ典章ハ、即チ此ノ天工故跡ノ一ニ居ル者ナリ、

歐洲ノ諸國ヨリ其遺物ヲ競争セラルヽノ聲响ノ為ニ、東方ノ國ハ纔ニ積世ノ眠ヲ驚覺スルノ時ニ當テ、此ノ大國ノ経典遠ク開闢ノ古ニ出ル者ヲ表章シテ、周ネク世人ニ知ラシムルコト、蓋不要ナリトセサルベシ、是レ即チ人世異常ノ垂象ヲ発顕スル最好方法ナリ、

他ノ地球上ノ諸國ト均シク、東方モ亦変乱相継キ興亡相交ハリ、四千年來遞々數大国ヲ得タリ、而シテ多クハ其文献湮滅シテ傳フルコト無ク、或ハ僅ニ其藐然ノ跡ヲ遺スニ過キズ、即チダリユス國ハソラアストル氏ノ書傳ノ中ニ其政典ノ残簡断篇ヲ得、今人亦バヒロヌ、ペルセホリスノ尖宇碑記ノ中ニ其古傳ヲ発見シ、阨日多国ノ遺ス所篆畫ノ識文後人ノ讀マント欲シテ讀ムコト能ハサルコト已ニ二千年ヲ経テ、近コロ始テ其讀法ヲ発見スルヲ得タルカ如キ是ナリ、然ルニ此両大国ノ同時ナル他ノ邦國ハ、即チ支那印度ヲ指ス、幾ト四千年來天人諸種ノ変乱ヲ支拄シ、海中ノ断岩屹立シテ狂瀾ヲ回ラス者ノ如ク、世変ハ以テ天工経典ヲ指ス、ヲ壊ルコト能ハザルノ實証ヲ示シタリ、

支那印度ノ斯ノ如ク変轉相継ノ世界ニ在テ獨リ屹立シ

テ之ヲ保持シ、以テ百世ニ遺傳シタルハ異常ノ垂象ニ非ズシテ何ソ乎、盖シ両国ノ先哲其金鉄ノ手ヲ以テ初生ノ人民ヲ抱持シ、之ニ不磨ノ形体ヲ彫鐫シ、而シテ之ヲ銅盤ノ中ニ旋轉シテ、以テ銘刻此ノ如キノ固ク形質、此ノ如キノ久キニ傳フベキヲ致セシナルベシ、誠ニ人界ヲ主宰スル所ノ天律ノ跡其中ニ存スルモノアルニ非ズ乎、

支那ノ人文ハ信ニ地球上ノ最モ藐古ナル者ナリ、其正史ニ据テ之ヲ証スルニ、遠ク耶蘇紀元前二千六百年ニ泝レリ、盖シ書経ノ第一篇ハ虞書ヲ指ス、全世界第一ノ古典トス、紀元前第六世紀ノ後半ニ於テ、孔子ハ書経ヲ編叙セシモ其古ヲ好ムノ篤キヲ以テノ故ニ、敢テ擅ニ経典ヲ変更スルコトヲ為サヾリシ、且支那ノ文章ニ据テ論スルニ、経典ノ文近時ノ文ト全ク相同カラザルコト、猶十二案法律希臘ノ古法ノ文シセロン氏ノ律文ト同シカラザルカ如シ、是亦其遠古ニ属スルノ明証ナリ、

此ノ精美ナル古典ヲ讀テ深ク驚嘆スベキ者ハ、其中ニ存スル所ノ者総テ髙尚ナル性理ト中正ナル意義トニ非ザルハナシ、此書ヲ作ル者、此ノ言ヲ為ス者ハ、此ノ如キ遠古ニ在テ已ニ今日吾人ノ及フベカラザル碩大ナル學問ヲ有セリ、盖シ占トノ説ヲ除ク外一切ノ舛謬ヲ雑ヘザル此ノ碩大ナル學問ハ、人世ノ極メテ傀偉ナル事業タリ、夙ニ進歩シタル文明ノ英華タリ、又正直精新ナル造化ノ自然ナル生産タリ、之ヲ要スルニ、理科史科ノ二家ニ在テ宜シク研精考索シテ忽ニスヘカラザル所ナリ、

書経ノ天神及天徳ヲ論スルコト甚タ精妙ニシテ至理ヲ盡セリ、○中就其論スル所ニ据ルニ、天ハ常ニ君民ノ間即チ治者被治者ノ間ニ居中シ、而シテ其意常ニ専ラ人民ニ利スルニ在リ、彼ノ君主権ヲ握ル者、今ニ在テ往々一二人ノ為ニ衆庶ヲ侵剥スルコトヲ免レズ、而シテ書経ノ言フ所ニ從ヘハ、君権ハ即チ衆庶ノ利益ノ為ニ忠信懿徳ノ人ニ委任シタル重大ナル天命ヲ奉行スルニ外ナラズ、而シテ命ニ違フ者ハ忽チ其委任ヲ失フニ

至ル、夫レ君民ノ權義ヲ論スル此ノ如キノ高尚純精ニシテ真理ニ合フ者ハ、大古ニ於テ未タ之ヲ他ニ見ザル所ナリ、今時ノ民政論ヲナス者、民言即チ神言ノ諺アリ、書経ノ主持スル所全篇皆此意ニ非ザルハナシ、而シテ皐陶謨殊ニ之ヲ明言セリ、

曰ク、天ノ視聴ハ民ノ視聴ニ自ル、民ノ好悪スル所ハ天ノ好悪スル所ナリ、天ノ民ニ於ケル甚タ近シ、民ヲ治ムル者慎畏セサルベカラスト、又大學ニ曰、民ノ愛ヲ得レハ斯ニ國ヲ得ン、民ノ愛ヲ失ヘハ斯ニ國ヲ失ハント、

若シ支那ノ上古ヨリ今日ニ至ル迄ノ各種典籍ノ中ニ就テ此類ノ格言ヲ収捨網羅セハ、以テ堆然數部ノ巻帙ヲ成スニ至ルベシ、而シテ其政治道德ヲ論スルノ賢哲極メテ多キモ、其中一人ノ暴虐壓制ヲ説クノ門流アルヲ見ズ、又一人ノ敢テ天ノ人ニ予フル共同幸福ノ權利ヲ蔑如シテ、之ヲ一人若クハ數人ノ私利ニ供奉スルノ説ヲ為ス者アルヲ聞カズ、唯タ諸家ノ均シク君主ノ為ニ承認スル所ノ絶對權力ハ、即チ天ニ由リ委任スル所、専ラ衆益公福ノ為ニ設クル者ニシテ、決シテ一人ノ利ノ為ニスル者ニ非ズ、蓋侵越スベカラサル無形ノ範域アリテ此ノ絶對權力ヲ劃限シ、若シ君主タル者此天法ヲ破リ、以テ其天職ヲ乱ルトキハ、人民ハ之ニ服事スルノ務ヲ免レ従テ其位ヲ失ヒ、而シテ他ノ正當ナル君主之ニ代ルベシト云ニ在リ、是紀元第十二紀ノ大儒朱子カ其大學ノ注ニ於テ明言スル所ナリ、殷之未喪師ノ段ヲ見ヨ、此教ハ即チ今我カ譯傳スル所ノ尚書及四書ノ説ク所ナリ、斯ク世界ノ最モ貴重ナル経典ハ、百世ノ後全国人民ノ倶ニ尊信スル所ニシテ、實ニ其國法ノ根本ヲ成シ、歴代ノ鴻學名儒遞々之ヲ注疏シ、凡ソ立言ノ士、人世ノ精英タル盛德至道ヲ聞クコトヲ求ムル者、拳々シテ措カザル所ナリ、

孔夫子ハ支那ノ最大作者ニシテ、紀元前六紀ノ後半ニ於テ凡ソ神教、性理、政治、道德一切ノ経籍ヲ編修シテ一部ノ大典トナシタリ、易、書、詩、禮、是ナリ、

而シテ其四書ハ、則孔夫子ノ門人其法語格言ヲ聚メテ之ヲ録シタル者ナリ、今其教ノ後世ニ行ハル、斯ノ如キノ盛ナルヲ以テ其人ヲ尚論スルトキハ、支那人ノ説ニ従ヒ、孔子ヲハ生民以來未曽有ノ大聖ト名クルモ亦過言ニ非ザルナリ、孔子ノ書及其門人録スル所ノ書ヲ讀ムトキハ、支那國民ノ状ヲ知ルニ於テ、以テ他ニ求ムルコトヲ假ラザルベシ、凡ソ古今ニ求ムルニ、人ノ理想ヲ述ルノ類、蓋此書ニ過キタル者ナク、其書ヲ讀ム者ハ其人文ノ進歩甚夙ク、其人智ノ甚タ高尚ニシテ善美ナルヲ驚嘆スヘキナリ、而シテ其中尤モ孔子ノ聖徳ヲ見ルニ足ル者ハ殊ニ論語トス、其載スル所ノ睿思格言ハ蓋其盛ナルヲ極メタリ、彼ノ傳教師ノ始メテ此等ノ書ヲ歐洲ニ傳ヘシトキ、其著作者ニ向テ支那人ト同一ナル敬仰ヲ致シタルハ怪シムニ足ラザルナリ、孔子ノ教ハ平易ニシテ人性ニ本ツク、孔子其門人ニ謂ヘラク、我教ハ單一ニシテ學フニ易シ、門人之ヲ補フテ曰ク、我カ夫子ノ教ハ唯中心誠直ニシテ、他人ヲ愛スルコト己レノ如クスルニ在ルノミト、孔子ノ教ハ自ラ作ル者ニ非ス、古聖先哲ノ遺教ヲ述ヘテ、之ヲ後世ニ傳フルヲ以テ自ラ任シ、剛強弘毅ニシテ難ニ臨ンテ沮マズ、死ヲ守テ失ハズ、以テ其重キヲ致シタリ、蓋シ凡ソ身ヲ致シ世ヲ救フノ人ハ皆苦ヲ嘗メテ底ニ徹シ、人間一切ノ患難ヲ避クルコトナク、以テ大任ヲ下セル天縦聖知ノ恩ニ酬ヒンコトヲ欲セザルハナシ、此ノ大聖ナル天職ニ向テ、孔子ハ其範圍ノ有ル所ノ限ヲ擴充シテ餘地ヲ遺サヾルコト古來群賢ノ外ニ超エタリ、孔子ノ道ハ架空ノ思想ニ非ズシテ、貴賤上下一切ノ人ヲ擧テ得テ離ルヘカラザルノ實學タリ、其一大標的ハ即チ己ヲ修メ人ヲ治ムルニ在リ、己ヲ修メテ而シテ後ニ人ヲ治ム、己ヲ修ムルハ人ヲ治ムル為ニ必要ノ事タリ、人ノ世ニ顕ハル、者躬尊榮ニ居リ、従テ己ヲ修ムルノ義務益々大ナルヲ加フ、故ニ孔子ハ政治ヲ視ルコト、天ノ人ニ任スル至高至大ノ天職トナセリ、蓋之ヲ人情ニ徴シ、之ヲ史冊ニ参シテ、政権ハ常ニ人民ヲ侵害シテ其康福ヲ失ハシメ、政権ノ向路ハ輙モスレハ其威力ヲ濫用シテ横虐ニ至ルコトヲ洞鑑シタレハナリ、孔子ノ書、一モ此ノ髙尚ナル経濟道徳ノ精神ニ非ザルハナシ、孔子ハ其君主ニ教ヘ、其民ヲ治メテ之ニ康福ヲ與フルノ天職義務ヲ知ラシムルコトヲ求メ、以テ其生ヲ終ヘタリ、其王公ノ横虐ニ向テ人民ヲ防護スルハ、人民ノ兇乱ニ向テ王公ヲ防護スルヨリモ尤モ汲々トシテ其力ヲ盡セル者ノ如シ、盖人民トシテ當ニ其義務ヲ知ルヘキノ須要ナルコトハ、之ヲ王公ニ比シテ軽量ナリトスルニ非ズト雖トモ、王公ハ固ヨリ其国ノ利害、其民ノ禍福ニ於テ專ラ其責ニ任スべキ者ナレハナリ、

孔子ハ君権ノ施行ニ附属スルニ、絶大必行ノ義務、至廣至強ノ勢力ヲ以テシ、而シテ其位アル者ニ向テ、其天職ヲ終フルカ為ニ自ラ盡スヘキノ義務ヲ知ラシムルノ容易ナルコトヲ信セザリキ、其言ニ曰、政ヲ為スニ徳ヲ以テスレハ、譬ヘハ北辰ノ其所ニ居テ衆星ノ四面環繞シテ之ニ拱向スルカ如シト、

孔子、其同時ノ君主ニ説ク所ノ教義ノ効果ニ於テ自ラ信スルノ篤キコト、吾ヲシテ若シ王者タラシメハ、一世ヲ出ズシテ仁徳ヲ浹カラシメント云フニ至レリ、孔子ノ唱ヘタル政治ハ、其本ツク所民政主義ニシテ、即チ道徳ノ行ト人民ノ幸福ヲ以テ標的トスル所ノモノタリト雖トモ、而モ今人ノ称スル所ノ意義ト全ク異ナリ、盖今人ノ称スル所ノ民政ト孔子ノ説ト其意義ヲ異ニスルノ甚タ相懸隔ナルハ、他ニ物ノ比類スヘキモノナカルヘキナリ、孔子ノ説ク所ハ、自ラ修メテ以テ至誠ニ達スヘキノ身タルト、其一家ニ於ケルト、其社會ノ一個員タルト合セテ三種ノ関係ニ就テ、総テ之ヲ提理スヘキ徳教政治ノ道ハ、即チ人ノ真性ヲ顕彰スル所ノ不易ノ天道ニシテ、又人倫ノ標準タル古先聖哲ノ或ハ之ヲ性ノマヽニシ、或ハ之ニ反リ、以テ之ヲ傳ヘ、之ヲ教ヘタル一切ノ道統ト相契合スルモノトシ、而シテ此道ハ人性ノ造詣スヘキ睿知ノ極髙ニ達シ、世ヲ救ヒ民

ヲ導ク○高貴純精ナル職任ニ向テ、其畢生ヲ委ネタル僅々少數ノ人ニ非ザルヨリハ、之ヲ知リ、之ヲ教フルコトヲ得ルニ足ラザルモノトセリ、之ヲ要スルニ、孔子ノ説ハ、蓋シ社會ヲ構造シ公同ノ幸福ヲ保持シ能フノ事ハ、德教政治ノ道ヲ實行スルニ存シ、而シテ其道ハ衆庶ノ利益ノ為ニ少數ノ人獨リ能ク之ヲ知シ、之ヲ教ル者ト為スニアリ、乃チ今時ノ称スル所ノ民主政ノ若キハ全ク之ニ異ナリ、其説タル社會ヲ構造シ公同ノ幸福ヲ保持スヘキ德教政治ノ道ハ、其才德学問ノ如何ヲ論セズ、凡ソ社會ノ各-人総テ皆之ヲ理會スルモノト為スニ在リ、故ニ民主政ニ在テハ、或ハ邪正ヲ辨別スルノ学識ナク、或ハ德智ノ教育具ラズ、或ハ邪慝自ラ行フノ人ト雖トモ、其財産アル者ハ撰ハレテ立法ノ任ニ陞リ、却テ學德卓絶シ社會ノ模範タル天職ヲ負フヘキノ人ニ向テ、其上流ニ居リ法ヲ制シ令ヲ下スコト往々ニシテコレアリ、是レ盖多數ノ衆智ノ統理スル所タルニ於テハ疑ナカルヘキモ、其衆智ノ毎ニ此大任ヲ充タスニ足ラザルコトアルヲ如何セン、

孔子ノ言フ所ニ據レハ政ハ正ナリ、即チ世ヲ濟ヒ民ヲ安スル天道ノ實行ニシテ、聖人畢生ノ間、間断ナキ勤勉ニ由テ獨リ能ク之ヲ知リ、且ツ之ヲ教フルモノナリ、是ニ反シテ今時ニ称スル所ノ政治ハ、彼ノ平凡庸俗ノ事物ニ於ケルト均シク、智德ノ功ヲ積ムヲ待タズシテ、天下ノ人皆奔競シテ之ニ参與セント欲スル所ノ一事タルニ過キザルナリ、

讀者ヲシテ更ニ孔子ノ德教政治ノ論ヲ了得セシメンカ為ニ、玆ニ本書中訳出スル所ノ四書ノ概論ヲ掲クルハ無益ノ事タラサルベシト信ス、

一、大學、此一小書ハ本文ト傳文ノ二部ニ成リ、本文ハ孔子ノ作ル所ニシテ、傳文ハ門人曾子ノ述ル所ト云、本文ハ極テ簡單ニシテ、名ケテ經ト曰フ、即チ聖典ノ義ナリ、此書ノ本文此ノ如ク簡單ナリト雖トモ、其推-論-術ノ点ヨリシテ之ヲ論スレハ、蓋孔子ノ著書中ノ

尤モ精高ナルモノナリ、何トナレハ此書ハ論理法ノ極詣ヲ示シ、而シテ其此論‐理‐法ヲ用ヒタル者ハ、必印度希臘ノ理學諸家ノ說ク所ノ最モ微妙ナル三段論法ヲ理會シタル歟、若シ然ラサレハ、少ナクモ特ニ道義ノ箴言タルニ止マラズシテ、既ニ一科ノ學術タルノ地位ニ至リタル理學ノ進歩ナ《タ》ルコトヲ推知《信》スベケレバナリ、其推論ノ明白ナル文理ノ次序関接アル、之ヲ見テ、以テ其《作者》性情ノ自然ニ出テ作者自ラ知ラザル者トナスコトヲ得ザル者アリ、依是觀之ニ、渾体ノ論法ハ支那國ニ於テハ未タ嘗テ特ニ一種ノ書ヲ著シテ之ヲ論述スル者アラザリシモ、アリストートヨリ二百年前ニ在テ既ニ之ヲ知ル者アリシト云フモ、蓋シ誣ヒザルナリ、

此書ノ教ハ○《自修ヲ以テ》一ノ大則ヲ存《ト》シ、爾餘ノ諸則ハ皆之ニ隷屬シ、一トシテ淵源ヲ此ニ取ラザルモノナシトスルニ在リ、曰ク自ラ脩ムルナリ、而シテ孔子ハ、此根原大則ヲ以テ、上帝王ヨリ下庶人ニ至ルマテ、人ノ必ス務メ行フヘキ者ナリト宣告シ、此ノ大義ヲ怠ルモノハ、終ニ盛德ニ至ルコトノ難キヲ証明シタリ、

此一小書ヲ讀ム者ハ、孔子說ク所ノ目的ハ、要スルニ自ラ其身ヲ誠ニスルコトト衆民ヲシテ德ヲ行ハシムルコトトヲ以テ、治者ノ義務トナスコトヲ教ヘタルニアルコトヲ信スヘキナリ、

二、中庸、此書ノ名ハ支那ノ注疏家之ニ種々ノ解釋ヲ下セリ、或ハ曰ク、均シク両端ヲ距ルノ直線、即チ人ノ終始遵守スヘキ眞理ノ道ニ於テ其行ヲ恒ニスルノ義ナリ、或ハ曰ク、時ニ從テ中ヲ得ルノ義ナリト、余カ見ル所ヲ以テスレハ、第二說ハ此書ノ教トスル所專ラ德義ヲ論スルノミナラス、併セテ性理ヲ講スルモノト相戻ル者ノ如シ、此書ヲ述作シタル子思ハ孔子ノ孫ニシテ且ツ其弟子タリ、子思ノ意ハ孔子ノ教ノ性理ノ原則タルヲ叙述シ、其教タルハ特ニ情感知覺ニ淵源シ、隨テ其感覺ノ狀況ニ由テ道義ノ盈縮ヲナスカ如キ一家ノ教義ト同カラズシテ、專ラ人賦天道ニ本ケル性理ノ原則ナルコトヲ示サントスルニ在リ、此中庸全篇ヲ貫

ク所ノ高尚ナル性質《品格》ハ、我近代ノ碩學多クハ支那理學ノ著書中ニ於テ之ヲ認ムルヲ肯セサリシニ拘ハラス、盖シ此書ノ性理説ヲ以テ大古諸種ノ性理書ノ第一例ニ置クニ足ルベク、縱令此レヲ以テ古ノ理學諸賢ノ吾人ニ傳ヘタル高尚精醇ナル書典ノ上例ニ置クコト能ハザルモ亦其傍列ニ置クヘキハ信シテ疑ハザル處ナリ、人又此書ヲ讀ミ、アリストートノ性理學ト及ヱピクラートト及マルクオーレルノ説ク所ノストイク派理學ノ教ト大ニ相同キコトアルヲ驚嘆スベキナリ、

余ハ今支那注説家ノ説ク所ニ據リ、左ニ此書ノ略解ヲ示シ、讀者ヲシテ其概旨ニ通スルコトヲ得セシメントス、

第一章ニ於テハ、子思其傳フル所ノ孔子ノ教ノ大体ヲ叙述ス、首メニハ人ノ守ルベキ道ノ本源ハ天ニ出テ、易フヘカラザルコト、及其實体ノ全ク己レニ備ハリテ離ルベカラザルコトヲ示シ、次ニハ此道ヲ存養省察スルノ義務ヲ論シ、終リニハ聖神ノ功化至誠ノ極ニ達シタルコトヲ言ヘリ、

其下ノ十章ニ於テハ、子思夫子ノ言ヲ引テ以テ第一章ノ意義ヲ推明ス、盖此篇ノ大旨ハ智仁勇ノ三達徳ヲ以テ道ニ入ルノ門ナルコトヲ示スニ在リ、其首メニ於テ初メテ此三徳ヲ説クモノ専ラ之カ為ナリ、第二章ヨリ第十一章ニ至ル、

第十二章ニ於テハ、子思首章ニ言フ所ノ道ハ須臾モ離ルベカラサルノ意ヲ明ニス、而シテ其以下ノ八章ニ於テハ、子思、孔子ノ言ヲ雜ヘ引テ、以テ此章ノ義ヲ明カニスルニ過キズ、

夫レ身ヲ誠ニシ人性ヲ完全ニスルヲ以テ本トセザルノ教ハ、偏倚ニシテ常久ナラズ、故ニ子思ハ人ノ行ヲ管理スヘキ不易ノ天道ヲ教ヘント欲シ、其第二十章ニ於テ、人道ノ大本ハ身ヲ誠ニスルニ在テ、其他諸般ノ事盡ク其内ニ包含セルコトヲ論シタリ、而シテ又曰ク、身ヲ誠ニスルニ道アリ、善悪邪正ヲ辨別シ人ノ得ル所ノ天命ヲ識得スルニ非ザレハ、未タ以テ身ヲ誠ニスルニ至ルベカラス、

子思ノ言ニ従ヘハ、誠ハ真實純精ノ謂ニシテ天ノ道ナリ、身ヲ誠ニスルハ天命ノ大則タル天道ヲ知リ、而シテ之ヲ守ル為ニ其全力ヲ盡スニ在テ則《即》チ人ノ道ナリ、故ニ人ノ道ヲ得ントスレハ、必ス其誠ニ達セザルヘカラザルナリ、

人ノ道ヲ得ントスル者ハ、必ス先ツ明カニ其道ヲ知ラザルベカラズ、故ニ子思ノ曰ク、唯天下ノ至誠能ク其性ヲ盡クスコトヲ為ス、能ク其性ヲ盡クセハ則チ能ク人ノ性ヲ盡シ、以テ天ニ順ヒ道ヲ守ルノ義ヲ教フヘシ、蓋シ是レ至誠ノ聖人、人ノ師ト為リテ独リ能ク之ニ義務ヲ訓ヘ之ヲ道ニ導クノ資格アル者ナリ、而シテ子思ハ上文ノ論法ヲ追テ猶其言ヲ進メ、聖人ノ能力ヲ以テ此ニ止マル者トナサズシテ能ク其身ヲ誠ニスルノ人ハ、益々進テ至高ノ権力ヲ得、遂ニ造化ノ最大権力ニ参預シ、終ニ之ニ化スルニ至ラント論シタリ、即チ前言ニ次テ曰ク、能ク人ノ性ヲ盡セハ、則チ能ク動植萬物ノ性ヲ盡シ、萬物ヲシテ各々其道ヲ成遂セシム、能ク物ノ性ヲ盡セハ、則以テ天地ノ化育ヲ賛クヘシ、以テ天地ノ化育ヲ賛クヘキトキハ、則以テ天地ト参ナルヘシト即チ天道ヲ謂フナリ、

然ト雖トモ、子思ノ言フ所ニ據レハ、身ヲ誠ニスルニ數階ノ差等アリテ、其最高級ハ幾ト人性ノ上ニ超越シ、將來ノ興亡ヲ前知シ、鬼神ト其徳ヲ合スルニ至ル、其之ニ次ク所ノ者ハ、前者ニ比スレハ猶人性ヲ離レズシテ、其善行ノ感化ニ由テ以テ世ノ大益ヲ為ス者ナリ、故ニ人タル者ハ、力行シテ以テ此ノ誠身第二ノ度ニ到詣セザルヘカラザルナリ、曰ク、誠ハ自ラ誠ナルナリ、道ハ《義務ノ法》自ラ道スルナリト、

又曰ク、誠ハ諸物ノ終始ナリ、誠無ケレハ物無シト、子思ノ己ヲ修メ人ヲ治ムルヲ以テ人ノ義務ノ第一位ニ置クハ、蓋シ此レカ為ナリ、故ニ曰ク、内外ノ誠ヲ合ス、斯ニ道ヲ成スナリト、

又曰ク、故ニ至誠ハ善ヲ行ヒ及ヒ人ヲ治ムルコトヲ務メ、而シテ息ムコトナシト、子思ノ至誠ノ力ヲ揚言ス

ルハ、終ニ之レヲ以テ天地ト等クスルニ至レリ、蓋シ至誠ニ達シタルノ聖哲ニ帰スルニ、神通勢力ヲ以テシ、陞シテ之ヲ鬼神ノ列ニ置クハ、東方理學ノ固有性質ニシテ、我カ古代ノ理學中嘗テ見ザル所ナリ、子思演繹論法ヲ用ヒ、其第廿九章ニ於テ曰ク、國ヲ治ムルノ法度ハ、聖人ト雖トモ至尊ノ位ニ在ルニ非ザレバ之ヲ作ルコトヲ得ズ、何トナレハ其位ニ在ラザルトキハ、善ナリト雖トモ信セラレズ、信セラレザレバ民從ハザレハナリト、又其論ヲ進メテ曰ク、此高任ハ独リ王者ニ属シ、王者ハ之ヲ天地ニ建テ、之ヲ鬼神ニ質シテ其道ニ行フヘキナリト、而シテ其如何ナル妙高ナル資格ニ於テ、王者ニ法ヲ制シ命ヲ作ルノ權ヲ附シタルヤヲ見ルニ、曰ク、天下唯タ至聖ナル者能ク聰明庸智ニシテ以テ人ニ臨ムニ足リ、寛裕温柔ニシテ以テ衆ヲ容ル、ニ足リ、発強剛毅ニシテ以テ公道ヲ執ルニ足リ、齊荘中正ニシテ以テ尊敬ヲ受クルニ足リ、文理密察ニシテ以テ邪正ヲ別ツニ足レリト、

又之ニ次テ曰ク、天下ノ至聖其徳ヲ以テ下ニ臨ム、顕レテ而シテ民敬セザルコトナク、言フ《ヒ》テ而シテ民信セザルコトナク、行フ《ヒ》テ而シテ民悦バザルコトナシ、舟車ノ至ル所、人力ノ通スル所、天ノ覆フ所、地ノ載スル所、日月ノ照ス所、霜露ノ墜ル所、凡ソ血氣アル者尊親セザルコトナシト、

然ト雖モ、至聖ハ未タ以テ法ヲ制シ民ヲ治ムルノ道ヲ盡スニ足ラズ、至誠ナラザレバ以テ人道ヲ集成スルコト能ハス、即チ至誠ノ道ハ至聖ニ非ザレハ知ルコト能ハズ、至聖ノ徳ハ至誠ニ非ラザレハ為スコト能ハザルナリ、故ニ此ノ二者ヲ兼ルニ非ザルヨリハ、以テ王者ノ權ヲ有スルニ足ラズ、

（梧陰文庫B―四二五四）

三、論語、論語ハ孔子、其門人ト論議《談》シタル理学ノ答問ヲ記○《録》シタル○《ノ》書ニシテ、此書ヲ読ム者ハ、○プラ《希臘ノ理學者》ト《ナル》ンカ其師ソクラートノ教範ヲ記シタルプラトン語録

ト大ニ相類似シ、唯タ其地《國》ト其人文ノ度トニ於テ諸般ノ殊異アル○《ヲ見ル》ノミ、而シテ此○《ノ》門人二、三子ノ纂輯シタル孔子ノ論談ハ、○《其論理術ニ於テハ》之ヲ希臘理学者ナルプラトンノ詩体ノ語録ニ比スレハ、其論理術ニ於テ遠ク及ハサル所アルヲ見ル《リ》ト雖、寧ロ之ヲソクラートノ他ノ一門人タ《ナ》ルゼノフオンカ纂輯シタルソクラート語録ニ比スルコトヲ得ヘシ、而シテ此書ノ問答ハ或ハ平調《淡》ニシテ味ナキノ嫌ナキニアラズ《ニ似タリ》ト雖モ、人ノ此書ヲ読テ○《感》得○《ス》ル所ノ感象《銘象》ハ、決シテ浅少《薄》ナラザルナリ《ズ》、況ンヤ其淡々平調ノ内亦自ラ至高ノ地ヨリシテ人性ヲ観察シ、以テ順次ニ其四傍《各》邊面ヲ人目ニ指示シテ瞭然タラシムル所ノ道教ノ○《温》和楽尊厳ヲ具フルアルヲヤ、故ニ此書ヲ読ム時ハ、孔子自ラ謂フ所ノ《ヘル》如ク学テ、而シテ時ニ之ヲ習フトキハ以テ心ニ《ノ》悦フノ効果《ヒ》ヲ得ルニ至ラン、○《故ニ》孔子ノ一切ノ聖徳其善ヲ好ミ仁ヲ欲スルノ意、此ノ如キノ盛ナルコト《ク其レ至レルノ状》ヲ挙テ之ヲ吾人ニ示スモ《ハ》、此論語ノ一篇ニ在リト云フヘシ、其言ノ純潔ニシテ力アル、一モ浮誇張大恐嚇畏懼ノ意《病》ヲ以テ之ヲ玷汚スルコトナシ、曰ク、我レ生レナカラニシテ之ヲ知ル者ニ非ス、古ヲ好ミ敏ニシテ、以テ之ヲ求メタル者ナリト、

其弟子又之ヲ讃シテ曰ク、子四ヲ絶ツ意ナク必ナク固ナク我ナシト、孔子又タ善ヲ求メ徳ヲ修ムルノ学ヲ以テ身ヲ誠ニスルノ冣大方法ナリトセリ、曰ク、吾レ嘗テ終日食ハズ、終夜寝ラズ、以テ思フ、益ナシ、学フニ如カザルナリト、

孔子又タ之ニ次テ曰ク、君子ハ道ヲ謀テ食ヲ謀ラズ、汝耕ストキ餒其中ニ在リ、汝学フトキニ禄其中ニ在リ、君子ハ道ヲ憂ヘテ貧キヲ憂ヘズト、

彼レ《孔子》其一弟子貧窶ノ中ニ在テ其学ヲ怠ラザルヲ見テ之ヲ称歎スルノ甚シキ、曰ク賢ナルカナ、回一簞ノ食一瓢ノ飲陋巷ニ在リ、人ハ其憂ニ堪ヘス、回カ《ハ》其楽ヲ改メス、賢ナルカナ、回ヤ《ト》、

孔子ハ貧賤ヲ貴フト雖モ、亦タ甚タ無為無用ノ蠢生ヲ保ツ者ヲ悪ム、曰ク、飽食日ヲ終ヘ心ヲ用フル所ナシ、

難イ《キ》カナ博奕ナルモノアラズヤ、之ヲ為スハ猶ホ已ムニ賢レリト、

古昔希臘理学者ノ顕密二教ヲ有シ、其顕ナルハ凡種ノ為ニシ、密ナルハ賢種ノ為ニシタルコトハ、人ノ往々確《誣フヘカラザル》証スル所ナリ、○《然ルニ》孔子ハ自ラ其隠《秘》密ノ教アラザルコトヲ明言セリ、曰ク、二「(井上自筆墨書)三子我ヲ以テ隠セリト為ス歟、吾レ尓ニ隠スコトナシ、吾レ行フトシテ二」三子ト與ニセザルコトナシ、是レ丘ナリト、

論語ノ大意ヲ示ス《約言スル》ハ蓋シ極テ難事ニ属ス、蓋此書ハ一事又ハ數事ニ就キ○結構《倫次ニ順ヲ逐ヒ》論述シタルノ書ニ非スシテ、諸○《種諸》般ノ論議ヲ雑○《然》纂○《聚》シタルニ過キサルヲ以テナリ、然ト雖モ、左ニ程子カ此書ノ大旨ニ就キ《ヲ》論シタル所ノ一文ヲ掲ケテ、以テ読者ニ示サン、程子ハ四書ヲ註釈シタル支那ノ碩学ニシテ、我紀元第十一世紀末ノ人ナリ、程子曰ク、論語ハ聖学ノ標準タル道○理ヲ傳フルノ言語ヲ集ムル者ナリ、若《中畧》シ此ノ書ノ目的トスル所如何ト問ハヽ、余ハ将ニ答ヘントス、曰、仁ヲ知ラシムルニ在リ、孔子ノ千言万語総テ此ノ要點ニ外ナラスト、蓋シ孔子ハ一般ニ人タルモノ、義務ヲ訓フト雖、但タ其門人同一ノ結果ヲ得ルニ同一ノ方法ヲ用フルコト能ハサルカ為ニ、各々其問フ所ニ答フルモ亦同シカラサルナリト、

論語ハ凡ソ二十篇分テ二部ト為ス、支那註疏家ノ説ニ據ルニ此書原稿三本アリ、一本ハ齊國ノ学者之ヲ藏シ、一本ハ孔子ノ郷國ナル魯國ノ学者ノ傳ル所タリ、他ノ一本ハ秦火ノ後壁中ヨリ發見シタルモノニシテ、名ケテ古論ト云フ、齊論ハ凡ソ二十二篇、古論ハ二十一篇、魯論ハ二十篇、今世ニ行ハル、所ノモノ則チ魯論ナリ、齊論ノ魯論ヨリ多キ二篇ハ闕失シテ傳ハラス、而シテ古論ノ魯ヨリ多キ一篇ハ、魯論中ノ一篇ヲ二篇ニ分ツニ係ルト云フ、

四、孟子、此書ハ四科書中ノ第四書ニシテ、著者ノ名ヲ取リテ直ニ其書名ニ題シタルモノナリ、孟子ハ支那人以テ孔子ニ次クノ賢人トナス、而シテ孔子ノ教ヲ祖

述擴充シタルノ人ナリ、孟子ハ孔子ニ比スレハ英気較多シト雖モ、其孔子ヲ称讃スルノ大ナル以テ古今未曾有ノ大聖トナセリ、其言ニ曰ク、生民アリテヨリ以来、未タ孔子ニ比スヘキモノアラサルナリト、孟子ハ其師ニ倣ヒ門人十七子ト共ニ各國ニ遊ヒ、其主ヲ見テ学ヲ講シ、政ヲ論シ、聖賢ノ道ヲ説キタリト雖モ、至ル所之ヲ用フル者ナシ、孟子ノ説ク所ハ孔子ト均ク同胞ノ幸福仁愛ノ道ヲ標的トスルニ在リ、彼レ王公貴人及其受業ノ弟子ニ向テ其説ヲ布キ、以テ遂ニ廣ク之ヲ天下ノ大衆ニ傳ヘンコトヲ欲シ、且ツ諄々王公貴人ニ誨フルニ、其勢位ノ鞏固ナルト否トハ、一ニ其人民ノ親愛如何ニ関ルコトヲ以テシタリ、而シテ其説ク所ノ政治ハ、其師ノ説キタル所ノモノニ比スレハ、大ニ果断勇敢ナル者アルカ如シ、即チ其治者、被治者ニ互ニ義務ヲ知ラシムルニ汲々トシテ、以テ支那全土ヲシテ其教ニ従ハシメント試ミ、一面ハ人民ニ示スニ王者ノ之ヲ統御スル為ニ有スル所ノ神権《ドロアー、ヂヴァン》ヲ以テシ、一面ハ王者ニ教フルニ人民ノ欲スル所ヲ詢ヒ、暴政ヲ検束シ、以テ所謂民ノ父母タルベキノ義ヲ以テシタリ、盖シ孟子人ト為リ不羈自由ノ主義ヲ執リ、政権ニ對シ活溌不屈諷刺者タリ、其交渉シタル邦國ニ於テ、残虐ノ政治アルニ逢ヘハ、儼然トシテ之ヲ貶責シ、決シテ之ヲ度外ニ看過スルコトナシ、

孟子ハ又深淵ナル才知ヲ有シ、其著書ニ於テ、当時ノ君主ノ檀制及官吏ノ濫横ヲ摘發スル為ニ絶大ノ優才、絶大ノ巧妙ヲ顕シタリ、而シテ其事ヲ論スルノ法ソクラート及プラトンノ論法ニ異ナル所ナシト雖モ、其氣力効抜ニシテ精神雋秀ナルハ猶之ニ超絶セリ、即チ其敵手トシテ論スル所ノ何人タルヲ問ハス、其王公貴人タルモ直ニ逼テ之ト對向シ、顕ヨリ徴ヲ尋ネ、理ヨリ理ヲ推シ、以テ遂ニ一直線ニ其ヲ引テ暗愚盲昧ノ点ニ帰着セシム、而シテ之ヲ寸隙ノ逃路ヲ得セシメズ、盖シ東方ノ作者中、恐ラクハ孟子ノ如キ能ク歐洲ノ読者、殊ニ佛國ノ読者ニ壮快ヲ与フルモノハアラサルヘキナ

リ、何トナレハ其支那人タルニ拘ハラス、其文ノ雋秀ハ即チ其精神ノ快活ニ存スレハナリ、孟子又巧ミニ諷譏ヲ行フ、而シテ此利器ノ彼レカ手中ニ在ルハ、ソクラートノ手中ニ於ケルヨリ一層鋭利ニシテ、一層危険ナリトス、

茲ニ支那ノ一ノ著述者カ孟子ノ書ニ就テ論シタル文ニ曰ク、此書ニ論スル所ノ事種々方般ニシテ、此ニ一身一家ノ徳ヲ講シ、彼ニ事務ノ序ヲ論シ、此ニ善良政治ノ挙行ノ為ニ、上ミ帝王ヨリ下モ吏胥ニ至ルマテ、在上者タルモノ、義務ヲ著ハシ、彼ニ士農工商ノ業務ヲ示セリ、而シテ天地山川禽獣魚蟲艸木ニ至ル迄、凡ソ現世ノ諸法ハ皆ナ時ニ觸レ之ヲ論セサルハナク、又孟子ノ畢生間、人ト交渉シテ処置シタル事件ノ大概、其各種ノ人ト日常ノ説話、其門人ニ於ケルノ教訓、其古今ノ書策ニ於ケル意見論説、是等一切皆ナ蒐聚シテ此書ノ中ニ在リ、而シテ又為ニ史乗ヲ引用シ、先哲ノ格言ヲ叙述セリ、

アベルレミユザー氏孔孟二子ヲ品評シテ曰ク、孟子ノ文ハ孔子ニ比スレハ尊厳簡倢ナラスト雖トモ、其高尚ナルハ之ニ異ナラスシテ、其華厳秀雅ナルハ又之ニ過キタリ、而シテ其当時ノ王公貴人ト論談シタル問答中ニ包含セル文格ノ千変万化ナル、蓋シ孔子ノ格言箴語中多ク之ヲ見ザル所トス、其説ク所ノ理学ノ如キモ亦タ少ク相異ナル所アリ、孔子ハ常ニ威重ニシテ、時ニ或ハ簡厳ニ過ルコトアリ、而シテ其ノ善人ヲ称揚スルトキハ、則チ之ヲ形容シテ一ノ肖影ヲ寫シ、其悪人ノ如キハ、則チ唯タ冷淡ナル賎悪ヲ以テ之ヲ語ルニ過キス、孟子ノ徳ヲ好ムノ心ニ於テハ、則チ一ナリト雖モ、其不徳ニ對シテハ、則チ之ヲ恐懼セスシテ之ヲ擯斥シ、道理ノ力ヲ以テ之ヲ攻撃シ、併セテ調譏ノ鋭刃ヲ用フルコトヲ憚ラス、孟子事ヲ論スルノ法ハ大ニソクラートノ論法ニ似タリ、蓋シ孟子文人ト論議スルハ其論敵者ニ駁撃スルコトナク、先ツ之ニ一歩ヲ譲リテ論旨ヲ許シ、而シテ後其義ヲ推窮シテ其帰結スル所ヲ尋繹シ、

以テ其論ノ謬レルコトヲ知ラシムルヲ以テ常トス、當時ノ王公貴人或ハ其行事ヲ誇張セント欲シ、或ハ其称讃ヲ得ント欲シ、以テ教ヲ請フニ假託スルコトアルモ、孟子ハ決シテ之ヲ容悦スルコトヲ為サス、而シテ其此レ對フル所ノ言語ノ如キハ尤刺激ニシテ、東方人及就中支那人ノ常習タル奴隷卑屈ノ性質ニ反セルモノ、蓋他ニ其類アルヲ見サルナリ、孟子ハアリスチップニ類セス、寧ロヂオゼーニ似テ、其品位節操ハ又之ヨリ高キモノアリ、人往々其勁直ノ英氣ヲ責メント欲スト雖モ、其世ヲ憂フルノ熱心ヲ見テ以テ之ヲ諒恕スル者多シ、

蓋シ人ノ支那ニ大儒及其著書ニ下スニ何等ノ判断ヲ以テスルニ拘ハラス、此ニ人ノ者ノ高ク理学家及歴史家ノ注意ヲ呼ヒテ右ノ人道ヲ明ニシ、文明ヲ導キタル曠世聖賢ノ上位ニ列挙スヘキモノタルハ、敢テ疑フヘキニアラス、加フルニ其聖智ニ由テ照映シタル此支那ノ一大邦土ニ於テ其教ノ勢力ノ及フ所長久ニシテ且至強ナルハ、思フニ寰宇中之ニ敵スルモノアラサルヘキナリ、而シテ他ノ諸邦ニ於テハ、至ル所寺観ヲ建テ、以テ想像ノ鬼神ヲ礼拝スルニ供シタルニ、独リ支那国ハ之ヲ仁智道徳ノ宣言者ニシテ、其教ノ二千年来依然トシテ相傳ヘ、今ニ至テ猶ホ三億余万人ノ感歎眷戀シテ止マサル所ノ人智ノ冣大教師ノ為ニ之ヲ供シタリ、

今玆ニ本序論ヲ終ルニ際シ一言ノ陳述スヘキモノアリ、余カ此飜訳ヲ企テ、今日其新刊ヲ為スニ至リタル所以ノモノハ、蓋シ徒ラニ浮虚ノ栄名ヲ博セントスルノ志願ニアラス、其之ヲ読ムモノト共ニ、余カ此書ヲ訳シテ自ラ感得シタル道徳ノ銘象ヲ分タントスルノ冀望ニアルノミ、嗚呼仁道ヲシテ其人文ノ進歩如何ニ拘ハラス、自ラ矜リ、自ラ高フルノ權利アル所ノ此ノ深遠精醇ナル道教ノ考究ハ、實ニ快樂貴重の銘象ヲ与フルノ一事タルコト敢テ疑フヘキニアラサルナリ、然ト雖モ、苟モ能ク真理ノ原則ト善事ノ實行トヲ感覚シ、而シテ人性ノ品位ニ就キ、冣高ノ思想ヲ有スルモノニ非サル

ヨリハ、誰カ得テ支那二大儒ノ書ヲ読ムコトヲ得ヘケン乎、道徳ノ性情蕩廃シテ将ニ地ヲ掃ハントシ、社會ノ單ニ物体觸覚《アンスタンク、マテリエール》ノ一途ニ盲進スルノ時ニ当リ、爰ニ東方ノ大聖カ天下ニ授ケタル髙尚神聖ノ道教ヲ講スルハ、蓋シ無用ノ事業タラサルヘシ、若シ乃此ニ由テ吾曹カ此書飜訳ノ初ニ企謀シタル所ノ標的ヲ達スルコトヲ得ハ、亦タ以テ吾曹訳述ノ労ヲ償フニ餘リアラント云爾、

（梧陰文庫B―一八六〇）

編者曰　本書の原著はフランスの東洋學者ポーチェPauthier, Jean Pierre Guillaume（1801—1873）の『孔孟―中國の道徳及び政治哲學の四書』（*Confucius et Mencius: les quatre livres de philosophie morale et politique de la Chine*）なり。原著の初版は一八六二年にパリで刊行され、本書はその序文を井上毅が和譯せしものなり。前半部分の梧陰文庫B―四二五四には、冒頭に「孔孟論譯」と書かれし井上自筆の修正加削のある草稿一本（太政官罫紙二十枚）と、全文他筆による淨寫本（太政官罫紙十一枚）及び複本（太政官罫紙十九枚）の三本あり。今、複本を以て飜刻す。後半部分の梧陰文庫B―一八六〇は太政官罫紙十二枚に井上自筆にて修正加削せり。尚又、『大學』、『中庸』、『論語』、『孟子』の解題部分の草稿が梧陰文庫B―一八六一にあり。同書には井上自筆の修正加削あり（太政官罫紙十二枚）。

三校閲書

＊　本項目は井上毅が校閲に携りし書を飜刻せるものにて、本項目掲載の『佛國縣會纂法』、『瓦敦堡憲法』のほか、『君論』（明治十九年、マキヤヴェリー著、永井修平譯、博聞社藏版）が存す。但し、同書は「梧陰文庫」未収にて、ここに於ては割愛す。

一　佛國縣會纂法

明治十二年十二月

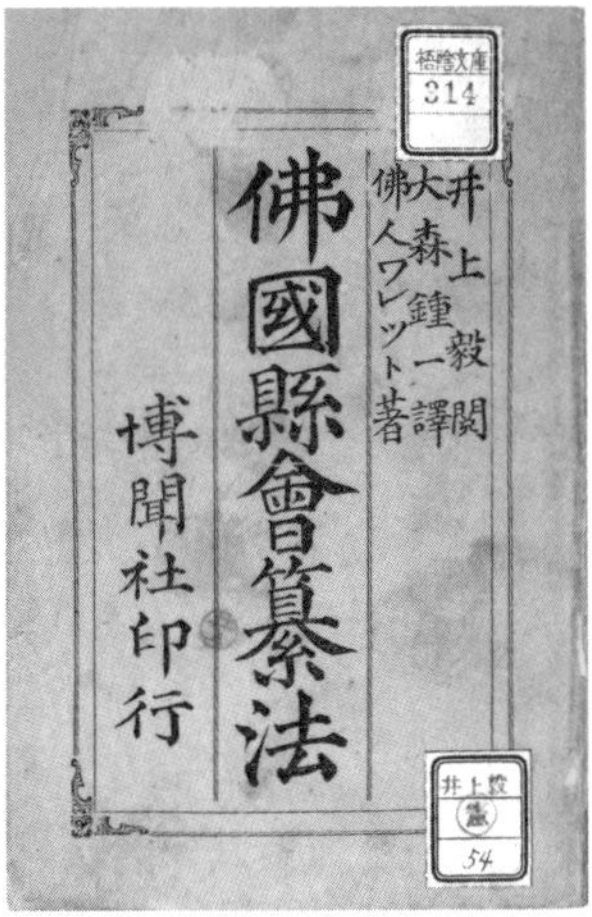

佛國ワレツト氏ハ舊縣會議員ニシテ、現ニ國會ノ書記官タリ、其多年經練スル所ヲ以テ條目ヲ編成シ、著シテ縣會内則トシ、付スルニ千八百七十一年八月十日ノ縣會新法ヲ以テス、余此書ノ地方當局者ニ有益ナルヲ信シ、僚員大森鍾一ノ之ヲ繙譯スルヲ慫慂シ、譯成テ校ヲ加フ、又佛國法科博士ボアソナード氏ノ答問數則ヲ併セ之ヲ卷尾ニ載セ、以テ其餘義ヲ補ハシム、

明治十二年十月　井上毅　誌

佛國縣會纂法

目次

目次尾

原書例言

千八百七十一年六月二十八日、七月二十五日、八月十日ノ法律第二十六條ニ據ルニ、縣會ノ内則ハ各縣會ニ於テ制定スベキナリ、依テ今余ガ多年親歴スル所ノ此内則ニ關スル諸例規ヲ纂集シテ、以テ一部ノ内則案トシ、各縣會次會ノ用ニ供スルコトアラントスルハ有益ノ事ナリト信ス、

今纂輯スル所ノ内則ハ固ヨリ各縣會到ル處ニ適當ナルベシト思惟スルニ非ス、縣會ハ其人員ト其議事トニ因テ各所ニ同シカラザルヲ知レハナリ、

議員ノ數僅ニ十七人乃至十九人ニ過ギザル縣ニ於テハ、六十人或ハ六十一人ノ多キ縣ニ比スレハ其利害ト要用ヲ一ニセズ、縣會議員ノ數ハ五葉ノ表ニ詳也、又北部工産ノ縣ハ南部ノ農産ニ富メル地ト同視スル能ハザルハ固ヨリナリ、

故ニ諸縣會其内則ヲ畫一ニスルコト能ハズト雖モ、各縣會ニ於テ幸ニ此書ニ就テ其内則ヲ定ムルノ資ヲ取リ、就中事務ノ分課、議事ノ順序、議場ノ儀制等ニ至テハ、

此ニ据テ之ヲ規定セハ庶クハ便ヲ得ルコト少カラズ、余カ之ヲ輯メテ之ヲ前日ノ同僚諸君ニ頒タント欲スルノ微意實ニ之ニ外ナラサルナリ、

書中法律文ノ章句ヲ抜テ内則案中ニ載セ、一事ニシテ兩所ニ重出スル者アリ、以テ看閲ニ便ナルヲ主トス、縣會常置委員ノ如キハ我新制度ニ係ルヲ以テ殊ニ其繁ヲ厭ハズ、故ニ此書或ハ冗長ヲ免レズト雖モ、專ラ詳明ヲ取リ讀者ヲシテ彼此相參錯スルノ勞ヲ省カシムルニ足ルナリ、

此書先ツ縣會内則ヲ載セテ、後チニ縣會新法ヲ掲ケ合セテ一部トセリ、此新法ハ議院ノ審議ヲ悉セシコト尤周到ナル所ニシテ、凡二十四日間ヲ費セリ、其第一次會ヲ開クハ千八百七十一年六月廿七日及二十八日ノ兩日ニ於テシ、第二次會ハ同年七月七日ヨリ同二十五日ニ至ルノ間、凡十四日ヲ以テシ、其日ハ畧ス、第三次會ハ七月三十一日ヨリ八月十日マテ凡八日間ヲ以テ了レリ、即チ八月二十八日ヲ以テ式ニ依リ頒布シ、其翌日官令誌ニ登載セリ、

議事中尤モ至要ナル修正アリシ所少シトセズ、其修正ノ基ツク所ノ理由ハ之ヲ各條ノ下ニ注明セリ、

其委員ハ凡三十人ニテ、ピュイドドーム縣議員ムーレン氏ヲ以テ之カ長トシ、エースヌ縣議員ワヂントン氏主論者トナレリ、

各縣々會議員定員表

縣名	議員定員
ピレネー、オリヤンタル縣	十七人
アリエージュ縣	十九人
ヴォークリゥーズ縣	二十二人
カンタル縣、アンドル縣	各二十三人
バッス、アルプ縣、アンドル、エ、ロアール縣、ロアール、ヱ、シェール縣、ロゼール縣、タルヌ、エ、ガロンヌ縣	各二十四人

アルプ、マリチーム縣、クルーズ縣、ウール、ヌ、ロアール縣、ニヌーヴル縣……各二十五人
オーブ縣、ハウト、ピレネー縣……各二十六人
ブーシュ、ヂウローヌ縣、ヅーブ縣、ハウト、マルヌ縣、マイエンヌ縣、モゼール縣、ホート、ヴㇶヌンヌ縣……各二十七人
アリヌー縣、ランド縣、ハウㇳ、ロアール縣、ムーズ縣、ハウト、ソウヌ縣、ハウト、サヴㇹアー縣、ヴㇵール縣……各二十八人
シェール縣、コルレーズ縣、ドローム縣、ジェール縣、ロート縣、ムールㇳ縣、ローヌ縣、セイヌ、エ、マルヌ縣……各二十九人
ハウト、アルプ縣、シャラント縣、ハウト、レーン縣、サヴㇹアー縣、ワンデー縣、ヴㇹースジㇷ縣……各三十人
アルデーシュ縣、アルデンヌ縣、オウド縣、ロアール縣、ロアレー縣、ヅーセーヴル縣、ヴㇶエンヌ縣……各三十一人
ジュラー縣、マルヌ縣……各三十二人
バーレーン縣、サールト縣……各三十三人
メーヌ、エ、ロアール縣……三十四人
ロー、ヌ、ガロンヌ縣、オアーズ縣、タルヌ縣……各三十五人
ヌーン縣、コート、ドール縣、ウール縣、ヘラウルト縣、オールヌ縣、セイヌ、エ、オアーズ縣……各三十六人
ヌース縣、カルヴㇵドス縣、ヨンヌ縣……各三十七人
ハウト、ガロンヌ縣……三十八人
モルビハン縣……三十九人

シャラント、アンフヘリウル縣、ガール縣、バッスピレネー縣……各四十人
ソーム縣……四十一人
ア、ヴェヰロン縣、イール、ヱ、ヴヒレーヌ縣……各四十二人
パー、ド、カレー縣……四十三人
フヒニステール縣……四十四人
イゼール縣、ロアール、アンフヘリウル縣……各四十五人
コード、ヂゥ、ノール縣、ドルドーギウ縣……各四十七人
ジロンド縣、ソウヌ、ヱ、ロアール縣……各四十八人
マンシウ縣……四十九人
ピゥヰ、ド、ドーム縣、セイヌ、アンフヘリウール縣……各五十一人
ノール縣……六十人
コルス縣……六十一人

佛國縣會纂法

井上　毅　閲
大森　鍾一　譯
佛國　ワレット　著

上巻　縣會内則按

第一章　會議總則

第一款　縣會ハ毎年二次常會ヲ開ク、

其一次豫算決算ヲ議スル所ノ會議ハ、八月十五日後第一次ノ月曜日ヨリ當然之ヲ開ク、譯者云、當然トハ特ニ行政官ノ招集アルヲ待タズシテ開クヲ云フ、而シテ此定期ハ法律ヲ以テスルニ非レハ之ヲ延期スルヲ得ズ譯者云、法律トハ國會議院ノ議定ニ成ルモノヲ云フ、

它ノ一次ノ常會ハ八月ノ常會ニ於テ其開期ヲ定メテ之ヲ開ク、若シ八月ノ常會ニ於テ此開期ヲ議定セザリシトキハ、常置委員譯者云、常置委員ノ事下巻第六章ニ見ユ、其期日ヲ定メテ議員ヲ招集シ、而シテ之ヲ縣令ニ報知ス、千八百七十一年六月二十五日及八月十日法律第二十三條第一項、第二項、第三項ニ据ル、

第二款　八月ノ常會ハ日數一月ヲ過ク可カラズ、他ノ常會ハ十五日間ヲ過ク可カラズ、千八百七十一年法律（以下月日ヲ署ス、皆八月十日ノ法律ト知ル可シ、）第二十三條第四項ニ据ル、

第三款　左ノ場合ニ於テハ臨時縣會ヲ開クヲ得、

一　行政官長ノ布令ヲ以テ之ヲ開カシムル時

二　縣會議員全數ノ三分ノ二以上、臨時開會ノ請求書ヲ議長ニ呈シタル時

第二ノ場合ニ於テハ、議長ヨリ其由ヲ遲延ナク縣令ニ報知シ、縣令ハ急速議員ヲ招集ス可シ、

第四款　凡臨時會ノ日數ハ八日間ヲ過ク可カラス、千八百七十一年法律第二十四條第三項ニ据ル、

第二章　開會　假事務局員設置　事務局本員撰擧並職務

第五款　縣會ハ法律ニ定ムル所ノ期日ニ於テ、千八百七十一年法律第二十三條及ヒ第二十四條ニ据ル、縣令又ハ縣會議長、又ハ常置委員長ノ報知ニ依テ會集ス、

第六款　縣會ハ八月常會ノ始メニ於テ、先ツ議員中最年長ノ者假リニ議長トナリ、最年少ノ者假リニ書記トナリテ開會シ、匿名投票ノ過半數ヲ以テ議長一人副議長一人乃至數人書記數人ヲ撰任ス、千八百七十一年法律第二十五條ニ据ル、○譯者案ニ、事務局員ノ撰擧ハ法律ニ定メタル順序ニ從テ追次投票ス、若シ議長副議長各一員タルトキハ各一名ヲ記シタル投票ヲ用ヒ、書記幷副議長各數名アルトキハ連名票ヲ用フ、初メ議院ニ附シタル議案ニハ、選擧ノ正否未タ確定セザル議員ハ投票ノ權ヲ停メタリシカ議決ノ際之ヲ刪除セリ、幷ニ議院主論者ノ辨論ニ依テ見ルニ、此未定議員ト云ヘトモ事務局員ノ投票ハ勿論、其他ノ投票ヲ行フヲ得可シ、且是レヲ議院ノ成例ニ適ヘリトス、投票シテ過半數ヲ得サルトキハ、千八百七十年七月廿三日法律（千八百七十一年法律第二十五條ハ法律ニ傚テ制定ス、）ニ定ムルカ如ク再ヒ投票ヲ行ヒ、尚ホ過半數ヲ得サルコトアルトキハ其最多數ヲ得タル者二名ノ内ニ就テ之ヲ投票撰擇セシム、若シ投票同數ナルトキハ年長者ヲ取ル、

第七款　書記ノ人員ハ縣會ニ於テ適宜之ヲ定ム、

第八款　事務局諸員譯者案ニ、事務局トハ議長書記本會ノ事務ヲ取扱フ所ヲ云フ、諸員トハ即チ議長書記ノ職員ヲ云フ、ノ撰任ハ第八十款以下ニ掲ケタル式ニ依ル、

第九款　議長ノ職務ハ會議ノ順序ヲ保チ、規則ヲ守ラシメ、發言ヲ認許シ、問ヲ發シ、可否ノ數ヲ報シ、會議ノ決ヲ宣告スルヲ掌ル、(原注) 議事ノ統理幷ニ會場取締ノ事ニ付キ、議長ノ職務ハ第四章及

第九章ニ詳ナリ、縣會ニ於テ特ニ其一縣ノ利益ニ關スル事ニ付キ陳請書、又ハ其縣ニ關スル諸般公事ノ情況及要用ニ付キ建議書ヲ主務ノ卿ニ進呈セントスルトキハ議長ヲ經由ス、千八百七十一年法律第五十一條ニ据ル、

第十款　縣會ニ於テ決算書ヲ撿視シタル意見ハ、議長ヨリ直チニ之ヲ内務卿ニ進呈ス、千八百七十一年法律第六十六條ニ据ル、

第十一款　書記ノ職務ハ議事筆記ヲ叙録シ、之ヲ朗讀シ、發言ヲ求ムル議員ヲ順次ニ記載シ、發議及修正ヲ朗讀シ、決議及可否數ヲ記録シ、總テ事務局ニ於テ取扱フ可キ一切ノ事ヲ行フヲ掌ル、(原注) 此他書記ノ管掌第三十九款、第七十九款、第八十五款、第九十四款ニ見ユ、

第十二款　事務局諸員ノ任期ハ其撰擧ヲ受ケタル年ノ次年ノ八月常會ニ至ルマテ一年間、其職ニ在ルモノス、千八百七十一年法律第二十五條ニ据ル、○譯者案ニ、事務局員ハ翌ト年八月ノ常會ニ於テ全員ヲ改撰ス、若シ死去、辭職、其他ノ事故アリテ欠員アルトキハ臨時補欠ノ撰擧ヲ行フベキヤ否ヤ、千八百七十一年十月十八日内務卿回達ニ据レハ、之ヲ行フヘキカ如シト雖モ各縣會ノ意見一樣ナラズ、而シテ政府モ亦之ニ干渉スベキモノトセザルナリ、(千八百七十四年十月九日内務卿回達參看) 若シ議長欠員ナレハ副議長ノ内一人代理シ、副議長亦欠員ナレハ最年長ノ議員之ヲ代理ス、

第三章　撰擧當否ノ撿査

譯者案ニ、此章ハ專ラ千八百七十一年法律第十五條、第十六條、第十七條ニ据ル、然ルニ其后此三條共ニ改正セリ、故ニ今日ノ現例ニ合ハズ、其改正ノ詳ナルハ下卷第十五條以下ノ挿注ニ就テ見ルベシ、

第十三款　縣會ハ議員當選ノ正否ヲ撿査ス、千八百七十一年法律第十六條ニ据ル、

第十四款　議員選擧ノ筆記ハ其証憑書類ト併セテ、共ニ之ヲ縣令ニ進達シ、縣令ハ之ヲ遲延ナク縣會議長ニ移送ス、千八百七十一年法律第十三條ニ据ル、

第十五款　撿査ニ付テハ、縣會ハ諸議員ヲ數部ニ分チ、各部必ス五人以上トス、各部ノ組合ハ探鬮法ヲ以テス、譯者案ニ、部ヲ分ツハ業ヲ分テ分掌スルノ便ニ依ルナリ、

第十六款　選擧ノ筆記ヲ各部ニ分配スルハ區名《カントン》區ハ行政區畫ノ名、郡ノ下、邑ノ上ニ在リ、ノ「アベセ」順ニ依テ順次配當シ、各部其數ヲ得ル、成ルベク平等ナラシム、譯者案ニ、縣會議員ノ選擧ハ區毎ニ調査ス、故ニ毎區一通ノ筆記アリ、

第十七款　各部ニ於テハ先ツ其長ト書記トヲ選任シテ、後ニ其分附ヲ受ケタル所ノ選擧筆記ヲ撿査ス、

次テ一人乃至數人ノ主査者ヲ選任シ、撿査ノ成果ヲ本會ニ申報セシムルニ備フ、

第十八款　各部ノ長及書記、幷ニ各部ノ主査者及委員ノ選擧ハ第八十款以下ニ定ムル所ニ從ヒ、匿名投票ヲ以テス、

第十九款　各區ノ選擧人ハ選擧ノ無效ヲ告訴スルヲ得、若シ其告訴ノ旨ヲ選擧筆記ニ記載シ得ザリシトキハ書面ヲ縣廳ノ書記局ニ呈ス可シ、書記局ハ之ニ領收書ヲ付ス、千八百七十一年法律第十五條ニ据ル、

第廿款　縣會選擧ノ當否ヲ判定シ、正當ナリト認メタル者ハ議長其認可ヲ宣告ス、

第廿一款　若シ議員ノ撰擧ヲ無効トスルノ判定アルトキハ直チニ縣令ニ報知ス、

第廿二款　撰擧當否ノ事ニ付キ、縣會ノ判定ハ控訴スルヲ得ズ、千八百七十一年法律第十六條ニ据ル、

第廿三款　數區ノ投票ニ當リタル議員ハ、撰擧當否ノ撿査ヨリ後三日間ニ、何レノ區ノ撰擧ニ應スベキ旨ヲ縣會議長ニ報スルヲ要ス、若シ三日間ニ之ヲ報セザルトキハ、縣會ハ公會ヲ開キ、探鬮法ヲ以テ其議員ハ何レノ區ニ屬スベキヲ定ムヘシ、千八百七十一年法律第十七條ニ据ル、

第廿四款　縣内ニ住所ヲ有セザル議員ノ數、全員四分ノ一ニ過クル時ハ縣會ニ於テ公會ヲ開キ、探鬮法ヲ以テ除員ス可キ一名乃至數名ヲ定ム、千八百七十一年法律第十七條ニ据ル、

第四章　議事

第廿五款　議長ハ會場ヲ開キ又閉場ヲ宣告ス、議長ハ毎回議事ノ終リニ於テ議會ノ意見ヲ問テ、後ニ次回開場ノ日時幷ニ議目ヲ指示ス、(原注)此他議長ノ職務ハ第二章、第四章及第九章ニ就テ見ルベシ、書記ノ職掌ハ第三十九款、第七十九款、第八十五款及第九十四款ニ詳也、

第廿六款　縣令ハ縣會ニ入ルノ權ヲ有ス、其意見ヲ陳スルヲ欲スレハ縣會ノ靜聽ヲ得、決算ノ議ヲ除クノ外議事ニ臨ムヲ得、千八百七十一年法律第二十七條○此條ハ縣令ニ縣會ニ入リ議事ニ臨席シ、且意見ヲ陳スルノ權利ヲ與ヘタリ、而シテ其義務ニ非サルヲ以テ縣會ヨリ其臨席ヲ要請スルヲ得ズ、盖シ縣令ハ書記官又ハ參事院議員ヲシテ代理出席セシムルヲ通例トス、(ブロック氏行政字類)

第廿七款　議ヲ開ク時ハ、當日ノ議目ニ至ルノ前、議長ハ先ツ前日議事ノ記録ヲ朗讀セシム、(原注) 朗讀ハ書記ノ内一人之ヲ掌ル、(第十一款) 若シ記錄ノ載輯ニ就キ異見アルトキハ、議長ハ其改正ヲ爲スヘキヤ否ヲ議會ニ問フ、次キニ議長ハ議會ニ係ル往復ノ件ヲ議會ニ告知ス、

第廿八款　議長ハ議事ヲ指揮ス、議員ノ發言セントスル者ハ議長ニ向テ其許可ヲ請フヲ要ス、議長ノ許可ヲ得ザル者ハ發言スルヲ得ズ、

第廿九款　發言ハ之ヲ記入シタル順序及之ヲ請求シタル順序ニ從テ許可セラル、(原注) 書記、其順序ヲ記入ス、(第十一款) 但本議ノ發論者幷主論者ハ、何時ニテモ請求スルニ從テ之ヲ許可スベシ、

凡ソ發言者ハ起立シナカラ、議長又ハ議會ニ向テ演述ス、

第三十款　討論ノ時ニ於テハ双方ノ論者交互ニ演述スベシ、甲員主張シ、乙員駁議シ、丙員又主張シ、丁員又駁議スルヲ云、

一員演述スルトキハ他ヨリ妨障スルヲ許サズ、但タ規則ニ違フ者ヲ警戒スルハ此例ニ在ラズ

第三十一款　演述者若シ本議外ニ渉ルコトアルトキハ特タ議長之ヲ警戒ス、

若シ討論中、本議外ニ渉リテ再次警戒ヲ蒙リタルノ後、演述者猶ホ本議ヲ離ルヽトキハ、議長ハ其一議席ヲ終ル迄ノ間、該議目ニ就テ該演述者ノ發言ヲ禁ズヘキヤ否ヤヲ議會ニ問フ、

第三十二款　議目ノ事發言ノ前後及人身上ノ事ニ付テ議員ノ請求アルトキハ、議長ハ必ス之ニ發言ヲ許可ス、

第三十三款　規則ニ違フ者アリテ警戒ノ爲メニ發言スル者アルトキハ、議長亦必ス之ヲ許可ス、然レトモ本議外ニ渉リタル者ヲ警戒スルカ爲メニ、又ハ可否數ノ撿査中若クハ同一決議ニ付可否數ノ再度ノ撿査ヲ行フノ間ニ於テ、發言セントスルカ爲メニハ之ヲ許可セズ、

第三十四款　發議者及主論者ヲ除クノ外、一論議中ニ

次ヨリ多ク發言スルヲ得ズ、但シ議會ニ於テ特ニ許可スルトキハ此限ニ在ラズ、

第三十五款　讚美又ハ擯斥ノ徴表ヲ爲スヲ禁ズ、

第三十六款　議長ハ議場ノ整頓ヲ保持ス、若シ整頓ヲ紊ルノ議員アルトキハ之ヲ警戒スルノ權ヲ有ス、

第三十七款　一議日中整頓ヲ紊リタルカ爲メニ再次警戒ヲ蒙リタル者アルトキハ、議長其一議席ヲ終ル迄ノ間、該議員ノ發言ヲ禁スベキヤヲ議會ニ問ヒ、議會ハ之ヲ禁スルコトアルヲ得、其之ヲ禁スベキト否トハ討議ヲ用ヒズ、起立法ヲ以テ之ヲ決ス、

第三十八款　整頓ヲ紊リテ警戒ヲ蒙リタル者、議會ノ決又ハ議長ノ權ニ服從セザルトキハ、先ツ其議ヲ閉チテ之ヲ明日ニ送ルベシ、

第三十九款　人ノ演述ヲ妨障シ、幷ニ人身ノ誹毀ニ屬スル言説ハ議長之ヲ制止ス、

議長ハ議會ノ意見ヲ問ヒタル後、討論ヲ閉鎖ス、討論終ルヲ告クルヲ云フ、若シ議會ノ意見相半ハシタルトキハ仍ホ討論ヲ繼續ス、

議長ハ議題ヲ可否決ニ置ク、議會ノ可否ヲ聽キ、決ヲ取ルヲ云フ、○（原注）第九章參看

議長ハ書記ト共ニ可否ノ撿査ヲ行ヒ、其決ヲ宣告ス、

第五章　委員主論者幷文書ノ閲覽

第四十款　縣會ハ二種ノ委員ヲ設ク、一ハ常置委員ニシテ其任期ハ一ケ年トス、又一ハ調査委員ニシテ毎會改置ス、（原注）常置委員ノ事ハ今只取扱手續ノ一部ヲ掲載ス、它ハ下卷第六十九條以下ヲ見ヨ、

第四十一款　縣會ハ毎年八月常會ノ末ニ於テ常置委員ヲ選擧ス、千八百七十一年法律第二條及第六十九條ニ据ル、

此選擧ハ第八十款以下ニ定メタル式ニ依ル、

第四十二款　常置委員ハ四人ヨリ少カラズ、七人ヨリ多カラストス、之ヲ選擧スルノ法ハ成ルベク各郡ニ於テ選擧ヲ受ケ、若クハ住所ヲ有スル議員ヲ以テ各郡一名ヲ選拔ス、

常置委員ハ滿期ノ后、更ニ引續テ幾次ノ選擧ヲ受クルモ妨ケナシ、千八百七十一年法律第六十九條

第四十三款　常置委員ハ其縣ノ首府ノ邑長（我戸長ノコトシ、以下同シ、）及國會議員ヲ兼ヌルヲ得ス、（千八百七十一年法律第七十條ニ据ル、）

第四十四款　常置委員ハ委員中年長者ヲ以テ長トシ、委員自ラ其書記ヲ選任ス、

委員ハ縣廳内ニ事務所ヲ設ク、而シテ縣會ノ認可ヲ得、縣令ノ協議ヲ以テ其公務ヲ執行スルニ必要ナル諸般ノ處置ヲ爲ス、（千八百七十一年法律第七十一條ニ据ル、）

第四十五款　常置委員ハ其全員ノ過半數臨席スルニ非レハ議ヲ開クヲ得ズ、

決議ハ過半數ヲ以テ定ム、

可否同數ナルトキハ專ラ委員長ノ從フ所ニ決ス、

議事ハ其記錄ヲ存ス、記錄書ニハ必ス臨席委員ノ氏名ヲ記載ス、（千八百七十一年法律第七十二條）

第四十六款　常置委員ハ毎月少クモ一回集會ス、其期日及日數ハ其自ラ定ムル所ニ依ル、但シ委員長又ハ縣令ノ臨時招集スルノ權アルハ此限ニ在ラズ、（千八百七十一年法律第七十三條）

第四十七款　常置委員ハ、衆委員ノ承認シタル當然ノ事故ナクシテ、二ケ月間引續キ欠席スルトキハ退職者トナス、此ノ如キ者アルトキハ次回ノ縣會ニ於テ其代職者ヲ選任スベシ、（千八百七十一年法律第七十四條）

第四十八款　常置委員ハ俸給ナシ、（千八百七十一年法律第七十五條）

第四十九款　縣令又ハ其代人ハ常置委員ノ會議ニ臨席ス、而シテ其意見ヲ述ヘント要ムルコトアルトキハ、委員ハ之ヲ靜聽ス、

縣内ニ於テ行政事務ヲ管掌スル諸局長ハ、常置委員ノ權限内ノ諸事ニ付キ委員ノ求メニ應シ、演述又ハ文書ヲ以テ其解説ヲ與フルノ義務アリ、（千八百七十一年法律第七十六條）

第五十款　常置委員ハ、縣會ヨリ委任ヲ受ケタル程限内ニ於テ、縣會ヨリ送附シタル事務ヲ規定ス、

又法律上ニ於テ委任サレタル事務ヲ議定シ、且縣令ヨリ議ニ附シタル諸事及ヒ縣ノ公益ノ爲メ、縣令ノ注意ヲ喚起スルヲ必要ト思惟スル諸事ニ付テハ、縣令ニ向テ意見ヲ開陳ス、（千八百七十一年法律第七十七條ニ据ル、）

第五十一款　縣令ハ縣ノ豫算ニ定ムル所ニ付キ前月間ニ受取リタル拂出委任狀、譯者案ニ、此拂出ハ内務卿之ヲ指令スルノ本務アリ、故ニ縣令ハ同卿ヨリ委任狀ヲ受ケテ始メテ指令狀ヲ出スヲ例トス、幷ニ自ラ發行シタル拂出指令狀ノ明細書ヲ毎月初ニ委員ニ交付スルヲ要ス、

又縣ノ工師長ハ、縣令ヨリ拂出ノ委任ヲ受クル者タルニ付キ、同上ノ義務アリ、千八百七十一年法律第七十八條

第五十二款　縣會ノ常會ヲ開ク毎ニ、常置委員ハ己レノ取扱來リタル一切ノ事務ヲ縣會ニ報告シ、且有益ナリト認ムル所ノ發議ヲ以テ縣會ニ付議ス、

八月ノ常會ヲ開クトキハ、委員ハ縣令ヨリ受取リタル豫算議案ニ付キ意見ノ概畧ヲ縣會ニ呈狀ス、

此諸般報告書ハ印刷シテ議員ニ分配ス、但常置委員ニ於テ不要ト決議シタルトキハ此例ニ在ラズ、千八百七十一年法律第七十九條

第五十三款　毎年八月ノ常會ニ於テ、常置委員ハ縣内諸邑ノ公債高幷前年八月ノ會議以來議定賦課セシ諸邑臨時税ノ目錄鈔本、及現時各邑ニ負擔セル臨時歩増税幷公債ノ總高ノ表ヲ縣會ニ呈狀ス可シ、千八百七十一年法律第八十條

第五十四款　常置委員ハ、縣會及他ノ民選會各議員ノ徴兵議會ニ出會スベキ受持區ヲ指定ス、千八百七十一年法律第八十二條○譯者案ニ、徴兵議會ニハ縣會郡會議員等一名ツヽ、其議事員トナリテ之ニ臨席ス、而シテ本議會ハ追次輪轉シテ各區ニ開會ス、然ルニ其開議スル當所ノ區ヨリ選擧セラレタル議員ハ、其當所ニ限リテ出會スルヲ得ズ、必ズ他區ヨリ擧ケラレタル者ヲ以テ出會ニ充ツベキニ付キ、縣郡會等ニ於テハ必ス先ツ受持區ヲ定メ、交番シテ輪次出會スルヲ要スルナリ、

第五十五款　常置委員ハ委員中ノ一名乃至數名ニ、其職權内ノ事ニ付キ、特ニ一事ヲ任シテ派出セシムルヲ得、千八百七十一年法律第八十四條

第五十六款　若シ常置委員ト縣令トノ間ニ意見相協ハザルコトアルトキハ、次回ノ縣會ニ附シテ其議定ニ任スルヲ待ツ、

若シ常置委員ト縣會トノ間ニ權限ノ爭アルトキ、又ハ常置委員權限ヲ侵越シタルトキハ、千八百七十一年八月十日法律第二十四條ニ從ヒ、直チニ縣會ヲ招集シテ其議定ニ任ス、

縣會ハ、適當ト思惟スルトキハ即時新委員ヲ撰任スルヲ得、千八百七十一年法律第八十五條

第五十七款　縣會ハ常置委員ノ外ニ、別ニ數個ノ調査委員ヲ設ク、其分科左ノ如シ、

財務工務委員

農務委員

教育救育委員

建議委員

縣廳報告委員

（原注）此委員ノ數ハ、縣會議員ノ多寡ト其事務ノ繁簡ニ依テ斟酌量定スベシ、又委員ヲ設ケスシテ單ニ課ヲ置クモ妨ケナシ、「ノール」縣ノ如キ、現ニ其例アリ、

第五十八款　委員ハ、縣會議員數名ノ請求アルトキハ、第八十二款ニ定ムル法式ニ從テ選任ス、

若シ請求ナキトキハ事務局諸員合議シテ之ヲ選任ス、

委員ノ人員ハ縣會之ヲ議定ス、

第五十九款　各委員ハ、選任ヲ受クルトキハ即時ニ會集シ、委員長書記及主論者ヲ選定ス、

第六十款　前款ノ選定ハ委員ノ協議ニ依テ之ヲ定メ、或ハ委員ノ決定ニ依リ第八十款以下ノ法式ニ從フ、

第六十一款　縣會ノ議ニ付シタル書類ハ、其部類ノ順序ニ從テ主任ノ委員ニ分附ス、

第六十二款　各委員、已ニ委員長幷ニ書記ヲ選定シタルトキハ必ス其委員長ノ報知ニ依リ、又ハ縣會ノ議決シタル議目ニ從テ集會ス、

第六十三款　委員ノ主論者、其調査ノ報告ヲ縣會ニ呈出セントスルトキハ、先ツ之ヲ縣會議長ニ開申スベシ、

第六十四款　各議員ハ委員ニ交附シタル書類ヲ覽閲スルノ權アリ、但覽閲スルカ爲メニ其書類ヲ他所ニ移スコトナク、又主任委員ノ調査ヲ妨クルコトナキヲ要ス、

第六章　發議　修正案　急速議事

第六十五款　議會ノ議ニ附シタル原議案ノ外、他ノ事

ニ付議目ヲ發案セント欲スル議員ハ、筆記ヲ以テ議長ニ呈出スベシ、

第六十六款　此發議アルトキハ、之ヲ發議者ヨリ議長ニ出シタル翌日、議長之ヲ議場ニ朗讀セシム、之ヲ賛成スル者四人アルトキハ、發議者ハ先ツ之ヲ簡略ニ解説スベシ、而ル後チ議會ハ直チニ論議ノ期日ヲ定ムベキヤ、ハタ豫メ委員ニ附シテ調査セシムベキヤヲ決スベシ、之ヲ決スルニハ討論ヲ用ヒズ、起立法ヲ以テ可否ヲ問フ、

第六十七款　各議員ハ修正ヲ呈出スルヲ得、

第六十八款　修正案ハ筆記捺印シテ之ヲ議長又ハ事務局ニ呈出スベシ、

第六十九款　修正案ハ、賛成者アルニ非レハ之ヲ議ニ附セズ、其賛成者アルトキハ、議長ハ發議者ヲ呼テ之ヲ解説セシム、

發議者之ヲ解説シタル後、議會ハ直チニ議ニ附スベキヤ、ハタ主任ノ委員ニ付スベキヤヲ決ス、

第七十款　前款ノ決ハ討論ヲ用ヒズ、起立法ヲ以テ可否ヲ定ム、若シ可否同數ナルトキハ委員ニ附セズ、

第七十一款　修正案ノ可否ハ、原案ノ可否ヲ問ハザルノ前、先ツ之ヲ問フ、

第七十二款　修正案ハ其説、原案ニ最モ遠キモノヨリ先ツ可否ヲ問フ、若シ其何レカ原案ニ遠キヤヲ知リ難キトキハ議會ノ決ヲ取リテ前後ヲ定ム、

第七十三款　議ニ附シタル件、急速ヲ要スル旨ヲ縣令又ハ一議員ヨリ要求スルトキハ、直チニ之ヲ論議シテ其許否ヲ問フ、若シ可ニ決シタルトキハ、縣會ハ其本議ヲ開クノ時日ヲ定ム、

此時ノ論議ハ必ス先ツ主任委員ノ報告ヲ聽クヲ要ス、若シ否ニ決シタルトキハ、本議ハ通常ノ手續ヲ以テ調査スベシ、

第七章　決議

第七十四款　縣會決議ノ方法三アリ、起立法、記名投

票法、匿名投票法是ナリ、
第七十五款　起立法ハ決議通例ノ方法トス、議長幷書記ハ、其要用ナルトキハ可否ノ數ヲ計筭シテ其決ヲ証ス、
第七十六款　議事不要ノ件ニ付キ、議目ニ付キ、違式ノ警戒ニ付キ、發言ノ前後ニ付キ、議事延日ニ付キ、議事ヲ他日ニ送ルニ付キ、討論ヲ終ルニ付キ、急速議事及傍聽ヲ禁スル宣告ニ付テノ決議ハ常ニ起立法ヲ以テス、千八百七十一年法律第二十八條
第七十七款　記名投票ハ、現ニ臨會スル議員六分ノ一以上、此投票法ヲ用ヒント求ムルトキハ之ヲ用フルヲ法トス、但シ第六十六款、第七十款、第七十六款、第九十一款ニ記スル場合ハ此例ニ在ラズ、千八百七十一年法律第三十條
第七十八款　記名投票ヲ用ヒントスル要求ハ、書面ヲ以テ之ヲ議長ニ呈スベシ、
請求署名者ノ姓名ハ會議記錄ニ登載ス、
第七十九款　記名投票ノ式左ノ如シ、
各議員ハ豫メ己レノ姓名ヲ印刷シ、又ハ筆書シタル一ハ靑色、一ハ白色ノ票紙ヲ有ス、其白色ハ可ヲ表シ、靑色ハ否ヲ表スル者トス、而シテ投票スルトキハ一投函ヲ各議員ノ前ニ輪廻シ、各議員ハ二種ノ内一葉ヲ函内ニ投入ス、議長ハ臨席ノ諸議員皆投票セリト視ルトキハ投函終ルト告ク、是ニ於テ書記ハ投票ヲ鑑ニ移シ、白票ト靑票トヲ分派シ、各票數ヲ計算シ、之ヲ確認シテ議長ニ報シ、議長ハ可否ノ決ヲ議會ニ宣告ス、
記名投票者ノ成果ハ、投票者ノ姓名ト共ニ之ヲ記錄ニ登載ス、千八百七十一年法律第三十條
第八十款　匿名投票ハ選擧ノ爲メ、又ハ選擧當否ノ疑問ノ爲メニ必ス之ヲ用フ、千八百七十一年法律第三十條
又其他現ニ臨席セル議員三分ノ一ノ請求アルトキハ之ヲ行フベシ、但要求ハ必ス書面ヲ以テシ、其要求書ハ要求者ノ姓名ト併セテ記錄ニ登載スベシ、
第八十一款　人ヲ選擧スルニ、匿名投票ノ式ヲ以テセ

ントスルニハ、票紙ニ被選者ノ姓名ヲ記シ、封シテ之ヲ投ス、

第八十二款　選擧ハ投票ノ過半數ヲ以テ決ス、選擧スベキ者一人ナルトキハ一名ヲ記シタル投票ヲ爲シ、同一ノ位地ニシテ數人ヲ選擧スベキトキハ連名投票ヲ用フ、譯者案スルニ、連名投票トハ選擧スベキ人名數個ヲ連記スルヲ云フ、投票過半數ヲ得スシテ再度之ヲ行ヒタル上、猶過半數ヲ得ザルトキハ其最多數ヲ得タル者ノ内ニ就テ之ヲ撰擧セシム、此時ハ又最多數ヲ以テ足レリトス、若シ同數ヲ得タルトキハ年長ノ者ヲ取ル、

第八十三款　匿名投票ハ第六十六款、第七十款、第七十六款、第九十一款ニ記セル場合ニ於テ、之ヲ行ハンコトヲ請求スルヲ得ズ、

第八十四款　選擧ノ當否ヲ正サンカ爲メ、又ハ選擧ノ外他ノ議事ニ付キ匿名投票ヲ用フルトキハ、一ハ然ト書シ、一ハ否ト書シタル票紙ヲ用ヒ、同ク之ヲ封ス、然ハ可ヲ表シ、否ハ不可ヲ表ス、而シテ此票紙ハ之ヲ函ニ投ス、

第八十五款　議長ハ、臨席ノ諸議員皆投票シタリト視ルトキハ投函終ルト告ク、是ニ於テ書記ハ明カニ可否ノ票ヲ分派シテ之ヲ計算シ、之ヲ確認シテ議長ニ報シ、議長ハ其決ヲ宣告ス、

第八十六款　縣會ハ、全員ノ半數ヲ越ユル一人以上臨會スルニ非レハ議スルヲ得ズ、千八百七十一年法律第三十條

第八十七款　決議ハ過半數ヲ以テ取ル、可否兩説同數ナルトキハ、起立法ト記名投票トヲ論セズ、議長自ラ決ニ加ハルニ於テハ其從フ所ニ決ス、千八百七十一年法律第三十條

第八十八款　議長自ラ決ニ加ハラザル時、若シ可否同數ナルニ於テハ其議ヲ廢ス、

第八十九款　議事不要ニ付キ、（原注）決議法ハ第七十六款ニ出ツ、議目ニ付キ、發言ノ前後ニ付キ、違式警戒ニ付テノ要求ハ、本議ノ前ニ先ツ決ヲ取ル、

第九十款　議事數目混交スルトキハ、要求者アルニ從

テ之ヲ分テ決ヲ取ルヲ法トス、

第八章　縣會議事公聽　議事略誌　議事記錄

第九十一款　縣會議事ハ公聽ヲ許ス、

然レトモ若シ議員五員以上、若クハ議長、若クハ縣令ノ要求アルトキハ公聽ヲ禁スベキヤ否ヤ、縣會ニ於テ討論ヲ用ヒズ、起立法ヲ以テ之ヲ決ス、千八百七十一年法律第二十八條

第九十二款　縣會ハ日々其會議ノ簡略ナル日誌ヲ作リ、之ヲ縣內諸新聞ノ需ニ供スルヲ要ス、

第九十三款　新聞紙ハ縣會討議ノ日誌ノ部分ヲ掲載セズシテ、其討議ヲ評論スルヲ得ズ、

若シ此規則ニ背ク者ハ五十「フラン」ヨリ少カラズ、五百「フラン」ヨリ多カラサル罰金ヲ科セラルベシ、千八百七十一年法律第三十一條

第九十四款　會議ノ記錄ハ書記一人之ヲ記シ、會日每ニ議ヲ開クノ初メ先ツ之ヲ結成シ、議長及書記之ニ署名ス、

記錄ニハ報告書譯者云、調査委員等ノ報告書ヲ云フ、及討議ニ發言シタル議員ノ姓名並ニ其論說ヲ記載ス、

第九十五款　縣內選擧人又ハ納稅者ハ、縣會ノ議事幷ニ公聽ヲ許シタル會議ノ記錄ヲ他所ニ携ヘ去ルコトナク閱覽シ、又ハ抄寫シ、又ハ之ヲ印刷スルノ權アリ、千八百七十一年法律第三十二條

第九十六款　縣會ノ記錄ハ猶印行シテ之ヲ公ケニシ、及其費ヲ贖ハシメズシテ縣會各議員幷ニ縣內各邑長ニ頒布ス、

第九章　縣會內外取締

第九十七款　會場一切ノ取締ハ特ニ議長ノ任タリ、

議場ノ整頓ヲ妨害スル者アルトキハ、何人ニ拘ラズ議長ハ傍聽席ヨリ退去セシメ、拘捕セシムルヲ得、

重輕罪ヲ犯シタル者アルトキハ、議長ハ其事狀書ヲ記シ、直チニ撿事ニ告發ス、千八百七十一年法律第二十九條

第九十八款　議員外ノ者ハ、縣令幷ニ通報ヲ爲スノ任アル吏員、又ハ許可ヲ受ケテ事務ヲ取ル所ノ吏員ヲ除クノ外、何等ノ名義アリトモ議員着席ノ欄内ニ入ルヲ許サズ、

第九十九款　議事中傍聴席ニ在ル者ハ必ス着坐脱帽シ、靜默ナルヲ要ス、

第百款　讃美又ハ擯斥ノ徴表ヲ爲ス者アルトキハ、守門吏又ハ取締掛リノ吏員ハ即時之ヲ退場セシムベシ、

第百一款　議長ハ此他會場ノ外部取締ヲモ監スルノ任アルニ付、之カ爲メ必要ナル處分ヲ執行スベシ、

（縣會内則按終）

下巻　縣會規則

千八百七十一年八月十日法律

（原注）此新法ハ縣會縣令幷常置委員ノ事ニ係ル、而シテ全編縣會ヲ主トス、故ニ各條縣會ニ係ラサルナシ、但タ第二十二條第三項、第二十三條第五項及六十九條以下ハ常置委員ノ事ニ係リ、又第八條、第十二條、第二十四條、第二十八條、第三十四條、第四十七條、第五十二條、第五十三條、第五十四條、第五十六條、第六十六條、第七十六條、第七十八條、第八十五條、第九十條、第九十一條ハ縣令ノ事ニ係ル、

（補）ワヂントン氏譯者云、氏ハ國會議員ニシテ、此新法ヲ議スルノ時、調査委員主論者タリ、カ議院ニ於テ辯述シタル調査報告書ニ就テ、佛國縣治ノ沿革ヲ畧載ス、

千七百九十年初テ佛朗西全國ヲ區シテ縣ヲ置ケリ、是レ其一月十八日ノ布令ニシテ立憲議會ノ定ムル所タリ、蓋シ議會ノ意タルヤ、縣ヲ以テ單ニ地方ノ區畫トシ、特ニ普ク中央政府ノ政權治權ヲ布クノ便ニ供スルニ過キズ、地方特立ノ性体ヲ有チ、或ハ一國一般ノ利害ノ外、自ラ別ニ一地方ノ利害ナル者アルニ非サルナリ、譯者案ニ、當時該國革命撥乱ノ余日猶淺ク、闔國ヲ統治スルニ專ニシテ、未タ各地方特殊ノ利害ヲ顧ルニ遑アラス、故ニ事皆一國ノ公法ニ出テ、一縣自ラ治メ自ラ計ヲ立ツルノ制アラザルナリ、而シテ千七百九十年十二月二十二日ノ法律ヲ以テ公

選議會ヲ各縣ニ開キ、縣治ヲ管掌セシメタリ、當時公選議會ノ權限タル甚タ廣シ、然レトモ其關スル所皆全國ノ利益ニ屬シ、一モ各縣各別ノ利益ニ係ルニ非サルナリ、

‖佛國共和政治新紀元第六年芽月第二十四日ノ法律ヲ以テ、司法幷教育ニ關スル費目ノ支出ヲ改正シ、其幾分ヲ地方ノ負擔トナシ、歩增課税ヲ以テ之ニ充テタリ、然レトモ此法ハ財政上ノ一改革ニ止リテ、尚ホ未タ縣ノ舊体ヲ一變スルニ至ラザルナリ、

而シテ集權ノ政愈甚シク「コンシゥラー」當時政体ノ名ノ時ニ及テ、新紀元第八年雨月第二十八日法律ヲ以テ公選議會ヲ廢シテ守令一人ヲ置キ、側ニ參事院幷ニ縣會ヲ設ケテ之カ輔翼タラシメ、其議員ハ一等「コンシゥル」官名ノ特選スル所トセリ、此時尚未タ縣費歳出入豫算ナル者アラサルナリ、又縣ノ所有財產アラザルナリ、

然レトモ此后幾クモナクシテ歳費支出法ノ改革アリ、葢甚タ面目ヲ換ヘズシテ而シテ釐正宜シキヲ得、其改革スル所ハ縣費トシテ、負擔スヘキノ費ヲ分テ二類トシ、一ヲ定費ト云ヒ、一ヲ不定費ト云フ、定費ハ縣會特ニ之カ意見ヲ上陳スルニ止マリ、不定費ハ縣會自ラ歩增課税ヲ議定スルノ權アリ、是レ新紀元第十三年風月第二日ノ會計法律第三十六條ニ定ムル所ナリ、故ニ此時ヨリ各縣自ラ其固有ノ資財ヲ使用スルヲ得、各縣豫算ノ法初テ成レリ、

千八百十一年、國庫欠乏ナルヲ以テ、政府ハ當時國用ニ供セシ建物幷道路ヲ以テ、縣ノ負擔ニ屬スヘシト決シ、則其四月九日ノ布令ヲ以テ裁判所幷ニ教育上ノ建物ヲ縣ニ讓與シ、十二月十六日ノ布令ヲ以テ三等國道ヲ縣ニ附シテ、其負擔スル所トセリ、是ヲ今ノ縣道トス、

然レトモ此時尚未タ各縣自ラ所有者タルヲ得ズ、此事久シク疑議ニ係リ、殊ニ千八百十八年十一月

十八日幷ニ千八百十九年十月十五日ノ參議院意見書、及千八百三十二年四月十七日縣令宛ノ內務卿訓條等ニ由テ爭議セラレタリ、只當時ヨリ漸ク歩ヲ進メ、今日各縣ヲシテ財産ノ所有者タラシメタル楷梯ヲ成シタルナリ、

之ヲ千八百三十三年ニ至ルマテノ制度トス、蓋シ其間改革ノ論ナキニ非ス、千八百二十一年シメオン氏ノ發議幷ニ千八百二十九年マルチギャク氏發議ノ縣會法案アリシト雖モ、時變ニ際シテ皆成局ヲ得ス、是ヨリ數年、千八百三十三年六月二十二日ノ法律ヲ以テ遂ニ復タ縣會議員ノ公撰法ヲ設ケ、千八百三十八年五月十日ノ法律ヲ以テ其權限ヲ定メタリ、是ニ於テカ初メテ各縣所有ノ權ヲ公認シ、民事上一個人ノ權義ヲ有スルヲ得、從テ各地方巨多ナル特殊ノ利益ノ集點ト爲ルニ至レリ、又千八百三十六年五月二十一日ノ法律、邑道規則ノ如キハ最モ縣會ノ事業ニ活動ヲ與ヘ、新ニ重要ノ位置ヲ得セシメタリ、然レトモ顧ミテ其權限ヲ見レハ、當時尚ホ未タ官府ノ監督譯者云、監督トハ猶ホ後見ト云ハンカ如キノ義ナリ、ヲ免レザルナリ、蓋シ其決議スル所、政府ノ認許ヲ受クルニ非レハ執行ス可カラズ、而シテ千八百四十八年七月三日ノ布令幷ニ千八百五十二年七月七日ノ法律ヲ以テ、縣會ノ結搆稍改正アリト雖モ、要スルニ帝國ノ時ハ猶ホ「ヂゥイエー」政府（千八百三十年ノ王政ヲ云フ、）ノ時ニ異ナラズ、千八百五十年參議院發議ノ新法アリテ、其明年議院ノ議ニ附シ、委員ノ修正既ニ成リ、而シテ遂ニ議決ヲ經ルニ及バズシテ議院ヲ解散セリ、

帝國ノ時、分權令ト稱セル有名ナル布令千八百五十二年三月二十五日布令アリト雖トモ、縣會ノ權限上ニ直截ノ關繫アルコトナク、只嘗テ各卿ノ授任又ハ裁決ニ屬セシ者ヲ改メテ、多クハ之ヲ縣令ニ歸シタルニ過キザルナリ、而シテ却テ縣會ヲシテ接近ノ監督ヲ受クルカ如キノ感ヲ生セシメタリ、

此後チ千八百六十六年七月十八日ノ法律アリ、之レ實ニ帝國法令中ノ良法トス、此法律ニ至テ始メテ、一縣ノ利害ニ止ル所ノ事件ハ縣會確定議決ノ權ヲ得、政府ハ其議決權限ヲ侵シ、又ハ國法ヲ犯スニ非レハ之ヲ廢除スルヲ得ザルニ至レリ、而シテ縣會ハ年々會計法律ニ定ムル制限以內ニ於テ歩增課稅ヲ決議スルヲ得ベク、又消還期限十二年以內ニ在ル公債ヲ定約スルヲ得タリ、其會計豫算幷ニ決筭ノ法ハ大ニ舊体ヲ改革シテ簡易ニ就キ、其必要費ノ目ハ實ニ政府欠クベカラザルノ費目ニ限レリ、之ヲ要スルニ此時ヨリシテ縣會ハ始メテ一縣ノ財政ヲ專管スルヲ得タルナリ、盖シ此點ニ於テハ眞ノ自主ノ權ヲ得タリト云フ可シ、然レトモ其一トタヒ議決シタルノ後ハ又其施行ニ干渉スルコトナク、其年々開會ノ餘隙ハ縣令ノ所爲ヲ監視スルノ權ナク、又意見ヲ開陳スルヲ得ズ、總テ未タ施政ノ事務上ニ關與スルヲ得サルナリ、是レ今日ノ現況ニシテ、則チ本案ノ改正ヲ加ヘントスル所ノ者トス、(以上ワヂントン氏ノ演述) 此法律ハ八月十日議院決議、同月二十九日布告セリ、決議ハ否トスル者百二十六人ニシテ、可トスル者五百零九人ノ多數ヲ得タリ、

第一章　總則

第一條　每縣々會ヲ設ク、

第二條　縣會常置委員ヲ置キ、縣會之ヲ其議員中ニ就テ撰任ス、

(補) 議院調査委員主論者ノ報告 縣會常置委員ハ白耳義國法ニ倣ヒ、常置委員ハ佛國此時始メテ之ヲ置ケリ、但タ白耳義荷蘭等ノ國ニ於テハ此設ケアル久シ、白耳義ノ法ヲ案スルニ、州會常置委員ナル者アリテ自ラ布令規則ヲ頒行シ、自ラ州費拂出ノ令狀ヲ發スルカ如キ施政ニ干與スルノ權アリ、州令ハ委員ニ入リテ議權ヲ有スト雖モ施行ノ專權アラザルナリ、

我佛國ノ制度ニ於テハ、議ハ衆ヲ尚ヒ、行ハ獨ヲ尚

フト云フヲ以テ主義トス、故ニ衆員共同シテ施政ヲ掌ルカ如キハ、我國ノ制度上ニ於テ行ヒ易カラサル所ナリ、故ニ白國ニ於テ此制度ノ利益アルハ、吾輩固ヨリ之ヲ疑ハズ、只我佛國ノ縣ハ其區畫、白國ノ州ヨリモ大ニシテ、我縣會ノ組織ハ彼ノ州會ト同カラズ、且常ニ縣ノ首府ニ留マルベキ委員、其人ヲ得ルコト甚タ難シ、已ニ之ヲ常置スルヲ得ザレバ又行政事務ノ一部ヲ委任スルヲ得ザルベシ、然レハ此職ヲ何人ニ歸シテ掌ラシメン乎、我輩調査委員ハ今之ヲ縣令ニ委シテ、只少ク其職權ヲ制限スルノ可ナルニ決セリ、盖シ縣令ナル者ハ素ヨリ性質ノ不良ナル者ニ非ス、只帝國ノ末ニ至テ流弊漸ク起リ、其本來設置ノ目的ヲ誤ルニ至リ、甚キニ至テハ縣治ノ美ヲ求メズシテ特ニ議員選擧ヲ牽制スルノ具トナリ、官選侯補ヲ私スルノ所トナリ、遂ニ佛國ノ内訌擾乱ヲ醸生スルノ第一ノ原因トナルニ至レリ、仮令ヘ今縣令ヲシテ縣務ニ干與セシメズトスルモ、固ヨリ中央官府ノ代官トシテ、縣内ニ於テ其本務ヲ管掌セシメザルヲ得ズ、已ニ許多ノ行政事務ヲ擔任スル者タレバ、從テ之ニ縣務執行ノ事ヲ委任スルハ其便法タル明ケシ、况ンヤ民間久シク縣令ノ職ヲ習知スルニ於テヲヤ、唯タ之ヲシテ其權ヲ濫用セサラシムベキノミ、故ニ我輩委員ハ本案ニ於テ、一方ハ縣會ト常置委員ノ職務ヲ定メ、一方ハ縣令ノ權限ヲ明ニシタルハ、今新ニ縣令ニ委スルノ職分ヲ明裁センカ爲メナリ、即チ評議決定幷ニ縣費ヲ以テ置キタル官吏ノ選任、縣會閉場中縣務ノ監視、即チ之ヲ約言スレハ一縣ノ治務、之ヲ縣會幷ニ常置委員ノ職權トシ、所謂ル治務ノ執行、之ヲ縣令ノ管掌トス、今又之ヲ細言スレハ、縣會議事ノ權域判然ニシテ、縣令ハ單ニ之ヲ執行スルニ止ルノ場合、尤モ許多ナリト雖モ縣會ハ唯タ事ノ大則ヲ議シテ、其余ハ之ヲ縣令ノ處分ニ委スルノ場合ナシトセズ、例ヘハ道路修繕ノ議ヲ決スルトキハ、其着手ノ前後ノ順序ハ縣令ノ専ラニスル所タリ、又縣會補助金ヲ給スルノ議ヲ決シ、或ハ政府ヨリ之ヲ受取ルトキハ縣令ヲシテ之ヲ分配スルニ任セシム、此類ノ塲合ハ實ニ常置委員ナル者アリテ縣會ニ代テ常ニ之ニ干與スルヲ要ス、只縣令執行ノ權ニ渉ルコト無カルベキナリ、之ヲ要スルニ委員ハ縣會ニ代リ縣會ヨリ接近シ、縣會ヨリモ繼續シテ斷ヘズ縣令ノ所爲ヲ監視スルノ任アリ、而シテ縣會ノ權ニ過越スルコト能ハザルナリ、（以上委員ノ演述）

議院ノ議、此設置ヲ可トスル者四百四十名、否トスル者百三十三名、即チ多數ヲ以テ之ヲ設置スルニ決シ、其職分ノ性質ニ至テハ第二次會ニ於テ左ノ一項ヲ第二條ニ加フルノ修正案アリ、「縣會常置委員ハ、縣會閉場中、縣會決議ノ執行ヲ監視シ、幷ニ縣ノ利益ニ關スル諸般ノ事務ニ付キ縣令ニ意見ヲ開陳ス、」蓋シ此修正説ハ、縣令ニ縣治事務ノ決議ノ權ヲ與ヘ、委員ニハ特ニ監視ト意見トノ權ヲ有セシムルニ過ギザルナリ、原案ハ委員ニ付スルニ決議ノ權ヲ以テシ、縣令ニ委スルニ特ニ執行ノ權ヲ以テセリ、是其大ニ異ナル所ナリ、

此議、修正説ヲ可トスル者二百二十名、原案ヲ可トスル者三百三十八名タリ、遂ニ原案ニ決ス、

又第三次會ニ至テ一ノ修正説アリ、其案曰「縣會ハ年々三個ノ常置委員ヲ置ク、財務委員、工務委員、庶務委員是レナリ、此各員ハ縣會閉場中、縣會決議執行ヲ監視スルヲ掌リ、之カ爲メニ委員中ノ一人ヲ任シテ專擔セシムルヲ得、」蓋シ此説ハ、前ノ修正説ニ於テ一委員ニ任セシ所ノ者ヲ以テ三科ニ分任セシメタル者ナリ、議遂ニ行レズ、猶ホ原案ニ決ス、

第三條　縣令ハ縣内ニ於テ政府ノ代任タリ、

又此法律ニ定ムル所ニ從テ、縣治ノ事務ヲ豫査シ、縣會及ヒ常置委員ノ決議ヲ執行スルヲ掌ル、

第二章　縣會編制

第四條　縣會議員ハ縣内毎區一名ヲ公選ス、

（補）議院調査委員主論者ノ報告　本條定ムル所、毎區議員一名ヲ公選スルノ法ハ舊例ニ依ル、此例ハ千八百四十八年初メテ行レ、爾來相仍ルノ慣法タリ、故ニ今輙ク變スルヲ欲セス、已ニ某々ノ縣ニ於テハ縣内區數多カラズ、從テ議員亦少ク、常置委員適任其人ヲ得難キノ患ナキニ非スト雖モ、未タ之カ爲メニ此舊例ヲ動スヲ欲セザルナリ、調査委員中一説ニ議員ノ數ヲ限リテ二十五員乃至三十員以上ト定メンコトヲ思ヘリ、然レトモ其之ヲ施行スルニ當リテ實地ノ困難少カラザラント認メタルヲ以テ、若シ果シテ議員人少キニ苦ムコトアラハ寧ロ區畫ヲ改メ、區數ヲ増置スルニ如カズト決シタリ、第二次會ニ修正説アリ、其案ニ曰「各區縣會議員一員ヲ選擧ス、但シ縣内各區人口ノ平均數ノ半以上多キ人口ヲ有スル區ニ於テハ二員ヲ選擧ス」ト、又第三次會ニ修正案出ツ、曰ク「各郡ノ人口ニ從ヒ五千人、若クハ畸數三千人ヲ越ル以上ニ付、一人ノ比例ヲ以テ員數ヲ定メ、各郡ニ於テ連名投票法ヲ以テ議員ヲ選擧ス」ト、此二説幷ニ行レズ、遂ニ原案ニ決ス、

第五條　縣會議員ノ選擧ハ、邑會議員選擧ノ爲メニ作リタル姓名簿ニ就キ、普通選擧法ヲ以テ各邑ニ於テ執行ス、

（補）議院調査委員主論者ノ報告　本條縣會議員ヲ選擧スルニ、邑會議員ヲ選擧スル爲メニ作リタル姓名簿ヲ用フルノ例トス、蓋シ縣會ハ國事ニ干セズ、政務ニ與カラズ、只一地方ノ治務ヲ議スルノミ、故ニ今別ニ邑會ト選擧人ヲ異ニスルヲ要セザルナリ、

第六條　選擧人ノ姓名簿ニ記載シ、又ハ選擧ノ日マテニ姓名簿ニ其姓名ヲ記入スルヲ得ヘキノ証ヲ立テ、年齢滿二十五歳以上ニシテ其縣内ニ住所アル者、或ハ其縣内ニ住所ナシト雖モ選擧ヲ爲ス年ノ一月一日

ニ其姓名ヲ一ノ直税簿ニ記入シタル者、或ハ此日ニ其記入ヲ得可キノ証ヲ立ツル者、或ハ此日ヨリ其縣内ニ於テ土地ヲ相續シタルノ凡テノ佛蘭西國民タル者ハ縣會議員ニ選ハル、コトヲ得、但シ縣内ニ住所ヲ有セザル議員ノ數ハ議員全數ノ四分ノ一ヲ過ク可カラス、第十七條參看

第七條　裁判所ヨリ任シタル輔佐人ノ管理ヲ受クル者ハ、縣會議員ニ選ハル、ヲ得ス、（民法第四百九十九條及第五百十三條參看）

（補）議院調査委員主論者ノ報告　本條ハ新ニ載スルノ條ニシテ、世ノ固ヨリ欠典トナセシ所タリ、夫レ議會ハ一地方ノ利害ヲ議定スル重大ノ任タリ、一身一家ノ管理ヲ自ラスル能ハズシテ輔佐人ノ管理ヲ受クル者、何ンソ此重キニ任ズ可ケンヤ、財産ヲ浪費スル者ノ如キハ其性未タ必シモ正直ヲ失フ者ニ限ラズ、只未タ以テ公衆ノ表準トナリテ責任ヲ負擔スルノ位置ニ置ク可ラザルナリ、

第八條　縣會議員ニ選ハル、ヲ得サル者左ノ如シ、

（補）議院調査委員主論者ノ報告　本條ハ官吏ノ己レノ所管内ニ於テ議員ニ選擧セラル、ヲ得ザル者ヲ掲載ス、只タ俸給アル職ト公選ノ職ト兼勤スベカラザルノ目ヲ示スニ非ス、實ニ公衆選擧ノ自由ヲ障碍セザランカ爲メナリ、蓋シ官吏ハ職權ヲ法律上ニ得テ之ヲ部内ノ人民ニ施ス者ニシテ、兼テ其人民ノ投票選擧ヲ得ント求ムルヲ得セシム可カラズ、若シ官吏ニシテ撰ハル、ヲ許シ、實ニ其選ニ當ラハ人ヲシテ脅迫ノ弊アルヲ疑ハシメン、若シ選ニ當ラズンハ其名聲ヲ毀塲セン、且自己ノ當選ト否トニ拘ラズ、官職ノ權ヲ藉リテ己レカ黨朋ヲ利シ、仇敵ヲ害スルノ嫌アルヲ免レザラン、就中法官、勸解裁判官ハ黨論ノ局外ニ立テ中正ニ法ヲ守ルベキ者ナレハ、其弊アルニ及テハ利害尤モ重シトス、故ニ此一項ハ已ニ近年ノ法ニ禁例アリ、譯者云、千八百七十年七月二十三日法律ニ勸解裁判官ハ縣會議員タルヲ得ス トアリ、但シ補官ハ此禁例ナシ、

然レトモ或ル縣會ニ於テハ、議員其人ヲ得サルニ困ムノ事情アレハ強チニ被選ノ禁ヲ廣ムベカラズ、故ニ控訴院ノ撿事ハ禁例ニ加ヘテ、法官ハ例外ニ置ケリ、盖シ控訴院ニ於テ尤人民ニ直接スル者ハ撿事ニ在リ、代書人等ニ對シテ尤モ偏私ノ恐レアレハナリ、

第一　縣令、郡令、縣書記官、參事院議官、其所管ノ縣内ニ於テ選擧ニ應スルヲ得ズ、

第二　控訴院撿事幷ニ撿事補、其審院ノ所管地内ニ於テ同上

第三　初告裁判所ノ長官、副長官、裁判官、豫審裁判官、及撿事、其裁判所々管地内ニ於テ同上

第四　勸解裁判官、其所管ノ區内ニ於テ同上

第五　鎭臺司令官、其所管地内ニ於テ同上

第六　港長、海軍司令官、海兵召募官、其所管ニ屬スル縣内ニ於テ同上

第七　警察使及警吏、其所管區内ニ於テ同上

第八　縣ノ工師長及郡ノ常務工師、其所管ノ縣内ニ於テ同上

第九　鑛山常務工師、其所管區内ニ於テ同上

第十　大學區長、其大學區内ニ於テ同上

第十一　大學區視學官、及小學視學官、其所管ノ縣内ニ於テ同上

第十二　諸宗ノ教長、其所管區内ニ於テ同上

第十三　直税間税ノ賦課徵収及公費拂出ヲ掌ル吏員其所管ノ縣内ニ於テ同上

第十四　郵便、電信、烟草製造局ノ長及監吏、其所管ノ縣内ニ於テ同上

第十五　森林區長幷其他ノ吏員、其所管區内ニ於テ同上

第十六　度量器撿查吏、其所管區内ニ於テ同上

(補) 本條議事ノ時、以上記スル所ノ諸吏員ハ退職ノ後猶三ケ月間選擧ヲ禁スベシトノ發議アリ、而シテ遂ニ廢棄セラレタリ、故ニ罷職シタル官吏ハ

罷職ノ日ト選擧ノ日トノ間其長短ヲ論セズ選擧スルヲ得可シ、

第九條　縣會議員ノ任ハ、佛蘭西全國ニ通シテ第八條ノ第一項及第七項ノ職務ト兼帯ス可カラス、

第十條　縣會議員ノ任ハ、其縣内ニ於テ縣ノ建築師、道路監吏、縣廳郡廳ノ吏員、及總テ縣費ヲ以テ俸給又ハ給與ヲ受クル吏員ト兼帯ス可カラス、

縣ノ工業受負人モ亦之ニ同シ、

第十一條　一人ニシテ數縣ノ議員ヲ兼ヌ可カラズ、

第十二條　縣會議員選擧人ハ行政官ノ招集ニ依テ集會ス、其招集發令ノ日ト選擧投票ヲ爲ス日トノ間、少クモ全日數十五日ノ間隙アルヲ要ス、而シテ選擧ノ日ハ必ス日曜日ヲ以テス、

投票ハ午前七時ニ開キ、其日午後六時ニ閉ツ、投票終テ直チニ其數ヲ點撿ス、

若シ猶再ヒ投票ヲ行フヲ要スル時ハ、次回ノ日曜日ヲ以テス、

第十三條　投票ノ數ヲ點撿シタルノ後、直チニ各邑ニ於テ其筆記ヲ整頓シテ之ニ署名シ、選擧局ノ吏員二名之ヲ區ノ首府ニ持參シ、其首府ノ選擧局ニ於テハ各邑ノ投票ヲ調査シ、局長其計算ヲ公告シ、各邑ノ筆記幷ニ書類ヲ併セテ縣令ニ送致ス、

第十四條　第一次ノ投票ニ於テハ、左ノ二項ノ投票數ニ兼ネ當ルニ非レハ縣會議員ニ選ハル、ヲ得ス、

第一　投票總數ノ過半

第二　撰擧簿ニ姓名ヲ記シタル選擧人全員投票スル者ト、セザル者トヲ併セテ云フ、ノ四分ノ一以上ニ當レル投票ノ數

第二次ノ投票ニ於テハ、第一次ノ投票ヲ行ヒテ、一モ法ニ適スルノ當選者ヲ得サルトキハ即第二次投票ヲ行フ、投票者ノ多寡ニ拘ラズ最多數ノ投票ヲ得ル者ヲ以テ當撰トス、若シ投票ヲ得ルコト同數ナル者アル時ハ、年長ノ者ヲ以テ當撰トス、

第十五條本條改正ヲ經、十七條ノ末ニ詳ナリ、區内ノ選擧人ハ選擧ノ效ナキ旨ヲ訴ヘ出ツルコトヲ得、

若シ其訴ヲ筆記ニ記入セサリシ時ハ訴狀ヲ縣廳ノ書

記局ニ呈シ、書記局ハ之ニ領収書ヲ渡スヘシ、

第十六條　（本條改正ヲ經、次條ノ末ニ詳ナリ、）縣會議員ノ當選ノ正否ハ縣會自ラ之ヲ撿査ス、縣會撿査ノ判定ハ控訴スルヲ許サズ、

（補）本條ハ議院ノ論説甚多ク、修正説モ亦少カラザリシト云フ、今其議ヲ悉ク掲クルニ遑アラズ、只議決ノ歸着スル所ヲ略載セン、議員選擧ノ當否ヲ撿査スルハ縣會自個ノ専權ニ在リ、特ニ選擧ノ當否ノ本案ニ就テ専判スルノ權アルノミナラズ、推テ本人ノ属籍年齢等ニ至ルマテ之ヲ審判スベシ、又縣會ノ權限侵越、或ハ違法ノ件ヲ以テスルモ、其判決ヲ參議院ニ控訴スルヲ得ズ、縣令モ亦此法第四十七條ニ依テ縣會ノ判決ヲ取消サント求ムルヲ得ズ、

第十七條　（本條改正ヲ經、條尾ノ挿注ニ就テ見ルベシ、）數區ノ投票ニ當リタル議員ハ、選擧撿査ノ日ヨリ後三日以内ニ何レノ區ノ選擧ニ應セント欲スル旨ヲ縣會議長ニ報ス可シ、若シ此三日間ニ之ヲ報セザル時ハ、縣會ハ公會（公會トハ傍聽ヲ聽スヲ云フ、）ヲ開キ、探鬮法ヲ以テ其何レノ區ニ属スルヤヲ定ム、縣内ニ住所ヲ有セザル議員ノ數、全議員四分ノ一ニ過クル時ハ縣會ニ於テ同上ノ方法ヲ以テ除員スベキ者一名乃至數名ヲ指定ス、（第六條參看）

以上、第十五條ヨリ本條ニ至ル三條ハ千八百七十五年ヲ以テ已ニ改正ヲ經タリ、今原書ニ從ヒ姑ク舊條ヲ本文ニ存シ、其改正ノ新條ハ更ニ左ニ譯出ス、

千八百七十五年七月三十一日八月四日法律

第一條　千八百七十一年八月十日法律第十五條、第十六條、第十七條、左ノ如ク改正ス、

第十五條　區内選擧人及候補人及縣會議員ハ選擧ノ効ナキ旨ヲ訴フルヲ得、

若シ其訴ヲ選擧ノ筆記ニ記入セザリシ時ハ、選擧ノ日ヨリ後十日以内ニ訴狀ヲ參議院行政訴訟課ノ書記局、又ハ其選擧ヲ行ヒタル縣ノ

縣廳ノ書記局ニ呈ス可シ、
之ヲ受取リタル官署ハ其領收書ヲ與フ可シ、
此訴アル時ハ、何レノ塲合ニ於テモ選擧ノ日ヨリ一月以内ニ其旨ヲ關係本人ニ通報ス可シ、筆記ニ記入シ又ハ縣廳ノ書記局ニ呈シタル訴狀ハ、縣令其領收ノ日ヨリ十日以内ニ之ヲ參議院ニ送移ス可シ、
選擧ニ就テ縣令ヨリ訴ヘントスルコトアル時ハ、其筆記ヲ受取タル日ヨリ二十日以内ニ訴狀ヲ參議院ニ進ム可シ、但シ縣令ハ法律ニ定ムル所ノ選擧法式ニ背キタル者ヲ除クノ外、訴ヲ爲スヲ得ズ、

第十六條　選擧ノ正否ニ關スル訴ハ、參議院ニ於テ行政訴訟判決ノ手續ニ從テ之ヲ審理ス、其審理ハ費用ヲ收メズ、印紙ヲ要セズ、又參議院代言人ノ紹介ヲ要セズ、書類ヲ參議院ノ書記局ニ受取タルヨリ三月以内ニ判決スベシ、

此訴ニ關シテ司法裁判所ノ判決ニ送附ス可キ件アル時ハ、其司法裁判確定ノ日ヨリ三月以内ニ判決ス可シ、
審按ハ訴狀ニ擧クル所ノ外ニ及フ可カラズ、但シ公安ニ關スル件ハ此限ニ在ラズ、若シ當選人、被選ノ能力ナシト云フヲ以テ訴アル時ハ、參議院ハ先其人ノ能力ニ付テ審査スルカ爲メニ相當ノ司法裁判所ニ移シ、本案ノ裁判ヲ猶豫ス可シ、
若シ此判決ヲ控訴セントスルトキハ、距離ノ遠近ニ拘ラズ判決ヨリ十日以内ニ控訴狀ヲ本人ニ送達ス可シ、之ニ違フ時ハ控訴ノ効ナシトス、
其司法裁判ニ附シタル件ハ急速審按ノ方法ヲ以テ裁判スルコト、千八百三十一年四月十九日法律第三十三條第四項ニ依ル、

第十七條　數區ノ選擧ニ當リタル議員ハ、開會

ヨリ三日以内ニ其何レノ區ノ選ニ應セント欲スル旨ヲ議長ニ報ス可シ、若シ其當選ニ付テ訴アリシ時ハ、參議院判決ノ送達ヨリ三日以内ニ之ヲ報ス可シ、

若シ此日限内ニ報ナキトキハ縣會ニ於テ公會ヲ開キ、探鬮法ヲ以テ之ヲ定ム、

若シ縣内ニ住所ヲ有セザル議員ノ數、全議員四分ノ一ニ過クルトキハ、縣會ニ於テ同上ノ法ヲ以テ除員スヘキ者一人乃至數人ヲ指定ス、但シ其住所ニ付キ爭議アル時ハ、縣會ハ姑ク之ヲ指定スルヲ停メ、其會議アラザル間ニ於テハ常置委員ヲシテ探鬮セシム、

第二條　此法律頒布前ノ選擧ニ係ル者ハ、頒布ヨリ二十日以内ニ區内選擧人、候補人、議員幷縣令ヨリ訴ヲ起スコトヲ得、

第三條　此法律頒布ヨリ以前ノ會ニ於テ、縣會ニ受理シタル訴ハ總テ却下ス可シ、此訴訟ニ關係アル者ハ前條ノ日限内ニ於テ更ニ之ヲ參議院ニ訴フルヲ得ベシ、

第十八條　縣會議員選擧ヲ受ケタル後ニ起リタル事故ニ由テ、第七條、第八條、第九條及第十條中ニ記スル所ノ場合ニ當レル時、又ハ選擧人タルノ權ヲ失フベキノ禁ニ當レル時ハ、縣會ハ己ノ職務上ニ於テ、又ハ選擧人ノ訴ニ因リ其退職ヲ宣告ス、

(補) 本條ニ於テハ、縣令政府ノ代任トシテ之ヲ訴フルノ權アルコトヲ明記セズ、故ニ縣令、其政府ニ代ルノ名義ヲ以テ訴フルヲ得ズ、特リ選擧人トシテ訴フルヲ得ベキナリ、然レトモ思フニ縣令ハ總テ法律ヲ執行スルノ權アレハ、此一事モ亦縣令ノ掌ルべキコトトスベシ、

第十九條　一議員若シ縣會ノ正當ト認メタル事故ナクシテ一次ノ常會ニ欠席スル時ハ、其常會最終ノ會日ニ縣會ヨリ退職ヲ宣告スベシ、

(補) 本條原案ニ於テハ、二常會引續キテ欠席云々

トセリ、本條ニ於テ一常會ノ間事故ナクシテ欠席スル者ハ、固ヨリ斷然退職セシメテ可ナリ、然レトモ其實際ヲ視レハ欠席者アルトキハ、先ツ縣會ヨリ其事故ヲ問尋シ、尚ホ之ヲ告諭シテ然ル后此條ヲ實行スト云フ、

第二十條　縣會議員自カラ其職ヲ辭セントスル時ハ、縣會議長又ハ常置委員長ニ請求書ヲ出シ、議長又ハ委員長ハ直チニ之ヲ縣令ニ報知ス、

第二十一條　縣會議員ノ任期ハ六年トシ、毎三年全員ノ半ヲ改選ス、但滿期ノ議員尚ホ引續テ選擧ニ當ルコトヲ得、若シ縣會ノ全員ヲ一時ニ改選シタル時ハ、其選擧ノ後最初ノ會議ニ於テ、縣下各郡内ノ區ヲ成ル可ク均等ニ二分シ、然ル後探鬮法ヲ以テ此二部ノ中何レカ先キニ改選ス可キヤノ順序ヲ定ム可シ、即此一部ハ三年ニシテ退職ス、

第二十二條　縣會議員ノ死去、退職、又ハ他區ノ撰ニ應スル等第十七條、第十八條、第十九條ニ記スル事故ノ一ニ因リ、或ハ其他ノ事故ニ因リ、缺員アル時ハ補欠選擧ノ爲メ三ケ月内ニ選擧人ヲ招集ス、然レトモ其缺員ノ位地已ニ滿期ノ部ニ屬シ、次回ノ通常會前ニ改選ノ期ニアル時ハ其補缺ノ爲メニ別段選擧ヲ行ハス、通常改選ノ期ニ至テ共ニ之ヲ選擧ス、常置委員ハ本條ノ執行ヲ監視スルヲ掌ル、常置委員ハ此事ニ付キ請求書ヲ縣令ニ呈スルコトアリ、又時宜ニ依リ内務卿ニ呈スルコトアリ、

（補）議院調査委員主論者ノ報告　此條ハ縣會欠員ノ補選ヲ爲スノ順序ヲ記ス、現行ノ法ニ於テハ補選ノ期限ヲ二ケ月トス、然レトモ實際ノ施行ヲ見ルニ往々此法ニ違フ者アリ、蓋シ其法アリテ之ヲ制裁スル者ナク、一ニ行政吏ノ專行ニ任スルニ依ル故ニ、委員ハ二ケ月ノ期ヲ改メテ三ケ月トシ、改選ノ期ニ在ル者ハ次回ノ選擧期ニ讓リ、（改選ノ期ニ在ル者ハ一トタヒ補欠選擧スルモ、次回ノ開會前復タ更ニ改選スベケレバ其事徒勞ニ屬スルニ依ル、）以テ實際施行ニ充分ノ便ヲ與ヘ、又常置委員ニ縣令又ハ内務卿ニ請求スルノ權ヲ附シ、以テ制裁ノ法トス、蓋シ内務卿請求ヲ肯セザルニ於テハ自ラ該卿カ國會ニ對ス

ルノ責任ニ係ルベシ、

第三章　會議規則

第二十三條　縣會ハ每年二次常會ヲ開ク、

其一次ハ各縣ノ豫算及ヒ決算ヲ議シ、其會議ハ八月十五日後、第一次ノ月曜日ヨリ當然之ヲ開ク、而シテ法律ヲ以テ令スルニ非レハ、之ヲ延期ス可カラス、

他ノ一次ノ常會ハ八月ノ常會ニ於テ豫メ期日ヲ議定シテ之ヲ開ク、

若シ八月ノ常會ニ於テ次ノ常會ノ期日ヲ定メサリシ時ハ、常置委員、其期日ヲ定メテ議員ヲ招集シ、而シテ之ヲ縣令ニ報知ス、

八月ノ常會ハ日數一月ニ過ク可カラス、他ノ常會ハ十五日間ニ過ク可カラス、

(補)議院調査委員主論者ノ報告　本條中第一次ノ常會ヲ八月ニ開クハ舊慣ニ依ル、蓋シ其不便ナキニ非スト雖モ輒ク改メ難キモノアリ、而シテ十五日後、第一月曜日ヲ以テ當然開會スト定メタルハ、以テ行政吏ノ私便ニ拘制セラルヽヲ防キ、且縣令及ヒ常置委員カ縣會議事ノ爲メニ豫備ノ調査ヲ爲スニ付キ、確定ノ日限ヲ以テ豫メ之ヲ期スルノ便ヲ得、縣會議員モ亦豫メ期ヲ計テ私事ヲ了シ、期限中專ラ公務ニ從事スルヲ得ルノ便アラシムルナリ、第二次常會ノ期日ヲ縣會ニ於テ定ムルハ、諸議員ノ協議ヲシテ縣務及私事ノ便宜ヲ商量スルヲ得セシムルカ爲メナリ、

第二十四條　左ノ場合ニ於テハ臨時縣會ヲ開クヲ得、

第一　行政官長ノ布令ヲ以テ之ヲ開カシムル時

第二　縣會全員ノ三分ノ二以上、臨時開會ノ請求書ヲ議長ニ呈シタル時

第二ノ場合ニ於テハ議長ヨリ其由ヲ遲延ナク縣令ニ報知シ、縣令ハ急速議員ヲ招集ス可シ、

臨時會ノ日數ハ八日間ニ過ク可カラス、

第二十五條　縣會ハ、八月ノ常會ヲ開クノ始メニ於テ、先ツ議員中ノ最年長ノ者ヲ以テ假リニ議長トナシ、最年少ノ者ヲ以テ假リニ書記トナシ、匿名投票ノ過半數ヲ以テ議長一人、副議長一人乃至數人、書記數人ヲ撰任ス、

議長、副議長、書記ノ任期ハ翌年八月ノ常會ニ至ルマテ一年間トス、

第二十六條　縣會内則ハ各縣會自ラ之ヲ議定ス、

第二十七條　縣令ハ縣會ニ入ルノ權ヲ有ス、其意見ヲ陳スルヲ欲スレハ縣會ノ靜聽ヲ得、歳出入決算ノ議ヲ除クノ外、議事ニ臨ムヲ得、

第二十八條　縣會ノ會議ハ公衆ノ傍聽ヲ許ス、

但シ議員五名又ハ議長又ハ縣令ノ請求アリテ公聽ヲ禁セントスルトキハ、縣會ニ於テハ討議ヲ爲スコトナク、起立法ヲ以テ其請求ノ可否ヲ決ス、

第二十九條　議場一切ノ取締ハ特ニ議長ノ任タリ、議場ノ整頓ヲ妨害スル者アルトキハ、何人ニ限ラズ議長之ヲ傍聽席ヨリ退去セシメ、或ハ之ヲ拘捕セシムルヲ得、

重輕罪ヲ犯シタル者アル時ハ、議長ハ其事狀書ヲ記シ、直チニ撿事ニ告發ス、

第三十條　縣會ハ、全員ノ半數ヲ越ユル一人以上臨會スルニ非サレハ開議スルヲ得ス、

臨會シタル議員ノ六分一以上、記名投票ヲ以テ決ヲ取ラント求ムル時ハ之ヲ用フルヲ例トス、若シ可否相半スル時ハ議長ノ從フ所ニ依テ決ス、但シ議長、副議長、書記ヲ任スルニ付、又ハ撰擧ノ當否ニ付テハ必ス匿名投票ヲ以テス、

記名投票ノ計數ハ、投票者ノ姓名ト共ニ記錄ニ記載ス、

第三十一條　縣會ハ毎日其會議ノ簡略ナル日誌ヲ作リ、其會議ノ終リシヨリ四十八時間ニ縣内ノ新聞紙ノ要メニ供フルヲ要ス、新聞紙ニ於テハ縣會討議ノ日誌ノ部分ヲ掲載セスシテ其討議ヲ評論スルヲ得ス、

若シ此規則ニ背ク者ハ、五十「フラン」ヨリ少カラズ、五百「フラン」ヨリ多カラザル罰金ヲ科ス、

第三十二條　會議ノ記録ハ書記一人之ヲ記シ、會日毎ニ會議ヲ開クノ初メ先ツ之ヲ結成シ、議長及ヒ書記之ニ署名ス、

記録ニハ、報告書及ヒ討議ニ發言シタル諸員ノ姓名並ニ其論説ノ概略ヲ記載ス、

縣内諸撰擧人又ハ納税者ハ、縣會ノ議事並ニ公聽ヲ許シタル會議ノ記録ヲ他所ニ携ヘ行クコトナク、其所在ニ於テ閲覧シ、又ハ抄寫シ、又ハ之ヲ公行スルノ權アリ、

第三十三條　法律ニ定メタル權限内ニ在ラザル縣會ノ會議並ニ所爲ハ其効ナキ者トス、

其效ナキ旨ハ行政規則式ノ布令ヲ以テ之ヲ達ス可シ、

第三十四條　法律上ニ定メ、又ハ允許シタル集會ノ外ニ於テ决シタル議事ハ總テ其効ナキ者トス、

若シ違法ノ會集アルトキハ、縣令ハ事由ヲ記シタル命令書ヲ以テ不法ノ會議ナリト公布シ、其所爲ノ効ナキ旨ヲ宣言シ、其會議ヲシテ速カニ解散セシムルニ必要ナル總テノ處分ヲ執行シ、其命令書ヲ所管裁判所ノ撿事ニ送達シテ其法律ヲ執行シ、及時宜ニヨリテハ刑法第二百五十八條ノ刑ヲ科スルニ供フ、

其刑ヲ受ケタル議員ハ之ヲ縣會ヨリ除員シ、且宣告ノ日ヨリ三年間再ヒ選擧ヲ受ク可カラザル旨ヲ宣告ス、

第三十五條　行政官長、縣會ノ解散ヲ令シタルトキ國會議院開會中タルニ於テハ、成ルベク急速ニ之ヲ國會議院ニ報告スベシ、此場合ニ於テハ更ニ法律ヲ以テ議員ヲ選擧スル期日ヲ定メ、且常置委員ハ新選ノ議員會議ヲ開クマテ其職ニ在ル可キヤ、又ハ從來ノ常置委員ヲ廢シテ假ニ他ノ常置委員ヲ任スルノ權ヲ行政官ニ授ク可キヤヲ定ム、

(補) 本條調査委員ノ原案ニハ行政官ニ縣會ヲ解散スルノ權ヲ與ヘザリシカ、第三次會ニ至テ政府ノ

委員ノ請求ニ依テ本案ノ如ク議決シタリ、即チ其改案ニ付調査委員主論者ノ演舌ニ曰ク、我委員ハ原案ニ於テ政府ニ充分ノ權力ヲ與ヘザリシト認メタリ、國會議院ノ開會中之ニ急速報告スルノ責ヲ以テ政府解散ヲ令スルハ、或ル急速ノ場合ニ於テハ實ニ必然、行政官ニ属スベキノ權ナリ、而シテ此事タル大臣ノ責任ニ係ルコトナレハ建國法上ニ於テ之ヲ見ルモ大害ナカルベキナリ、

第三十六條　國會議院ノ閉會中ニ於テハ、行政官長ハ特ニ一箇ノ縣會ノミニ關スル事由ニ因リ、其一個縣會ノ解散ヲ令スルコトヲ得、

解散ヲ命スル布令ニハ、必ス其事由ヲ明記ス可シ、其布令ハ全國一般ノ處分トシテ之ヲ下ス可カラス、其布令ヲ發スルトキハ、必ス併セテ其日附ヨリ後、第四次ノ日曜日ニ縣ノ選擧人ヲ招集スベシ、而シテ新議員ハ其選擧ノ後第二次ノ日曜日ヲ以テ當然會集シ、且其常置委員ヲ選任スベシ、

第四章　縣會職務章程

第三十七條　縣會ハ毎年八月ノ常會ニ於テ法律ニ定ムル所ノ規則ニ從ヒ、直税ノ配賦ヲ議定ス、直税ニ定分ト配分トノ二種アリ、本條縣會ノ賦課ヲ掌ル所ノ者ハ配分税ノミ、配分直税トハ即チ地税、分口税、窓戸税是ナリ、而シテ皆國税ニ属ス故ニ、先國庫ニ収ムル金額ヲ以テ、國會ニ於テ各縣ニ分賦シ、以テ各縣ノ納額ヲ定メ、各縣會又之ヲ各郡ニ分賦シ、以テ郡ノ租額ヲ定メ、郡會之ヲ各邑ニ課シ、各邑ニ於テハ課税委員ナル者アリテ之ヲ納税者ニ課賦ス、之ヲ課税手續ノ概畧トス、

縣會ハ此配賦ヲ議定スルノ前、其課額減少ノ事ニ付キ當務ノ議會ニ由テ評議セシ請求書アルトキハ先ツ之ヲ判定ス、當務ノ議會トハ即チ郡會ヲ云フ、

第三十八條　縣會ハ各邑ヨリ當務ノ議會ニ出シタル租税課額減少ノ請求ヲ判定ス、

第三十九條　若シ縣會ノ集會セザル時、又ハ集會スト雖モ直税ノ配賦ヲ議定セスシテ閉會シタル時ハ、縣令ハ前年ノ賦課ニ基キテ賦課ノ命令書ヲ發ス可シ、但シ法律ニ從ヒ特ニ其配賦ヲ變更ス可キコトアル時ハ此例ニ在ラス、

第四十條　縣會ハ法律ニ於テ徴収ノ允許ヲ受ケタル歩

增税ヲ議定ス、（歩增税トハ國税ニ歩割ヲ以テ增課スル地方ノ税ヲ云フ、）

又毎年國費豫算法律ニ定メタル定限内ニ於テ臨時歩增税ヲ議定スルヲ得、

又十五年以内ノ期限ニ於テ通常歳入、又ハ臨時歳入ヲ以テ償還スヘキ縣ノ公債ヲ議定スルヲ得、

第四十一條　若シ縣會ニ於テ前條ニ定メタル定限外ニ臨時税ノ徵收、又ハ公債ノ徵募ヲ議定スル時ハ特ニ法律ヲ以テ允可ヲ得ルヲ要ス、

第四十二條　縣會ハ、毎年八月常會ニ於テ各邑ノ公益ノ臨時費ニ供スル爲メニ、邑會ニ於テ決議課賦スルヲ得ル處ノ臨時歩增税ノ最高數ノ定限ヲ決定ス、但シ縣會ニ於テ之ヲ決スルニハ、年々豫算法律ニ於テ定ムル所ノ限外ニ出ツルコトヲ得ス、若シ縣會ニ於テ右ノ最高數ヲ決定スルコトナクシテ其會議ヲ閉チタル時ハ、翌年八月ノ常會ニ至ルマテ前年ニ定メタル最高數ヲ以テ其定限ト爲ス、

第四十三條　縣會ハ毎年八月ノ常會ニ於テ選擧ノ區部ヲ審査シ其表ヲ作ル、（各邑内、選擧區數部ニ分割スルコトアリ、）

第四十四條　縣會ハ一等二等ノ邑道ヲ認定シ、其幅ノ廣狹ヲ定メ、並ニ新ニ路ヲ開キ、及路線ノ迂曲ヲ改正スルノ議ヲ決ス、

此事ニ關スル縣會ノ議定ハ、千八百三十六年五月二十一日法律第十五條及第十六條ニ定ムル所ノ効力ヲ生ス、

（參照）千八百三十六年五月二十一日法律第十五條、邑道ヲ認定シ、其幅ヲ指定スル縣令ノ布令ハ、其指定ノ限内ニ在ル地ヲ以テ確定シテ道敷トナスノ効アル者トス、故ニ沿道ノ地主ハ土地ノ償金ヲ得ルニ止ル、其償金ハ相對又ハ第十七條ニ定メタル鑑定人ノ評價ニ從テ、勸解裁判官ノ判定スル所ニ依ル、
第十六條邑道新開幷ニ路線ヲ改正スルコトハ、縣令ノ布令ヲ以テ允可ス、若シ本條ノ場合ニ於テ土地ヲ買上ルコトアルトキハ、四人ノ審査員ヲ設ケ、郡裁判所ニ於テ土地買上ヲ宣告シ、其裁判官ノ一人、若クハ區ノ勸解裁判官ニ命シテ審査員長トナシ、其議平分シタルトキ自ラ議ニ加ハリテ之ヲ判スルヲ掌ラシム、而シテ裁判所ニ於テハ本人ヨリ受書ヲ出サシム、其記錄成ルトキハ即チ土地ノ所有權全ク移リタル者トス、其買上ケ宣告ノ判決、若クハ審査員償額ヲ定ムルノ判決ハ、千八百三十三年七月七日法律ニ定ムル所ノ塲合幷ニ程式ニ据ルニ非サレハ控訴スルヲ得ス、

第四十五條　縣會ハ、縣費ヲ以テ學資補助金ヲ給スル生徒ヲ撰擧シ、並ニ廢免ス、但シ師範學校ニ於テハ校長及監吏、中學校ニ於テハ其校長及監理局、私立

學校ニ於テハ其校長ノ事由ヲ明記シタル報知書ニ由リ之ヲ議定ス、若シ至急ヲ要スル場合ニ於テハ學務官吏又ハ私立學校長自ラ此廢免ヲ行ヒ、然ル後チ其事由ヲ明記シテ、直チニ之ヲ縣會常置委員長ニ報知ス、又縣會ハ、縣費ヲ以テ俸給ヲ給スル職務ノ侯補タル者ノ準據ス可キ要件及ヒ其試業ノ規則ヲ定ム可シ、然レトモ千八百三十三年ノ布令ヲ以テ定メタル古文書庫吏ノ權利ニ牴觸スルコトナシ、

（補）本條ノ原案ハ左ノ如シ、「然レトモ古文書庫吏ノ免狀ヲ得タル古文書學校ノ生徒ハ、試業ヲ受ケスシテ縣ノ書庫吏トナルヲ得」トアリシカ、某議員ノ發議ヲ以テ遂ニ本條ノ如ク修正決議セリ、然ルニ其修正按タルヤ千八百五十年二月十九日布令ニ係ル者ニシテ、千八百三十三年ノ布令ニ係ルニ非ス、即チ千八百五十年ノ布令ニハ「縣ノ書庫吏ハ古文書學校生徒ヨリ擧用スベシ」トアリ、千八百三十三年ノ布令ニハ「縣ノ書庫吏ハ內務卿ノ認可ヲ受ケテ縣令之ヲ任ス」トアリ、而シテ議院ノ決議ト官報ニ載スル所ト此年數ノ差違アルハ其何故タルヲ知ラズ、

第四十六條　左ノ諸件ハ縣會ニ於テ議決確定ノ權アリトス、

第一　動產不動產ニ拘ラズ縣有財產ノ賣買及交換、但シ第四項ニ記スル所ノ用方ニ供セル者ハ此限ニ在ラズ、

第二　縣有財產ノ支配ノ方法

第三　土地又ハ建物等財產貸借ノ契約、但シ期限ノ長短ニ拘ラス、

第四　縣廳、郡廳、會審院、郡裁判所、師範學校、備警兵屯營、及獄舍ヲ除クノ外、都テ縣有ノ財產及ヒ建物ノ用方ヲ變更スルノ議

第五　縣ニ寄付シタル生存中又ハ遺囑ノ贈遺ヲ受否スルノ議、但シ此贈遺ニ付キ故障アル時ハ此限ニ在ラズ、

第六　道路ノ種類ヲ定メテ縣道ニ列シ並ニ其線路ノ方向ヲ定ムルノ議

縣道ノ新設、改修、或ハ保存ノ爲メニ執行スヘキ工業ノ見込書、圖面幷ニ見積リ書ヲ定ムルノ議

其築造又ハ修繕ノ工業ヲ擔任スベキ掛リヲ選定スルノ議

第七　一等二等邑道ノ種類ヲ定メ、並ニ線路ノ方向ヲ定ムルノ議、其邑道ノ新設、或ハ保存ノ費用ヲ共擔ス可キ諸邑ヲ指定シ、及其各邑年々ノ分賦金額ヲ定ムルノ議、但シ此事ニ付テハ皆當務ノ議會ノ意見ヲ聽テ議定ス可シ、

各等邑道ノ費用ニ供スル爲メニ、國費又ハ縣費ヲ以テ給與スル補助金額ノ分配議

一等二等邑道ノ工業ヲ委任ス可キ掛リヲ撰定シ、及ヒ總ヘテ縣費ヲ以テ執行ス可キ工業ノ方法ヲ定ムルノ議

夫役ノ工價ヲ定ムルノ議 譯者案、佛國ノ法、邑道修繕費常費金ヲ以テ足ラサルトキハ三日ノ夫役ヲ徴スルコトアリ、若シ夫役ニ赴クコトヲ欲セサル者ハ工價ヲ出シテ之ヲ償却スルコトアリ、其工價ハ年々縣會ノ定ムル所トス、

第八　縣道及一等二等邑道ノ列ヲ除クノ議

（補）議院調査委員主論者報告　縣道邑道共之ヲ新ニ此部ニ列スルト、從前此列ニ在ルモノヲ廢除スルトハ其例ヲ同スカラズ、一線路ヲ以テ新ニ縣邑道ニ列スルハ縣會之ヲ專決スルノ權アリ、蓋シ只タ一縣下ノ便利如何ンヲ視ル可キノミ、然レトモ若シ已ニ此列ニ在ルモノヲ廢除セントスルトキハ、特ニ便利奈何ンニ止ラズ已ニ權義ニ關スル者アリ、宜ク隣縣ニ協議シテ之ヲ處ス可シ、協議ヲ試ミテ尚ホ成ラサレハ始メテ縣會ノ專斷ニ附スルモ妨ケナシ、

第九　以上記スル所ノ外縣ノ資金ヲ以テ執行ス可キ工業ノ見込書、圖面幷ニ見積リ書、及ヒ其工業ヲ委任ス可キ掛リヲ撰定スルノ議

第十　縣ノ公益タル事業ノ費用ヲ補助スル爲メニ、邑又ハ會社又ハ人民ヨリ寄贈シタル資金ノ事

第十一　縣ノ公益タル工業ノ受負ヲ會社組合又ハ人

民ニ允許スルノ議
第十二　地方鐵道地方鉄道トハ縣邑ニ於テ地方ノ公益ノ爲メニ設クル鉄道ヲ云フ、ノ線路ノ方向ヲ定メ、其鐵道築造ノ方法及ヒ要件、並ニ其鐵道ノ通運ヲ行フニ付キ必要ナル約定及ヒ規則ヲ定ムルノ議
第十三　縣費支給ニ屬スル道路ニ渡船場ヲ設ケ、及ヒ之ヲ保存スル事並ニ其渡錢ノ定額ヲ定ムル事
第十四　縣有ノ建物ノ火災保險ノ事
第十五　縣ノ名ヲ以テ原告又ハ被告トナリテ訴訟ヲ爲ス事、但シ急速ナルヲ要スル時ハ常置委員之ヲ議決スルコトヲ得、
第十六　縣ノ權利ニ關スル和解契約
第十七　縣ニ屬スル狂癲院病ノ各種ノ入額及ヒ費額ノ議、幷ニ縣内ノ狂癲者ヲ治療スルニ付キ公私立ノ病院等ト結ヒタル契約ヲ認可スルノ議
第十八　棄兒救育ノ事
第十九　狂癲及ヒ棄兒救育費ノ内邑ノ擔當ニ属スベキ費額ヲ定メ、幷ニ其費額ヲ邑ニ分課スル割リ方ヲ定ムルノ議
第二十　縣ニ於テ設立スル救恤ノ設置、及ヒ其救恤ヲ爲ス方法
第二十一　縣廳郡廳ノ吏員、又ハ其他都ヘテ縣費ヲ以テ俸給ヲ給スル官吏ノ退隱料及其他恩給ヲ備設シ、並ニ其方法ヲ立ツル事
第二十二　數縣數邑ニ關渉スル工業ノ費用中、縣ノ擔當ス可キ定額
第二十三　縣内ノ數邑ニ關スル工業費ノ割合ニ付キ起リタル爭議
第二十四　市場ヲ設ケ、或ハ之ヲ廢シ、或ハ之ヲ變更スルニ付キ邑會ノ決議
第二十五　千八百六十七年七月二十四日ノ法律ニ從ヒ設ケタル、一般ノ税則ニ定ムル所ノ税ノ最高數及ヒ物品目錄ノ限内ニ於テ、當時現ニ設クル所ノ入邑税增課ノ延期、及ヒ本税額ニ一「テシーム」

（「二フラン」十分一）以上增加ノ事ニ關スル邑會ノ決議

第二十六　一區內ニ在ル數邑ノ境界ヲ改正スル事、及ヒ其邑ノ首府ヲ指定スルノ議、但シ其各邑邑會ノ間ニ於テ異論ナキ時ニ限ル、（譯者云ク、本條諸項中實ニ從前縣令ノ權內ニ在ル者、初メテ此法ヲ以テ縣會ノ議定ニ屬スル者アリ、又曾テ縣會議評顧問ノ權ニ止ル者、今即チ確定議決ノ力ヲ得タル者アリ、此類少シトセズ、今一々其舊例ヲ擧ケテ之カ沿革ヲ示サズ、）

第四十七條　凡ソ縣會ニ於テ議決確定ノ權ヲ以テ決議シタル者（前條ニ揭クル者）ハ縣會ノ權限ヲ超過シ、又ハ法律或ハ行政規則ニ違反スト云フヲ以テ、其會議ノ終リタル日ヨリ二十日以內ニ縣令ヨリ其決議ヲ廢棄センコトヲ上官ニ具請シタル時ノ外、直チニ之ヲ施行ス可キ者トス、（譯者云、別ニ認可ヲ受クルヲ要セズシテ、直ニ施行スベキヲ云フ、）

縣令之ヲ上官ニ具請シタル時ハ、直チニ之ヲ議長及ヒ常置委員長ニ通報ス可シ、而シテ之ヲ通報シタルヨリ二月以內ニ其決議ヲ廢棄スルノ令アラザル時ハ、直ニ其決議ヲ施行ス可キモノトス、

廢棄ノ令ハ行政規則式ノ布令ヲ以テス、

第四十八條　左ノ諸件ハ縣會之ヲ議定ス、

第一　縣廳、郡廳、師範學校、會審院、及郡裁判所、備警兵屯營、及獄舍ニ供スル縣有財產ノ賣買及ヒ交換

第二　前項ニ記スル所ノ縣有財產ノ用方ヲ變改スルノ議

第三　政府ノ工業ニシテ縣ノ利害ニ關係アル者ニ就キ、縣ノ擔當ニ屬ス可キ其費額割合ノ議

第四　左ノ四款ニ關スル邑會請求ノ議、（第一）第四十六條ニ記スル一般ノ稅則中ニ在ラサル物品ニ新タニ入邑稅ヲ課シ、或ハ之ヲ變更スル事、（第二）一般ノ稅則ニ定ムル最高數ノ定限以外ノ入邑稅ヲ新タニ設ケ、或ハ之ヲ變更スル事、（第三）地方限リノ稅則中、未タ賦稅セザル物品ニ新タニ稅ヲ課スル事、（第四）現行ノ規則、或ハ課稅ノ地ノ境界ヲ改ムル事、

第五　以上ニ記スル諸件ノ外、法律及ヒ行政規則ニ

於テ縣會ノ議ニ附ス可キコトヲ定メタル諸件、及ヒ縣ノ利害ニ關シテ縣令又ハ縣會議員中一人ノ發議ニ由リ、縣會ノ議ニ附スル所ノ諸件

第四十九條　前條ニ記載シタル諸件ニ付キ、縣會ノ決議ハ其會議ノ終リシ日ヨリ三月以内ニ事由ヲ明記シタル布令ヲ以テ、其決議ノ施行ヲ停止スル時ノ外、直ニ之ヲ施行ス可キ者トス、

（補）議院調査委員主論者ノ報告　本條ハ實ニ新制度ニ係ル今ノ法ニ於テハ、第四十六條ニ掲ケタル諸件ノ外ハ概ネ上司ノ認可ヲ得テ、始メテ施行スベキノ例ナリ、而シテ行政官ハ其認可ヲ與フルノ定期ナク、又必シモ認可セズト明言スルノ義務ナキヲ以テ、遂ニ荏苒シテ默止ニ付スルコトアリ、本案ニ据レハ縣會ノ決議スル所、特ニ之ヲ非ナリトスルノ明證アル迄テハ、視テ之ヲ是ナリトスルノ意ナリ、故ニ政府若シ一般ノ公益ノ爲メニ其決議ヲ行ハシメザランコトヲ欲セバ、必ス重要ノ理由ヲ具ヘテ之ヲ停ムル旨ヲ告ケザルヲ得ズ、而シテ必シモ毎ニ認可ヲ明言スルヲ要セズ、即チ三ヶ月ヲ經過シテ尚ホ特ニ之ヲ停止スルノ令アラザレハ、自ラ施行スベキ者トス、

第五十條　左ノ諸件ハ縣會之ニ意見ヲ開陳ス、

第一　縣、郡、區、邑ノ區畫境界ヲ變更シ、並ニ其首府ヲ變更スル事、但シ第四十六條第二十六項ニ記スル所、縣會ニ於テ決議確定スル者ハ此限ニ在ラズ、

第二　邑ニ屬スル森林及ヒ大小ノ樹木ヲ森林法ニ從テ處置シ、又ハ牧地ヲ森林ニ變スルコトニ付キ、森林法第九十條ノ規則ヲ適用スル事

第三　邑ノ森林ノ支配、植栽賣却、及起シ返シニ付邑會ノ決議

其他總テ法律又ハ行政規則ニ於テ縣會ノ意見ヲ聽ク可キ旨ヲ定メタル諸件、及ヒ各省ノ卿ヨリ下問ヲ受ケ意見ヲ陳スベキ諸件

第五十一條　縣會ハ特ニ其一縣ノ利害ニ關スル事ニ付キ、又ハ諸般ノ公務上特ニ其縣ニ關係アル事ニ付陳請書ヲ裁シ、議長ヲ經由シテ直ニ主務ノ卿ニ進呈スルヲ得、

縣會ハ其權限内ノ諸事ヲ議決スルニ付キ、其實地ニ就テ詳細ノ取調ヲ爲サンコトヲ要スルトキハ、之カ爲メニ議員一名乃至數名ヲ委任スルヲ得、

縣會ニ於テハ國ノ大政ニ關スル建議ヲ呈スルヲ得ズ、然レトモ理財上及ヒ一般行政上ノ事ニ付テハ建議書ヲ呈スルコトヲ得、

（補）本條末項ニ就テハ議院ノ論議少カラズ、其原案左ノ如シ、「縣會ハ闔國一般ノ利益ニ關スル諸件ニ付キ建議ヲ發スルヲ得」ト、於是政府ハ内務卿ラムブレック氏ヲシテ、縣會ハ國ノ大政ニ關ス可カラザル旨ヲ陳述セシメ、原案ノ修正ヲ求メタリ、乃チ之ヲ委員ニ付スルニ決シ、委員ハ左ノ如ク修正シタリ、曰、縣會ハ理財上幷ニ一般行政上ノ事ニ付キ建議ヲ發スルヲ得、其他大政上ニ係ル者ハ之ヲ禁スト、然ルニ内務卿ハ猶之ヲ論シテ曰、此案猶原案ト意ヲ同クス、此案ニ据テ見レハ實ニ大政ニ係ルノ建議ヲ爲スノ權アル者ナリ云々、此案ヲ削除センコトヲ乞フト、ムーレン氏議員曰、縣會ハ帝國ノ時スラ尚ホ一般行政上ノ建議ヲ發セリ例スレハ戸長選擧法ノ如キ是ナリ、云々、仮令立法上ノ事ニシテ國ノ大政ニ渉ルモ、建國法上ニ渉ルニ非レハ、縣會ノ權限ニ許シテ可ナリ云々、内務卿ハ復タ大政上ノ建議ヲ許ス可カラザル旨ヲ主張セリ、於是委員ノ修正案中、其他ノ字ヲ削除スルノ議アリ、贊成者少カラズ、委員モ亦之ヲ承引セリ、遂ニ此二字ヲ削除スルニ決ス、此他修正説尚少カラズ、三次會ニ至テモ猶動議アリシカ、遂ニ其議行ハレズ、要スルニ縣會ハ國事ニ係リ大政ニ渉ル可カラサルヲ以テ議定セリ、

第五十二條　縣内ニ於テ行政事務ヲ管掌スル諸局ノ長ハ、其縣ニ關スル事ニ付、縣會ノ求メニ應シ、演述又ハ文書ヲ以テ其主任事務ニ付キ説明ヲ與フルノ義

務アリ、

第五十三條　縣令ハ、縣ニ寄付スル所ノ生存中ノ贈遺又ハ遺嘱ノ贈遺ヲ受否スルヲ掌ル、但シ其贈遺者ノ親族ヨリ故障ヲ述ブル者アラザル時ハ縣會ノ決議ニ從ヒ、若シ親族中ヨリ故障ヲ述ブル者アル時ハ、政府ノ決議スル所ニ從テ受否ヲ決ス、

又何レノ時ヲ論セズ此贈遺ヲ假ニ受領スルコトヲ得、而シテ後チニ縣會若クハ政府ニ於テ之ヲ確定ス、但シ其確定ノ決議ハ其假収領ノ日ヨリ効アリトス、

第五十四條　縣令ハ、縣會ノ決議ニ從テ縣ノ權利ニ管スル訴訟ヲ爲シ、又常置委員ノ意見ヲ聽キ、其同意ヲ得テ、縣ニ對シタル訴訟ノ被告人トナリテ辨護スルヲ得、

縣令ハ縣ノ權利ヲ保存シ、及期滿得免ノ既ニ經過シタル時間ヲ除棄スル爲メ一切ノ處置ヲ爲ス可シ、

政府ト一縣トノ間ニ於テ生シタル詞訟ニ付テハ、常置委員中ニ於テ一人ヲ指定シ、縣ノ名ヲ以、原告或ハ被告トナリテ訴訟ヲ擔當セシム可シ、縣令ハ常置委員ノ意見ヲ問ヒ、其同意ヲ得テ、縣ノ名ヲ以テ契約ヲ結フ可シ、

第五十五條　財産占有權ニ關スル訴訟ヲ除クノ外、凡テ縣ニ對シテ訴訟ヲ爲サントスル者ハ、先ツ其訴訟ノ事項ト理由トヲ表明スル覺書ヲ縣令ニ出ス可シ、若シ豫メ此手續ヲ爲サズシテ訴訟ヲ爲シタル時ハ其訴訟ノ効ナシ、

縣令ハ其覺書ノ領収証ヲ附與ス可シ、

原告人ハ、其領収証ヲ得タル日ヨリ二ヶ月ノ後ニ非レハ裁判所ニ出訴ス可カラス、但シ此間ニ於テ權利ヲ保存スル爲メノ處置ヲ行フハ此限ニ在ラズ、

原告人、其覺書ヲ出シタルヨリ三ヶ月以内ニ裁判所ニ出訴スル時ハ、其覺書ヲ出シタルヲ以テ期滿得免ノ期限ノ既ニ經過シタル時間ヲ除棄スベシ、

第五十六條　八月ノ通常會ノ時ニ於テ、縣令ハ精細ナル報告書ヲ以テ縣内ノ景狀及ヒ諸般ノ公務ノ狀体ヲ

縣會ニ報告ス可シ、
其他ノ通常會議ノ時ニ於テハ、特ニ其會議ニ附ス可キ事務ニ付テ報告書ヲ縣會ニ出ス可シ、
此報告書ハ、印刷シテ開會ノ日ヨリ少クモ八日前ニ縣會各議員ニ分配ス可シ、

第五章　縣ノ豫算表及決算表

第五十七條　縣ノ豫算表ノ草案ハ縣令之ヲ作リテ縣會ノ議ニ附ス、但シ縣令ハ八月ノ通常會ヲ開クヨリ少クモ十日前ニ、其証憑書類ヲ添ヘテ共ニ之ヲ常置委員ニ交附ス可シ、
其豫算表案ハ縣會ノ議ヲ經テ更ニ布令ヲ以テ之ヲ確定裁可ス、其豫算表ハ分テ通常歳出入豫算及ヒ臨時歳出入豫算ノ二部トス、
第五十八條　通常歳出入豫算表中歳入ノ部左ノ如シ、
第一　毎年豫算法律ヲ以テ員數ヲ定ムル通常歩増税
(補) 此歩増税ハ、千八百七十一年九月四日法律第三條ヲ以テ千八百七十二年度ノ高ヲ定メタリ、其條曰、千八百七十一年八月十日法律第五拾八條ニ依リ、縣會ノ決議課収ス可キ歩増税ノ最高額ハ、千八百七十二年度地税幷ニ分口税ニ二拾五「サンチーム」即二割五分 及外ニ四種ノ直税ニ一「サンチーム」即一分 ト定ム、
第二　千八百三十六年五月二十一日法律、千八百五十年三月十五日法律、及千八百六十七年四月十日法律ニ由リ、特ニ邑道及ヒ小學費ニ供スル爲ニ徴収スルヲ得ル所ノ歩増税
(補) 此項ノ歩増税モ亦、前項ノ法律ヲ以テ千八百七十二年度ノ定額ヲ立テタリ、
一　小學費　第八條、上下等邑立小學ノ費金、常入額ヲ以テ之ニ支給スルニ足ラサルトキハ、邑會幷ニ縣會ニ於テ小學費特別課税ノ名義ヲ以テ千八百七十二年度四種ノ直税ニ歩増税ヲ課スルヲ得、但邑會ニ於テ三「サンチーム」即三分 縣會ニ於テ三

「サンチーム」ニ過クルヲ得ズ、
二　邑道費　第十條、一等邑道ノ補助費ノ金額、通常歩増税ヲ以テ之ヲ支給スルニ足ラザルトキ、幷ニ臨時ノ場合ニ於テ其他ノ邑道費ヲ給スルニ足ラザルトキハ、縣會ハ千八百七十二年度特別課税ノ名義ヲ以テ四種ノ直税ニ七「サンチーム」即七分ノ歩増税ヲ課スルヲ得、
又其十三條ニ曰、千八百三十六年五月二十一日幷千八百六十八年七月十一日邑道法律ハ、千八百七十二年度ニ通用ス可シ、
第三　千八百二十九年八月二日法律ニ由リ、地籍ノ調査編制ノ費用ニ供スル爲メニ特別ニ賦課スル歩増税
第四　縣有財産ノ所得入額
第五　文庫ニ藏スル古文書類及ヒ縣廳諸書類ノ謄寫料入額
第六　縣費支辨ノ道路ニ通スル渡船場渡錢及橋錢、其他ノ道路錢、及ヒ法律ニ於テ縣ノ所得ト爲スヲ許シタル諸税錢
第七　内務省ノ定額中ニ年々記入セル縣費補助金、但シ其金額ハ豫算法律ニ添ヘタル表ニ定ムル所ニ從ヒ、各縣會計ノ景況ニヨリ供給ヲ受ク可キ者トス、
(補) 此補助金ニ充ツル定額ハ現今總計四百万「フラン」ニシテ之ヲ四十六縣ニ分配ス、其各縣ノ高ハ今姑ク畧ス、
第八　狂癲及ヒ棄兒ヲ救濟スル爲メ國庫幷ニ邑ヨリ支給スル割合金、及ヒ其他スベテ通常歳入中ニ加フ可キ補助金
第九　邑道費及ヒ地方鐵道費ノ爲メ、邑ヨリ支給スル割合金並ニ未必ノ入額
第五十九條　臨時歳出入豫算表中歳入ノ部、左ノ如シ、
第一　豫算法律又ハ別段ノ法律ニ定ムル限内ニ於テ、毎一年度縣會ノ議定賦課スル臨時歩増税

第二　縣ノ公債
第三　生存中及ヒ遺囑ノ贈遺
第四　縣有財産ヲ賣却シタル代金
第五　償還期限ニアル貸金、及ヒ年金受ケ戻シヨリ収入スル金額
第六　此他スベテ臨時ノ収入金
千八百十一年十二月十六日ノ布令、及其以後ノ布令ニ由リ、縣費ヲ以テ修繕シ來リタル舊三等國道ハ縣ノ財産中ニ加ヘタルモノトス、
第六十條　通常歳出入豫算表中、歳出ノ部、左ノ如シ、
第一　縣廳、郡廳、各縣教育會、大學區監視局ノ家税動産並ニ保存費
第二　備警兵通常ノ屯營ノ費用
第三　會審院、民事郡裁判所、商法裁判所ノ家税保存費、動産、並ニ雜費、及ヒ治安裁判所雜費
第四　商法裁判官選擧ノ姓名簿ノ印刷並ニ公告費、及ヒ議員選擧並ニ陪審ノ姓名目錄ノ印刷費
第五　縣ノ公益ノ事業ニ屬スル通常歳費
第六　千八百三十六年五月二十一日法律、千八百五十年三月十五日法律、及ヒ千八百六十七年四月十日法律ヲ以テ設ケタル特別ノ歩増税ヲ以テ充ツ可キ費用、但シ邑道及ヒ小學校ノ費用ニ付キ此特別ノ歩増税ノ全額ヲ用フルヲ要セサル縣ニ於テハ、其殘額ヲ其他ノ通常費目ニ供スルコトヲ得、然レトモ小學校費ノ爲メニ特ニ収入シタル三「サンチーム」ノ歩増税ノ殘額ヲ其他ノ費目ニ供スルコトハ、翌年ノ縣會議ニ於テ前年ノ會計ヲ決算シテ其殘高アルヲ証シタル後ニ非ザレハ之ヲ定ム可カラス、
前項ニ記シタル權利ヲ行フ可キ景況ニ在リテ之ヲ行ハサル縣ハ、第五十八條第七項ニ記スル補助金ノ供給ヲ受クルヲ得ス、
第六十一條　若シ縣會ニ於テ前條ノ第一、第二、第三、第四項ニ記スル費目ニ充テ、或ハ消還期限ニアル負

債ヲ拂フニ充ツ可キ金額ヲ其豫算ニ記入セザリシ時ハ、四種ノ直税ニ別段ニ税額ヲ加賦シテ以テ其費用ニ充ツ、且ツ其別段ノ税額ハ、毎歳豫算法律ヲ以テ定ムル最高數ノ限内ニ在ル時ハ布令ヲ以テ之ヲ課シ、若シ其定限ヲ超ユル時ハ法律ヲ以テ之ヲ課ス可シ、其布令ハ行政規則式ヲ以テ之ヲ爲シ、且ツ法律誌ニ之ヲ記入ス可シ、其他ノ費目ハ官府ニ於テ自ラ通常豫算表中ニ記入スルコトヲ得ス、又縣會ニ於テ其費目ニ記入シタル定額金ハ、其豫算表ヲ確定スルノ布令ヲ以テ之ヲ變更スルコトヲ得ス、

第六十二條　臨時歳出入豫算表中、歳出ノ部ハ第五十九條ニ記列スル入額ヲ以テ充ツ可キ諸費用トス、

第六十三條　前年度中ニ於テ仕拂ヲ爲シ、終ラザル定額金ノ越高アル時ハ、其年度閉鎖ノ後之ヲ現年度ニ繰越シ、尚ホ嘗テ縣會ノ議定ヲ以テ定メタル部目ノ用方ニ充ツベシ、

前年度ニ於テ收入シ、又ハ收入ス可キ公債、或ハ通常及ヒ臨時歩増税等諸收入ヨリ生シタル殘餘金ハ、各其金額ノ出處ノ種類ニ從ヒ現年度ノ入額ニ繰入レ、縣會ニ於テ更ニ其用途ヲ議定ス可シ、

縣會ハ歳出入豫算中、豫知ス可カラザル費途ニ供スルカ爲メニ豫備金額ヲ設クルヲ得、

第六十四條　臨時未必ノ歳入ヲ收領スルヲ掌ル所ノ會計官吏ハ、自己ノ責任ヲ以テ其收入ニ付キ必要ナル一切ノ處分ヲ爲スヲ要ス、

其收入ノ目錄帳簿ハ縣令其執行ヲ令シ、且ツ之ヲ會計吏ニ下附ス可シ、

其收入ニ付キ故障ヲ申立ツル者アルトキ、其事司法裁判所ノ管轄ニ屬スル者ハ急速吟味ノ式ヲ以テ之ヲ裁判ス可シ、

第六十五條　縣費ノ出納ヲ掌ル會計吏ハ、縣ノ豫算ニ記スル定額ノ限内ニ於テ、縣令ヨリ渡シタル拂出指令書アルニ非レバ其金額ヲ拂出ス可カラス、

第六十六條　縣會ハ縣令ヨリ出シタル縣費出入ノ決算

ヲ議評ス、

決算表ハ、八月ノ通常會議ヲ開クヨリ少クモ十日前ニ其証憑書類ヲ添ヘテ之ヲ常置委員ニ交附ス、

決算表ハ縣會ニ於テ之ヲ撿視シ、若シ異見アルトキハ議長ヲ經テ直チニ之ヲ内務卿ニ上陳ス、

決算表ハ縣會ニ於テ假リニ之ヲ定認シ、後チニ布令ヲ以テ之ヲ確定裁可ス、

八月ノ會議ノ時、縣令ヨリ年報書ヲ縣會ニ出シテ、一等二等ノ邑道ノ費用ニ充テタル邑費ノ會計ヲ報告ス、

第六十七條　縣ノ豫算及ヒ決算ハ確定裁可ノ上、印刷シテ公告ス、

第六十八條　教院及ヒ僧舎ニ關スル扶助金

救恤ノ設置ニ給與スル扶助金

學校及ヒ幼稚院ノ建物ヲ購買シ、或ハ造築シ、或ハ之ヲ修繕スル爲ニ邑ニ給與スル補助金

農業ニ關スル會社ニ給與スル補助金

此扶助金、補助金ハ、縣會ノ發議アルニ非レハ主務ノ省ヨリ之ヲ給與スルヲ得ズ、依テ縣會ニ於テ事ノ緩急ヲ計リ、給與ノ順序ヲ定メ、表ヲ作リテ之ヲ上稟ス可シ、

第六章　常置委員

第六十九條　常置委員ハ毎年八月常會ノ末ニ於テ之ヲ選任ス、第二條参看　常置委員ハ定員四人ヨリ少カラス、七人ヨリ多カラズ、之ヲ選ムノ法、成ル可ク各郡ニ於テ選擧ヲ受ケ、若クハ住所ヲ有スル議員ヲ以テ各郡ヨリ一名ツヽ撰抜センコトヲ要ス、

常置委員ハ滿期ノ後、引續テ更ニ幾次ノ選擧ヲ受クルモ妨ケナシ、

（補）議院調査委員主論者報告　本條ハ常置委員ノ編制法ヲ定ム、其人員ハ各縣一定ノ例ヲ設クルヲ得ズ、盖シ各縣ノ狀体、唯都鄙廣狹ノ別アルノミナラズ、郡區ノ數相均シカラサレハナリ、今設シ各縣ノ定員ヲ概

シテ五員トスルトキハ、議員二十五人以下ノ小縣ヲシテ委員其人ヲ得ルニ困マシムルノ患アリ、又一縣下六七郡ヲ有スル大縣ニ在テハ、之カ委員タル者ヲシテ事務ノ繁激ニ堪ヘサラシムルノ弊アリ、若シ特ニ郡ノ多寡ニ準シテ定員ヲ立ン歟、郡ノ數各縣相均シカラズ、ローヌ縣ノ如キ僅ニ二郡ニ過キズ、其他三郡アル者二十三縣アリ、又其多キニ至テハ六七郡ニ至ル者アリ、又毎郡必ス一員トセン歟、區ノ數各郡相均カラズ、故ニ亦其當ヲ得タル者ニ非ストス、然レトモ郡異ナレハ自ラ其利害ヲ異ニスル者ナレハ、成ルベク各郡ヨリ其人ヲ採ルヲ緊要トス、又縣内都會ノ地又ハ首府ノ郡内住スル者ノミヲ以テ之ニ充ツ可カラズ、而シテ此委員ハ全員ノ過半數臨會スルニ非レハ議ヲ開カザルノ例タルニ付、若シ此定員ヲ三人以上ト定ムルトキハ、一人ノ疾病事故ノ爲メニ動モスレハ閉會スルニ至ルコトアリ、故ニ必ス四人以上タルベシ、又七人以下トスルハ大縣ニ於テ多人ヲ要スルコトアルカ爲ナリ、今我輩委員ノ發議スル所ノ原案ハ實ニ此數個ノ要件ニ適セル者ナリトス、

委員ハ續選スルヲ許ス可シ、蓋シ一人ニシテ終始永ク委員ノ職ニ居ルハ固ヨリ不可ナリ、時々其人ヲ交代スルノ道ナカル可カラズト雖モ、委員ノ設ケ未タ新法ニ屬シテ猶經歷ニ乏シキカ故ニ、其選任ノ方法ヲ限制スルハ亦甚タ宜ヲ得ザルナリ、以上、報告抄譯

此條ニ於テ議員ノ修正案少カラザリシカ、遂ニ本案ヲ是ナリトシテ之ニ決セリ、

第七十條　常置委員ハ其縣ノ首府ノ邑長及國會議員ヲ兼ヌルヲ得ズ、

第七十一條　常置委員中、最モ年長ノ者之カ長トナリ、書記ハ委員自ラ之ヲ公選ス、

常置委員ハ縣廳内ニ事務所ヲ設ク縣會ノ認可ヲ得、縣令ノ協議ヲ以テ其公務ヲ爲スニ必要ナル諸般ノ處置ヲ爲ス、

（補）本條原案ニハ「議長ハ委員之ヲ公選ス」トアリ、然ルニ議院ニ付スルニ方テ議員某左ノ修正按ヲ發議セリ、「常置委員ハ縣令又ハ其代理者タル者之カ長タルベシ、委員長ハ議ニ參シテ發言スルノ權アリト雖モ、可否兩説相半スルトキ專決ノ權ナシ、若シ委員長事故アリテ欠席スルトキハ、委員ハ別ニ委員中ノ一人ヲ指定シテ之カ長タラシム、」然レトモ此議、贊成者多カラズシテ遂ニ行ハレズ、而シテ第二次會ト第三次會トノ間ニ至テ、政府ト委員トノ協議ヲ以テ年長者ヲ取ルノ議起レリ、

第七十二條　常置委員ハ其全員ノ過半數臨會スルニ非レハ開議スルヲ得ス、

決議ハ過半數ヲ以テ定ム、

可否相半スル時ハ專ラ委員長ノ從フ所ニ決ス、

議事ハ其記錄ヲ存ス、記錄書ニハ必ス臨會委員ノ氏名ヲ記載ス、

第七十三條　常置委員ハ毎月一回以上集會ス、其期日ト日數トハ其自ラ定ムル所ニ依ル、但シ委員長又ハ縣令ノ臨時招集スルノ權アルハ此限ニ在ラス、

（補）本條第三次會ニ於テ左ノ一項ヲ條末ニ加ヘンコトヲ發議セリ、「非常ノ時ニ方テ國會ノ事業ニ妨碍ヲ生シタルトキハ、常置委員長ハ急速縣會ヲ招集スベシ、議員悉ク集會スルトキハ即チ各縣其議長ヲブゥルジゥニ派シテ以會同ヲ開キ、文武諸官吏ヲ指揮スルノ全權ヲ有ス可シ、而シテ此會同ハ各縣首府ニ常設スル縣會ノ補助ヲ以テ擾乱ヲ定メ、安寧ヲ護シ、國會ヲシテ獨立ノ權ヲ保有セシメンコトヲ謀ル可シ、而シテ此會同ハ國會ノ令ニ非レハ解散セス」ト、然ルニ調査委員主論者、内務卿及諸議員ハ、此發議ヲ以テ建國法上ニ係ルノ議ニシテ、縣治上ノ法律ニ於テ言フベキ事ニ非ストナシ、遂ニ之ヲ廢案ニ附シタリ、

第七十四條　一委員、若シ衆委員ノ認承シタル至當ノ事故ナクシテ、二ケ月間引續欠會スル時ハ退職者ト

見做スベシ、

此退職者アル時ハ次回ノ縣會ニ於テ其欠員ヲ選任ス、

(補) 若シ欠席スル者アリテ之カ爲メニ委員ノ集會ヲ開クコト能ハザルトキハ奈何ンスベキヤ、縣會ノ期尚遠キニ在ルモ、姑ク委員會ヲ停止シテ其期ヲ待ツ可キヤトノ疑問アリシカ、議院ノ主論者ハ第二十四條ニ於テ臨時開議スルノ道アレハ差支ナキ旨ヲ答辨セリ、

第七十五條　常置委員ハ俸給ナシ、

第七十六條　縣令又ハ其代人ハ常置委員ノ會議ニ臨席ス、而シテ其意見ヲ述ヘント要ムルコトアル時ハ、委員ハ之ヲ靜聽ス、

縣内ニ於テ行政事務ヲ管掌スル諸局長ハ、常置委員ノ權限内諸事ニ付キ其求ニ應シ、演述又ハ文書ヲ以テ解説ヲ與フルヲ要ス、

第七十七條　常置委員ハ、縣會ヨリ委任ヲ受ケタル程限内ニ於テ縣會ヨリ送附シタル事務ヲ規定ス、

(補) 主論者ノ報告 臨時或ハ定例トシテ常置委員ニ委任スベキ事項ヲ定ムルハ各縣會ノ適宜ニ任ス、

又法律上ニ於テ委任セラレタル事務ヲ議定シ、且縣令ヨリ議ニ附シタル諸事、及ヒ縣ノ公益ノ爲メ縣令ノ注意ヲ喚起スルヲ必要ト思惟スル諸事ニ付テハ、縣令ニ向テ意見ヲ開陳ス、

第七十八條　縣令ハ、縣ノ豫算ニ定ムル所ニ付キ前月間ニ受取リタル拂出委任狀、並ニ發行シタル拂出指令狀ノ明細表ヲ毎月初ニ委員ニ交附スルヲ要ス、

又縣ノ工師長ハ縣令ヨリ拂出ノ委任ヲ受クル者タルニ付キ同上ノ義務アリ、

(補) 議院調査委員主論者報告 本條ハ原則ヲ白國ノ法ニ取リテ、以テ我佛國ノ財政ノ制度ニ折衷セシ者ナリ、蓋國費幷ニ縣費共ニ拂出ヲ指令スルノ權ハ特ニ各省ノ卿之ヲ掌握ス、然レトモ卿ヨリシテ各地方ノ受取人官金ノ拂出ヲ受クル者ヲ云、ニ對シテ直ニ拂出ヲ指令スルノ實際ニ難キヲ以テ、卿ハ豫メ若干金額ノ拂出ヲ取纏メテ

一時ニ地方官、即縣令、陸海軍監督官等ノ高官ニ委任シ、其地方官ハ即チ之カ委任ヲ受ケテ拂出ノ指令ヲ受取人ニ交附ス、之ヲ一般ノ例トス、而シテ末項、工師長ノ縣令ヨリ更ニ委任ヲ受ケテ自ラ拂出指令ヲ出スハ特例ナリトス、

故ニ拂出ノ正否ヲ監査スルカ爲メニ、委員ニ於テ縣令ノ受取リタル委任狀ト渡シタル拂出狀トノ月報ヲ受クルヲ緊要ナリトス、蓋シ出納上ニ於テ疑惑ヲ抱カシムルコト勿ランカ爲メニ、更ニ一ノ保障ヲ設ケタルナリ、

第七十九條　縣會ノ常會ヲ開ク毎ニ常置委員ハ己レノ取扱ヒ來リタル一切ノ事務ヲ縣會ニ報告シ、且有益ナリト認ムル所ノ發議ヲ以テ縣會ニ附議ス、

八月ノ常會ヲ開クトキハ、委員ハ縣令ヨリ受取リタル豫算議案ニ付キ意見ノ概畧ヲ縣會ニ呈狀ス、

報告書ハ印刷シテ議員ニ分配ス、但シ常置委員ニ於テ不要ト決シタル時ハ此例ニ在ラス、

第八十條　毎年八月常會ニ於テ常置委員ハ、縣內諸邑ノ公債高、並ニ前年八月ノ會議以來議定課賦セシ諸邑臨時税ノ目錄鈔本、及現時各邑ニ負擔セル臨時歩增税及ヒ公債ノ總高ノ表記ヲ縣會ニ呈狀ス可シ、

第八十一條　常置委員ハ、縣令ノ意見又ハ發議ヲ聽キテ左ノ諸事ヲ議定ス可シ、

第一　縣ノ豫算表中ニ記シ、且特ニ縣會ニ於テ配分スルノ例ナキ諸般ノ補助金及懲治罪罰金ノ收入額ヲ配分シ、夫役代償ノ工價金ヲ其夫役ノ属スル各地ニ配分スル事

第二　縣費支辨ニ屬スル工業ヲ執行スル前後ノ順序ヲ、縣會ニ於テ定メザリシ時之ヲ議定スル事

第三　縣ノ公債ヲ募集スル入札、又ハ收金ノ期日及ヒ方法ヲ縣會ニ於テ定メザリシ時之ヲ定ムル事

第四　縣ノ公益ノ工業ニ付キ、入札ノ期日ヲ定ムル事

第八十二條　常置委員ハ縣會ノ各議員及ヒ他ノ民選會

ノ各議員ノ徴兵議會ニ出會ス可キ受持ノ區ヲ指定ス、

第八十三條　常置委員ハ縣ニ屬スル文書及ヒ器具類ヲ撿視ス、

第八十四條　常置委員ハ、委員中ノ一名乃至數名ニ職權内ノ事ニ付キ特ニ一事ヲ任シテ派出セシムルヲ得、

第八十五條　若シ常置委員ト縣令トノ間ニ意見相協ハザル事アル時ハ、次回ノ縣會ニ附シテ其議定ニ任スルヲ待ツ、

若シ常置委員ト縣令トノ間ニ權限ノ爭アル時、又ハ常置委員權限ヲ侵越シタル時ハ第二十四條ニ從ヒ即時ニ縣會ヲ召集シ其議定ニ任ス、

（補）議院調査委員主論者報告　本條ハ常置委員ト縣令トノ間ニ意見相協ハザルトキ、又ハ權限ノ爭議ヲ生シタル塲合ノ手續ヲ規定ス、此塲合ニ於テハ縣會ヲ以テ權限爭訟ノ裁判官トス、故ニ若シ縣會之ヲ判シテ委員ニ理ナシトスルトキハ直チニ之ヲ改選シ、若シ委員ニ理アリトスルトキハ内務卿ハ之ヲ調査シテ縣令ノ處分ニ干與シ、又ハ之ヲ廢黜スベシ、（以上報告）

思フニ本條ハ、主論者ノ報告ヲ以テ見ルモ、猶ホ盡サヾル所アルカ如シ、宜ク第八十八條第三項及第四項ヲ以テ之ヲ補フベシ、此二項ハ即チ委員ノ決議其權限ヲ侵越シ、若クハ法規ニ違フト云フヲ以テ縣令ヨリ之ヲ參議院ニ訴フルヲ云フ、

而シテ之ヲ訴フルノ權ハ（縣令ノ決ニ向テ之ヲ訴フルモ亦同シ、）其事ノ權限ノ爭ヲ生シタリト云フヲ以テ、已ニ消滅セリト云フ可カラザルコト明ナリ、縣會仮令ヘ此權限ノ爭ヲ聽クノ權アルモ、參議院ニ於テ之ヲ判理スルノ權ヲ妨クルコトナカルベキナリ、然レトモ縣會ト參議院トノ間ニ於テ、或ハ判定ノ相反スルコトアルノ恐レアリト雖モ、實際事ヲ處スルニ方テ此兩條（第八十五條及第八十八條ノ第三項及第四項）ヲ參酌シテ其宜キニ從ハ、其患ヲ免ル、コトヲ得ン、且之ヲ參議院ニ訴ヘタルトキハ、縣會ニ於テ決スベキ

判決ハ姑ク停止スベキモノトセハ此患ヲ避クルニ足ルベシ、

蓋シ之ヲ停止スルハ、第八十八條第四項ニ「控訴ヲ爲シタルトキハ決議ニ關スル執行ヲ停止ス」トアルニ適合ス、然レトモ第八十五條第二項ニ即時ニ縣會ヲ招集ス云々トアレハ、實際ニ於テ特ニ注意シテ矛盾ヲ避クルニ非レハ、亦或ハ之カ爲メニ事宜ヲ妨ケラル丶コトアラン、

縣會適當ト思惟スルトキハ即時新委員ヲ改撰スルヲ得、

第八十六條　常置委員ハ三等邑道ヲ認定シ、其等級ヲ定メ之ヲ開設シ、又ハ其方向ヲ改正シ、並ニ其幅ト限界トヲ定ム、但シ邑會ノ意見ヲ聽キ、然ル后之ヲ定ム、

常置委員ハ、此事ニ付テハ千八百三十六年五月二十一日法律第十五條及第十六條ヲ以テ、縣令ニ附與シタル權ヲ有ス、

又同上法律第十四條ノ末項ニ從ヒ、特ニ邑道ノ破損ニ備フル補助金ノ見積拂ノ契約ヲ認可ス、

第八十七條　常置委員ハ地籍ノ評價目錄ヲ認可ス、此事ニ付テハ千八百七年九月十五日法律及ヒ千八百二十七年三月十五日布令ノ規則トヲ以テ、縣令ニ付與シタル權ヲ執行ス、

常置委員ハ千八百六十五年六月二十一日法律第二十三條ニ從ヒ、縣ヨリ補助金ヲ給スル工業ノ管理人ヲ選任ス、

第八十八條　第八十六條及ヒ第八十七條ニ記シタル諸件ニ付キ、常置委員ノ決議ハ縣令邑會及ヒ其他之ニ關係アル者ニ報知ス可シ、

其決議ハ事實ノ便宜ニ乖キ、又ハ情實ノ探知ニ誤リアリト云フヲ以テ、縣令邑會又ハ其他關係アル者ヨリ之ヲ縣會ニ控訴スルヲ得、其控訴ハ常置委員ノ決議ノ報知ヲ受ケタル日ヨリ一月内ニ委員長ニ告知スルヲ要ス、縣會ハ最近ノ會議ニ於テ確定ノ裁決ヲ爲

ス可シ、

常置委員ノ決議、若シ權限ヲ侵越シ又ハ法律或ハ行政規則ニ反キタルコトアリトスルトキハ、行政訴訟ヲ以テ之ヲ參議院ニ控訴スルヲ得、

參議院ニ控訴スルハ決議ノ報知ヲ受取リタルヨリ二ケ月内ニ之ヲ爲スヲ要ス、其控訴ハ裁判費ヲ収メズ、且ツ何レノ場合ニ於テモ此控訴ヲ爲シタル時ハ其決議ニ關スル執行ヲ停止ス、

第七章　數縣關係ノ事務

（補）議院調査委員主論者報告　此章ハ、數縣共通ノ利害ニ關スル件ニ付キ、數縣會聯合シテ會同決議スルヲ許スノ法ナリ、是レ我國ニ曾テ前例ナキモノトス、例ヘハ道路ヲ修メ、鉄道ヲ築キ、狂院學校ヲ設ケ、小學師範校ヲ合併シ、或ハ古墳舊閣等歴史上ノ建物ヲ保存スルノ類、皆聯合共議スルヲ得ベシ、只其職權ノ程域ハ其法律上ニ於テ得タル所ノ範圍内ニ在リトス云々、

第八十九條　二縣或ハ數縣ノ縣會ニ於テ其議長ヲ以テ互ニ照會ヲ爲シ、且先ツ各其縣令ニ報告シテ、其權限内ニシテ其數縣ニ共通シタル諸件ヲ聯合議定スルコトヲ得、

二縣或ハ數縣ノ縣會ニ於テハ、費金ヲ共辨シテ共通資益ノ工業又ハ設置ヲ起シ又ハ保存ス可キ契約ヲ結フコトヲ得、

第九十條　數縣ニ關スル共通ノ諸事ハ、各縣會ヨリ代員トシテ其常置委員、或ハ特ニ委任シタル委員ヲ派遣シテ之ヲ議定セシム、

管係アル數縣ノ縣令ハ常ニ此共議ノ會場ニ臨ムコトヲ得、其共議ニ於テ議決シタル事ハ、關係アル諸縣會ノ認定ヲ得テ之ヲ執行ス、但シ此決定ニ付テモ第四十七條及ヒ第四十九條ノ規則ヲ通シ用フ、

第九十一條　若シ此會議ニ於テ第八十九條ニ記スル所ヨリ以外ノ事件ヲ議スルコトアル時ハ、其會議ヲ開

キタル地ノ縣令、其會議ノ解散ヲ宣告ス可シ、

縣令解散ヲ宣告シタルノ後、議定シタル事アル時ハ第三十四條ニ記シタル規則ト罰法トヲ通シ用フ、

附則

第九十二條　千八百三十三年六月二十二日法律第一章及第二章、千八百三十八年五月十日法律第一章、千八百六十六年七月十八日法律、並ニ其他スベテ此法律ニ牴觸スル法律及ヒ規則ハ自令廢止ス、

第九十三條　此法律ノ第八十六條及ヒ第八十七條並ニ第二十三條ノ第二項ハ千八百七十二年一月一日ヨリ施行ス、

第九十四條　此法律ハセイヌ縣ニ通シ用フ可カラス、本縣ニ施行ス可キ規則ハ別ニ法律ヲ以テ規定ス可シ、

（縣會規則尾）

○附錄

議會決議法質議　佛國法律博士ボアソナード氏質問並其答議數則

第一問

議會ノ決議法ハ必ス過半數ヲ以テスベキヤ、或ハ比較ノ多數ヲ以テ決ヲ取ルコトアリヤ、其決議法ヲ問フ、

第一問答議　明治十一年十二月二日

佛國ニ於テハ立法會議《アツサムブレーポリチツク》、行政會議《アツサムブレーアドミニストラチーウ》、共ニ總テ議事會ノ決議法ニ過半數ヲ以テセザルモノアルコトナシ、蓋シ多數議決《マジヨリテレラチーヴ》　比較ノ多數ヲ以テ決スルヲ云フ、ノ法ハ、到底小數ノ説ヲ以テ勝ヲ得セシムルニ至ルヲ以テノ故ニ、採ルヘカラサルノ決議法ナリトス、何トナレハ比較ノ多數ヲ以テスルトキハ、其最多數ナル者ノ外、他ニ數個ノ説アリテ自ラ多少ノ關係ヲ有スル者タルニ付、其數個ノ説ヨリ之ヲ見レハ同ク其多數ナル者ニ向テ反論スル者タリ、例ヘハ三十員ノ議會アリテ其意見三説ニ分ル、トキ、甲説ハ十二員ノ同意者アリ、乙丙二説ハ各九員ノ同意者アルノミ、此場合ニ於テハ其十二員ノ甲説ハ比較ノ

多數ヲ得シ者ナリ、然レトモ之ニ反論スル者ハ即チ乙丙合セテ十八員ナリトス、

比較ノ多數ヲ以テ充分ナリトセザルノミナラズ、過半數ト雖トモ尚ホ之ヲ充分ナリトセザルコトアリ、北米合衆國ノ建國法ハ各州ノ四分ノ三以上同意スルニ非ザレハ改正スルヲ許サズ、又佛國第二共和政治（即千八百四十八年共和政治）ノ建國法ハ、議院ノ四分ノ三以上同意スルトキハ改正スルヲ許シ、且之カ爲メニ委員ヲ任スベシトセシカ如キ皆是ナリ、

佛國現今ノ建國法ニ於テハ、元老院代議院ヲ合シテ過半數ヲ得ルトキハ之ヲ改正シ、且議院自ラ之ニ着手シ同ク過半數ヲ以テ決議スルヲ得ベシトセリ、

此新法ハ舊法ヨリモ其當ヲ得タリトス、盖シ議員ノ投言ハ衆説皆同ク效力アルモノニシテ、特リ其數ノ多寡ヲ以テ取捨ノ間ヲ決スル者タルニ付キ、同數ヨリ一個ノ多キヲ得レハ即チ之ヲ取ルベキナリ、其三分ノ二、或ハ四分ノ三ノ同意ヲ要ストスル所ノ法ニ於テハ、其議決セル所ノ者ニ大ナル勢力ヲ與フベクシテ持重ノ法ナリト云ベシト雖トモ、理ニ於テハ稍々不當ナルヲ免レズ、

又立法議員ノ撰擧會ニ於テハ被選ノ人員皆過半數ヲ得ザルトキハ、代議士ハ第二次ノ撰擧、元老員ハ第三次ノ撰擧ニ於テ比較ノ多數ヲ以テ足レリトス、

第二問

修正説發シタル者アルトキ之ヲ議シ、及之ヲ決スルノ法如何、

第二問答議　明治十一年十二月二日

凡ソ議會ニ法案ヲ附シ、議會ハ委員又ハ議員ノ發議ヲ以テ修正説ヲ立ツルノ權アリ、其修正説ヲ討議シ、討議ノ後チ之カ決ヲ取ル、而シテ其議決ノ時ニ至テ其修正説過半數ヲ得ザルトキハ其説消滅シタル者トス、然レトモ未タ以テ直チニ其原案ヲ取ルベシトスルニ非ザルナリ、何トナレバ此修正説ハ消滅ニ屬スト雖トモ、猶此他ニ修正説アリテ同意者ヲ得テ、遂ニ取ルベキニ

至ルコトアルベケレバナリ、而シテ若シ他ニ修正説ナク、又ハ修正説アルモ同シク消滅ニ屬シタルトキト雖トモ、亦未タ直チニ原案ヲ取ルベキニ非ス、必ス其原案ニ就キ可否ヲ問ヒ、而シテ後ニ決スベキナリ、故ニ其原案ト雖トモ亦消滅ニ屬スルコトナシト云フベカラズ、若シ原案トモニ消滅スルトキハ、其原案ノ出ツルノ前ニ復シテ更ニ良案ノ出ツルヲ待ツベキナリ、

第三問

議員決議ノトキニ總テ可否ヲ爲サズ、沈黙スルノ權アリヤ、

第四問

同時ニ數個ノ修正按ヲ發スルヲ得ルヤ、

第三問答議 明治十一年十二月二日

議員タルモノハ可否共ニ言ハズシテ沈黙スルノ權利アリ、乃チ議員、其事ニ充分ナル明解ヲ得ザル時ニ在リテ、佛國ニ於テハ白紙ノ投票ヲ投スルヲ例トス、

第四問答議

同時ニ數個ノ修正説ヲ發シ得ルヤ否ノ問ハ、之ヲ發スルヲ得ルニ付テハ然リト答フベシ、而シテ其決ヲ取ルニ付テハ否ト答ヘザルベカラス、決議ハ必ス各別ニセザルヲ得ザルナリ、故ニ數箇ノ修正説ヲ以テ同一委員ノ調査ニ附シ、且其委員ノ同一報告書中ニ記載スルコトアル可シ、

其議事ハ議長ニ於テ之ヲ離合スルコトヲ許ス、若シ之ニ争議ヲ生シタルトキハ議長ヨリ之ヲ合セテ議スベキヤ否ヲ衆員ニ問ヒ、若シ猶判明セザルトキハ之ヲ分テ議スルヲ當トス、而シテ修正説ハ數箇ニ分ルト雖トモ其旨趣大抵大同小異ナルニ止マルニ付キ、合セテ共ニ議スルヲ以テ便利ナリトス、

又決ヲ取ルノ順序ハ、先ツ原案ト最モ相遠カル所ノ説ヨリ順次ニ可否ヲ取ル、故ニ決ヲ取ルニハ必ス衆説ヲ分ツベキナリ、

第五問

若シ逐條會議ノ時、修正案成立タズシテ原案ノ可否ヲ取リ、原案亦否ニ決スルニ於テハ全案一二條ヲ缺キ不都合ナキヲ得ザルカ如シ、是亦已ムヲ得ザル者ナル乎、殊ニ歳出入豫算法決議ノ時ノ如キ若シ原案修正按共ニ成立タザルトキハ如何ン、

第五問答議 明治十一年十二月四日

修正案皆廢滅ニ屬シ、政府ヨリ下議シタル原按モ亦一二條消滅ニ歸スルコトアリ、

但シ其議員タル者、苟モ事理ヲ辨スル者タル以上ハ、其一二條ノ廢滅ニ屬スルアルモ、全ク無用ノ法案トナルカ如キコトアルヘカラス、其猶ホ存スル所ヲ以テ一ノ法案トスルニ足ルベキナリ、

政府ハ何時タリトモ其法案ヲ取戻スノ權アルヲ以テ、若シ其一二條ヲ廢棄シタルニ付キ、法案ノ体格ヲ毀損スルコトアラハ則チ之ヲ取戻スヲ得ベシ、

若シ其法案、中央政府又ハ縣邑ノ歳出入豫算表タルニ於テハ、前項ノ如ク二三條ヲ廢棄スルトキハ遂ニ其歳費ニ關スル事業ヲ執行セズ、是實ニ民會ノ有益ナル所ナリ、若シ然ラズンハ民會ヲ招集スルヲ要セズ、其議決ヲ仰クヲ要セザルナリ、

民會アリテ法案ノ歳費ヲ拒ミ、遂ニ其一條ヲ廢棄シタルニ拘ラス、其歳費ヲ爲スコトアラハ、寧ロ撰擧人ト代議士トヲ勞セザルニ如カザルナリ、尤モ縣邑ニ至テハ必要廢スベカラザルノ定費ナル者アリ、若シ之ヲ縣會又ハ邑會ニ於テ廢棄シテ法案ヨリ除キタルトキハ、縣令タル者之ヲ記入スルノ權アリ、是縣令ノ職務上ニ於テ施行スルヲ得ル者ニシテ國法ノ定ムル所タリ、然レモ(ママ)國費ニ至テハ法律ヲ以テ其費額中必要廢スベカラザル者ナリト定ム可カラザルナリ、（尤モ建國法ヲ以テ之ヲ定ムルハ格別ナリ、）

此事ハ到底代議政体ノ效用ヲ可否スルノ一點ニ在ルナリ、

第六問

原按ヲ投決スルニハ可ノ問ヲ設クルカ、又ハ否ノ問ヲ設クルカ、又ハ可否並ヒ問フ哉、若シ可否幷問フトキハ可ヲ先ニスル歟、否ヲ先ニスル歟、

第六問答議 明治十一年十二月九日

投票決議法ニ於テハ原按議決ノ時、幷修正按決議ノ時共ニ可否ノ問議ヲ同時ニ起スナリ、議員ハ之ニ應シテ可トシ、否トシ、又ハ白紙ヲ以テ投票ス、其票ハ封票タルヲ以テ開票ノ時ニ於テ其可否ト白票トヲ三部ニ分チ算ス、

又封票ヲ用ヒズシテ公ケニ可否ヲ決スルノ法アリ、白緑色二様ノ球子ヲ備ヘ置キ、白色ヲ以テ可説トシ、緑色ヲ以テ否説トス、而シテ書記官二人ヲ以テ撿査役トシ、二人各別ニ二所ニ坐シテ其球ヲ受ク、議員ハ各其意見ニ從テ白色若クハ緑色ノ球子ヲ其書記官ニ授ケ、其白色ヲ以テ右方ニ置キ、緑色ヲ左方ニ置ク其場所ト色ト書記官ト皆二部ニ分チテ其混雜ヲ防クナリ、

又會議ノ枝葉ノ議事ニ於テハ起立法ヲ以テ可否ヲ決ス、例ヘハ猶議事ヲ續カンカ、或ハ閉議センカ、又ハ本日ノ議ヲ繼續センカ、或ハ次日ニ送ランカ、又ハ一ノ論者ニ演述セシメ、或ハ演述ヲ止メンカ、又ハ一件ノ議ヲ以テ次日ノ議目ニ加ヘンカ、將タ加ヘザルカノ問議ノ如キ皆捷速ニ決スルヲ要スルヲ以テ、起立法ヲ用フルヲ法トス、

而シテ其決ヲ取ルノ順序ハ先ツ最モ現狀ニ近キ者ヨリスルヲ例トス、例ヘハ次日ニ送ルノ問ヨリハ之ヲ本日ニ繼續スルノ議ヲ先キニシ、論者ノ演述ヲ止ムルノ問ヨリハ之ヲ止メザルノ問ヲ先キニシ、又一件ノ議ヲ次日ノ議目中ニ入レザルノ説ヲ後ニシテ之ヲ入ルヽノ説ヲ先ニスルノ類ナリ、

此場合ニ於テハ必ス可否共ニ問フベキ者トス、故ニ其可ヲ取テ後チニ其否ヲ問フベキナリ、

而シテ其可否共ニ言ハサル者ハ、其問題ニ可否ノ意見ヲ有セザル者トス、

又一地方ノ事ニ係ル法律ニシテ、委員其原案ニ同意ニシテ別ニ討議ヲ開カザルトキハ起立法ヲ用フルヲ例トス、

‖佛國ニ於テハ此法（起立法）ヲ以テ決議シタル法律其例少カラズ、邑ノ臨時課税ヲ許シ、其公債ヲ募ルヲ許シ、又ハ邑區郡縣ノ區畫ヲ改正スルトキ、其撿査委員之ニ異見ナキトキノ如キ皆此決議ヲ以テセリ、

第七問

議員沈黙ノ自由アルニ付テハ、其沈黙セル議員多キトキハ可否共ニ過半數ヲ得サルベシ、如此キトキハ其原案ノ取捨如何、

第七問答議 明治十一年十二月十一日

爰ニ議員三十名ノ議會アリ、其過半數ハ即チ十六名ナリ、故ニ若シ其議分レテ可トシ否トスル者各十二名、沈黙セル者六名トスルトキハ、其原案又ハ修正案ハ過半數ノ可否ヲ得サル者タルニ付キ、之ヲ廢棄シテ採ラザルコト當然ナリ、

第八問

第一　第一次會ニ於テハ、第二次會逐條議事ノ時ト同ク修正案ヲ發議スルヲ得ル乎、

第二　委員ニ於テ修正案ヲ呈シタル時、議會ハ其委員ノ發シタル案ト原案トノ間ニ彼此相擇フノ權アル乎、

第三　議會ニ於テ此權アリトセハ、其彼此共ニ過半數ヲ得ズシテ何レニモ決スルコト能ハサルトキハ、如何ノ結果ヲ生スベキ乎、

第八問答議 明治十一年十二月十三日

第一　修正案ヲ出ダストキハ演述ヲ以テセス、必ス書面ヲ以テ議長ノ几上ニ呈スベシ、而シテ未タ第二次會ニ至ラサルノ間ハ、其案ハ必ス之ヲ委員ニ附シテ撿査セシムル者トス、

已ニ第二次會ニ入リタルトキハ直チニ之ヲ會議ニ附シ、會議ニ於テ之ヲ可否シ、或ハ委員ニ送リテ意見ヲ求ムルコトアリ、

第二　若シ委員ニ於テ修正案ニ反對セル意見ヲ發シタ

ルトキハ、會議ハ修正案ト委員ノ發案ト及原案トノ間彼此相擇ノ權アリ、

第三　其彼此相擇ニ付テ決議ヲ取ルニハ、先ツ其修正案ノ可否ヲ求メ、其案過半數ヲ得ルニ於テハ之ニ可決シ、委員ノ發案ト原案中、修正案（即可決シタル案）ニ抵觸シタル部ヲ廢除ス、

若シ其修正案可決ニ至ラザルトキハ、次テ委員ノ案ニ付テ可否ヲ求メ、可決ヲ得ルニ於テハ、原案ハ廢滅ニ屬シタルモノトス、

委員ノ案、若シ可決ニ至ラサルトキハ、從テ原案ノ可否ヲ求ム、而シテ原案可ニ決スレハ則チ其事ニ關スル舊法ハ廢滅ニ屬スル者トス、若シ否ニ決スルトキハ舊法ヲ以テ從前ノ儘行フモノトス、若シ曾テ舊法ナキ事ニ於テハ猶其法ナキモノトスベシ、唯タ次會ヲ待テ更ニ案ヲ起スベキノミ、

決議法ニハ一ノ大則アリ、常ニ之ニ循ハサル可カラス、凡ソ事ヲ改正セントスルニハ必ス過半數（即チ投票者ノ過半數）ヲ以テス、是ヲ大則トスニ余ハ前問ノ答議并此回ノ答議ニモ皆之ニ據ラサルコトナシ、

故ニ舊法ト新法案トアルトキハ、其新案ノ可否ヲ求ムルコトアリテ、舊法ノ存廢ヲ可否スルコトナシ、

而シテ其案ヲ修正シタルトキハ、先ツ修正案ヲ可否スベクシテ決シテ、原案ヲ先キニスルコトナシ、

又一議員委員ノ案ニ對シ更ニ之ヲ修正スルコトアルトキハ、先ツ其一個ノ發議ニ出テタル修正ヲ可否スベクシテ、委員ノ案ヲ先キニスルコトナシ、若シ其一個ノ發議ニ出ツル修正案數個アルトキハ、尤モ原案ニ遠カル所ノ案ヨリ可否ヲ取ルヘシ、

而シテ若シ其數個ノ案共ニ廢滅ニ屬シタルトキハ、復タ其舊法ノ存廢ニ可否ヲ問ハズ、乃チ舊法ハ別ニ可否ヲ求メズシテ存スル者トス、

第九問

第二次會、第三次會ニ於テ修正案ノ決ヲ問フベキヤ、修正案ヲ可決スルモ猶原案ノ可否ヲ問フベキヤ、

第九問答議 明治十二年六月廿五日

第二次會、又ハ第三次會ニ於テ修正案ノ決ヲ問フベキハ疑ヒナシ、

若シ修正案ヲ以テ可決シタルトキハ、其修正案ヲ以テ更正シタル原案ノ部分ハ可否ヲ問フヲ要セズ、

蓋シ修正案ヲ立ツルハ其新案ラ(ママ)以テ原案ニ換ヘタル者ニシテ、元來兩案ノ可否ヲ決スヘキモノニ非レハナリ、

然レトモ若シ修正案ヲ否決シタルトキハ更ニ原案ノ可否ヲ問フベシ、修正案ヲ否決シタルハ必シモ原案ヲ可トスルノ義ニ非レバナリ、

○

佛國縣會法一覽表 千八百七十一年八月十日布告法律ニ据ル、

撰擧規則

議員定員　縣内每區「カントン」○郡ノ下邑ノ上ニ在ル區畫ノ名 一員トス、故ニ各縣定員ヲ一ニセス、少キハ十七員、多キハ六十一員ニ至ル、三十員内外ヲ以テ最モ多シトス、

任期　六年ニシテ每三年其半ヲ改選ス、但滿期ノ議員ヲ再撰スルヲ得、

選擧人分限　佛國々民ニシテ年滿二十一以上、民權政權ヲ有スル等ノ要件、邑會選擧人ニ同シ、

被選人分限　選擧人名簿ニ登記シ、年滿二十五以上ニシテ、且本縣内ニ住所ヲ有シ、若クハ直税簿ニ登記セル者、但左ノ二項ニ觸ル丶者ハ不在此限

(一) 被選ノ權ナキ者 全國ニ通シテ被選ノ權ナキ者アリ、輔佐人ノ管護ヲ受クル者、即浪費放逸ノ者ノ如キ是ナリ、又一地方ニ於テ此權ナキ者アリ、本縣々令書記官郡長幷本官ノ撿事、判事、警察吏等ノ如キノ類ナリ、 (二) 兼任ヲ禁スル者 全國ニ通シテ此禁アル者アリ、縣令、書記官、郡長、警察吏等是ナリ、又一地方ニ限テ此禁アル者アリ、縣郡廳屬吏等、縣費ヲ以テ俸給ヲ受クル者是ナリ、 一人ニシテ數縣ノ議員ヲ兼ヌルヲ得ス、

選擧ハ邑會議員ノ選擧名簿ニ就テ、各邑ニ於テ普通撰擧ヲ以テ之ヲ行フ、

選擧人招集　行政官ノ令ヲ以テ招集ス、

招集日限　招集發令ノ日ヨリ少クモ十五日ヲ隔ツヲ要ス、

撰擧期日及時限　日曜日午前七時ニ開キ、午後六時ニ

閉ツ、但シ若シ當日ノ選擧ニ當選者ヲ得ザルトキハ次回ノ日曜日ヲ以テ更ニ第二期選擧ヲ開ク、

開票　選擧投票ノ時限過キテ即時ニ開票ス、

投票調査手續　各邑選擧局ニ於テ開票調査シテ記錄ヲ作リ、局員捺印シテ之ヲ區ノ首府ニ持參シ、首府ノ選擧局ニ集メ、其選擧局ニ於テ之ヲ査閲シ、更ニ記錄ヲ作リテ其成果ヲ錄シ、諸書類ヲ併セテ之ヲ縣令ニ送致ス、

第一期投票ニ於テハ左ノ二項ニ兼ネ當ル者ヲ以テ當選トス、(一) 投票數ノ半數以上ニ當ル、(二) 選擧人員ノ四分ノ一以上ニ當ル、

第二期投票　第一期ニ於テ當選者ヲ得ズシテ、第二期ニ至テハ最多數ヲ以テ當選ヲ定ム、

數人同數ノ票ヲ得タルトキハ年長ノ者ヲ取ル、

選擧ノ正否ニ關スル訴ハ、選擧人、應選人議員之ヲ訴フルヲ得、

前項ノ訴ハ行政訴訟ノ法ニ從テ參議院之ヲ判理ス、

議員死去、退職等ニ依リ、若クハ數區ノ選ニ當リタル者一區ノ選ニ應シテ他區ノ選ヲ辞シタルニ依リ、欠員アルトキハ三月以内ニ選擧人ヲ招集シテ欠ヲ補フ、

數區ノ選ニ當リタル者ハ何レノ區ノ選擧ニ應スル旨ヲ議長ニ報スベシ、若シ此報知ナキトキハ縣會ニ於テ公會ヲ開キ探鬮法ヲ以テ之ヲ決ス、

選擧ノ後被選權ヲ失シ、兼任ノ禁ニ觸レ選擧人ノ分限ヲ失シ、若クハ正當ノ事故ナクシテ參會セザル者ハ退職ス、

會議規則

會議二類　常會　臨時會

常會二次　其開期並日數、左ノ如シ、

第一次常會　年々八月十五日後、第一次ノ月曜日ヲ以テ開會日數一ケ月以下トス、

第二次常會　開會ノ期日ハ第一次ノ常會ニ於テ之ヲ定ム、若シ之ヲ議定セザリシトキハ縣會常置委員之ヲ定ム、日數十五日以下トス、

臨時會　行政官長ノ布令、若クハ議員三分ノ二以上ノ請求ヲ以テ開會ス、日數八日以下トス、
議長一員、副議長一員乃至數員、書記員數員、議會之ヲ公選ス、
議長、副議長、書記員ノ選擧ハ、年々八月ノ常會ニ於テ議員中、假ニ最年長ノ者議長トナリ、最年少ノ者書記トナリテ議ヲ開キ、匿名投票ヲ以テ公選ス、
同上任期　一年間トス、即八月常會ノ始メヨリ次年八月ノ常會ニ至ル、縣令議場ニ臨ミ及意見ヲ開陳スルヲ得、但シ縣費決算報告ノ議事中ハ臨場スルヲ得ス、
公衆ノ傍聽ヲ許ス、但議長若クハ議員五員以上、若クハ縣令ノ請求ニ依リ臨時公聽ヲ禁スルヲ得、
議事ハ臨會議員ノ數、全議員ノ半數ヨリ多キコト一人以上ニ非レハ効ナシ、
議會内則ハ各縣會自ラ之ヲ規定施行ス、
議場取締ハ一ニ議長ノ任ニ在リ、
議事日誌ヲ作ル日誌ハ、議ヲ終ルヨリ四十八時間ニ縣内ノ新聞紙ノ要メニ供フルヲ要ス、
法律ニ定メタル權限内ニ在ラザル會議、並ニ所爲及法律ニ定メ、若クハ許シタル集會ノ外ニ於テ決シタル議事ハ總テ効ナシ、
議會解散　行政官長之ヲ令スルヲ得、但シ國會開院中ハ可成ク急速ニ之ヲ議院ニ通報シ、議院ハ改選ノ期ヲ定ム、若シ其閉院中ニ在テハ其令ニ解散ノ理由ヲ記スベシ、其理由ハ特ニ一縣會ニ關スル事ニ限ル、全國一般ニ解散ノ令ヲ發スルヲ得ズ、改選ハ解散發令ノ後、第四次ノ日曜日ヲ以テ行ヒ、新議員ハ其選擧ノ後、第二次ノ日曜ヲ以當然會集ス、

職務章程

管掌議定スル所ノ事務分テ三類トス、
第一類　官府ノ認可ヲ竢タズシテ施行スベキ件
第二類　官府ノ認可ヲ竢テ施行スベキ件
第三類　意見、發議、陳請、建議、
第一類ノ議定又分テ二項トス、

第一項　官府施行ヲ廢棄スルヲ得ヘキ件 廢棄ハ議定其權限ヲ踰越シ、若クハ法律又ハ行政規則ニ違反スルニ由リ閉會後二十日以内ニ縣令ヨリ之ヲ具申シ、二月以内ニ參議院ノ議ヲ經タル布令ヲ以テス、

第二項　官府施行ヲ停止スルヲ得ベキ件 停止ハ之ヲ停止スルノ原由定例ナシ、但タ其停止ノ理由ヲ明記シ、閉會ヨリ三月以内ニ布令ヲ以テ之ヲ令ス、

第一類第一項

直税賦課配當ノ件

縣費歩増シ税賦課ノ件

十五年以内公債募集ノ件

邑費臨時歩増税制限ノ件

外凡二十九件 此余ノ諸件ハ姑ク畧シテ載セズ、只件數ヲ掲ク類ヲ以テ推知スベシ、

第一類第二項

縣廳、郡廳、師範校、會審院、裁判所、備警兵屯營、及監獄等縣有ニ屬スル財産ノ賣買並ニ交換ノ議

同上財産ノ用方ヲ變更スルノ議

外凡三件

第二類

法律ノ定限ヲ超ユル臨時税課賦ノ件

十五年以外公債募集ノ件

以上二件、立法院ノ許可ヲ受クルヲ要ス、

生存中又ハ遺囑ノ贈遺ヲ受領スルノ議、但シ其贈遺ニ付故障アル時ニ限ル、

以上一件、參議院ノ議ヲ經タル布令ヲ以テ許可ス、

縣ノ歳出入豫算並ニ決算ノ議

以上一件、行政官長ノ布令ヲ以テ裁定ス、

第三類

意見ヲ陳スベキ件、左ノ如シ、

縣以下地方區畫改正ノ議

森林法第九十條施行ノ件

森林法ニ關スル邑會決議ノ件

此他、都テ法律及行政規則ニ意見ヲ求ムヘキノ明文アリ、又ハ諸省ヨリ意見ヲ求ムル件

發議ヲ開陳スベキ件、左ノ如シ、

教院、救恤局、學校、修築等ニ付、補助金支給ノ件

陳請　一縣ノ利害ニ關スル件ニ付キ請求シ、又ハ意見ヲ陳スベキコトアレハ、議長ヲ經テ直チニ之ヲ主務ノ省ニ上申ス、

建議　全國ノ事ニ關スル經濟上又ハ行政上ノ事ニ付キ建議スルヲ得、但タ國ノ大政ニ屬スルコトハ建議スルヲ禁ス、

○

佛國邑會法一覽表

千八百五十五年五月五日法律、千八百七十一年四月十四日法律、千八百七十四年七月七日法律、千八百三十七年七月十八日法律、千八百五十二年三月廿五日法律、千八百六十一年四月十三日法律、千八百六十七年七月二十四日法律ニ据ル、

選擧規則

選擧法ハ普通選擧ニシテ、各邑議員定員ノ連名投票ヲ以テ選擧ス、

定員　十人以上、三十六人以下、各邑民口ノ多寡ニ應シテ定限アリ、概スルニ十數人ノ定員最モ多シトス、

任期　三年、但假定

選擧人分限　佛國々民ニシテ年滿二十一以上、民權政權ヲ有シ、及本邑內ニ生レ、若クハ直稅目錄又ハ夫役目錄ニ登記シ、若クハ若干年間住居スル等ノ要件ニ適スル者、

被選人分限　選擧人ニシテ年二十五以上、民權政權ヲ有シ、一年以上本邑ニ住所ヲ有シ、且法律ニ定メテ被選ノ權ヲ禁シ、又ハ兼勤ヲ禁シタル場合ニ在ラザル者、邑內ニ住所ヲ有セザル者ト雖トモ直稅目錄ニ登記セル者ハ上ニ同シ、但シ邑內ニ住所ヲ有セザル者、全議員ノ四分一ニ超ユ可カラズ、

被選ノ權ヲ禁スル者、如左、

會計吏、邑ノ俸給ヲ受クル吏員、邑ノ受負人、家僕、邑ノ義務ヲ免除セラレ及救恤ヲ受クル者、治安裁判官、（所管地內ニ於テ）初告裁判所ノ終身官ニ非ル官吏（同上）是ナリ、

兼勤ノ禁アル者、如左、

縣令、書記官、郡長、參事院議員、警察官、陸海軍人、軍屬ノ現役ニ在ル者、及邑內傳敎師是ナリ、

一人數邑ノ議員ヲ兼ヌルヲ得ス、

民口五百人以上ノ邑ニ於テハ父子兄弟、及此ト同等ノ姻属親、共ニ同會ニ列スルヲ得ス、

選擧ノ正否ハ參事院之ヲ判理ス、其身位ニ渉ル事ハ民事裁判所之ヲ判理ス、

選擧期日並開票期限　選擧ハ日曜日トシ、一日ニ止ル、開票ハ即日之ヲ行フ、

会議規則

會議二類　常會　臨時會

常會　年々四次、二月、五月、八月、十一月ノ月初、之ヲ開ク日數、各次十日以下、招集日限、開會マテ三日間ノ猶豫アルヲ要ス、毎次許可ヲ待タズシテ當然之ヲ開ク、權限内一切ノ事ヲ議スルヲ得、

臨時會　特別令ヲ受ケ、又ハ許可ヲ得テ開ク、招集日限ハ開會マテ五日間ノ猶豫ヲ要ス、議事ハ特ニ招集ノ時ニ定メタル議目ノ外ニ及ハズ、

招集　邑長之ヲ掌ル文書ヲ以テ、議員ノ各家ニ就テ招集ス、

議長　邑長之ヲ兼ヌ、議決可否相半スルトキハ議長ノ從フ所ニ决ス、

副邑長邑長ノ代理タル亦同上ノ權アリ、

書記　一員各次議員中ニ就テ撰任ス、

公衆ノ傍聽ヲ許サズ、

議事ハ、議員ノ半數以上臨會スルニ非レハ開カズ、但再度招集ノ令ヲ發シテ猶會集セザルトキハ其數ヲ論セズ、

決議ハ過半數ヲ以テス、

議事ハ簿冊ニ登錄シ、寫書ヲ以テ八日内ニ縣令又ハ郡長ニ進呈ス、

議員ハ、自己又ハ代理ノ委任ヲ以テ私ノ關係アル件ノ議ニ參スルヲ得ズ、

邑内住人又ハ納税者（現住セザルモノ）ハ議事ノ簿冊ヲ閲覽シ、又ハ謄寫スルノ權アリ、

定規外會集ノ議定又ハ權限外ノ議定ハ効ナシ、

議會停止　縣令之ヲ令スルノ權アリ、
一邑會、若シ他ノ邑會ト通謀シ、論書檄文ヲ公行シタルトキハ縣令必ス之ヲ停止ス、
停止期限　二ケ月トス、但シ内務卿ハ之ヲ延期シテ一ケ年ニ至ルヲ得、
議會解散　行政官長之ヲ令スルノ權アリ、
停止並ニ解散中ハ委員ヲ置テ邑會ノ職ヲ代行セシム、
委員ハ、停止ノ時ハ縣令之ヲ任シ、解散ノトキハ行政官長若クハ縣令（邑ノ大小ニ依ル、）之ヲ任ス、
委員ノ數ハ邑會員ノ半ヨリ少カラズ、

職務章程

管掌議定スル所ノ事務分テ三類トス、
第一類　官府ノ認可ヲ竢タズシテ施行スベキ件但シ郡長議事ノ簿冊ヲ領收シタル日ヨリ三十日ノ後ニ非レハ施行セズ、縣令ハ其施行前ニ於テハ之ヲ廢棄スルヲ得ベク、又施行ノ期限ヲ三十日間延期スルヲ得ベシ、
第二類　官府ノ認可ヲ竢テ施行スベキ件但シ縣令又ハ行政官長ノ認可ヲ受クル者アリ、又立法府ノ裁定ヲ經ベキ者アリ、
第三類　意見並建議

第一類ニ屬スル件、如左、
邑ノ所有財産管理方法
同上貸附方法（外凡十一件畧ス、）
第二類ニ屬スル件、如左、
邑ノ所有財産十八年以上ノ貸借契約
同上財産賣却、交換、分割等ノ議（外凡三件畧ス、）
右縣令ノ認可ヲ受ク、
縣會議定ノ制限以外ニ於テ臨時課税ノ議
十二年以上ノ公債ヲ募ルノ議
右、行政官長ノ布令ヲ以テ認可ス、
入邑税設置ノ議
生存中又ハ遺囑ノ贈遺ヲ受クルノ議
右、參議院ノ議ヲ經タル布令ヲ以テ認可ス、
壹百萬「フラン」以上ノ公債ヲ募ルノ議
右、法律ヲ以テ認可ス、
歳出入豫算決議
右、縣令又ハ（歳入三百萬「フラン」以上ノ邑ニ於

テハ）行政官長ノ認可ヲ受ク、

原被告訴訟ヲ爲スノ議

右、參事院ノ許可ヲ受ク、

第三類ニ屬スル件、如左、

意見ヲ開陳スル件

邑ノ區畫ヲ改正スルノ議

救恤局設置ノ件（外三件略ス、）

右、必ス意見ヲ聽クヲ要ス、

此他、行政官ニ於テ意見ヲ聽カント欲スル諸件

建議　地方ノ利害ニ關スル諸件皆建議スルヲ得、

佛國縣會纂法　尾

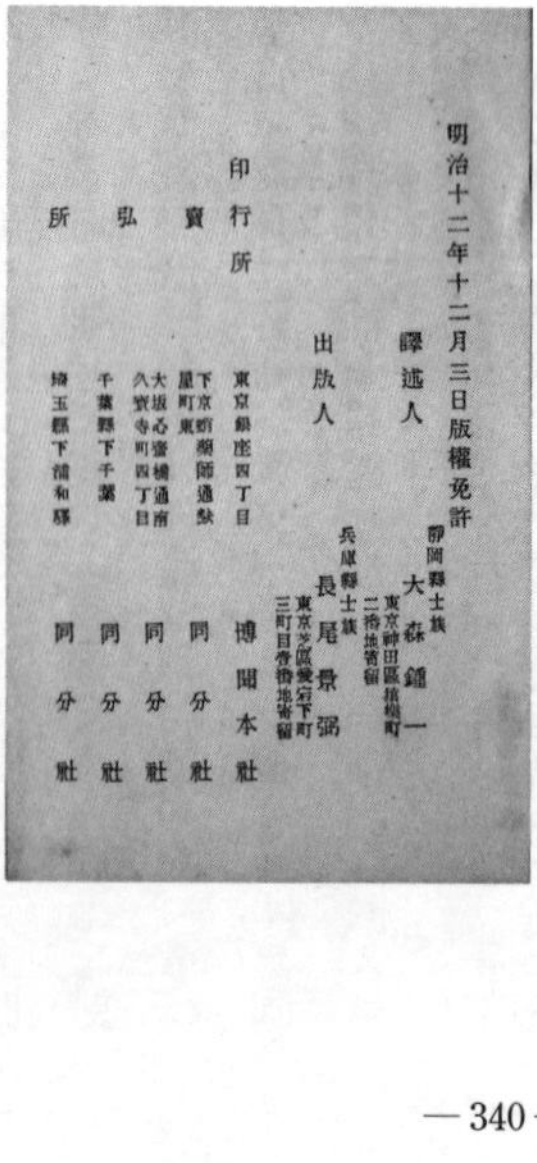
明治十二年十二月三日版權免許

譯述人　靜岡縣士族　大森鍾一　東京神田區猿樂町二番地寄留

出版人　兵庫縣士族　長尾景弼　東京芝區愛宕下町三町目壱番地寄留

印行所　東京銀座四丁目　博聞本社

賣　下京[illegible]藥師通[illegible]屋町東　同分社

弘　大坂心齋橋通南久寶寺町四丁目　同分社

千葉縣下千葉　同分社

所　埼玉縣下浦和驛　同分社

（梧陰文庫圖書之部三一四）

編者曰　臺本の「梧陰文庫」所収本には落丁及び亂丁あり。それ故、正しい體裁に整理し、ここに収む。尚又、本書の序文、附錄「議會決議法質疑 佛國法律博士ボアソナード氏質問並其答議數則」及び奥付は、『近代日本法制史料集第九』所収文書五三八「ボアソナード氏議會決議法質疑九則（ワレット著『佛國縣會纂法』附錄）」においても飜刻あり。

二　瓦敦堡憲法

明治十六年一月

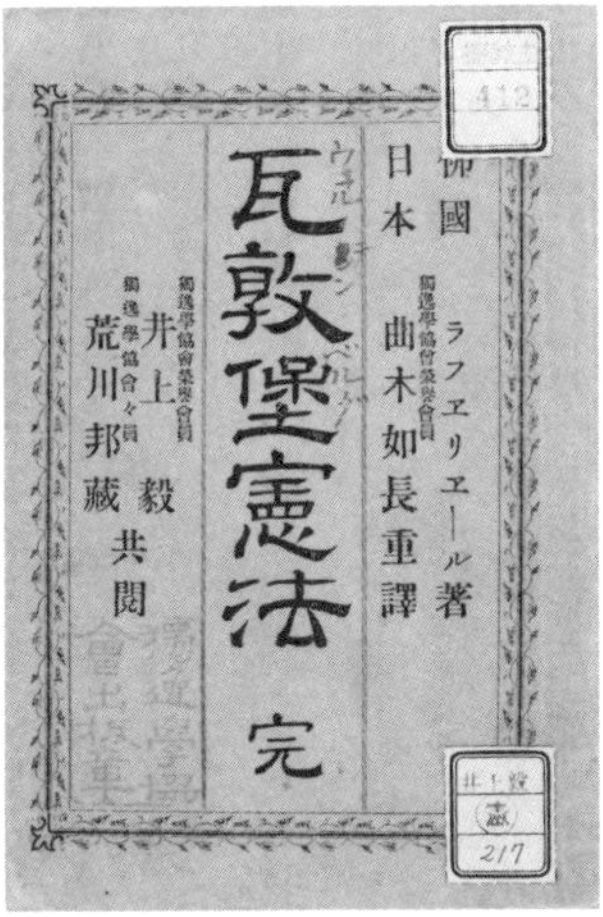

小序

獨逸聯邦ノ一ナル王國瓦敦堡《ウユルタンベル》ノ憲法ハ、今ヲ距ル六十三年前ニ制定セシモノナリ、其憲法ノ完備ニシテ觀ルニ足ルヲ以テ余カ淺學ヲ顧ミス、採テ以テ之ヲ重譯ス、原書ハ一千八百六十九年巴里府ニ於テ刊行シタル佛國ノ學士ラフェリヱール氏纂輯ノ歐米憲法ニ載スル所ニシテ、佛文ニ翻譯セシモノナリ、故ニ余ノ之ヲ邦文ニ重譯スルニ當テハ往々獨逸原文ノ義ヲ失フモノアランコトヲ恐ル、但タ句句愼重敢テ杜撰ヲ用フルコトアラザルノミ、獨逸碩學ノ言ニ曰、憲法ノ成ルハ各々其國ノ沿革ト及其國ヲ爲スノ原質ニ從フト、獨逸各邦ノ憲法ニシテ獨逸ノ沿革原質ト相符スル者巴威里及瓦敦堡ノ憲法ヲ以テ最トス、曰ク、君主ハ主權ヲ總フト、此レヲ一編ノ主腦トス、

明治十五年十二月　曲木如長識

瓦敦堡憲法目次

瓦敦堡憲法

佛國　ラフヱリヱール纂輯
曲木如長　重譯
井上毅
荒川邦藏　校閲

一千八百十九年九月二十五日公布

緒言

神明ノ惠ニ依リ瓦敦堡國王タル朕ギュイヨーム、朕及後嗣ノ名ヲ以テ汝衆庶ニ宣示ス、

朕カ先考ハ一千八百十五年憲法ヲ制定シ、以テ全王國人民ニ附與セント欲シ、大ニ國中ノ侯伯、縉紳、二大宗門ノ僧侶、府郡ノ代議士ヲ召集シテ之ト商議ヲ開キ、朕ガ治世ナル一千八百十七年ニ至ルマテ連續シタリ、當時之カ目的ヲ遂クルニ至ラスト雖モ朕ハ常ニ其成効ヲ期シ、一方ニ向テハ聯邦ノ盟員トシテ其盟約第十三條ノ明文ヲ履行スルノ義務ヲ尽サント欲シ、佗ノ一方ニ向テハ邦國ノ鞏固ヲ圖ル所ノ我忠誠ナル臣民ノ望願、即チ朕カ意思ニ符合スル者ニ應セント欲シ、茲ニ本年七月十三日「ルウイスブール」ノ宮城ニ於テ新ニ國會ヲ召集シタリ、

此國會ニ於テ特ニ撰任シタル議員ハ、朕カ命シタル委員ト會同シ、我世襲ノ邦土及新ニ併合シタル邦土ニアル人民ノ自由及其人民ノ古來亨有スル法章上及契約上

ノ權利ニ適ヒ、併セテ現今ノ情勢ニ應シタル憲法ノ草案ヲ協議シ之カ報告書ヲ呈出シタリ、朕及朕カ内閣幷ニ國會ニ於テハ、此報告書ヲ反覆審査シタルノ後、我忠誠ナル臣民一致ノ望願ニ基キ朕カ決定ト國會ノ宣告ニ依リ左ノ條件ヲ頒布スルモノナリ、

第一章　王國

第一條　王國ノ全部ハ分割スヘカラザル一箇同体ノ國土タルベシ、

第二條　若シ後來王國ハ土地ヲ購得シ又ハ之ヲ交換シ、若クハ其他ノ方法ニ由テ版圖ヲ擴張スルトキハ、其擴張ノ部分ハ均シク國憲ニ於テ定メタル權利ヲ得ルコトヲ許スベシ、國王一身ノ爲ニアラスシテ國家ノ爲ニ土地ヲ購得シ、又ハ其土地ヲ王國内ニ編入スルコト必要ナル旨ヲ明示シテ之ヲ購得シタルトキハ總ベテ版圖ノ擴張トス、

若シ版圖ノ一部ヲ他國ニ讓與スルコト實ニ止ムヲ得ザルトキハ、其讓與スベキ土地ノ人民ニ王國内ノ他ノ部分ニ其財産ト共ニ移住スル爲ニ十分ノ猶豫ヲ與フベシ、而シテ其人民ノ不動産ヲ沽賣スルニ當リ、之ヲ促迫シ又ハ之ガ爲メ重税ヲ課シ、若クハ其他ノ方法ヲ以テ之ヲ抑壓スルコト勿ルべシ、

第三條　瓦敦堡王國ハ獨逸聯邦ニ屬ス故ニ、獨逸國會ニ於テ議定シタル獨逸建國及人民ニ關スル諸ノ律法ハ、國王之ヲ瓦敦堡國内ニ公布シタルノ後、全國人民ノ遵守スヘキモノトス、

但シ其實施方法ニ付テハ憲法ニ基キ國會ノ協力ヲ必要トス、

第二章　國王、王位繼承法及攝政官

第四條　國王ハ國ノ首長ニシヲ《(ママ)》主權ニ屬スル諸般ノ權利ヲ總攬シ、憲法ニ於テ定メタル條款ニ循ヒ之ヲ施行ス、

國王ノ身体ハ神聖ニシテ侵スべカラズ、

第五條　國王ハ耶蘇教ノ一ヲ奉ス、

第六條　政廳ハ如何ナル塲合ト雖トモ王國外ニ設置ス

ルコトヲ得ズ、

第七條　王位繼承ノ權利ハ男系ノ王族ニ屬シ、年長ノ順序ヲ以テ宗系ニ傳フ、男系絶ユルトキハ女系ノ子孫ヲシテ男女ノ別ナク王位ヲ嗣カシメ、先王ニ最親近屬ヲ擧ゲ、若シ同等ノ親屬ナルトキハ年長ヲ立ツベシ、但シ男系王位ヲ踐ムノ特權ハ該王統ノ子孫ニ於テ更ニ之ヲ回復ス、

第八條　國王ノ許諾ヲ得タル公然ノ結婚ヨリ生シタル嫡出ノ子ニアラザレバ王位ヲ嗣グコトヲ得ス、

第九條　國王ハ滿十八歳ヲ以テ丁年ト定ム、

第十條　世子ハ國會ノ前ニ於テ誠實ニ國憲ヲ保守シテ破ラサルノ旨ヲ保證シタルノ後、國民ハ世子ニ封シ忠誠ノ誓司ヲ宣フベシ、

第十一條　國王幼冲ナル時又ハ其他ノ事故ニ因リ政ヲ親ラスルコト能ハザル時ハ攝政ヲ置クベシ、

第十二條　前條ノ塲合ニ於テハ、攝政ハ最親近ノ男統親エ相續ノ順序ニ從ヒ之ヲ授クベシ、若シ其任ニ堪ユベキ男統親ナキ時ハ母后ニ授ケ、母后ナキトキハ父方ノ太母后ニ授クベシ、

第十三條　若シ世子精神又ハ身体ノ故障ニ因リ親ラ王國ヲ統治スルコト能ハザル時ハ、國王ノ存命中正文ノ法章ヲ以テ豫メ攝政ヲ定ムベシ、若シ國王在位間又ハ即位ノ際同上ノ故障ニ因リ王國ノ政治ヲ執行スルコト能ハサルトキ、豫メ之カ設備ヲ爲サヾルニ於テハ少ナクトモ一年前ニ凡ソ王國内ニ存在スル丁年ニシテ後見ヲ離レタル王族ヲ會集シ、攝政ニ任スルヲ得ベキ最親近ノ男統親ヲ除キ内閣會議ヲ開キ、其過半數ノ決議ニ依リ國會ノ承認ヲ得テ攝政ヲ撰任スベシ、

第十四條　攝政ハ國會ニ封シ公式ニ依リ憲法ヲ遵守スルノ誓約ヲ爲スコト国王ニ同シ、

第十五條　攝政ハ國王ニ代リ王權ノ全部ヲ施行ス、内閣ハ攝政ニ封シ國王ト同一ノ關係ヲ有ス、

攝政ハ新ニ國家高貴ノ官職、勳位、宮廷ノ官職ヲ設ケ、及法衙ノ審斷アルノ外ハ内閣員ヲ免黜スルコトヲ得ス、

攝政在任中憲法ノ一條目ニ施行シタル一切ノ改正ハ其在任ノ間ノミ効力アルモノトス、

攝政ハ在任中後嗣ノ絶エシカ爲メ官ニ歸シタル封土ヲ以テ再ヒ他ニ賜與スルコトヲ得ス、

第十六條　先王特別ノ遺命ヲ内閣ニ下サヾリシ時ハ母后ハ幼冲ナル國王ノ教育ヲ司ドリ、若シ母后ナキトキハ父方ノ太母后之ヲ司トルベシ、但シ國王ノ師保ヲ任命シ及教育ノ科目ヲ定ムルハ後見會議ニ於テスベシ、後見會議ハ内閣員ヲ以テ組織シ攝政之ニ上席ス、攝政ハ此會議ニ於テ討議ノ權ヲ有シ、可否平分スルトキハ決定ノ權ヲ有ス、若シ意見一致ナラザルトキハ決定ノ權ハ後見會議ニアリトス、母后又ハ太母后ノ薨スルトキハ幼冲ナル國王ノ教育ハ亦該會議ノ掌トル所タルヘシ、

第十七條　國王ノ丁年ニ達セシトキ又ハ政ヲ親ラスルコト能ハサル故障ノ終リシ時ハ、攝政ハ即時其任ヲ解クベシ、

第十八條　族長タル國王ト王族トノ關係及王族相互ノ關係ハ王室律例ヲ以テ之ヲ定ムベシ、

第三章　國民ノ通權

第十九條　國民ノ權利ハ左ニ記載シタル條件ニ依リ之ヲ得ルモノトス、

第一　出生ニ依リ、例ヘハ國民ノ分限ヲ有スル父ノ結婚ニ因リ生ミタル子及同一ノ分限ヲ有スル母ノ結婚ニ因ラズシテ生ミタル子即チ私生ノ子

第二　國民籍ニ入ルニ依リ、是レハ豫メ一邑ヨリ國民ノ權利ヲ享有スルノ保證ヲ得タル者ヲ云フ、其他國務ニ奉仕スル時ハ國民ノ列ニ加ルコトヲ得ルト雖トモ、其奉仕スル時間ニ限ルベシ、

第二十條　凡ソ瓦敦堡國民ハ滿十六歳ニ至リ忠誠ノ誓詞ヲ宣フベシ、新タニ國民籍ニ入ルノ許可ヲ得タル者ハ其入籍ノ後誓詞ヲ宣ブベシ、

第二十一條　凡ソ瓦敦堡國民ハ皆同一ノ公權ヲ有シ、

平等ニ義務ヲ尽シ、憲法ニ於テ特ニ除免シタル場合ノ外ハ總テ國税ヲ分擔スべシ、

第二十二條　國民ハ何人ヲ論セズ其身分ニ因リ一切ノ官職ニ除カル丶コト勿ルヘシ、

第二十三條　國民ハ皆本國ヲ防禦シ兵役ニ服スルノ義務アリ、而シテ聯邦ノ盟約又ハ現行法律ニ於テ定メタル場合ニアラザルヨリハ兵役ヲ免セラル丶コト勿ルヘシ、

第二十四條　政府ハ身体、本心、思想ノ自由及所有、遷徙ノ權利ヲ各民ニ保護ス、

第二十五條　奴隷ハ之ヲ嚴禁ス、

第二十六條　何人モ正當ナル裁判官ニ非ズシテ審判セラル丶コト勿ルべシ、而シテ法律ニ定メタル場合ニ於テスルニアラサレハ逮捕及審判ヲ受クルコト勿ルべシ、及法ノ程式ニ循ヒ逮捕セラレシヨリ二十四時間ノ餘、逮捕ノ理由ヲ知ラシメザルコト能ハザルべシ、

第二十七條　各民ハ王國内ニ於テ宗教ノ如何ヲ問ハズ全ク本心ノ自由ヲ享有スヘシ、

國民ノ權利ヲ全有スルハ三種ノ耶蘇教羅馬加特力教、加特力希臘教、波羅士特教ヲ云フ、ヲ奉スル者ニ屬ス、其他ノ耶蘇教徒及外教徒ハ其宗旨ノ主義ニ於テ國民タルノ義務ヲ行フニ抵觸セザルニ於テハ國民ノ權利ヲ享有スルコトヲ得べシ、

第二十八條　出板及賣書ノ自由ハ現行法律又ハ將來其自由ノ濫用ヲ防制スル爲メ定ムべキ條例ヲ遵守スルニ於テハ完全タリ、

第二十九條　各人ハ其欲スル所ノ職業工作ヲ擇ビ王國ノ内外ニ於テ之ヲ行フノ權利アリ、故ニ法律上ノ規程ニ循ヒ外國ニ於テ教育ヲ受クルコトヲ得べシ、

第三十條　何人モ内閣ニ於テ緊急ト認メ豫メ償金ヲ與ヘタルニ非ザレハ、國益又ハ一社ノ爲ニ其財産又ハ一切ノ佗ノ權利ヲ強テ放棄セシメラル丶コト勿ルべシ、其償金高ハ双方面議ノ上之ヲ定ムべシ、若シ猶所有主官府ノ決定ニ従ハザルトキハ通常裁判上ノ順序ヲ以テ其事ヲ判決セシムべシ、但シ償金ハ如何ナル場合ト雖

トモ延滞ナク之ヲ徹完スヘシ、

第三十一條　商業及職業ヲ營ムニ付テノ特許ハ、法律ニ由ルカ又ハ格段ナル規則ニ由リ法律ノ許可アル場合ニ限リ之ヲ許可スルコトヲ得ベシ、國家ニ有益ナル發明者ヲ褒賞スル爲ニ十年間專賣免許狀ヲ附與スルハ政府ノ特權タルベシ、

第三十二條　凡ソ國民王國ヲ去テ他國ニ移住セントスル時ハ、其意ヲ邑官ニ通知シ負債ヲ辨濟シ其他一切ノ義務ヲ盡シ、一年間國王又ハ本國ニ對抗スルノ務ニ就カズ、又一年間王國ヲ出ル前ニ起リタル詞訟ニ付本國裁判所ノ審判ヲ受クベキ十分ノ保証ヲ爲シタル後ハ、一ノ租税ヲ賦課セラル、コトナクシテ自由ニ王國ヲ辭スルコトヲ得ベシ、

第三十三條　王國ヲ出ル者ハ之カ爲ニ自己及其行ヲ共ニスル子ノ爲ニ國民ノ分限ヲ失フ、親ト共ニ遷徙セザル子ハ國民權ヲ保全スベシ、

第三十四條　他國ニ仕フル者ハ國民權ヲ失フ、但シ特別ノ處分ニ依リ其權利ヲ保全スルノ場合ハ此限ニアラス、

第三十五條　他國ニ本住ヲ定ムル國民ハ國王ノ許可ヲ得、諸般ノ事總テ國民タルノ義務ヲ盡スベキノ保證ヲ爲シテ本國人民ノ權利ヲ保存スルコトヲ得ベシ、

第三十六條　各人ハ法律ニ違背シタル糾治《カヽリ》ヲ受ケ又ハ判決ノ遲滯スル場合ニ當テハ、當該ノ官衙ニ書面ヲ以テ歎訴ヲ爲シ、遂ニ高等法院ニ迄之ヲ上告スルノ權アリ、

第三十七條　若シ當該ノ官衙ニ於テ其歎訴ヲ採用セザルニ付其訴狀ヲ却下スルトキハ、歎訴人ニ其理由ヲ示スベシ、

第三十八條　若シ請願人又ハ歎訴人高等法院ノ判決ニ不服ナルトキハ、國會ニ歎訴シ願書ヲ以テ其干渉ヲ要求スルノ權アリ、國會ニ於テ其歎訴ヲ規程ニ循ヒ受理スベキモノト認ムルトキハ、其事件ニ付當局者ニ對シ必要ナル解説ヲ求ムルノ權アリ、

第三十九條　王國ノ貴族ハ各々四區《セルクル》ニ於テ一ノ會社ヲ成シ、國會ノ代議士ヲ撰擧シ及同族ヲ維持スベシ、

第四十條　貴族社ニ入ルニハ其承認ト國王ノ允許ヲ受クルヲ必要トス、官ノ帳簿ニ記入セサル土地ヲ所有スル貴族ノ入社ヲ許シタル後、之ヲ占領スルニ付履行スヘキ法式ハ此社ノ規則ヲ以テ之ヲ定ムベシ、

第四十一條　該規則ハ他ノ國法ト同一ノ効力アルモノトス、

第四十二條　貴族社ノ社員ハ國民ノ普通權ヲ有ス、聯邦盟約第十四條ニ於テ貴族社ノ社員ニ保護シタル權利受用ノ爲メ規則ニ由テ定ムル所ノ約款ハ、之ヲ國會ニ報知スベシ、

第四章　官衙

第一　官吏

第四十三條　官吏ハ國王ノ特撰タルベシ、但シ憲法ニ於テ定メタル特例及別段ノ名義、例ヘバ集合行政官僚員ノ推薦ニ依リ其上席人ヲ任スルガ如キハ此限ニ在ラス、

第四十四條　何人モ法律ニ於テ要シタル資格ト十分ナル能力《カパシテー》トヲ有スルコトヲ豫メ認メラルヽニアラザレハ官吏ニ任セラルヽコトヲ得ス、本國人外國人ト同等ノ能力ナルトキハ本國人撰擧ニ當ルヘシ

第四十五條　官吏ノ國王ニ捧グル忠誠ノ誓詞ニ於テ誠意ヲ以テ國憲ヲ遵守スヘキ旨ヲ保証スヘシ

第四十六條　司法ノ職務ヲ行フノ官吏ハ如何ナル理由アリトモ法衙ノ審斷ナクシテ其官職ヲ剝奪セラレ又ハ下等ノ官職ニ遷移セラルヽコト勿ルヘシ

第四十七條　其他ノ官吏普通ノ輕重罪ニ付免黜セラルヽトキモ之ニ同シ、國王ハ本屬官ト内閣員ノ上奏ニ因リ官吏ノ事務擧ラザルト又ハ不適任ニ付之ヲ免黜シ又ハ下等ノ官職ニ遷移スルコトヲ得べシ、但シ此場合ニ於テハ内閣員ハ豫メ高等法院ノ意見ヲ諮問シ、法律上更ニ異議ナキヤヲ証明スベシ、府邑ノ長官ニ於テモ此規則ヲ適用スベシ、

第四十八條　官吏ノ免職及降等ニ關スル規則ハ俸給ヲ奪フ所ノ官職停止ニモ適用スベシ、
第四十九條　至重ナル理由アリテ豫メ其省卿ノ上申アルノ外ハ、官吏ヲ増給又ハ昇等スルニアラズシテ轉職スルコトヲ得ズ、
自ラ願ハズシテ轉職セラレタル官吏ハ其轉職ノ費用トシテ相當ノ手當ヲ受クベシ、
第五十條　疾病老衰ニ依リ其職務ヲ奉スルコト能ハザル官吏及其家族ニハ法律ヲ以テ給養ノ方法ヲ設クヘシ、
第五十一條　主權ヲ行フニ付、國王ヨリ發スル所ノ一切ノ政令ハ其事ニ責任アル省卿必ス之ニ副署スベシ、
第五十二條　其他各省卿ハ其發スル所ノ政令及其省務ニ管スル一切ノ事件ニ付其責ニ任ズベシ、
第五十三條　其他ノ官吏ハ均シク其職務ノ範圍内ニ於テ其責ニ任ズ、
官吏各自ノ責任トシテ職權アル官司ヨリ法律ノ規定ニ循ヒ下附シタル命令ヲ遵守スヘシ、
若シ其命令ニ付之ヲ下シタル官司ノ職權内ナルヤ否ヲ疑フトキハ其上司ニ稟請スヘシ、若シ其上司ノ指令ニ付均シク疑義ヲ懐クトキハ、敬禮ヲ失セズ且事ニ害アルマデノ遲滞ヲナスコトナク其命令ヲ下セシ上司ニ稟請シ、而シテ該官ヨリ其命令ニ準據スヘキノ回答アルトキハ必ス之ヲ施行スルヲ要ス、

第二　内閣

第五十四條　内閣ハ國王ノ下ニ位スル最上ノ官衙トス、而シテ專ラ國王ノ顧問ニ供ス、
第五十五條　内閣ハ各省ノ長官ト特撰ニ係ル議官ヲ以テ組織ス、
第五十六條　國政ヲ管掌スル諸省ハ左ノ如シ、
第一　司法省
第二　外務省
第三　内務兼文部、教部省
第四　陸軍省
第五　大藏省

第五十七條　國王ハ隨意ニ内閣ノ議官ヲ進退ス、内閣議官法衙ノ審斷ニ由ルニ非ズシテ退免セラル丶トキハ、省卿ナレハ四千「フロリン」ノ手當ヲ受ケ、專任議官ナレハ其給料ノ半額ヲ受クベシ、但シ特別ノ約定ヲ以テ兩官トモニ其給料ノ三分ノ二ヲ超過セザル金額ヲ給與セラル丶場合ハ此限ニ在ラズ、

第五十八條　重要ノ事件、就中國憲、官局ノ組織、版圖ノ一部交換、王權、法律、條例ノ布告、改正、廢止、解釋ニ付、執政《ミニストル》ヨリ國王ニ奏呈スル報告書ハ須ラク先ツ之ヲ内閣ニ差出シ、内閣ヨリ其意見ヲ副ヘテ國王ニ奏上スヘシ、但シ外務、陸軍ノ兩省ニ關スル事務ハ其性質ニ依リ此成規ニ照準セザルコトアルベシ、

第五十九條　左ニ記載シタル事件ハ内閣ニ於テ諮問會議トシテ管掌スルモノトス、

第一　諸般ノ政務

第二　官吏ノ免職轉任ノ上申

第三　司法官ト行政官トノ權限ノ爭

第四　教會ト政府トノ關係及教會ノ間ニ起リタル爭論

第五　總テ國王ノ臨時ニ諮詢スル事件

第六十條　司法ニ付テハ内閣ハ左ノ事件ヲ管知ス、

第一　各省ノ決斷ニ對スル控訴、但シ此場合ニ於テハ高等法院ノ長官ヲ閣議ニ加フヘシ、

第二　行政官ヨリ宣告シタル懲罰ニ對スル控訴、但シ此場合ニ於テハ上等裁判所々長ヲ除キ、以下ノ裁判官中ヨリ撰抜シタル法律家六名ヲ加フヘシ、

第三　第三十條ニ掲載シタル事件

第六十一條　内閣議官ハ其一身上ニ關スル事件ヲ除クノ外、會議ニ參與スルノ權利ヲ剥奪セラル丶コト勿ルヘシ、

第五章　邑、區

第六十二條　邑ハ政治上王國ノ基礎タリ、凡ソ國民ハ法律ニ於テ定メタル特例ヲ除クノ外皆ナ本籍邑民トシ、

或ハ住民トシテ一ノ邑ニ貫屬スヘシ、

第六十三條　本藉邑民又ハ住民ノ入藉ヲ許否スルノ權ハ其紛議ヲ生スルトキ官府ノ裁決ヲ仰クノ外專ラ其邑ニ屬スヘシ、本藉邑民及住民ノ權ヲ予ヘラレタルトキハ國民權ヲ得タルモノトス、

第六十四條　一ノ「バイヤージュ」ニ屬スル各邑ハ一區ヲ組成ス、「バイヤージュ」ノ區畫ヲ更改スルハ法律ニ由テノミ之ヲ爲スコトヲ得、「バイヤージュ」ハ政行區畫ノ名、

第六十五條　邑ノ事務ハ邑民ノ協力ニ依テ邑會之ヲ管理ス、區ノ事務ハ法律ノ規程ニ循ヒ官府ノ監察ヲ受ケテ區會之ヲ管理ス、

第六十六條　如何ナル官署ト雖トモ上司ニ稟咨セズシテ邑、區ノ所有物ヲ處分スルコトヲ得ズ、

第六十七條　邑、區ハ一般ノ法律、租税ノ均賦又ハ其他特別ノ名義ヲ以テ要スルノ外、他ノ租税又ハ費用ヲ賦課セラル、コト勿ルベシ、

第六十八條　一邑又ハ一區限リノ需要ニ非ズシテ全國一般ノ義務ニ渉ル經費ハ、全王國人民ニ之ヲ均賦スベキモノトス、

第六十九條　邑、區ヲ支配スル一切ノ官吏ハ他ノ官吏ト均シク國憲ヲ循守シ、特ニ國憲ヲ以テ附與シタル權利ヲ保持スルノ義務アリ、

第六章　政府ト教會トノ關係

第七十條　耶蘇三教會ハ王國内ニ於テ各々其宗旨ヲ自由ニ公行シ、教育仁惠ノ爲ニ堂宇ヲ建設スルノ權利ヲ得ベシ、

第七十一條　教會ノ内務ニ關スル規則ハ國憲ニ於テ各宗ノ爲ニ認メタル特別ノ權利ニ因リ制定スルヲ得ヘシ、

第七十二條　教會ヲ保護監督スルノ大權ハ國王ニ屬ス故ニ、僧官ノ命令ハ豫メ國王ノ准允ヲ經ルニアラザレバ之ヲ布告施行スルコトヲ得ス、

第七十三條　僧侶ハ國民タルノ行爲及關係ニ付テハ通常ノ裁判所ニ從フベシ、

第七十四條　僧官及教育ニ從事スル者、老衰又ハ回復

ヲ期ス可ラザル疾病ニ因リ其職務ヲ奉スルコト能ハザルトキハ、其存生中養老金ヲ受クルノ權アリ、

第七十五條　留得爾《リュチル》教ノ僧官ハ、現行法律又ハ憲法ニ從テ將來定ムル所ノ法律ニ由リ、王國新教會議ノ管理ヲ受クベシ、

第七十六條　若シ國王耶蘇新教ニアラザル宗旨ニ屬スルトキハ、僧侶ノ權利ニ管シテハ古來因襲スル規則ヲ適用スヘシ、

第七十七條　往キニ瓦敦堡公國ニ屬セシ教會ノ財產管理法ハ再ヒ之ヲ擧行ス、而シテ委員ヲ置テ該國ニアリシ教會ノ所有地ヲ區別シ、及新領ニ於テ同宗ノ教會ニ屬スベキ財產ヲ定メ、且將來之ヲ管理スルノ方法ヲ議定セシムヘシ、

第七十八條　加特力教ノ事務ハ其地方ノ僧正《ヱウヒック》ト其輔助タル牧師之ヲ管理ス、右ニ付僧正及牧師ハ加特力教ノ僧爵ニ屬スル一切ノ當然ノ權利ヲ享有スベシ、

第七十九條　國王ハ加特力教ノ教會ニ對シ主權ヲ施行シ、該教ノ僧官ヲ以テ組織シタル委員ヲ以テ其輔佐ニ充テ其意見ヲ諮問シテ僧官ヲ授與ス、

第八十條　加特力教ノ僧侶ハ波羅士特教ノ僧侶ニ向テ保護セラレタル人身ノ一切ノ權利ヲ享有スヘシ、

第八十一條　加特力教ノ僧官錯誤ニ因リ其教位ヲ剝奪セラル、コトナクシテ單ニ其教職ヲ免セラレタルトキハ、之ヲシテ生活ノ道ヲ得セシムルコトニ注意スヘシ、

第八十二條　加特力教會ハ、其教會ノ需要ト教育ノ費用ニ充ル爲ニ特別ノ資產ナク又ハ足ラザルトキハ、輔助トシテ別段ノ資金ヲ受クベシ、但シ第七十七條ニ掲載シタル如ク、委員ヲシテ此資產ト官ノ財產トヲ區別セシム可シ、

第八十三條　王國內ニアル新教ノ教會ニ管スル規律、教則ノ改良、其僧侶及教育ニ從事スル者ノ給養、其他教會ノ需要ニ充ル爲ニ十分ナル歲入ノ管理ニ付テハ、上條ト均シク之カ方法ヲ得セシムヘシ、

第八十四條　各種ノ學校及大學校ノ維持、改良法ニ付

テハ至當ナル資給ヲ與フベシ、

第七章　主權ノ執行

第八十五條　國王ハ外國ト一切ノ關係ニ付テハ國ノ名代人タリ、然レトモ國會ノ承認ヲ經ルニアラザレバ、外國ト結約スルニ由テ王國ノ所領及國財ノ一部ヲ讓與シ、王國臣民ニ新税ヲ課シ、國法ヲ變更、廢止シ、國民ノ權利ニ障害アル條約ヲ結ヒ、新タニ條目ヲ定ムル所ノ通商條約ヲ結ヒ、又ハ獨逸國ノ外ナル他國ノ戰爭ニ於テ王國ノ兵隊ヲ派遣スヘキ黨援ノ條約ヲ結ブコトヲ得ズ、

第八十六條　國王ハ外國ト條約ヲ結ビ同盟ヲ爲シタルトキハ時機之ヲ許スヤ否直チニ之ヲ國會ニ報知スベシ、

第八十七條　各種ノ獻金、軍費ノ助金、其他國王他國ト結約、同盟、戰爭ノ爲ニ償金トシテ受取リタル金額ハ國財トス、

第八十八條　國會ノ承認ヲ經ルニ非ザレハ如何ナル法律ト雖トモ《モ》之ヲ布告《記載》、廢止、改正若クハ公正ノ説明ヲ爲コトヲ得ズ、

第八十九條　然レトモ國王ハ國會ノ協議ヲ待タズシテ布《命》令ヲ下シ、法律ヲ《ノ》施行○《及》保存スル《ノ》爲ニ緊要ノ所《處》分ヲ施シ、及緊急ノ場合ニ於テハ國○《ノ》安○《全》ヲ維持スル爲ニ一切ノ預防處分ヲ爲スノ權アリ、

第九十條　第八十八條及第八十九條ニ記載シタル條例《則》ハ、國内ノ警察ニ關スル法律、布令《命令》、處分ニ付テモ均シク之ニ準據スベシ、

第九十一條　此憲法ノ明文ニ抵觸スル○《一切》法律、布令《命令》ハ其抵觸ノミニ依リ廢止スルモノトス、其他ノ法律ハ憲法ニ循ヒ之ニ改正ヲ加フヘシ、

第九十二條　審判ハ法律ニ定メタル等級ニ循ヒ、國王ノ監督ヲ受ケタル裁判所會議法ニ從ヒ、王名ヲ以テ之ヲ執行ス、

第九十三條　民事及刑事ノ裁判所ハ其職掌ノ範圍内ニ於テ獨立タルヘシ、裁判ハ公行トス、此原則ノ執行ハ法律ヲ以テ之ヲ定ムヘシ、

第九十四條　王家ノ管財官ハ民法ニ管スル各種ノ訴件ニ付通常裁判所ニ申告シ、人民ヨリ要求スル事件ト人民ニ對シ主張スル事件トニ付其裁決ヲ受クヘシ、

第九十五條　裁判官ニ訴告スルノ權利ハ、如何ナル人民ト雖モ王權ニ因テ自己ノ權利ヲ妨害セラレタリト思量スルニ於テハ、之ヲ阻止セラルヽコト勿ルヘシ、

第九十六條　刑事裁判所ノ公判ハ國王、確定ノ公式ヲ用ヒズシテ法律ノ力アル者トス、

第九十七條　然レトモ國王ハ特赦《グラース》ノ權ニ據テ裁判官ヨリ奏呈スル報告書ニ就キ刑ノ宣告ヲ免除シ、又ハ輕減スルコトヲ得、故ニ事情繁難ノ場合ニ際シテハ、刑事裁判官ハ其判決及宣告書ヲ公告スル前ニ司法卿ヲ經テ之ヲ國王ニ奏上シ、陛下ノ特赦ヲ行フヘキヤノ親裁ヲ仰クヘキノミナラズ、犯人ハ刑名宣告ノ後特赦ヲ得ンカ爲ニ直チニ國王ニ歎訴スルヲ得ヘシ、

國王ハ又大赦《アムニスチー》ノ權ヲ以テ司法省ノ上申ニ從ヒ、十分ノ理由アルニ於テハ被告人ノ輕重罪ヲ糺治スルコトノ前又ハ刑名ヲ宣告スルコトノ前ニ其訟ヲ停止セシメ、又ハ之ヲ廢棄セシムルコトヲ得、

但シ國王ハ前項ニ掲載シタル權利ヲ行フニ付、司法ノ權力及刑法ノ効力ヲ妨害セザルコトニ注意スヘシ、

第九十八條　財産沒收ノ刑ハ之ヲ廢止ス、

第九十九條　軍隊ヲ補充スル爲ニ年々募集スヘキ兵員ハ國會ト協議ノ上之ヲ定ムヘシ、

第百條　募兵ノ順序其他國ノ防禦ニ關スル處分、及常備兵ニ入ラザルモ國民ノ兵役ニ服スベキ義務ノ決定、常備兵ニ編入セラルヽ所ノ國民ノ民事ノ關係、陸軍刑法及軍人ノ民家ニ宿泊スルヲ得ヘキ格段ナル場合ノ決定ハ、總テ立法ニ屬スル事件トス、

第百一條　國事ニ鞅掌セシ軍人ノ勤勞ニ堪ヘザルニ至リタルトキ、本人又ハ其家族ニ給與スヘキ扶助ハ法律ヲ以テ之ヲ定ムヘシ、

第八章　會計

第百二條　王室財産ハ各種ノ土地、歳入、昔時瓦敦堡

公族ノ世襲ニ屬セシ財産及王領管理局財産ト稱スルモノヲ除キ、今王ノ新タニ領得シタル處ノ財産ヲ以ヲ(ママ)構成ス、

第百三條　國王、國ノ元首トシテ要スル所ノ費額及王族ノ諸費ハ王有地ヨリ支辨スベシ、其他行政ノ經費モ成ル可ク之ヨリ支給スベシ、故ニ王有地ハ讓與スベカラザル國財ト徹スコトヲ要スベシ、

第百四條　國王及宮廷ノ費額ハ一王在位ノ間ヲ期シテ一部ハ金額、一部ハ物件ヲ以テ之ヲ定メ、而シテ其費額ハ時期ヲ定メテ之カ爲ニ國王ノ撰命セル有司ニ交附スベシ、

第百五條　王族ノ享有スベキ歲俸、嫁資其他之ニ類スル金額ハ國庫ヨリ直チニ之ヲ支給スベシ、

第百六條　攝政ノ宮費ハ國王ノ費額中ヨリ之ヲ支給スヘシ、其歲俸ハ儲君ト同額タルヘシ、

第百七條　國有財産ハ全部ヲ保完シ、國會ノ承認ヲ得ルニアラザレバ護與シテ之ヲ減削シ、又ハ公債其他ノ永久ノ義務ヲ負擔スルコト勿ル可シ、

然レトモ有益ト認メタル占得ノ爲ニ國債ヲ起シ、又ハ全國ノ裨益ノ爲ニ土地ノ一小部分ヲ讓與交換スルハ、之ヲ國有財産ノ減削ト做スベカラス、

但シ毎歲其讓與ニ付得ル所ノ利益及元資ヲ增殖スベキ用法ノ詳細ノ計算ヲ國會ニ報知スベシ、

國王ノ國ニ勲勞アル者ヲ褒賞スル爲ニ王家ニ屬スル封土ヲ賜與スル場合ハ國有財産ノ讓與ト做スベカラズ、

第百八條　第九十七條ニ記載シタル王領管理局ノ財産ハ王家ノ私有ニシテ國王自ラ之ヲ管理使用ス、然レトモ其元資ハ之ヲ減削スルヲ得ズ、

但シ有益ナル占得ノ爲ノ公債及全國ノ裨益ノ爲ニ土地ノ一小部分ヲ讓與交換スルニ付テハ第百二條ニ定メタル原則ニ循フベシ、國有財産ハ國內一般ノ租稅ヲ拂フ可シ、從前租稅ヲ免ゼラレタルモノハ、即チ他ノ從前免租セラレタル財産ト同様ニ之ヲ拂フベシ、

第百九條　國費ヲ償フ爲ニ國有財産歲入ノ足ラザルト

キハ租税ヲ課シテ之ヲ補フベシ、但シ國會ノ承認ヲ得ルニアラザレハ戰時、平時ノ別ナク一ノ直税、不直税ヲ徴收スルコトヲ得ズ、

第百十條　新タニ租税ヲ課スルニ當リ國會ニ其承認ヲ要求スルトキハ、先ツ其税ヲ課スル爲ノ經費ノ必要ニシテ有用ナル理由、前年歳入ノ用法及會計局ノ収入不足ノ由ヲ詳記シタル説明書ヲ提出スルヲ必要トス、

第百十一條　之カ爲ニ大藏卿ハ歳出入豫算書ヲ國會ノ審議ニ附スベシ、各省卿ハ求ニ從ヒ其省ノ經費豫算書ヲ提出スベシ、

第百十二條　國會ニ於テ認定シタル歳出入豫算書ハ三年間効力アルモノトス、

第百十三條　租税ノ承認ハ其税ノ用法ニ直接ニ關セザル事件ニ附及スルコトヲ得ズ、按租税ヲ課シ、國會ニ其承認ヲ要ムルトキ明示シタル用途ノ外、他ノ使用ニ充ツベカラズ、故ニ若シ租税ヲ課セシ目的ノ既ニ達シ又ハ其税ヲ廢止シ向來之ヲ出スノ義務消尽シタルトキ、或ハ既ニ課シタル租税ノ殘餘及廢止シタル税ノ未納高アルトキハ、其殘額ノ詳細ノ帳簿及他ノ國税ヲ輕減スル爲ニ之ヲ用フベキノ見込書ヲ副ヘテ國會ニ提出スベシ、其他大藏省ノ收入平常ヨリモ巨多ナルトキ又ハ國庫ニ臨時ノ入金アリテ爲ニ需要ノ減スルトキハ前項同樣ノ所分ヲナスベシ、

第百十四條　國會ノ承認ヲ經テ若干期限間年々徴收スル所ノ租税ハ、其期限終リタル後翌年ノ上四個月間ハ新税ノ承認ヲ經ルニ至ルマデ同一ノ割合ヲ以テ之ヲ徴收スベシ、

第百十五條　租税ハ國會ニ於テ承認シタル後ハ之ヲ「バイヤージュ」ニ賦課シ、次テ邑及邑ニ結合セザル土地ノ所有主ニ分賦スベシ、

第百十六條　「バイヤージュ」ノ支配人及間税受取役ハ國會ニ租税ヲ承認シタルトキ、規定シタル方法ニ循ヒ税額ヲ國庫又ハ國債銷還金庫ニ納完スベシ、租税徴收人ハ其責任トシテ如何ナル口實アルモ、規則ニ於テ定メタル金庫又ハ其金庫ノ法ニ由リ指定スル所ニアラザ

レハ租額ヲ交附スルコトヲ得ス、
第百十七條　直税、間税ノ徴収事務ノ總轄ハ之ヲ一ノ中央官局ニ委ス、該局ハ諸種間税ヲ課スルノ適當割合ヲ定メ、直税分賦ノ議案ヲ作リ、其徴収ヲ實施セシメ、定規ニ循ヒ除税ヲ上申シ、大藏省ニ其上申書及各種租税分賦ノ調書ヲ呈出スベシ、
第百十八條　大藏省ニ於テハ其租税分賦ノ調書ヲ國會ニ通知シ、且其他毎月既ニ徴収シタル租税又ハ將來徴収スヘキ租税ノ計算書ヲ通知スヘシ、
第百十九條　國債ハ現ニ瓦敦堡國新屬地ノ抵當アル分ヲ併セテ悉皆國會ノ保証スル所タルべシ、
第百二十條　國債銷還金庫ハ國會ノ擔當總理スル所ニシテ、政府ノ認可ヲ得タル役員、爲ニ定メタル特別ノ規則ニ循ヒ之ヲ管理スヘシ、
第百二十一條　毎月國債銷還金庫ノ計算書ヲ二通ニ認メ之ヲ國會ノ委員ニ交附シ、委員ヨリ毎次其一通ヲ大藏省ニ送致スヘシ、
第百二十二條　政府ハ監察ノ權ヲ以テ何時ニテモ該金庫ノ帳簿ヲ撿査スルコトヲ得べシ、
第百二十三條　國王及國會ニ於テ撰任シタル委員ハ毎年其計算ヲ整理シ印刷シテ之ヲ公ニスヘシ、

第九章　國會

第百二十四條　國會ハ憲法ニ於テ定メタル關係ニ循ヒ、君主ノ爲ニ國權ヲ維持スルノ職務アルヲ以テ此職務ニ因リ立法權ノ施行ニ參預ス、若シ行政上懈怠濫弊アルトキ及憲法ニ違背シタル處分アルトキハ、國王ニ對シ諫言歎願ヲ爲シ及審議ヲ經テ要用ト認メタル租税ノ徴収ヲ承認スルノ權アリ、其他特ニ國憲ノ主義ヲ確守シテ國王及邦國ノ爲ニ一致分ツ可ラザルノ利益ヲ圖ルニ任ス、
第百二十五條　前條ニ從ヒ國會兩院ニ属スヘキ事務ハ、如何ナル場合ト雖トモ國王、攝政若クハ國會又ハ其委員ニ由リ專ラ一院ニ委任スルコトヲ得ズ、但シ國會ノ全議員、府郡ノ人民ニ咨詢シ之ヲ可トスルトキハ此限

ニ在ラス、

第百二十六條　國王ヨリ國會ニ下附スルノ議案及國會ヨリ國王ニ奏呈スルノ上訴、請願ハ内閣ヲ經由スヘキモノトス、

内閣ハ請願、上訴ヲ國王ニ執奏スルノ前ニ國會ニ協議スルコトヲ緊要トセサルトキハ直チニ之ヲ奏聞ス、

國會ヨリ奏呈スル建議ニハ憲法ノ大旨ニ從ヒタル報告書及議事筆記ヲ添フヘシ、

第百二十七條　國王ハ三年毎ニ國會「ランドターグ」ヲ召集シ、著大ナル免税ヲ要スルノ場合又ハ緊急ノ事件アル毎ニ臨時數々之ヲ召集スヘシ、

亦國會ハ國王ノ踐祚毎ニ四週間内ニ召集セラルヘシ、

第百二十八條　國會ハ分テ二院トス、

第百二十九條　上院（原文第一院）ハ次ニ記スル人員ヲ以テ組織ス、

第一　王族

第二　公侯ノ戸主及帝國々會又ハ州會ニ於テ公評ノ權アル領地ヲ有スル貴族ノ總代人

第三　國王ノ撰命スル終身又ハ世襲議員

第百三十條　世襲議員ハ王國内ニ土地ヲ有シ、長男相續權ヲ以テ世傳シ、租税、抵當、負債ヲ除キ全ク六千「フロリン」ノ歳入アル貴族地ヲ有スル男爵《バロン》又ハ「ジュバリヱー」（小貴族ノ爵名）ノ貴族中ヨリ之ヲ撰任スベシ、

第百三十一條　終身議員ハ財産門地ヲ問ハス最モ名望アル人民中ヨリ國王ノ撰命スル所トス、

第百三十二條　終身、世襲ヲ問ハズ國王ノ任命スル議員ノ數ハ他ノ上院議員ノ三分一ヲ超ユヘカラズ、

第百三十三條　下院（原文第二院）ハ左ノ人員ヲ以テ組織ス、

第一　「シュバリヱー」ノ爵ヲ有スル貴族中ヨリ撰舉シタル議員十三人

第二　波羅士特敎ノ監督僧官六名

第三　僧正牧師中ヨリ撰任シタル議員一人及加特力教區ノ僧官

第四　大學校ノ主事

第五　「スチユガール」「チュビング」「ルイスブール」「ヱルファンゲン」「ユルム」「ヘルブルン」「ルートリンゲン」ノ各府ニ於テ公撰シタル代議士

第六　各「バイヤージュ」ニ於テ一名ノ割合ヲ以テ公撰シタル代議士

第百三十四條　王族及世襲議員ハ丁年ニ至ルトキハ上院ニ入ルコトヲ得、王族ノ丁年ハ王室律例ヲ以テ之ヲ定メ、世襲議員ノ丁年ハ普通ノ法律ヲ以テ之ヲ定ム、下院ノ議員ハ滿三十歳ニ至ラザレハ其院ニ入ルコトヲ得ズ、

第百三十五條　國會議員タルニハ左ノ通則ニ循フヘシ、

第一　耶蘇三教ノ一ヲ奉シ、瓦敦堡國ノ國民權ヲ享有スヘシ、

第二　刑事ノ豫審ヲ受ケ又ハ裁判宣告ニ因リ官職ヲ免黜セラレ、又ハ苦役或ハ其他同樣ノ刑ヲ附加シタル堡砦幽囚ノ刑又ハ禁獄ノ刑ニ處セラレ、又ハ重罪ヲ犯セシト訴ヘラレ訴權ヲ失ヒタル者タラザルべシ、

第三　倒産ノ訴訟ヲ受ケ及其訴訟落着ノ後、家産錯亂ヲ以テ無權利ヲ宣告セラレタル者タラザルべシ、

但シ上院世襲議員ハ二千「フロリン」以上ノ金額ヲ有スルトキハ國債委員ノ決議ヲ以テ公評權ヲ剝奪セラルヽコト勿ルべシ、

第四　國會議員ハ父權、後見ヲ受クル者又ハ庶民ノ傭役者タラザルヘシ、

第百三十六條　「シュバリヱー」ノ爵ヲ有スル下院ノ議員十三名ハ、王國ノ四區及都府内ニ貴族ノ土地ヲ所有シ又ハ共有スル貴族ニ由リ、府長ノ指揮及同族二人ノ輔助ヲ以テ其同族中ヨリ之ヲ撰擧スヘシ、

第百三十七條　代議權ヲ有スル都府及區ノ代議士ハ、各邑ニ於テ最モ多ク租税ヲ納ムル人民之ヲ撰擧ス、

第百三十八條　撰擧權ヲ有スル者ノ數ハ邑ノ人口高ニ

應シ七人ニ付一人ノ割合トシ、例ヘハ人口百四十名ニ付撰擧人二十名タルベシ、

第百三十九條　撰擧人三分ノ二ハ前ノ會計年度ニ財産又ハ入額ヲ有シ、直税ヲ最モ多ク納メシ者ノ中ヨリ擧グルモノトス、其地ノ撰擧會上席人ハ租税受取役、邑ノ撿査官及邑會ノ書記官ノ輔助ヲ以テ租税簿ニ基キ其撰擧人タルヲ公告スベシ、若シ上席人是等ノ役ヲ兼ヌルトキハ邑ノ一等評事官之ヲ公告スベシ、

第百四十條　自餘ノ撰擧人ハ其地ノ撰擧區上席人ノ指揮ヲ受ケ、第百三十九條ニ掲載シタル役員ノ輔助ヲ以テ他ノ納税者ノ中ヨリ之ヲ撰フ、投票ハ一人ツヽ、順番ニ之ヲ行フベシ、

第百四十一條　撰擧人、税納多キカ爲ニ撰抜セラル可キ者及被撰人ノ姓名表ハ之ヲ邑内ニ公告スベシ、

第百四十二條　撰擧權ヲ行フニハ第百三十五條ニ記シタル代議士ノ資格ヲ有スベシ、但シ撰擧人タルニハ其年齢ハ之ヲ限定セズシテ丁年ヲ以テ足レリトス、

第百四十三條　撰擧人三分ノ二投票スルトキハ撰擧ノ効アルヘシ、

撰擧ノ權ハ撰擧人公務ヲ有スルガ爲ニ其公務ニ付撰擧ニ出席スルコト能ハザル場合ヲ除クノ外、一切代人ヲシテ之ヲ行ハシムルコトヲ得ズ、

第百四十四條　撰擧ハ比較多數ヲ以テ行フ、但シ投票ハ少ナクトモ三分ノ一以上ノ發スル所タルヘシ、但シ第百四十條ニ記シタル場合ニ於テハ此制限ナシ、

若シ投票ノ同數ヲ得タル被撰候補二名アルトキハ其年長者ヲ取ルベシ、

何人モ自己ノ爲ニ投票スルコトヲ得ス、

第百四十五條　數區ニ於テ貴族産（封土）ヲ有シ租税ヲ納ムル貴族、又ハ數多ノ地方ニ於テ租税ヲ納ムル府民ハ、各區各邑ニ於テ撰擧權ヲ行フコトヲ得べシ、

第百四十六條　凡ソ第百三十四條及第百三十五條ニ記載シタル諸件ヲ備フル者ハ皆ナ撰擧セラルヽコトヲ得へシ、但シ官吏ハ其職ヲ行フ地方ニ於テ、僧侶ハ其住

居スル郡ニ於テ撰擧セラル、コトヲ得ズ、且他ノ地方ト雖トモ上官ノ許可ヲ得ルニアラザレバ撰擧ヲ受クルコトヲ得ス、

侯伯ノ戸主及第百三十六條ニ記載シタル貴族産所有者ハ撰擧セラル、コトヲ得ス、

第百四十七條　一區、一「バイヤージュ」、一府ノ撰擧人ハ王國内他ノ地方ニアル國民ヲ公撰スルコトヲ得、而シテ其撰擧區内ニ限ラル、コト勿ルヘシ、但シ數地方ノ人民ヨリ撰擧セラレシ者ハ一地方ニ限リ其撰擧ヲ受クベシ、

第百四十八條　父子共ニ國會議員ニ撰擧セラレタル場合ニ當リ、其父ノ自ラ退職セサルニ於テハ其子ヲシテ撰ヲ辞セシムベシ、

第百四十九條　撰擧ヲ行フニハ、都府及大「バイヤージュ」ニ属スル區ニ撰擧人徴集ノ王命達シテヨリ、遅クトモ八日内ニ撰擧人ノ名簿ヲ「バイヤージュ」ニ送致スベシ、即チ「バイヤージュ」ニ於テハ王命ヲ受ケシ時ヨリ遅クトモ十日内ニ撰擧ノ期限ヲ定ムベシ、而シテ撰擧ヲ開ク前少ナクトモ八日ノ猶豫アラシムヘシ、

第百五十條　「バイヤージュ」ノ首府ニ於テ撰擧ヲ行フトキハ撰擧人自ラ其場所ニ臨ミ、筆記ノ票札ヲ用ヒ己レノ名ヲ手署スヘシ、若シ撰擧人文字ヲ記スルコト能ハザル時ハ其手署ノ代リニ通常用フル所ノ符合ヲ記スヘシ、

第百五十一條　代議權ヲ有スル都府ニ於テハ撰擧ノ指揮ハ大「ハイー」「バイヤージュ」ノ長ニ屬ス、大「バイー」ハ邑會若クハ邑ノ委員中ヨリ撰任シタル四名以上ノ輔助ヲ得テ之ヲ行フ、「バイヤージュ」ニ屬スル區ニ於テハ「バイヤージュ」ノ會議員四名、邑ノ委員一名及區會議員四名以テ撰擧ヲ指揮スル委員ヲ組織シ、主簿ヲシテ其記事ヲ掌ラシムヘシ、

撰擧委員ハ其地方内ニ於テ代議士ニ撰任セラル、コトヲ得ズ、「シュバリエー」ノ爵ヲ有スル貴族ニシテ仝族ノ撰擧ヲ指揮スル委任ヲ受ケタル者ハ亦撰任セラル、

コトヲ得ズ、

第百五十二條　撰擧ハ必ス三日以内ニ之ヲ終リ、其間中止スルコト勿ルヘシ、

第百五十三條　當撰ノ代議士ハ其撰ヲ辭スルコトヲ得ヘシ、其時ハ此代議士ニ亞キ投票ノ最多數ヲ得タル者之ニ代ルベシ、但シ少ナクトモ三分ノ一以上ノ票數アル者タルベシ、然ラザレバ更ニ撰擧ヲ行フコトヲ要ス、撰擧ヲ終リタル後代議士欠員アルトキモ之ニ同シ、

第百五十四條　撰擧終ルトキハ被撰ノ証トシテ撰擧ヲ指揮シ、及其式ヲ遵守セシムルノ任アリテ撰擧ニ臨ミタル者、氏名ヲ手署シタル証書ヲ代議士ニ交附シ、其當撰ヲ証スベシ、

第百五十五條　代議士ハ全國人民ノ代議士ニシテ其撰擧區ノ代議士ト看做スコトヲ得ズ、

第百五十六條　両院ノ議員ハ自身ニテ投票ヲ爲スベシ、但シ上院世襲議員ハ他ノ議員又ハ其子或ハ其家名ヲ相續スヘキ者ニ其投票ヲ委任スルヲ得ベシ、上院ノ議員幼年ナルニ因リ又ハ身体ノ故障アルニ因リ後見ヲ受クル場合ニ於テハ、前ニ仝シク投票ヲ他人ニ委スルコトヲ得ベシ、然ルトキハ後見人之ヲ行フ、

上院議員又ハ代理人ハ如何ナル場合ト雖トモ一人限リノ投票ヲ爲スヘシ、

第百五十七條　代議士ハ六年毎ニ改撰スヘシ、解任シタル代議士ハ下院ニ出席シ及投票スルノ權ヲ失フ、但シ次ノ撰擧ニ於テ再撰セラルヽコトヲ得べシ、

第百五十八條　下院ノ議員ハ自ラ退職スルトキ及下ニ開列スル審判ニ因リ職務ヲ免セラルヽトキノ外、六年間ニ除去スルモノトス、第百九十九條

第一　議員ノ財産ヲ所有セザルニ至リタル時及其器能ヲ以テ得タル身分職掌ヲ有セサルニ至リタル時

第二　議員ノ在任中第百三十五條ニ記載シタル事項ノ一ヲ欠クニ至リタル時

前文ノ場合ニ於テ除名セラレタル議員公撰ノ代議士タ

ルトキハ撰擧會ヲ開キテ更ニ之ヲ撰任スヘシ、

第百五十九條　兩院議員ハ國會ノ開場前其權利ヲ証明スヘシ、之カ爲ニ王命ヲ以テ定メタル召集ノ期限ヨリ数日前ニ會場ニ至ルベシ、其權利ノ証明ハ先例ニ循ヒ第一ノ集會ニ於テ之ヲ行フベシ、但以來ハ此集會ハ兩院委員局ニ於テ之ヲ行フベシ、第百八十七條而シテ第百五十六條ニ記シタル投票權ヲ委任スル場合ニ於テハ、其代人ハ更ニ公正ナル委任状ヲ以テ撰擧状ヲ示スヘシ、

再撰セラレタル委員ノ權利ノ有無ヲ撿査スルハ既ニ撿査ヲ經タル議員ニ由リ之ヲ行フヘシ、

撿査ヲ行フニ付理事官ヲ命スルハ國王ノ權ニ屬ス、

第百六十條　上院ハ其議員ノ半數出頭スル時ハ之ヲ開キ、下院ハ其議員ノ三分ノ二出頭スル時ハ之ヲ開ク、

國會ノ委員ハ召集状ニ定メタル期限ヨリ一日前撿査ヲ行ヒシ結果ヲ内閣ニ報知スヘシ、

國王ハ撿査ヲ經タル代議士ノ員數充備シタル時ハ、兩院ヲ會合シテ國會ヲ開クヘシ、然ルトキハ國王ノ任命セシ上院議長、國會議長ノ職務ヲ行フヘシ、若シ特撰ノ議長ナキトキハ前ノ國會ニ於テ議長タル者之ヲ行フヘシ、

未タ撿査ノ終ラザル議員及未決ノ紛議アル時ハ關係アル議院ニ於テ之ヲ完結シ、其結果ヲ内閣ニ報知シ且他ノ議院ニモ之ヲ報告スヘシ、

第百六十一條　國會ヲ召集スルニ當リ一議院ノ議員、第百六十條ニ記シタル定員ニ滿タザルコトアルモ、他ノ議院ノ議決ニ叶同シタルモノト看做スヘシ、

但シ其時ハ欠員アル議院ノ議員ハ他ノ議院ノ會議ニ出席シ、公評ノ權アルコトヲ得、

第百六十二條　上院ニテハ王族上席ニ就キ貴族其次ニ順次ニ班列ス、其他世襲議員及特撰ノ終身議員ハ拜任ノ時定メタル順次ニ循ヒ列席スヘシ、

下院ニテハ各族ノ議員、第百三十三條ニ定メタル順次ニ循ヒ列席スヘシ、各族間ノ席順ハ身分在任ノ新舊、年齢ニ循ヒ之ヲ定ム、加特力教ノ議員ハ其職ノ尊卑ニ

依リ席順ヲ定ム

投票ハ議席ノ順序ニ循ヒ之ヲ取集ムヘシ、但シ下院ニ於テハ甲ノ四種族、乙ノ二種族ノ間ニ輪次ニ之ヲ取集メ其盡ルニ至ルヘシ、

第百六十三條　上下兩院ノ議員ハ其院ニ拜任スルトキ左ノ誓詞ヲ述ブヘシ、

余ハ、余カ確認スル所ニ循ヒ他ノ事情ニ阻隔セラル丶コトナクシテ、國王及本國ノ爲ニ一致ノ利益ヲ圖リ憲法ヲ遵守シ、國會ニ於テ忠實ニ事ヲ執ルコトヲ誓フ故ニ神明余ヲ惠助ス、

此誓詞ハ國會開場ノ際各議員ヨリ國王又ハ國王ノ委任ヲ受ケ開場式ヲ執行スル宰相ニ對シ之ヲ宣フヘシ、開場後ハ之ヲ兩院ノ各議長ニ對シ之ヲ宣フベシ、

第百六十四條　兩院ニハ各議長一人、副議長一人ヲ置ク、其任期ハ六年トス、第百五十七條

國王ハ推薦ヲ要セスシテ上院ノ議長ヲ命ス、副議長ハ議員中ヨリ投票ノ過半數ヲ以テ撰擧シタル三人ヲ國王ニ奏上シ、國王ハ其三人中ヨリ更ニ一人ヲ擧ケテ之ニ充ツヘシ、

下院ノ議長ハ其議員中ヨリ種族ノ區別ヲ問ハズ三人ヲ撰擧シテ勅裁ヲ仰クヘシ、而シテ後副議長ハ同一ノ方法ヲ以テ議員中ヨリ三名ヲ撰ンテ之ヲ奏上シ、國王ハ其三人中ヨリ之ヲ撰命スヘシ、

六年ノ期滿チテ改撰ノ後兩院初メテ會合スルトキ、又ハ六年ノ期限中議長ノ缺クルコトアルトキハ更ニ議長ヲ任スル迄ノ間年齢最高ナル法律家ノ議員ヲシテ其職ヲ行ハシムヘシ、兩院ハ各々其議員中ヨリ開場ノ時間一人又ハ數人ノ書記官ヲ撰任ス、

第百六十五條　兩院議長ハ規則ノ遵守ヲ監視シ會議ノ日限ヲ定メ、及之ヲ開閉シ、而シテ議事ヲ規定シ討論及投票ヲ提理ス、

第百六十六條　兩院議員ハ毎會必出席スルコトヲ要ス、若シ故障アルトキハ議長ニ報スルコトヲ要ス、

各議員ハ會議ノ期限中議長ノ許可ヲ得ズシテ退暇スル

コトヲ得ス、若シ止ムヲ得ズシテ八日以上退暇スル時ハ議院ノ允許ヲ受クヘシ、但シ議ハ緊急ノ場合ニ當リ數日ノ休暇ヲ與フルコトヲ得、然ルトキハ次會ニ於テ其旨ヲ議院ニ報道スヘシ、

第百六十七條　下院ノ會議ハ傍聽ヲ許ス、其議事ハ新聞紙ヲ以テ之ヲ公告ス、上院ニ於テハ單ニ議事ヲ公告ス、傍聽人合圖ヲ以テ可否ヲ表スル者ハ直チニ之ヲ退場セシムヘシ、

*1 第百六十八條　會議ハ執政又ハ國王ノ理事官王命ヲ以テ發議ヲ爲ストキ其請求ニ依リ傍聽ヲ禁ズヘシ、又ハ議員三人以上ノ請求ニ付傍聽人退散セシ後、全院ノ之ヲ可トスルトキハ傍聽ヲ禁スベシ、

第百六十九條　執政ハ両院ノ會議ニ臨席シテ其討議ニ加ハヽルコトヲ得、又其議事ニ付關係ヲ有シ或ハ特ニ識達ナル官吏ヲシテ隨從セシムルコトヲ得、且國會ノ招請ニ依リ國會委員ノ會議ニ臨席スルコトヲ得、

第百七十條　國會ハ國王ノ允許ヲ得ズシテ委員ヲ派シ又ハ委員ヲ受クルコトヲ得ス、

第百七十一條　執政、國王ノ理事官、國會委員ノ報告員又ハ動議ヲ爲スヘキ議員ハ筆記シタル演説ヲ朗讀スルコトヲ得、右ノ外一切ノ演説ハ豫備スルコトヲ許サズ、

第百七十二條　法律ノ議案ハ國王ヨリ國會ニ下附スルコトヲ得ルモノニシテ、國會ヨリ國王ニ呈出スルコトヲ得ズ、但シ國會ハ新タニ法律ヲ制定シ、又ハ現行法律ヲ修正、廢止スルノ請願ヲ國王ニ奉呈スルコトヲ得、國王ハ獨リ内閣ノ意見ト國會ノ決議ニ從ヒ法律ヲ親裁シ及之ヲ布告ス、

第百七十三條　凡ソ議案ハ之ヲ提出セシ會議席ニ於テ直チニ之ヲ議スルコト能ハサルノ原則タリ、然レトモ議員四分ノ三以上同意ヲ表スルトキハ、或ハ至急ヲ要スル者トシ或ハ成規ニ準據スルノ緊要ナシトシテ宣告スルコトアルヘシ、

國王ヨリ下附シタル議按ハ國會ノ討議ニ附スル前豫メ

委員ニ附シテ之カ報告ヲ爲サシムヘシ、
第百七十四條　議案ハ逐條審議シ修正按ヲ併セテ公評ニ附シ各問題ニ付議員ヲシテ其可否ヲ投決セシム、
第百七十五條　兩院ノ會議ハ第百六十條ニ掲載シタル各院ノ組成ニ必要ナル人員出席セザルトキハ議決ノ効ナシトス、
第百七十六條　兩院共ニ議決ハ多數ニ從フヘシ、而シテ議件ノ輕重ニ依リ或ハ過半數或ハ比較多數タルヘシ、若シ可否同數ナルトキハ議長ノ説ニ從ヒ之ヲ決定ス、但シ憲法ノ一條目ヲ改正スルトキハ出席議員三分ノ二以上ノ説ヲ必要トス、
第百七十七條　國會ノ常務ニ關スル事件ハ兩院ニ於テ各々別ニ之ヲ議スヘシ、然レトモ兩院ノ意見諧合セサル事件ニ付テハ、兩院ハ合同シテ親和《アミカール》ノ會議ヲ開キ之ヲ調定スルコトヲ得ヘシ、而シテ之カ議事筆記ヲ作ラザルベシ、
第百七十八條　法律ノ議案又ハ通牒ヲ兩院ニ附スルハ國王ノ權ニ屬ス、但シ徴税ニ關スル議案ハ先ツ之ヲ下院ニ下附スルヲ要スヘシ、
第百七十九條　一ノ議院ニ於テ議定セシ事件ハ他ノ議院ニ移シ其議ニ附スヘシ、然レトモ請願又ハ國憲違犯ノ訴第百九十九條参看ニ關シテハ、兩院ハ各々別ニ處行スルノ權ヲ有ス、
第百八十條　議院ニ於テ議案ヲ受クルトキハ其議案ヲ可決シ又ハ否決シ又ハ修正ヲ加フルコトヲ得、但シ否決スル場合ニ於テハ必ス其理由ヲ明示スヘシ、
第百八十一條　租税ニ關スル議案ハ左ノ條件ニ付テ前條ノ限ニアラス、

第一　下院ニ於テ租税ノ要求ヲ受ケタルトキハ第百十條ニ依リ審議シタル後討論ニ附スベシ、且上院ト親和ノ會議ヲ開キ協議シタル後下院ニ於テ之カ決ヲ取ルヘシ、

第二　下院ノ決議ハ上院ニ報知スヘシ、上院ハ其儘之ヲ可決シ、否決スルコトヲ得レトモ之

ニ修正ヲ加フルコトヲ得ス、

第三　否決ノ場合ニ於テハ更ニ両院ヲ合併シ、其合併シタル投票ノ多數ニ因リ國會ノ決ヲ取ルヘシ、若シ同數ナルトキハ下院議長ノ意見ニ從フヘシ、

第百八十二條　其他ハ凡ソ両院ニ於テ互ニ議案ヲ移シタル後、各院ニ於テ可決シタル事件ノミ之ヲ國王ニ奏上シテ親裁ヲ受クルモノトス、

第百八十三條　上院又ハ下院ニ於テ否決シタル議按ハ、再ビ之ヲ同一ノ國會々議ニ附スルコトヲ得ズ、若シ該議案ヲ次期ノ國會ニ附シ再ヒ否決セラルヽ場合ニ於テハ、両院ハ其議案ノ主點ニ付共同會議ヲ爲シ、尚之ニ同意セザル時其國王ヨリ下附セラレタルノ議案ナレハ、両院ハ單ニ不同意ノ旨ヲ國王ニ奏上スヘシ、但シ両院ノ意見諧合セザルトキハ之ヲ國王ノ裁決ニ委スヘシ、

第百八十四條　両院ノ議員ハ現行重罪犯ノ場合ヲ除クノ外、國會ノ開期中其附属スル所ノ議院ノ許可ナクシテ之ヲ禁錮スルコトヲ得ズ、若シ現行重罪犯ノ場合ニ當リ之ヲ逮捕スルトキハ速ニ其理由ヲ議院ニ報知スヘシ、

第百八十五條　何人モ國會ニ於テ演説シ又ハ投票セシコトニ付荅辨スルノ義務ナシ、然レトモ政府、國會又ハ一個人ニ對シ侮辱、讒謗ノ言ヲ發セシ時ハ通常ノ手續ニ從ヒ國法ニ處セラルヘシ、議長ハ禮法及内部取締ヲ怠リ又ハ成規ヲ違犯シタルコトヲ指示シ、而シテ疑惑ヲ生スルトキハ議院ノ決斷ニ附シ、議院ハ其犯則ノ輕重ニ從ヒ非ヲ述ヘ譴責ヲ宣告シ、或ハ悔悟ヲ求ムルコトヲ得ヘシ、

第百八十六條　國王ハ親ラ國會開閉ノ式ヲ行ヒ、又ハ之カ爲ニ全權ヲ任シタル一ノ宰相ヲシテ之ヲ行ハシム、國王ハ又國會ヲ延會シ及解散スルノ權アリ、國會ヲ解散スルトキハ遲クトモ六個月内ニ更ニ召集スヘシ、此ノ時ハ新ニ代議士ヲ撰擧シ、而シテ前任ノ代議士ハ再ヒ其撰ニ當ルコトヲ得ヘシ、

第百八十七條　國會ノ閉場中ハ委員ヲ置キ、前會期ヨリ次會期マデノ間國民代理人ノ支配ヲ必要トスル事務ニ當ラシム、

第百八十八條　右ニ付委員ノ職務ハ左ノ如シ、

第一　國憲ニ依リ之カ遵守ヲ固クスル爲ノ方法ヲ施用シ及王國内ニアル國會議員ニ重要ノ事件ヲ報知スル事

第二　格段ノ場合ニ當リ最上ノ當該官署ニ告訴ヲ提出シ或場合就中執政ニ對シ告訴ヲ爲スヘキトキハ臨時ニ國會ノ招集ヲ求メ、而シテ告訴ノ條由及緊急ノ事由充分ナリト認メラル、時ハ國王ハ決シテ之ヲ拒ムコト能ハザル事

其他委員ハ國會閉場中ニ當ル會計年ノ末ニ本年徴収シタル租税ノ支用至當ニシテ計算ニ合シタルヤ否ヤ撿査シ、且大藏卿ト協議シテ翌年ノ歳計ヲ定ムルヲ要ス、又委員ハ國債銷還金ノ管理ヲ監察スルノ任ヲ有ス、委員ハ又次ノ會議ノ爲ニ法律案ノ調査及決議ノ施行ヲ監視スル事ニ付、國會ニ於テ特ニ從事スヘキ各件ヲ豫備スルノ職掌アリ、

第百八十九條　然レトモ委員ハ憲法ニ依リ國會ニ於テ議定スヘキ法律議案、租税及國債ノ承認、徴兵ノ事件ニ付テ其豫備ニ從事スルニ過キサルヘシ、

第百九十條　國會委員ハ左ノ十二名ヨリ成立ス、

兩院ノ議長

上院議員二人

下院議員八人

此委員ハ兩院合同シ投票ノ比較多數ヲ以テ撰擧シ、其任期ハ甲ノ會期ヨリ乙ノ會期ニ至ル時間、即チ三年トス、當撰人ノ姓名ハ毎次之ヲ國王ニ奏上スベシ、

委員會期中任ヲ離ル、者アル時ハ、次ノ國會ニ於テ之ヲ補フ迄ノ間、委員撰擧ノ際當撰人ニ亞キ投票ノ最多數ヲ得タル國會議員假ニ其職ヲ行フベシ、

委員ノ議長故障アル時ハ副議長之ニ代リテ議長タルヘ

シ、若シ副議長已ニ委員タル時ハ、其委員ノ位置ハ前文ニ述ヘタル所ニ依リ之ヲ補フベシ、

委員ノ両議長及委員六名ハ「スチユガール」府ニ在住スベシ、其他ノ委員ハ府外ニ在住スルコトヲ得、而シテ要用アル毎ニ府内委員ヨリ徴集セラルベシ、

第百九十一條　委員ハ國會ノ集會スル毎ニ兩院合會ニ於テ其閉場中施行シタル事務ヲ報道スベシ、

第百九十二條　委員ハ次ノ國會開場スル時ヲ以テ其事業ヲ終リ、延會ノ後又ハ臨時集會ノ終リシ時再ヒ事務ヲ執ルベシ、

國會解散ノ後ハ委員ヲ改選スヘシ、舊委員ハ再ヒ撰擧セラル丶コトヲ得、此撰擧ヲ行フニ付テハ國會ハ解散ノ際ト雖トモ別段ノ會議ヲ開クノ權アリ、

若シ非常ノ場合ニ於テ委員撰擧ノ會議ヲ開クコト能ハザルニ際シ、前任ノ委員又ハ補欠員（第百九十條ノ第二項ヲ参看スヘシ、）國會議員ナル時ハ委員ノ職ニ就クベシ、

第百九十三條　國會ノ職員ハ國債銷還掛二人、兩院ノ書庫掛一人、兩院各々一人ツ丶ノ主簿、事務局ノ書記官數人トス、主簿ハ委員ノ會議ニ於テ書記官ノ職務ヲ行フノ任アリ、兩院ハ各々其主簿及書記官ヲ撰任ス、國債銷還掛及書庫掛ハ兩院相會シテ之ヲ撰任ス、國債銷還掛、書庫掛及主簿ノ任命ニ付テハ國王ノ批准ヲ仰キ書記官ノ選任ハ之ヲ奏上スベシ、

此職員ノ免黜ハ之ヲ撰任セシ一院又ハ兩院叶同ニ於テ之ヲ行フ、其他ハ法律ニ定メタル王國官吏ノ履行スベキ規則ニ從フ、

國會事務局員ノ任免ハ議長之ヲ行フ、

右ノ職員ハ國會ノ集會セザル間委員ノ監督命令ヲ受クベシ、委員ハ又臨時要用ナル職員ヲ擇ビ、又ハ國會閉期中法律ニ定メタル場合ニ於テ違令及他ノ過失ヲ犯シタル者ヲ審判スル爲ニ裁判所ニ附スルノ權アリ、

第百九十四條　國會ノ經費ハ會計表ニ載セタル特別ノ入額ヲ以テ之ニ充ツ、

國會議員ノ日當及旅費、國會委員ノ給料、國會ヨリ分

附シタル特別ノ役務ニ因リ損害ヲ蒙リタル者ノ給與、文庫維持ノ費用、事務局ノ諸入費、其他事務要用ノ諸費ハ經費中ニ含ムモノトス、

經費ノ決算ハ入額ト費出トヲ具ヘテ報告スヘシ、國會ハ特別委員ヲシテ之ヲ撿査セシメタル後、會議ニ附シテ決定スヘシ、國會ノ議員ハ各個ニ此計算書ヲ撿査スルコトヲ求ムルコトヲ得、

委員職員ノ給料並ニ議員ノ日當、旅費ハ後日ノ決議ニ依リ之ヲ定ムヘシ、

「スチユガール」府ニ在住セザル委員、同府ニ召喚セラル、時ハ國會議員ト同一ノ手當及旅費ヲ國庫ヨリ受クベシ、

第十章　國會法院

第百九十五條　裁判上國憲ヲ保護スル爲ニ國會法院ヲ設置ス、其法院ハ國憲ヲ破壞スルノ目的アリト認メタル企謀又ハ單ニ國憲ノ一節ヲ犯シタル事件ヲ審判ス、

第百九十六條　此法院ハ上等裁判所ノ一等上席人中ヨリ國王ノ撰命スル院長一人及十二人ノ判事、其ノ半ハ上等裁判所ノ判事中ヨリ國王之ヲ撰任シ、他ノ半ハ三名ノ判事補ヲ幷セテ國會ノ議員中ヨリ兩院合同シテ之ヲ撰擧スル者ヲ以テ組織ス、國會ノ撰員中ニハ少ナクトモ二名ノ法律家アルヲ要シ、國王ノ允許ヲ經ルトキハ官吏中ヨリ採用スルコトヲ得ルモノトス、其他各員ハ國會議員タルノ資格ヲ具フルヲ要スヘシ、

書記局ノ人員ハ高等法院中ヨリ之ヲ撰任ス、

第百九十七條　國會法院ノ判事ハ他ノ判事ト同一ノ職務ヲ有シ、而シテ本院ノ審判ニアラザレバ轉職スルヲ得ザルコト亦他ノ判事ニ同シ、國會法院ノ判事他ノ官職ヲ受任スルトキハ之カ爲ニ其任ヲ解ク、但シ國會ノ議員ニ由リ判事ニ再撰セラル、コトヲ得、國王ノ特撰ニ係ル判事其法官ノ職ヲ離ル、時ハ均シク法院ヲ出ルモノトス、

第百九十八條　國會法院ハ司法卿、副署シタル國王ノ命令書又ハ兩院ノ一ヨリ其議長ヲ經テ事件ヲ開陳シタ

ル催促書ヲ院長ノ受取リタルトキ、其ノ徴集ニ因テ之ヲ開ク、
法院ハ訴訟落着シタル時解散ス、又院長ハ其判決ノ施行ヲ監視シ、其紛議ヲ生スル場合ニ於テハ再ヒ之ヲ徴集スベシ、
第百九十九條　第百九十五條ニ掲載シタル場合ニ於テハ政府ヨリハ國會又ハ委員ノ一員ニ對スル公訴ヲ國會法院ニ提出スルコトヲ得、又國會ヨリハ宰相、省卿及國會ノ一員又ハ國會ニ屬スル高官ニ對シ公訴ヲ提出スルコトヲ得ベシ、宰相及省卿ヲ除キ自餘ノ官吏ハ第五十三條ニ記載セシ成規違背ノ場合ニアラザレハ之ヲ國會法院ニ訴フルヲ得ズ、
公訴及辨護ハ公行トス、裁判ノ報告、衆評、議決ハ新聞紙ヲ以テ之ヲ公告スベシ、
第二百條　糺問委員ヲ設置スルコト緊要ナル時ハ、法院ハ刑事裁判所ノ糺問委員中ヨリ之ヲ撰任ス、其糺問ニハ必ズ國王ノ任命シタル判事一員ト國會ノ撰擧シタル判事一員ト之ニ列席スベシ、
第二百一條　糺問ヲ爲ス時ハ二人ノ報告委員ヲ置クベシ、若シ委員ノ一人特撰判事ナル時ハ他ノ一人ハ國會ノ撰擧シタル判事タルヘシ、而シテ交互相同シ、
第二百二條　裁判々決ヲ爲ス時ハ特撰判事及國會撰擧判事ハ同數タルベシ、若シ其人員同數ナラザルヲ以テ他ノ判事ヲ任シ、又ハ判事補ヲ置テ之ヲ平均スルコト能ハザル時ハ、過數ナル方ニテ其就職最モ淺キ判事ヲシテ其列ヲ退カシムベシ、但シ判事ノ員數ハ決シテ十名ヨリ少ナキコトヲ得ザルベシ、
議長故障アル時ハ特撰ノ一等判事之ヲ代理スベシ、院長ハ發議ノ權ナシ、衆員ノ意見同數ニ別ル、時ハ被告ニ利アル意見ヲ用フベシ、
第二百三條　法院ニ於テ宣告スルヲ得べキ刑ハ譴責、罰金、官職ノ停止及免黜、代議士ノ權利ヲ無期間又ハ定期間剝奪スルニアリ、
法院ノ權内ニ在ル刑ノ最モ重キヲ科シルニ方リ更ニ重

刑ヲ科スベキ時ハ、通常ノ裁判所ハ被刑人ニ對シ職權ヲ以テ一層精密ナル審問ヲ爲スコトヲ得ベシ、

第二百四條　法院ノ判決ハ之ニ對シ控訴ヲ爲スコトヲ許サズ、但シ判決ノ改正ヲナシ及未決ノ前ニ復スルコトヲ得ヘシ、

第二百五條　國王ハ審問ヲ停止スルコトヲ得ズ、且特赦ノ權ヲ以テ法院ノ判決ニ因リ免黜セラレタル職員ヲ舊職ニ復シ、又ハ司法行政ヲ問ハズ其他ノ官職ニ任スルコトヲ得ズ、但シ其裁判宣告ニ於テ被刑人ノ爲ニ之ヲ酌量スル時ハ此限ニ在ラズ、

〇

朕ハ今ヨリ本文ニ掲載スル條則ヲ以テ我王國ノ憲法ト爲スコトヲ布令シ、此憲章ニ倚リ朕ガ國王ノ尊榮ヲ以テ朕及後嗣ノ此盟書ヲ確守保全シ、自ラ之ヲ犯スコトナク、及他ヨリ之ヲ干犯妨害スル者ニ對シ、力ヲ竭シテ之ヲ保護センコトヲ約束ス、

一千八百十九年九月廿五日即チ即位ノ第三年首都「スチユガール」城ニ於テ自ラ名ヲ署シ、大璽章ヲ鈐ス、

ギユイヨーム　手署

＊1（鼇頭）

七十四年ノ改正

（行間）

上院ニ於テ議員三人以上、下院ニ於テ議員十人以上ノ請求ニ由リ、傍聴人ヲ退場セシメタル後、議院ノ多数決ヲ以テ秘密会トス、

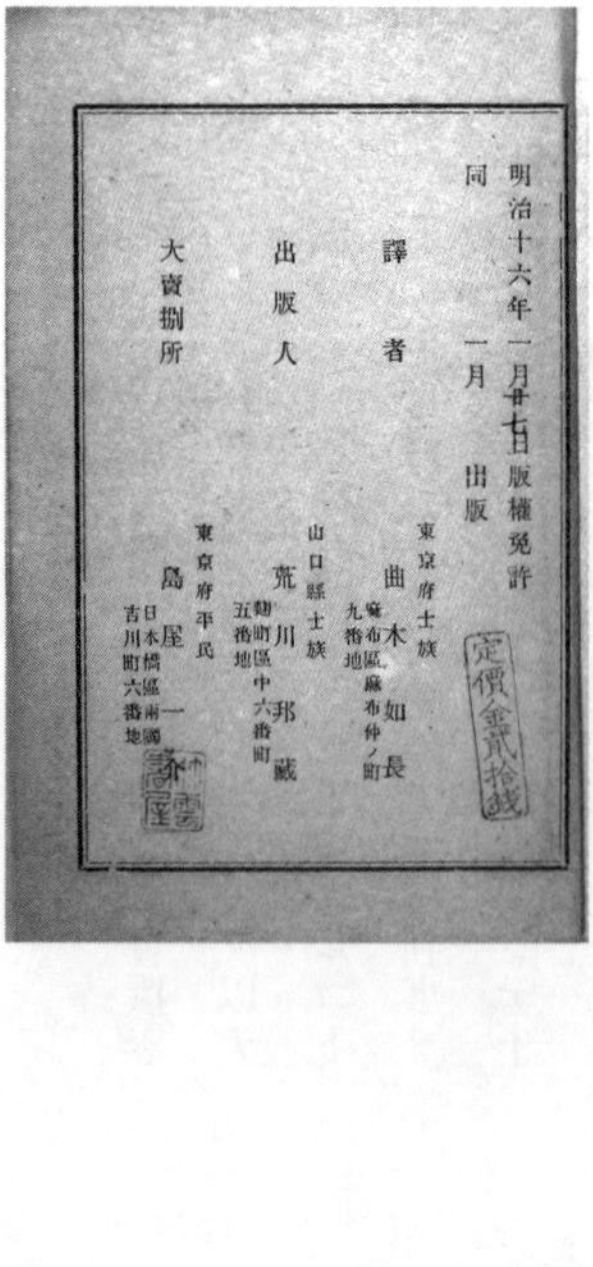

明治十六年一月廿七日版權免許
同　一月　出版

定價金貮拾錢

譯者　東京府士族　曲木如長　麻布區麻布仲ノ町九番地

出版人　山口縣士族　荒川邦藏　麹町區中六番町五番地

大賣捌所　東京府平民　島屋一　日本橋區南通吉川町六番地

（梧陰文庫圖書之部四一二）

編者曰　井上自筆の朱書及び藍書にて修正あり。尚、表紙に井上自筆朱書の「ウヱルテンベルグ」との附訓あり。

井上毅傳　史料篇　補遺　第二

平成二十年三月三十一日　発行

編　者　國學院大學日本文化研究所

東京都渋谷区東四丁目十番二十八号
発行所　國　學　院　大　學

東京都文京区本郷七丁目三番一号
発売所　財団法人　東京大学出版会
電話　〇三（三八一一）八八一四
FAX　〇三（三八一二）六九五八
振替　〇〇一六〇-六-五九九六四

神奈川県横浜市南区白妙町五丁目六十九番地
印刷・製作　株式会社エイコープリント

ISBN 978-4-13-097982-5　C3330